PRE TEXTOS

VINÍCIUS NICASTRO HONESKO

Pre textos 9

Vinícius Nicastro Honesko
Ensaios sobre o sensível
Poéticas políticas do pensamento

© Vinícius Nicastro Honesko, 2021
© Editora Âyiné, 2021
Todos os direitos reservados

Preparação
Silvia Massimini Felix
Revisão
Andrea Stahel
Capa
Splitting, 1974
Gordon Matta-Clark
Editoração gráfica
Luísa Rabello

ISBN 978-65-86683-46-2

Editora Âyiné
Belo Horizonte, Veneza

Direção editorial
Pedro Fonseca
Assistência editorial
Érika Nogueira Vieira, Luísa Rabello
Produção editorial
André Bezamat, Rita Davis
Conselho editorial
Simone Cristoforetti, Zuane Fabbris

Praça Carlos Chagas, 49 – 2º andar
30170-140 Belo Horizonte – MG
+55 31 3291-4164
www.ayine.com.br
info@ayine.com.br

9

VINÍCIUS NICASTRO HONESKO

Ensaios sobre o sensível
Poéticas políticas do pensamento

Âyiné

SUMÁRIO

Apresentação 9

O MÉTODO

Da esquizofrenia à antropofagia: leituras da história 17

Ensaiar os gestos: experiências de infância e morte 53

Mãos ao alto: olhos armados.
Notas sobre *O olho da história* de Georges Didi-Huberman 79

As assinaturas de uma política que vem.
Notas sobre o método de Giorgio Agamben 99

Uma vida inesquecível: o animal inferior e a felicidade 107

Como ler sobre como as palavras mudam de sentido? 129

O LITERÁRIO

À beira do fora: grito e *experimentum linguae* 145

De mistério e de letras: nenhum caminho por trás da linguagem? 165

Fragmentos de um exílio: por uma ctono-grafia poética 189

Nos rastros de nossa estupidez: ou da literatura 207

Delírios I: Agonia e experiência (jogos de vida e morte) 229

Murilo Mendes, as janelas e o diabo 247

O POLÍTICO

O ingovernável: os paradoxos do sujeito nos tempos da
governamentalidade total 275

Sobre a impossibilidade de julgar 295
Reflexões sobre os espaços urbanos contemporâneos:
    quais as nossas cidades? 305
Sobre o governo das memórias: aspectos de um domínio do *real* 329
Para além dos atos e dos silêncios: gestos de resistência no olhar 351
Restos de um futuro que se tornou passado: como resistir? 369

NOTA AOS TEXTOS 389

REFERÊNCIAS 391

Apresentação

«Não nos cabe escolher o tempo em que nos toca viver.» É assim que com frequência um grande amigo começa a falar das coisas que ama, mesmo quando tudo à sua volta parece destituído de sentidos, destruído pela voracidade do tempo e dos homens. Seria possível dizer que é o destino dos homens, das obras e do mundo (e não seria este um dos modos de falar sobre a maldição do vir-a-ser?), mas também, como bem parece intuir meu amigo, a condição de nossa alegria, de nossa felicidade. Ilegítima, posto que sem fundamento — e, exatamente por isso, a única possível —, essa alegria da vida maldita balança sob o peso do tempo não escolhido, um tempo que, ainda assim, passa como um rio que tem à margem a alegria:

> *Outrora ele conhecia a terra da alegria*
> *terra que ao conhecer melhor mais esquecia*
> *e mais e mais esquecia cada dia.*[1]

O esquecimento como necessidade da vida, parece dizer Ruy Belo, o qual talvez sondasse aí os dias loucos de um Nietzsche que, sem o escolher, bailava as últimas músicas de seu encontro com Dionísio. E, mesmo que em aparente desespero pela perda da alegria, o poeta ainda podia gozar, em meio à terra desconhecida onde a cada dia até a lembrança da alegria

---

[1] Ruy Belo, *A margem da alegria*. Rio de Janeiro: 7 Letras, 2014, p. 43.

se esvaía, de um descanso em si (uma espécie de espinosista *repouso em deus*):

Não sei se a vida vale um pouco mais que a vida
que a imperturbabilidade de quem olha o céu
e se encomenda aos deuses da loucura
e vã é a palavra do poeta
se não atenuar a dor da vida e preparar
a serenidade visual visível na iminência do futuro.[2]

Se a alegria foge com o esquecimento, com o esquecimento de que inclusive *se foi alegre*, as palavras atenuam a dor e, esquecidas no momento mesmo em que são pronunciadas, abrem, no tempo, no *agora*, que não escolhemos viver — *sub quadam aeternitatis specie* —, a possibilidade da alegria.

Este livro aparece como uma atenuante dessa falta de escolha a que o autor, assim como o leitor, se vê submetido. Escrito ao longo dos últimos dez anos, os textos aqui reunidos muitas vezes são como a terra da alegria de Ruy Belo: foram discutidos com amigos, submetidos a julgamentos estrangeiros e, sobretudo, expressavam a confiança de um caráter destrutivo que não via nada de duradouro, mas, justamente por isso, buscava perceber os caminhos que levavam para todos os lados. Neste momento em que volto aos textos — muitos deles há anos permaneciam guardados — para formatá-los de acordo com uma lógica que atravessou minhas pesquisas ao longo dessa década, faço-o como que cumprindo uma *exigência* que, tal como a concebe Giorgio Agamben, não é nem uma categoria moral, da qual derivaria um imperativo, nem uma categoria lógica, mas ontológica: a *exigência* não se liga à dimensão dos fatos ou dos ideais, e assim abre, tal como a *khôra* platônica, um terceiro gênero de ser que rompe a falsa alternativa entre sensível

2 Ibid., p. 41.

e inteligível e exibe uma materialidade do pensamento. Em outras palavras, a exigência é aqui a própria condição do possível *como* materialidade: «É preciso pensar a matéria não como um substrato, mas como uma exigência dos corpos: ela é o que um corpo exige e que nós percebemos como sua mais íntima potência. [...] o que o possível exige não é passar ao ato, mas materializar-se, fazer-se matéria».[3] Uma exigência que se exprime em uma materialidade que é, ao mesmo tempo, forma: essa é a potência do pensamento.

No *Grande comentário sobre o De Anima*, Muhammad ibn Rushd, conhecido no mundo latino como Averróis, investiga, a partir da problemática aristotélica do *intelecto*, toda a questão da possibilidade do pensar — ou seja, sobre o que é o pensar. Diante da assertiva de Aristóteles de que «a capacidade perceptiva não é sem corpo, ao passo que o intelecto é separado»,[4] Averróis propõe uma leitura (rechaçada por Tomás de Aquino em prol da constituição de uma alma individual sempre unida ao intelecto, que se desdobrará na cara noção moderna de *sujeito*)[5] de que o intelecto de fato é separado[6] da alma individual, de modo que aos humanos não é dada a condição *natural* de *animal racional* — de ser

---

3 Giorgio Agamben, «Sul concetto di esigenza». In: *Che cos'è la filosofia?* Macerata: Quodlibet, 2016, p. 54.

4 Aristóteles, *De Anima*. Apres., trad. e notas de Maria Cecília Gomes dos Reis. São Paulo: Ed. 34, 2006, p. 114.

5 Cf. Tomás de Aquino, *A unidade do intelecto, contra os averroístas*. Trad. de Carlos Arthur Ribeiro do Nascimento. São Paulo: Paulus, 2017. Na belíssima introdução escrita por Carlos Arthur Nascimento, essa contenda é apresentada em seus detalhes (das questões de tradução às lides no âmbito da Universidade de Paris), algo fundamental para perceber todo o fundo teológico-político que perpassa a discussão.

6 Cf. Averróis, *Sobre el intelecto*. Ed. e introd. de Andrés Martínez Lorca. Madri: Trotta, 2004, p. 120. «Que este intelecto es así, se muestra claramente a quien tenga presente la demostración de Aristóteles y sus palabras; en cuanto a la demostración, según lo que expusimos; y en cuanto a sus palabras, porque afirmo que [el intelecto material] no es pasivo, es separable y simple.»

pensante, inexoravelmente —, mas a de que *pode* pensar, ainda que nem sempre pense. «E que o intelecto agente às vezes pensa quando está unido a nós e às vezes não pensa, se dá pela união, isto é, pela união dele com o intelecto material.»[7] Nesse sentido, o pensamento acontece apenas por meio de uma união (*copulantur*) da alma individual (o intelecto agente) com o intelecto material (*passivo*, mas cuja passividade é de natureza distinta daquela dos sentidos: pois não é corpo nem qualidade de um corpo, mas separado), e essa união acontece, segundo Averróis, por meio da virtude da imaginação: «a alma nada pensa sem a imaginação, do mesmo modo que os sentidos nada percebem sem a presença do sensível».[8] O problema da noética averroísta, cujas análises ultrapassam em absoluto as propostas desta breve apresentação,[9] funciona como uma chave de compreensão dessa exigência da materialidade: enquanto o pensamento é apenas possível aos humanos, e não uma determinação inerente a um *sujeito*, o gesto imaginativo que o materializa sempre está no vértice entre sensível e inteligível, isto é, sempre exibe esse lugar vazio e potencial onde o que está em jogo é tanto uma *poética* (uma *poiesis*) quanto os modos como esta se coloca em *comum* (a mera possibilidade de pensar), isto é, *entre* os seres singulares que *podem*

---

7 Ibid., p. 121.

8 Ibid., p. 122.

9 Sobre o assunto, há estudos contemporâneos essenciais. Entre outros, cf. Rodrigo Karmy, «No es ni cuerpo ni potencia en un cuerpo». *Poliética. Revista de ética e filosofia política*, vol. 3, n. 2, 2015, pp. 8-74. São Paulo, PUC-SP; Emanuele Coccia, *Filosofía de la imaginación: Averroes y el averroísmo*. Trad. de Maria Tereza D'Mezza. Buenos Aires: Adriana Hidalgo, 2005; Cristina Cerami, *Génération et substance: Aristote et Averroès entre physique et métaphysique*. Berlim: Gruyter, 2015; Giorgio Agamben, *Ninfas*. Trad. de Renato Ambrósio. São Paulo: Hedra, 2012; Id., «A obra do homem» e «Paredes». In: *A potência do pensamento: Ensaios e conferências*. Trad. de António Guerreiro. Belo Horizonte: Autêntica, 2015; Anna Akasoy; Guido Giglioni (Orgs.), *Renaissance Averroism and its Aftermath: Arabic Philosophy in Early Modern Europe*. Dordrecht/Heidelberg/Nova York/Londres: Springer, 2010.

pensar; em suma, em nosso vocabulário cotidiano, sempre um problema *político*.

De todo modo, portanto, se a felicidade (*eudaimonia*) era o problema da *ética* aristotélica, por fim, era também, no fundo, um dos critérios definitivos na constituição de uma comunidade política que visava promover o *viver bem* (*êu zên*). Assim, este livro, para o autor, também é uma forma de lidar com a *possibilidade* de pôr em jogo uma felicidade, de fazer da alegria uma prova dos nove a ser colocada em *comum*. E os textos, como cartas a destinatários desconhecidos, procuram partilhar um *tempo do agora* que é, antes de tudo, um *tempo material*, que atravessa as distâncias que separam autor e leitor para uni-los em conversa.

Tendo como pano de fundo essa dinâmica (de fato, uma *dynamis*, que no vocabulário aristotélico é a *potência*), ao reler os textos para reuni-los, era preciso, à luz dessa materialidade potencial que agora aparecia para mim, nomear o livro. *Ensaiar sobre o sensível* é, nesse sentido, deixar o pensamento fazer experiência dessa matéria potente, é sempre tentar um gesto de intervenção na materialidade mesma do mundo, por menor e mais despercebido que seja esse gesto. Uma poética política, portanto, é apenas uma tentativa de fazer lampejar por momentos um encontro desse gesto singular com os gestos de outrem, é imaginar, em tempos de interdição à palavra, uma palavra comum.

«É preciso não parar de escrever, não deixar de expor o traçado singular de nosso ser-em-comum»,[10] diz Jean-Luc Nancy. Este livro, em suas apostas e erros, em seus trechos que hoje teriam sido por mim abordados de forma distinta e naqueles que seriam repetidos com o mesmo tom, apresenta-se como um ponto de viragem: depois de um ano de maturação da ideia de publicá-lo e de outro ano de trabalho de releitura e ajuste

---

10   Jean-Luc Nancy, *A comunidade inoperada*. Trad. de Soraya Guimarães Hoepfner. Rio de Janeiro: 7 Letras, 2016.

dos textos, as exposições aqui reunidas fecham alguns modos de perceber os problemas do «nosso ser-em-comum» que me orientaram nesses dez anos e, concomitantemente, se abrem para outros. Importa, antes de tudo, não parar de escrever, de materializar a exigência do pensar.

Por fim, é preciso dizer que este livro não seria possível sem o constante diálogo com pessoas que, ao longo da década, foram mais do que simples críticos e interlocutores, foram *amigos* com quem partilhei a vida. Agradeço de forma especial a meu irmão Fernando Honesko, com quem a partilha é sempre desmedida, a Alice Freyesleben, minha companheira de vida, a Jonnefer Barbosa, pela *conversa infinita*, a Eduardo Pellejero, pelos estímulos na alegria de viver, a Carlos Eduardo Schmitt Capela, pelo exemplo de professor que é, a Maria Betânia Amoroso, pela gratuidade e generosidade, e àqueles que de maneira especial sempre estiveram, de uma forma ou de outra, presentes no gesto da escrita: Rodrigo Karmy, Andrea Cavalletti, Barbara Chitussi, Kamal Cumsille, Roberto Vecchi, Raúl Antelo, Rodrigo Amboni, Ana Carolina Cernicchiaro, Rosane Kaminski, Artur Freitas, Clóvis Gruner, Andréa Doré, Rafael Benthien, Alex Calheiros, Manoel Ricardo de Lima, Davi Pessoa, Alexandre Nodari, Flávia Memória.

Curitiba, dezembro de 2019

O MÉTODO

Da esquizofrenia à antropofagia: leituras da história

Toda a humanidade é eternamente esquizofrênica. Todavia, de um ponto de vista ontogenético, é possível talvez descrever um tipo de reação às imagens da memória como primitivo e anterior, ainda que este continue a viver marginalmente.

Aby Warburg

No número 77 da revista *October*, do verão de 1996, é publicado um ensaio de Kurt Forster — diretor do Getty Institution of Research de Los Angeles de 1984 até 1993 — sobre Aby Warburg e seus estudos sobre ritual e arte nos dois continentes (em alusão aos textos sobre a Renascença florentina e ao estudo tardio sobre o ritual da serpente dos índios no Arizona). Forster aproxima os textos de Warburg imediatamente anteriores à sua viagem aos Estados Unidos (sobre os desenhos de Buontalenti acerca dos *intermezzi* compostos para o casamento do duque Ferdinand e Cristina de Lorraine, desenhos estes que retratavam o sacrifício de Píton feito por Apolo como modo de restabelecer a harmonia e a garantia de paz futura) àquele, justamente *O ritual da serpente*, redigido por Warburg, como *prova de sua sanidade mental*, no sanatório de Kreuzlingen, na Suíça. Segundo Forster, para Warburg, assim como no contexto dos *intermezzi* florentinos, também entre os índios do Arizona há um combate entre o homem (Apolo, os dançarinos da tribo) e intensas forças naturais (Píton, as serpentes dos rituais moquis), porém com uma diferença: «a cultura clássica não vislumbraria nenhuma resolução para o conflito sem uma vitória decisiva de Apolo e uma morte sacrificial para a fera; por outro lado, ao final da cerimônia indígena, a cobra poderia voltar para a natureza, ilesa».[1] De fato, para os indígenas a serpente representa a forma terrena da luz (luz dos raios das grandes e esperadas chuvas, tão escassas naquelas regiões do Arizona) e, numa espécie de correlação mágico-causal,[2] a silhueta da cascavel equipara-se à forma dos raios no céu. À serpente, portanto, é garantido o posto de mediadora dos raios e geradora das chuvas — e daí as danças com máscaras dos índios que, de acordo com Warburg, não são jogos ao acaso, mas práticas sérias de lutas pela existência;[3] e também por isso o não sacrifício da serpente (que é transformada em mediadora das tormentas).

Warburg não deixa de perceber que esse *primitivismo mágico* dos índios, na forma do ritual da serpente, pode ser comparado a vários rituais da Grécia antiga, tais como os cultos orgiásticos a Dionísio, entre outros.[4] Numa série de análises da serpente como elemento simbólico em diversas culturas arcaicas (que precederam a formação da moderna cultura dita ocidental — europeia), Warburg indica que a imagem da serpente,

1 Kurt W. Forster, «Aby Warburg: His Study of Ritual and Art on Two Continents». *October*, 77, Summer 1996, October Magazine, Ltd. And Massachusetts Institute of Technology, p. 9. (As citações, no corpo do texto, em outras línguas, foram traduzidas pelo autor.)

2 Aby Warburg, *El ritual de la serpiente*. Trad. de Joaquín Etorena Homeche. México: Sexto Piso, 2004, p. 20.

3 Ibid., p. 26.

4 É importante notar que as comparações entre os *primitivos* do Novo Mundo e os *antigos* da cultura europeia já podem ser encontradas no século XVII, como em Hobbes ou Locke. Warburg, por sua vez, não busca paralelos entre os indígenas e os gregos para propor algo como um filamento evolutivo da cultura, mas pretende compreender a criação simbólica nos meios *primitivos*. Ibid., pp. 49-54.

como elemento simbólico, remete a um processo de passagem de simbolismos corpóreos primitivos (mimeses interpretativas do mundo como as apresentadas pelos índios do Arizona em seus rituais) aos simbolismos meramente mentais (que poderiam ser tomados como a abstração da era da racionalidade, que às mimeses interpretativas opõem as regras lógicas de causalidade). A época tecnológica, nesse sentido, não teria necessidade da serpente para explicar o raio das tempestades:

> O raio já não assusta o habitante das cidades, que deixou de ansiar pela aterrorizante tormenta como única fonte de água. Ele dispõe de aquedutos e o raio-serpente é desviado diretamente à terra pelos para-raios. A racionalidade das ciências da natureza elimina as explicações mitológicas. Hoje sabemos que a serpente é um animal destinado a sucumbir caso o homem assim deseje. A substituição da causalidade mitológica pela tecnologia elimina o temor que o homem primitivo sente por esse animal.[5]

Que essa suposta superação do mito pela razão — que era, em certo sentido, tida como uma obviedade na era progressista dos séculos XVII-XIX — parece não convencer Warburg é algo claro. Ainda que ele tenha escrito *O ritual da serpente* apenas no fim de sua vida — na década de 1920, isto é, quase trinta anos depois de sua viagem aos Estados Unidos —, suas análises sobre história da arte já estavam havia muito marcadas por sua experiência com os índios Pueblo. E é nesse sentido que é possível ler nas conclusões de *O ritual da serpente* que essa liberação da visão mitológica não garante uma resposta adequada aos enigmas da existência.

A descrença de Warburg numa ideia de evolução progressiva da humanidade também pode ser lida por meio da conexão que, durante sua vida, o historiador alemão estabelece com a

5 Ibid., p. 62.

então *recém-inaugurada* antropologia moderna. Mais do que traçar comparativos entre Antiguidade clássica e primitivismo indígena para daí extrair conclusões que demonstrem o caminhar evolutivo da cultura, Warburg pretende — inspirado então em suas leituras etnológicas (lembremo-nos de que em sua viagem aos Estados Unidos entra em contato com Franz Boas e Frank Hamilton Cushing, entre outros) — encontrar, levado pelo paralelo *primitivo/racional*, a sobrevivência de elementos culturais primitivos no presente da modernidade europeia.

Cruzando as fronteiras tradicionais da historiografia artística, Warburg rompe os cânones propostos (as variações sobre o método estilístico-formal) e vislumbra nos homens primitivos uma forma que não se subsume nem a um simples primitivismo (uma total dependência em relação ao meio) nem à racionalidade abstrata. Em outras palavras, a questão do *símbolo* assume um lugar central em sua argumentação. Pautando-se por dados etnográficos — tais como as necessidades de complementação da alimentação nos desertos do Arizona etc. —, Warburg constata que as simbologias dos rituais das serpentes configuram uma espécie de choque em que a lógica causal e a mitologia mágico-fantástica se tocariam:

> Eles [os índios] não são homens de todo primitivos, que dependem apenas de seus sentidos e para os quais não existe uma atividade em referência ao futuro; tampouco são como o europeu, que confia seu porvir à tecnologia e às leis mecânicas ou orgânicas. Os Pueblo vivem entre o mundo da lógica e o da magia, e seu instrumento de orientação é o símbolo. Entre o homem selvagem e o homem que pensa está o homem das interconexões simbólicas.[6]

6   Ibid., p. 27.

O *espaço limiar* entre o primitivo e o racional se encontra na possibilidade que ambos têm de lidar com os símbolos (e é preciso lembrar do pequeno fragmento de 1918 em que, já no título, Warburg — que discute a questão do papel da universidade —, retomando Goethe, aponta para esta questão *medial*: «O problema está no meio»).[7] Ou seja, para ele haveria um estágio intermediário a partir do qual é possível perceber que qualquer tentativa de compreensão da arte deve estar conectada às perguntas mais profundas sobre os problemas do humano, por assim dizer. Não se trataria, contudo, de um estágio cronológico, datado, mas sim sempre presente, que se mantém como *vida póstuma* — uma *Nachleben* — do primitivo na razão. Ultrapassar as fronteiras da disciplina *História da Arte*, nesse sentido, seria uma forma de abrir caminho para uma ciência em sentido muito mais amplo (algo para o qual Warburg não dá nome, ainda que diversas nomenclaturas tenham sido utilizadas por seus discípulos: *Kulturwissenschaft*, história da cultura, história da psique, iconologia etc.), numa postura que cruza elementos *historiográficos* (toda possibilidade de uma história da arte) com a *antropologia*. Esse *intervalo* (*Zwischenraum*) que surge em meio a uma tensão bipolar (primitivo/racional) é, mais do que uma simples questão iconográfica (portanto, pertencente à *História da Arte*) e social (a ser estudada pela sociologia), um problema central para a própria compreensão do humano (e, aqui, a *ciência sem nome* warburguiana seria o fio condutor das investigações).

Os problemas relacionados à simbologia, ao estudo dos símbolos para além dos problemas isolados de uma historiografia da arte, advêm da noção warburguiana de que os símbolos pertenciam a uma esfera intermediária entre a consciência

---

7 Id., *A renovação da Antiguidade pagã: Contribuições científico-culturais para a história do Renascimento europeu*. Trad. de Markus Hediger. Rio de Janeiro: Contraponto/Museu de Arte do Rio, 2013, p. 657.

e a reação primitiva. Como anota Giorgio Agamben em seu ensaio «Aby Warburg e a ciência sem nome»,

> Os símbolos, como esfera intermediária entre a consciência e a identificação primitiva, pareciam-lhe significativos não tanto (ou, pelo menos, não apenas) para a reconstrução de uma personalidade ou de uma visão do mundo, mas mais porque, não sendo propriamente nem conscientes nem inconscientes, ofereciam o espaço ideal para uma abordagem unitária da cultura que superasse a oposição entre *história* como estudo das «expressões conscientes» e *antropologia* como estudo das «condições inconscientes» em que mais de vinte anos depois Lévi-Strauss veria o nó central das relações entre essas duas disciplinas. [...] Talvez o modo menos infiel de caracterizar sua «ciência sem nome» seja inseri-la no projeto de uma futura «antropologia da cultura ocidental», em que filologia, etnologia, história e biologia convergem com uma «iconologia do intervalo», do *Zwischenraum*, no qual se cumpre o incessante labor simbólico da memória social.[8]

Essa proposta de cruzamento das diversas investigações acerca dos problemas das *humanidades* passa por um núcleo vazio, um espaço que é preenchido pelas representações simbólicas das diferentes culturas. Tais representações não são uma categorização consciente, mas figuram num vértice entre primitivo e racional — ou, ainda, nas análises específicas das obras de arte, no *Urkunde* (documento, certificado), que conota sempre uma posição entre o arcaico e o arquivo.[9] Nesse sentido,

8 Giorgio Agamben, *A potência do pensamento: Ensaios e conferências*. Trad. de António Guerreiro. Belo Horizonte: Autêntica, 2015, p. 127.

9 Cf. Forster, op. cit., p. 16: «Warburg was undoubtedly well aware of the ambiguity of the word 'document' in this context; by definition, the work of art itself is the Urkunde, the 'document' whose historical coordinates the researcher undertakes to define. But the work's depth of meaning fluctuates according to the preoccupations of those who see it — it can never be plumbed, once and for all.

são *imagens* que não detêm a centralidade das *funções organizativas* no sistema social de uma cultura específica (algo como uma norma), mas apenas o decalque e o esvaziamento dos objetos culturais (flutuando entre uma bipolaridade: intencionalidade consciente/a-causalidade mágico-primitiva). Ou seja, o núcleo, *o meio*, traz o problema *impenetrável* do símbolo. E basta ler *O ritual da serpente* (e sua parte final é clara sobre isso) para confirmar essa ideia.

Certos aspectos desse projeto warburguiano, no entanto, já podem ser vislumbrados nas teses sobre *O nascimento de Vênus* e *A primavera* de Botticelli, publicadas pela primeira vez em 1893. Indo além de suposições formais sobre as telas, Warburg aponta para a problemática do que denomina de *Pathosformel*, que, segundo Georges Didi-Huberman, pode ser formulada nos seguintes termos:

> [...] por que o homem moderno volta a fórmulas antigas no momento em que se trata de exprimir um gesto afetivo da presença? Como a representação pagã consegue tão bem investir, se não perverter — ou, ao contrário, esclarecer —, os temas iconográficos cristãos do Amor sagrado ou das lamentações sobre o corpo morto de Jesus? Em que as fórmulas plásticas do *pathos* renascente são obrigadas não apenas a uma arqueologia figurativa (a descoberta dos vestígios romanos), mas, uma vez mais, a uma operação da linguagem poética, da música e da dança, como o manifesta tão bem o *Orfeu*, famoso balé trágico de Poliziano? Por que essa «voz autenticamente antiga» sobrevive na tensão de um «estilo híbrido» e instável, característico do século xv florentino? Como o movimento do tempo sobrevivente — o *Nachleben der*

'As a document, the work of art is so overdetermined as to be incapable of any final, unequivocal definition. [...] However, there is more to the meaning of a work of art than the sum total of what artists, patrons, advisers, and members of the public have in mind. A work of art can unexpectedly bring to light an origin, something long forgotten».

Antike — se manifesta no plano geográfico das «trocas» culturais entre sul e norte, a Itália de Mantegna e a Alemanha de Dürer?[10]

Nesse sentido é que podemos ler a nota preliminar do texto sobre Botticelli e, além disso, compreender seu parágrafo de encerramento:

> Com isso encerro as excursões que tinham como ponto de partida *O nascimento de Vênus*, de Botticelli. Em uma série de obras de arte de tema congênere — o quadro de Botticelli, a poesia de Poliziano, o romance arqueológico de Francesco Colonna, o desenho proveniente do círculo de Botticelli e a descrição artística de Filarete — revelou-se a tendência, baseada no conhecimento que, na época, se tinha da Antiguidade, de recorrer às obras de arte da Antiguidade para encarnar a vida em seu movimento externo.[11]

Uma fórmula antiga, desse modo, é sempre invocada quando o pintor renascentista tem necessidade de expor o movimento da vida — e é justamente este, como lembra Agamben em *Ninfas*,[12] o conceito warburguiano de *Pathosformel*, fórmula de *pathos*. Esse resgate *clássico* não é apenas uma tentativa de superação, por parte dos artistas do Renascimento, do nebuloso período medieval (como as leituras tradicionais do Renascimento deixam entrever), mas traz consigo uma carga orgiástica/dionisíaca da idade clássica, provocando um *choque* tensivo em que o arcaico deveria ser contrabalanceado com o cristianismo, o qual se estruturava como o ponto de apoio

---

10 Georges Didi-Huberman, *L'image survivante: Histoire de l'art et temps des fantômes selon Aby Warburg*. Paris: Minuit, 2002, pp. 193-4.

11 Warburg, *A renovação da Antiguidade pagã...*, op. cit., p. 22.

12 Giorgio Agamben, *Ninfas*. Trad. de Renato Ambrosio. São Paulo: Hedra, 2012.

crucial da cultura renascentista — ponto, portanto, iluminador e que expressava a elevação espiritual da humanidade.

Warburg indica, portanto, que há um elemento de *impureza* no seio de uma época considerada o baluarte da *pureza*, o Renascimento (cujo ingresso se dá, por certo, pela dimensão da *cristalização* desses gestos *imemoriais* nas *Pathosformel*).[13] Dessa forma, e ao acompanharmos as leituras de Didi-Huberman sobre a questão da impressão, é possível ver que há em Warburg um jogo com as tábuas do tempo, isto é, um movimento que *anacronicamente* põe em questão a posição da construção de um discurso histórico — um *fazer* história. Essa *impureza* obriga «o historiador a se fazer antropólogo e a complexificar singularmente seus próprios modelos da evolução, da transmissão, do 'progresso' das artes».[14] Para um historiador da arte (e também para o filósofo, para o crítico, para o arqueólogo etc.), elementos de impureza embaralham justamente as cisões tão constantes quanto *esquizofrênicas* — diria Warburg — entre artista e artesão, objeto artístico e utensílio, forma e matéria (ou, ainda, para tomar a ideia da impressão-modelagem como paradigma ao mesmo tempo concreto e teórico, original/cópia, ineditismo/repetição). Os *ex-voto* florentinos (as modelagens em cera que em pleno século XV eram dependuradas pelos devotos na igreja da Santissima Annunziata, em Florença, com os mais variados intuitos — desde a cura de doenças até resgates de animais desaparecidos —, e que podem ser vistas como remanescentes de populares práticas pagãs medievais) são a demonstração da ocorrência dessa bipolaridade em que o arcaico

---

13 Num pequeno e recente texto — fruto de uma palestra para crianças —, Georges Didi-Huberman analisa as emoções a partir dessa chave warburguiana. Cf. Georges Didi-Huberman, *Que emoção? Que emoção!* Trad. de Cecília Ciscato. São Paulo: Ed. 34, 2016.

14 Id., *La ressemblance par contact: Archéologie, anachronisme et modernité de l'empreinte*. Paris: Minuit, 2008, p. 13.

(o primitivo; o mágico; o pagão) joga no interior do tempo presente — a Renascença (o evoluído; o racional; o cristão).

As inserções e os balizamentos nas bipolaridades pureza/impureza, arcaico/contemporâneo operadas por Warburg, dentro dessa ampla concepção de uma *antropologia da cultura ocidental* — que faz com que se toquem os polos antagônicos que a *esquizofrenia* ocidental separou —, possibilitam um novo olhar sobre a figura do artista. Este não é um semideus capaz de mimetizar o mundo corpóreo num mundo criado segundo suas *ideias* (um mundo arquetípico, ideal, das *formas* rearranjadas segundo seus desígnios), mas pode ser compreendido como um *jogador* que monta (que modela) imagens de objetos; ou seja, as imagens, mais do que representar, reproduzem objetos. O trabalho do artista é, assim, uma simbiose de esvaziamento e reconstrução de sentidos. Kurt Forster chama a atenção para o fato de que, como os pintores de *trompe l'oeil*, Warburg acaba por operar segundo essa lógica na montagem dos painéis que comporiam seu *Mnemosyne*.[15] Ou seja, ao esvaziamento dos objetos no *trompe l'oeil* corresponde, no *Mnemosyne*, um jogo de imagens no qual não é possível apontar qual delas é a original ou qual é a cópia; as imagens que expõem imagens (os painéis que compõem o projeto de Warburg) são os traços da história de uma cultura (a europeia) cristalizados e expostos numa série

---

15 Cf. Forster, op. cit., p. 19: «Warburg was intent on tracing certain perennial motifs of motion, based on gestural and physiognomic formulas, that constantly renew their freshness of expression not least through the replication of those formulas. It was evident that in this survey of figurative formulas Warburg was allowing himself far greater latitude in the choice of material than had ever been customary in art history. Here, cheek by jowl, were late antique reliefs, secular manuscripts, monumental frescoes, postage stamps, broadsides, pictures cut out of magazines, and old master drawings. It becomes apparent, if not at first glance, that this unorthodox selection is the product of an extraordinary command of a vast field. Criticism is disarmed, and yet the principle of graphic arrangement on panels more closely resembles the techniques of the illustrated magazines of the interwar period than the layout of art-historical books».

que não apenas as rearranja, mas lhes confere outro sentido possível. Longe de serem arquétipos ideais e fora da história, as imagens recolhidas e montadas por Warburg a fim de constituir um atlas *mnemônico* da cultura ocidental são elementos históricos e exibem justamente o intervalo (o limiar) em que opera a *memória social*.

Apreender essas imagens e inseri-las novamente numa imagem que exponha imagens é a tarefa que Warburg toma para si. Em jogo encontra-se a própria capacidade que a cultura ocidental tem de *representar* — e, também, de fazer história. Ao botar um fim na supremacia da representação em detrimento da reprodução, o que entra em questão é o problema da «historicidade mesma, ou seja, de sua constituição, apesar de e com seu *anacronismo* fundamental».[16] Esse princípio de montagem configura-se no início do século XX, portanto, como um instrumento estratégico não só para Warburg, mas também para as vanguardas. Diante de um quadro de Francis Picabia, ou de uma imagem de Kurt Schwitters, ou ainda de um cartaz de El Lissitzky, é possível vislumbrar o artista como um operador de montagens muito mais do que alguém que mimetiza, por assim dizer: em outros termos, o artista coloca-se como aquele que recolhe dejetos para compor uma imagem (nem um lixeiro nem um deus, apenas o que é refugado de ambos).

Ao montar uma imagem, ao imaginar, portanto, o artista ou o historiador da arte (ou, ainda, o filósofo, o cineasta, o romancista etc.) lança-se à procura do vértice vazio da representação: não mais mimese de objetos reais no espaço da *irrealidade* (*idealidade*) da arte; tampouco construção historiográfica a partir da concatenação narrativa de eventos (*eventos-objetos*) históricos; a arte e a história são vistas agora como um campo de luta das imagens.

16 Georges Didi-Huberman, *O que vemos, o que nos olha*. Trad. de Paulo Neves. São Paulo: Ed. 34, 1998, p. 181.

* * *

No mundo supertecnizado que se anuncia, quando caírem as barreiras finais do Patriarcado, o homem poderá cevar a sua preguiça inata, mãe da fantasia, da invenção e do amor. E restituir a si mesmo, no fim do seu longo estado de negatividade, na síntese, enfim, da técnica que é a civilização e da vida natural que é cultura, o seu instinto lúdico.

Oswald de Andrade

No início de seu ensaio de 1971, «Nietzsche, la généalogie, l´histoire», Foucault sutilmente depõe a ideia de *origem* (uma origem essencial) em prol de um conhecimento histórico diverso dessa, por assim dizer, alta originalidade. Tal «origem», diz Foucault, «está sempre antes da queda, antes dos corpos, antes do mundo e do tempo; ela está ao lado dos deuses, e, para contá-la, sempre cantamos uma teogonia».[17] A empresa genealógica, portanto, procura dissipar-se de formações imagéticas regulares, isto é, *da História* (a grande «História» humanista), a qual se configura a partir de coordenadas espaço-geográficas precisas, datadas, que sempre se reportam a um ponto de origem — uma *arké* — que seria «a essência exata da coisa, sua possibilidade mais pura, sua identidade cuidadosamente replicada sobre si mesma, sua forma imóvel e anterior a tudo o que é externo, acidental e sucessivo».[18] Eis que a estratégia foucaultiana se desenha como uma *esconjuração*[19] — ou seja, um *afastamento* e, ao mesmo tempo, uma *evocação* — de uma origem.

---

17 Michel Foucault, *Dits et écrits: 1954-1988*. Vol. II: 1970-1975. Paris: Gallimard, 1994, p. 139.

18 Ibid., p. 138.

19 Agamben lembra que o termo usado por Foucault, *conjurer* [esconjurar], traz em si estes dois significados: evocar e expulsar, já que para esconjurar algo é

Como uma desregulação regrada, como «*carnaval concerté*», a genealogia afirma-se em torno de três convicções: 1) a ideia da significação como vazio (uma lógica dispersiva do acaso); 2) a compreensão de que o começo histórico é acéfalo (irrisório e irônico); 3) entendendo a origem como o encadeamento de erros autoindulgentes.[20]

A pretensão de algo como uma *historiografia* foucaultiana (que poderia ter uma melhor conotação se denominada *método genealógico-arqueológico*)[21] pode ser mais bem pensada a partir da noção de evocação/afastamento da *origem*. Por essa via, verificamos que o trabalho foucaultiano não se presta a remeter o discurso à longínqua presença da origem. Longe disso, como ele próprio anota na *Arqueologia do saber*:

> É preciso estar pronto para acolher cada momento do discurso em sua irrupção de acontecimentos, nessa pontualidade em que aparece e nessa dispersão temporal que lhe permite ser repetido, sabido, esquecido, transformado, apagado até nos menores traços, escondido bem longe de todos os olhares, na poeira dos livros.[22]

A liberação dessa esfera discursiva de que trata a *Arqueologia do saber* (liberação de suas formas imediatas de continuidades) acontece pela esconjuração da origem. Nesse movimento,

---

preciso antes de tudo evocá-lo. Cf. Giorgio Agamben, *Signatura Rerum: Sul metodo*. Turim: Bollati Boringhieri, 2008, p. 85.

20 Raúl Antelo, *Transgressão e modernidade*. Ponta Grossa: UEPG, 2001, p. 25.

21 Ainda que exista uma partição já *clássica* do pensamento de Foucault entre *arqueologia* (como uma teoria do conhecimento) e *genealogia* (como uma teoria do poder), prefiro compreendê-las como sendo a formação de uma constelação metodológica única na obra do filósofo.

22 Michel Foucault, *A arqueologia do saber*. Trad. de Luiz Felipe Baeta Neves. Rio de Janeiro: Forense Universitária, 2005, p. 28.

a tentativa da arqueologia foucaultiana é a da desestratificação do conjunto sempre finito e efetivamente limitado dos discursos; ou seja, é na busca por uma origem *não originária* (uma *arké* que não é um ponto meta-histórico do tempo histórico, mas sim uma constante presença na dispersão dos acontecimentos) que irrompe historicamente aquilo que Foucault designa como *enunciado* — este algo que «nem a língua nem o sentido podem esgotar inteiramente».[23] A estratégia arqueológica, portanto, deve ser compreendida de um modo completamente diverso dos saberes disciplinares, e por isso a insistência com que Foucault marca o enunciado como uma *função de existência* que cruza o domínio das estruturas e das unidades possíveis: «o enunciado não é uma unidade do mesmo gênero da frase, proposição ou ato de linguagem; não se apoia nos mesmos critérios; mas não é tampouco uma unidade como um objeto material poderia ser, tendo seus limites e sua independência».[24] Assim, a função enunciativa não pode ser compreendida «nem por uma análise formal nem por uma investigação semântica».[25]

Confrontando tais passagens da *Arqueologia do saber* com *As palavras e as coisas*, Giorgio Agamben indica que aos enunciados — termo estratégico central do primeiro — correspondem as assinalações (ou *assinaturas*) no segundo. Ainda que Foucault não tenha definido as *assinaturas* quando trata da epistemologia do Renascimento, confere a elas uma função e uma posição próprias. Ao bipartir o campo epistemológico do século XVI em hermenêutica — o «conjunto de conhecimentos e técnicas que permitem fazer falar os signos e descobrir seu sentido» — e em semiologia — o «conjunto de conhecimentos e técnicas que permitem distinguir onde estão os signos, definir

23   Ibid., p. 31.

24   Ibid., p. 97.

25   Ibid., p. 102.

o que os institui como signos, conhecer seus liames e as leis de seu encadeamento» —, Foucault diz que «o século XVI superpôs semiologia e hermenêutica na forma da similitude».[26] Tal superposição, no entanto, não é imediata e evidente, sempre restando entre ambas um *vão*;[27] trata-se do hiato entre semiologia e hermenêutica (na mesma época essa bipartição vinha sendo desenvolvida por Émile Benveniste,[28] porém com denominações diferentes: os campos semântico e semiótico) que não suporta uma livre passagem de uma à outra, que pode ser visto como o *não lugar* das assinaturas e, na leitura de Agamben, também o dos enunciados.

Nem semiótico nem semântico, ainda não discurso e tampouco mero signo, os enunciados, como as assinaturas, não instauram relações semióticas nem criam novos significados, mas assinalam e «caracterizam» os signos no nível de sua existência e, desse modo, efetivam e deslocam a eficácia. Eles são as assinaturas que os signos recebem pelo fato de existirem e serem usados, o caráter indelével que, marcando-os em seu significar algo, orienta e determina em certo contexto sua interpretação e eficácia.[29]

A partir dessas considerações é possível voltar à posição que no início marcamos para a interpretação foucaultiana da genealogia de Nietzsche, isto é, a leitura da esconjuração de uma origem. Segundo Foucault, três seriam os termos que em Nietzsche designariam a posição da origem: *Ursprung*,

---

26   Id., *As palavras e as coisas: Uma arqueologia das ciências humanas.* Trad. de Salma Tannus Muchail. São Paulo: Martins Fontes, 2002, p. 40.

27   Ibid., p. 41.

28   Émile Benveniste, *Problemas de linguística geral II.* Trad. de Eduardo Guimarães et al. Campinas: Pontes, 1989, pp. 43-67.

29   Agamben, *Signatura Rerum...*, op. cit., p. 65.

Entstehung e *Herkunft*. Enquanto o último marcaria algo como a *cepa*, a *proveniência*, a partir da qual é possível perceber todas as sutilezas, marcas e singularidades que se entrecruzam numa rede, e *Entstehung* designaria a *emergência*, o ponto da irrupção das forças, o local do jogo aleatório das dominações,[30] *Ursprung* seria aquela origem meta-histórica, essencial e anterior à queda e aos corpos, a identidade duplicada das coisas, ou seja, justamente aquilo de que a genealogia deveria tomar suas distâncias.

Levando em conta as figuras da *Entstehung* e da *Herkunft*, ainda parece restar à origem um papel primordial na pesquisa arqueológica. Os entrecruzamentos que se armam entre *proveniência* e *emergência* fazem com que as crenças em necessidades estáveis, no seio de certa busca historiográfica tradicional, sejam estilhaçadas. Abre-se, portanto, um sentido histórico sem coordenadas originárias — as quais estariam sempre vinculadas a *um* sentido meta-historicamente determinado —, lançando-nos em miríades de eventos perdidos. Ou seja, mais do que uma afirmação categórica na qual se poderia ler que Foucault afasta a origem de seus intentos *metodológicos*, é preciso compreender que a origem — entendida como *proveniência* e *emergência* — ainda é substancial para a pesquisa *genealógica* (mas também *arqueológica*).

A origem pode ser vista, nesse sentido, não como um conceito, discursivo ou sintético (um paradigma lógico, por assim dizer), tampouco como fonte das coisas, isto é, um *arké*-tipo (uma figura-original; imagem-original) que nos contaria a gênese das coisas.[31] Assim, podemos perceber nessa compreensão da origem, à qual se dirige o intento do pesquisador (do arqueólogo), uma proximidade com outro pensador da questão

---

30 Foucault, *Dits et écrits...*, op. cit., pp. 140-5.

31 Didi-Huberman, *O que vemos, o que nos olha*, op. cit., pp. 170-1.

da originariedade: Walter Benjamin. Em seu *Origem do drama barroco alemão* ele aponta sua compreensão da origem:

> A origem, apesar de ser uma categoria totalmente histórica, não tem nada que ver com a gênese. O termo *origem* não designa o vir-a-ser daquilo que se origina, e sim algo que emerge do vir-a--ser e da extinção. A origem se localiza no fluxo do vir-a-ser como um torvelinho, e arrasta em sua corrente o material produzido pela gênese. O originário não se encontra nunca no mundo dos fatos brutos e manifestos, e seu ritmo só se revela a uma visão dupla, que o reconhece, por um lado, como restauração e repro-dução, e por outro lado, e por isso mesmo, como incompleto e inacabado. Em cada fenômeno da origem se determina a forma com a qual uma ideia se confronta com o mundo histórico, até que ela atinja a plenitude na totalidade de sua história. A origem, portanto, não se destaca dos fatos, mas se relaciona com sua pré e pós-história.[32]

Assim, por exemplo, a partir dessa dimensão de torveli-nho (redemoinho, vórtice) da origem, podemos ver um leitor de Benjamin como Georges Didi-Huberman[33] dizer que a origem está muito mais próxima de nós do que imaginamos, que ela está na imanência do próprio devir. Ou mesmo Giorgio Agamben, em um pequeno texto de evidente inspiração benja-miniana, chamado justamente *Vórtices*:

> [...] a origem deixa de ser algo que precede o devir e perma-nece separado deste na cronologia. Como o redemoinho no curso do rio, a origem é contemporânea ao devir dos fenômenos, dos quais extrai sua matéria e em que, todavia, permanece de algum

---

32 Walter Benjamin, *Origem do drama barroco alemão*. Trad. de Sérgio Paulo Rouanet. São Paulo: Brasiliense, 1984, pp. 67-8.

33 Didi-Huberman, *O que vemos, o que nos olha*, op. cit., p. 170.

modo autônoma e firme. E, uma vez que ela acompanha o devir histórico, procurar compreender este último significará não o enviar para trás numa origem separada no tempo, mas confrontá-lo e mantê-lo com algo que, como um vórtice, é de todo modo presente nele. A compreensão de um fenômeno melhora se dele não se separa a origem em um ponto remoto no tempo. A *arché*, a origem vorticosa que a pesquisa arqueológica procura alcançar, é um *a priori* histórico que permanece imanente ao devir e continua a agir neste. E também no curso de nossa vida o vórtice da origem permanece até o fim presente, acompanha em cada instante silenciosamente nossa existência.[34]

Irônico nessa construção torvelinha da origem, entretanto, é o fato de Benjamin utilizar-se justamente do termo *Ursprung* para dar essa sua noção de origem; ou seja, aqui esse termo, que traz a liberação da origem de sua conotação metafísica, é exatamente o mesmo que a leitura foucaultiana de Nietzsche rechaça *como* metafísico. Comentando seus próprios desenvolvimentos acerca da *origem*, Benjamin diz nas *Passagens*:

> Origem [*Ursprung*] — eis o conceito de fenômeno originário transposto do contexto pagão da natureza para os contextos judaicos da história. Agora, nas *Passagens*, empreendo também um estudo da origem. Na verdade, persigo a origem das formas e das transformações das passagens parisienses desde seu surgimento até seu ocaso, e a apreendo nos fatos econômicos. Esses fatos, do ponto de vista da causalidade — ou seja, como causas —, não seriam fenômenos originários; tornam-se tais apenas quando, em seu próprio desenvolvimento — um termo mais adequado seria desdobramento —, fazem surgir a série das formas históricas

---

34 Giorgio Agamben, *Il fuoco e il racconto*. Roma: Nottetempo, 2014, p. 63.

concretas das passagens, assim como a folha, ao abrir-se, desvenda toda a riqueza do mundo empírico das plantas.[35]

A concepção benjaminiana de *Ursprung*, podemos ver, está longe de ser antagonista da leitura aqui apresentada de Foucault. Em Benjamin, «o *Ursprung*», sugere Jeanne-Marie Gagnebin, «designa a origem como salto (*Sprung*) para fora da sucessão cronológica niveladora à qual uma certa forma de explicação histórica nos acostumou. Pelo seu surgir, a origem quebra a linha do tempo, opera cortes no discurso ronronante e nivelador da historiografia tradicional».[36]

Por certo, esse *salto* para fora da linha da história não é uma tentativa benjaminiana de regresso nostálgico a uma origem imaculada. Mais do que isso, é possível ver nessa aproximação entre as questões da história e da temporalidade a abertura do hiato que as separa. Isto é, ainda que um pensamento da história carregue em si a concepção de tempo e a recíproca seja de certo modo válida, não há uma justaposição exata em que, ao dar-se o tempo, imediatamente também se dá a história. De maneira simétrica ao que ocorre no pensamento da epistemologia do Renascimento apontado por Foucault, o qual apresenta o vão entre semiologia e hermenêutica, no entendimento historiográfico também um hiato é possível ser reconhecido na dicotomia tempo/história (que, numa leitura estruturalista, poderia ser reconhecida como o par sincronia/diacronia).[37]

---

35 Walter Benjamin, *Passagens*. Trad. de Irene Aron e Cleonice Paes Barreto Mourão. Belo Horizonte/São Paulo: UFMG/Imprensa Oficial do Estado de São Paulo, 2006, p. 504.

36 Jeanne-Marie Gagnebin, *História e narração em Walter Benjamin*. São Paulo: Perspectiva, 2004, p. 10.

37 Interessante a esse respeito são os comentários de Agamben em seu ensaio sobre o País dos Brinquedos. Cf. Giorgio Agamben, *Infância e história: Destruição da experiência e origem da história* (Trad. de Henrique Burigo. Belo Horizonte: UFMG, 2005), p. 95: «Se a história se revela, nessa perspectiva, como o sistema das

Tanto em Foucault quanto em Benjamin, a origem é um lugar limiar entre instâncias imanentes. Isto é, não são origens-fonte, transcendentes e ideais, mas entrepostos, estratos limiares. O que, entretanto, marcam tais *limiares*? Em Foucault esse hiato é marcado pelos enunciados na *Arqueologia do saber* e pelas assinalações em *As palavras e as coisas* (que, a partir da leitura de Agamben, aqui se condensam na noção de *assinaturas*). Em Benjamin, por sua vez, tal posto é ocupado pelas *imagens dialéticas*, cuja categorização vem expressa em alguns fragmentos do arquivo N das *Passagens*; como o fragmento N 9, 7, no qual Benjamin diz:

> A imagem dialética é uma imagem que lampeja. É assim, como uma imagem que lampeja no agora da cognoscibilidade, que deve ser captado o ocorrido. A salvação que se realiza deste modo — e somente deste modo — não pode se realizar senão naquilo que estará irremediavelmente perdido no instante seguinte.[38]

transformações do rito em jogo e do jogo em rito, a diferença entre os dois tipos de sociedade não é tanto qualitativa quanto quantitativa: somente o prevalecer de uma ordem significante sobre a outra define o pertencimento de uma sociedade a este ou àquele tipo. Num dos extremos de uma tal classificação estaria o caso (cuja realidade é puramente assintótica, pois não conhecemos exemplos de semelhante sociedade) de uma sociedade na qual todo jogo se tivesse tornado rito, toda diacronia fosse transformada em sincronia. Numa sociedade como essa, na qual o intervalo diacrônico entre passado e presente seria totalmente preenchido, os homens viveriam num eterno presente, ou seja, naquela eternidade imóvel que muitas religiões designam precisamente como morada aos deuses. No extremo oposto se colocaria o caso (também este ideal) de uma sociedade na qual todo rito tivesse sido erodido pelo jogo e todas as estruturas esfareladas em eventos: é o 'país dos brinquedos', no qual as horas correm como faíscas, ou, na mitologia grega, a absoluta diacronia do tempo infernal, simbolizada pela roda de Íxon e pela faina de Sísifo. Em ambos os casos viria a faltar aquele resíduo diferencial entre diacronia e sincronia no qual identificamos o tempo humano, isto é, a história».

38 Benjamin, *Passagens*, op. cit., p. 515.

Esse lampejo (*Stillstand*) no agora da cognoscibilidade não é uma imobilização da imagem, isto é, sua simples captura como *um* elemento histórico (um discurso histórico disciplinarmente sedimentado, ou um objeto histórico); ele é uma irrupção, um limiar entre imobilidade e movimento, ou seja, o movimento dialético ínsito nessas imagens — que são as únicas «imagens autênticas (isto é: não arcaicas)»[39] — que carrega toda a dimensão do turbilhão da origem explicitado na *Origem do drama barroco alemão*. Porém é no fragmento N 3, 1 das *Passagens* que Benjamin mais se aproxima de uma definição das imagens dialéticas. Ao distingui-las das essências da fenomenologia husserliana (com uma declarada morte da *intentio*), Benjamin lhes confere o caráter de *índice histórico* — o qual não assinala um pertencimento a determinada época, «mas, sobretudo, que elas [as imagens] só se tornam legíveis numa determinada época. E atingir essa 'legibilidade' constitui um determinado ponto crítico específico do movimento em seu interior».[40] A historicidade das imagens dialéticas é apreendida naquela rítmica que lhe é própria (é própria à origem), e, assim, é aberta numa dupla intelecção, que em si é ambígua, pois pretende algo como uma restauração no mesmo movimento de abertura e incompletude. Como lê Agamben, «onde o sentido se interrompe, lá aparece uma imagem dialética. A imagem dialética é uma oscilação não resolvida entre um estranhamento e uma nova ocorrência de sentido. Semelhante na intenção emblemática, ela mantém em suspensão seu objeto em um vazio semântico».[41] Assim, aquela dupla intelecção não é dicotômica e substancial, mas bipolar e tensiva:

---

39   Ibid., p. 504.

40   Ibid.

41   Agamben, *Ninfas...*, op. cit., p. 41.

[...] os dois termos não são nem removidos nem compostos em uma unidade, mas mantidos numa coexistência imóvel e carregada de tensões. Isso significa, na verdade, que não somente a dialética não é separável dos objetos que nega, mas que esses perdem sua identidade e se transformam nos dois polos de uma mesma tensão dialética, que atinge sua máxima evidência na imobilidade.[42]

É por efeito dessa tensão bipolar negativa que a imagem dialética é sempre uma imagem crítica, uma «imagem em crise, uma imagem que critica a imagem — capaz, portanto, de um efeito, de uma eficácia teóricos —, e por isso uma imagem que critica nossas maneiras de vê-la, na medida em que, ao nos olhar, ela nos obriga a olhá-la verdadeiramente».[43] Ou, ainda, como diz Benjamin, «a imagem lida, quer dizer, a imagem no agora da cognoscibilidade, carrega no mais alto grau a marca do momento crítico, perigoso, subjacente a toda leitura».[44]

As imagens e sua possibilidade de leitura marcam, portanto, uma posição limiar: as imagens são elementos históricos, carregam um índice histórico, como se lê no fragmento N 3, 1 das *Passagens*. Desse modo, não são os objetos nem as essências aquilo que contempla a teoria benjaminina da história (e que permeia todo o seu pensamento), mas sim as *imagens*, e que estas não sejam quadros emoldurados e estratificados (como *imagens históricas* oficiais — isto é, os discursos narrativos da *História*) é, de toda forma, o que se faz necessário anotar. O índice (que deriva do latim *dico*, mostrar; mostrar com a palavra, portanto, *dizer*)[45] histórico que são as imagens dialéticas

---

42 Ibid., p. 42.

43 Didi-Huberman, *O que vemos, o que nos olha*, op. cit., p. 172.

44 Benjamin, *Passagens*, op. cit., p. 505.

45 Agamben, *Signatura Rerum...*, op. cit., pp. 75-6.

não pode ser tido em conta como um *arké*-tipo, nem como fonte (imagem-fonte) e tampouco como uma essência metafísica; ele é o que nessa dialética em suspensão compõe a imagem dialética, garante sua legibilidade. Tal como em Foucault, aqui também podemos falar em *assinaturas*. A leitura arqueológica da origem — como *enunciados* ou como *imagens dialéticas* — é, portanto, a leitura das *assinaturas* que se marcam entre, por assim dizer, as palavras e as coisas (nem *essências* nem *substâncias*). «O objeto histórico, com efeito, jamais é dado de modo neutro, mas está sempre acompanhado por um índice ou uma assinatura, que o constitui como imagem e nele determina e condiciona temporalmente a legibilidade.»[46] O pesquisador não escolhe voluntária e arbitrariamente seus documentos no arquivo, mas «segue o fio sutil e inaparente das assinaturas que dele exigem aqui e agora a leitura»,[47] montando sua imagem--texto não de um modo implicado pela *necessidade* da História (a partir de um âmbito *universal*) tampouco de maneira *particularíssima* e a seu talante.

Nesse sentido, a leitura das imagens só pode ser feita a partir das filigranas que são as assinaturas. Ainda mais: apenas rompendo a cronologia historiográfica (o que Benjamin chamava de prostíbulo do historicismo)[48] num estilhaçar *anacrônico* é que algo como um tempo histórico se faz possível. E é a partir dessa ideia que Eduardo Cadava faz suas análises em seu ensaio «*Lapsus Imaginis*: The Image in Ruins», na revista *October* da primavera de 2001:

---

46 Ibid., p. 74.

47 Ibid.

48 Cf. Walter Benjamin, «Teses sobre o conceito de história». In: LÖWY, Michel. *Walter Benjamin: Aviso de incêndio. Uma leitura das teses «Sobre o conceito de história»*. Trad. de Wanda Nogueira Caldeira Brant. Trad. das teses: Jeanne Marie Gagnebin e Marcos Müller. São Paulo: Boitempo, 2005, p. 128.

Sem interromper o contínuo histórico, sem explodir as técnicas de representação, não é possível tempo histórico. Nenhuma história sem a interrupção da história. Nenhum tempo sem a interrupção do tempo. Nenhuma imagem sem a interrupção da imagem. Entretanto, se essa imagem interrompida ainda é uma imagem, então «imagem» significa: o desastre da imagem. Significa que cada imagem é uma imagem do desastre — que a única imagem que poderia realmente ser uma imagem seria aquela que mostra sua impossibilidade, seu desaparecimento e destruição, sua ruína.[49]

A imagem é desastre da imagem, é simples lampejo, é detrito da imagem, é imagem da imagem (e é este o atlas *Mnemosyne* de Warburg: a imagem que expõe imagem), ou, ainda, é imagem dialética — que nunca se *forma* numa constância estanque, mas é sempre uma *de-formação imagética*. Lembra Benjamin que o lugar onde encontramos tais imagens é sempre a linguagem.[50] Por isso ler as imagens, por isso aproximar os *enunciados* foucaultianos das *imagens dialéticas*. Nessa escrita-imagética (e também nisso está a questão do *meio* em Warburg) subtrai-se o primado da linguagem sobre a imagem — tema que dá o tom do ensaio «Isto não é um cachimbo» de Foucault —, abrindo o espaço próprio da *imaginação* (em seu sentido averroísta: a possibilidade de *trânsito* no vácuo entre o único intelecto possível e os indivíduos). Assim, é por meio da imaginação que a história se torna possível, ou melhor, é por meio dela que um historiador procura ter acesso àquilo que chama história. Em outras palavras, o trabalho arqueológico é sempre um trabalho imaginativo que garante acesso ao presente, além da memória e do esquecimento,

---

49 Eduardo Cadava, «*Lapsus Imaginis*: The Image in Ruins». *October,* 96, Spring 2001. October Magazine, Ltd. And Massachusetts Institute of Technology, pp. 44-5.

50 Benjamin, *Passagens*, op. cit., p. 504.

ou seja, num limiar de indiferença entre ambos. Como lembra Didi-Huberman,

> [...] a questão das imagens está no coração deste grande problema do tempo, nosso 'mal-estar na cultura'. Seria preciso saber olhar nas imagens aquilo a que elas são as sobreviventes. Para que a história, liberada do puro passado (esse absoluto, essa abstração), nos ajude a abrir o presente do tempo.[51]

A questão do *ler* e do *ver* um objeto histórico (fazer arqueologia), da interpretação de uma obra de arte, não seria a produção de um discurso *sobre algo*, tampouco a atribuição de um sentido (algo que *decide* o sentido *no* objeto), mas a leitura-imagética de sua origem, de sua *assinatura*. É sempre uma questão de ler uma imagem que não se cristaliza como monumento, como significante ou significado, que não é uma *forma bem formada*, mas uma deformação (forma em formação): essa é a tarefa do arqueólogo. Ou seja, enquanto procura a *forma em formação* o arqueólogo tem acesso ao presente e à sua origem (sua *arké*, sempre nos sentidos de Foucault e Benjamin aqui propostos). Às formas-imagens que se estabelecem como monumentos comemorativos (estanqueidades emolduradas em quadros da história), que nada mais celebram do que a origem meta-histórica, contrapõe-se aqui uma rede dispersiva de sentidos (um campo de correntes históricas bipolares), como se lê no ensaio de Foucault sobre Nietzsche, de uma história que se lê nas infratexturas, isto é, nas *assinaturas*.

A grande *História* perde seu *chronos,* sua régua, e, portanto, também sua destinação, abrindo o campo do que Didi-Huberman chama de *anacronismo deliberado*.[52] No mais, a

---

51 Georges Didi-Huberman, *Images malgré tout.* Paris: Minuit, 2003, p. 226.

52 Id., *Diante da imagem.* Trad. de Paulo Neves. São Paulo: Ed. 34, 2013, pp. 19-69.

história perde assim sua bússola.[53] Por essa chave de leitura, já não é possível falar de formação de imagens históricas, mas de *de-formações imagéticas* da história: a tentativa de cumprir no imaginário uma história cujo espaço é uma imaginação para além da cristalização das imagens: não mais atidos aos *discursos* (as palavras; as essências) históricos, tampouco obsessivamente presos às *coisas* (a substancialidade; as coleções insistentemente elevadas em seus pedestais intocáveis, puros, que remetem à sua origem metafísica).

Como a face do Cristo impressa no sudário (uma imagem aquiropita, isto é, que *milagrosamente* teria aparecido sem ter sido feita por mãos humanas) faz deste um objeto de veneração, pois dessa maneira o sudário carrega em si o *toque* do divino, a *visibilidade* do *Deus invisível*,[54] a *assinatura* do próprio Deus, também a busca do arqueólogo deverá ser pela semelhança (pela *assinatura*) deixada pelo *contato* entre as palavras e as coisas — *contato* que é a *arké*, a própria *assinatura*, a origem, uma força que opera na história e não seu *a priori* condicionante, seu arquétipo. Uma busca que traz o passado ao seu cumprimento no presente de sua legibilidade, e que, talvez, é o que *resta* a todo filósofo, artista ou crítico e, também, o que poderá abrir uma via de acesso a um presente já não pontual e inapreensível, mas *intenso* (como *Jetztzeit* ou *kairós*, em sentido benjaminiano). É a partir desse constante jogo entre o ponto de insurgência e o devir históricos, no qual tem lugar a *origem* — jogo por si só *anacrônico* —, que talvez seja possível à cultura ocidental encontrar seu tempo e sua história destituídos de uma fulguração redentora. Ou, ainda, talvez esteja aí a possibilidade de uma ação humana desvinculada de seu cristalizar-se

---

53   Cf. Sergio Givone, *Il bibliotecario di Leibniz: Filosofia e romanzo*. Turim: Einaudi, 2005.

54   Didi-Huberman, *La ressemblance par contact...*, op. cit., pp. 76-91.

em obra — uma ação que seja aberta sempre em seu presente como *des-obra, désoeuvrement, inoperosità.*

* * *

Só a antropofagia nos une. Socialmente. Economicamente.
Filosoficamente. Única lei do mundo. Expressão mascarada de todos os
individualismos, de todos os coletivismos. De todas as religiões.
De todos os tratados de paz.

Oswald de Andrade

Em 1968, em seu ensaio sobre «A morte do autor», Roland Barthes escreve:

Sabemos agora que um texto não é feito de uma linha de palavras a produzir um sentido único, de certa maneira teológico (que seria a «mensagem» do Autor-Deus), mas de um espaço de dimensões múltiplas, onde se casam e se contestam escrituras variadas, das quais nenhuma é original: o texto é um tecido de citações, oriundas dos mil focos da cultura. À semelhança de Bouvard e Pécuchet, esses eternos copistas, a uma só vez sublimes e cômicos, e cujo profundo ridículo designa *precisamente* a verdade da escritura, o escritor pode apenas imitar um gesto sempre anterior, jamais original; seu único poder está em mesclar as escrituras, em fazê-las contrariar-se umas pelas outras, de modo que nunca se apoie em apenas uma delas; quisera ele *exprimir-se*, pelo menos deveria saber que a «coisa» interior que tem a pretensão de «traduzir» não é senão um dicionário todo composto, cujas palavras só se podem explicar através de outras palavras, e isto indefinidamente; [...] sucedendo ao Autor, o escritor já não possui em si paixões, humores, sentimentos, impressões, mas esse imenso dicionário de onde retira uma escritura que não pode ter parada: a vida nunca faz outra coisa senão imitar o livro, e esse mesmo livro não é mais que um tecido de signos, imitação perdida, infinitamente recuada.[55]

Um tecido de citações oriundo dos mil focos da cultura, isso é o texto; não opera, *des-opera*; não faz obra de um autor, mas dispersão, «*habladuría fabulosa*» de um *eu* que é apenas um «*punto de la nada*».[56] Um nada de nada, uma suspensão: eis o lugar vazio do escritor, o qual não é senão o autor aposentado (a aposentadoria, essa metafísica do ócio),[57] cujos atos de escrita não são identificados com a originalidade de uma *primeira vez*, mas são sempre impressões, moldes.

O texto destaca-se da origem (a origem-Autor) e, a partir daí, já não funda um *corpus*. Não interessam mais as demandas sobre o sujeito, o alto; não mais uma lógica descendente que coordena o sentido do texto, mas sim uma lógica do baixo, do acéfalo, da dispersão de sentidos que como detritos se espalham. O interesse se volta agora para a recepção do texto, ou melhor, para o leitor — esse «homem sem história, sem biografia, sem psicologia; ele é apenas esse *alguém* que mantém reunidos num mesmo campo todos os traços de que é constituído o escrito».[58] Raúl Antelo, ao ler esse trecho de Barthes, conclui que, com a morte do autor — morte da subjetividade absoluta —, morre também a possibilidade de um objeto absoluto, pleno e constante (diríamos, de uma *obra*), e, com isso, «passamos a ter,

---

55 Roland Barthes, *O rumor da língua*. Trad. de Mário Laranjeira. São Paulo: Martins Fontes, 2004, p. 62.

56 Giorgio Agamben, «Identificación y desidentificación de un autor llamado José Bergamin». Trad. de Luis Luque Toro. *Archipiélago: Cuadernos de Crítica de la Cultura*, n. 46, Barcelona: 2001, pp. 81-7.

57 Oswald de Andrade, *A utopia antropofágica*. São Paulo: Globo, 2001, p. 106.

58 Barthes, op. cit., p. 64.

em compensação, uma miríade de particularidades, essas que outrora retiravam sua força e fundamento do caráter limitado de sua materialidade específica».[59]

A insígnia da diferença, do particular, mostra-se em toda a sua plenitude. A morte do autor, junto com a morte da obra, parece dar ensejo à recepção do texto como prática particular cujas possibilidades de leitura seriam de cunho antropológico. O jogo universal/particular (o mesmo do par Autor/leitor) cede espaço à pura diferença entre particulares. Porém, como salienta Antelo, se «adotamos uma diferença pura, somos obrigados a aceitar, em nome de um princípio coerente de tolerância, até mesmo as categorias mais intolerantes ou intoleráveis, com total indiferença ética. Cai-se portanto no paradoxo de negar o particularismo que se pretende defender».[60] Desse modo, a passagem da obra ao texto, do Autor ao escritor, implica sempre um paradoxo: a morte do universal sem sua redenção no particular; ou, ainda, aos questionamentos de um texto e de sua leitura, não é mais possível falar em posições originárias — ou universais — tanto de autoria como de leitura, tampouco em panaceia de uma leitura abjeta na qual tudo é possível (uma proliferação indiscriminada e eticamente indiferente). Porém também não se trata da insistência numa lógica disjuntiva, dicotômica, que sempre se dá com uma dupla antagônica do processo de escritura-leitura de um texto (ou universal, ou particular). O problema é agora, de modo muito mais forte e aporético, aquele de uma lógica do *non-aliud*,[61] da oposição entre

59 Antelo, op. cit., p. 264.

60 Ibid.

61 Essa ideia da oposição entre opostos está presente já em Nicolau de Cusa, em suas tentativas de fusão entre um misticismo de matriz eckhartiana e o neoplatonismo (a teologia negativa) de suas leituras do Pseudo-Dionísio. Nesse sistema lógico, na oposição de dois termos, por exemplo X/não X, há a proposição de um terceiro que se estabelece sob a forma da dupla negação: não não X. Interessante também é notar que tal dicotomia entre universal e particular encontra em Nicolau

opostos (nem universal nem particular), ou seja, uma lógica do resto, do singular. Tensionando ao máximo essa problemática, podemos deixar de encarar a leitura-escritura apenas como uma questão estética (poético-ficcional), para reposicioná-la também em sua dimensão ética (histórico-filosófica). O texto não mais opta por poetar ou filosofar — a poesia se transmuta em filosofia —, e com isso as fronteiras se diluem em *limiar*.

Essas tentativas de passagem da *obra* ao *texto*, que podem ser extraídas da leitura de Barthes, refletem uma preocupação com o instante de ruptura com a tradição. Tais temas ressoam por boa parte da chamada modernidade, principalmente nas atuações das vanguardas artísticas da primeira metade do século XX, nas quais podemos notar claramente os elementos de ruptura: as tentativas surrealistas de liberação do inconsciente como motor do artista, as estratégias cubistas de desdobramento das imagens num plano quadridimensional, a negação absoluta da arte — arte é merda — pelos dadaístas e, por fim, as táticas antropofágicas de revogação e releitura da história (história das relações metrópole/colônia, das formações *identitárias* no Novo Mundo etc.). Assim, quando lemos no número 1 da revista *Cannibale*, sob a rubrica de Picabia,

---

uma versão metafórica na questão da visão divina. Diante do debate filosófico acerca do único intelecto possível e da existência das inteligências particulares — paradoxo que marca boa parte da filosofia medieval —, Nicolau, a partir de um ícone do Cristo, delimita uma ideia de totalidade do conhecimento divino a partir da visão. Cf. Nicolau de Cusa, *A visão de Deus* (Trad. de João Maria André. Lisboa: Fundação Calouste Gulbenkian, 1998), p. 162: «Mas o teu olhar, sendo olhos ou espelho vivos, vê em si todas as coisas. Ele é antes a causa de tudo o que é visível. Por isso abraça e vê todas as coisas na causa e razão de tudo, isto é, em si próprio. Os teus olhos voltam-se, Senhor, para tudo, sem se desviarem. E porque os nossos olhos se voltam para o objecto, decorre daí que o nosso olhar vê sob um ângulo quantitativo. Porém, o ângulo dos teus olhos, ó Deus, não é quantitativo, mas é infinito, ele é círculo e, mais ainda, esfera infinita, porque teu olhar é o olho da esfericidade e da perfeição infinita. Por isso vê tudo em redor, simultaneamente em cima e embaixo».

«La vie n'a qu'une forme: l'oubli», é toda essa cena da ruptura que se mostra.

Do mesmo modo como o Dada da *Cannibale* invocava o esquecimento, também a antropofagia latino-americana — e a figura de Oswald é fundamental — tentava se lançar contra a tradição: «contra a memória fonte do costume»[62] é o que se lê no *Manifesto antropófago*, de 1928. Cortar os laços com os costumes, interromper as experiências transmitidas pela *memória cultural* de um grupo: eis os objetivos visados pelas vanguardas, tanto naquelas atuantes na Europa quanto nas latino-americanas. Podemos assumir, portanto, que essa *lógica* de ruptura com o tradicional pelo viés antropofágico não é apenas latino--americana, mas funciona como num cruzamento transatlântico[63] (o Dada não tem nacionalidade...).

No Brasil, quando Oswald de Andrade aclama o *primitivo*, isto é, o resgate de uma visão do mundo dita pré-lógica,[64] como modo de rompimento com a tradição, assim o faz pela via da antropofagia. Esta é, portanto, o mecanismo paradigmático

62 Andrade, *A utopia antropofágica...*, op. cit., p. 51.

63 Interessantíssima é nesse sentido a carta de Francis Picabia endereçada a madame Rachilde, no número 1 da revista *Cannibale,* que aqui reproduzo:
«Madame,
Vous vous présentez seule, avec votre seule nationalité française, je vous en felicite. Je suis, moi, de plusieurs nationalités et Dada est comme moi. Je suis né à Paris, d'une famille cubaine, espagnole, française, italienne, américaine, et le plus étonnant, c'est que j'ai l'impression très nette d'être de toutes ces nationalités à la fois! C'est sans doute une des formes de la démence précoce, je préfère toutefois celle--ci à celle qui affectait Guillaume II, se croyant l'unique représentant de l'unique Allemagne.
Guillaume II et ses amis étaient de bons patriotes, tout comme vous, Madame... Veuillez agréer mes hommages les plus respectueux. FRANCIS PICABIA»

64 Cf. Oswald de Andrade, *Estética e política*. Org. de M. E. Boaventura. São Paulo: Globo, 1992, p. 286: «O homem nu compreenderá. De volta das viagens ao país do Absoluto, ao país do Tabu. Platão. Aristóteles, Tomás de Aquino, Kant, Hegel. Quando sobre a vitória da técnica e da socialização, ele plantar a bandeira angustiada de Agostinho, de Pascal, de Nietzsche e de Chestov. A bandeira ilógica».

que possibilita ir além dos limites disjuntivos não para o alcance de uma nova totalidade (seja no universal ou no hibridismo), mas para proporcionar uma nova visão do homem e do mundo, uma visão *singular*. O arcaico — obtuso e repugnante à civilização — costume dos *indígenas* era elevado assim ao posto máximo de única lei do mundo, ponto a partir do qual o homem encontraria a chave de sua superação dialética, de sua saída do estado de negatividade. A supressão da tradição pela via antropofágica era o passo para a construção de uma *nova tradição*, sempre um passo além (além de Sartre e de Camus...).[65] Mas por que a antropofagia? O que nessa prática chama a atenção de Oswald (e, lembremos, também de Picabia, de Tzara, de Zapata Quesada, entre outros)?

Para Oswald, a antropofagia,

> [...] considerada assim como *Weltanschauung*, mal se presta à interpretação materialista e imoral que dela fizeram os jesuítas e colonizadores. Antes, pertence como ato religioso ao rico mundo espiritual do homem primitivo. Contrapõe-se, em seu sentido harmônico e comunial, ao canibalismo que vem a ser a antropofagia por gula e também por fome, conhecida através da crônica das cidades sitiadas e dos viajantes perdidos.[66]

Assim, como visão do mundo, a antropofagia era o meio pelo qual se fundavam as relações entre as tribos primitivas inimigas. Como lembra Eduardo Viveiros de Castro,

> [...] não há dúvida de que a morte e devoração pelos inimigos se insere na problemática pan-tupi de imortalização pela sublimação da porção corruptível da pessoa, e que o exocanibalismo tupinambá era diretamente um sistema funerário; mas é

---

65 Ibid., p. 285.

66 Id., *A utopia antropofágica...*, op. cit., p. 101.

igualmente certo que os Tupinambás não devoravam seus inimigos por piedade, e sim por vingança e honra. [...] A vingança não era assim um simples fruto do temperamento agressivo dos índios, de sua incapacidade quase patológica de esquecer e perdoar as ofensas passadas; ao contrário, ela era justamente a instituição que produzia a memória. Memória, por sua vez, que não era outra coisa que essa relação ao inimigo, por onde a morte individual punha-se a serviço da longa vida do corpo social.[67]

Essa memória ordenada como relação com o inimigo não é uma lembrança para a institucionalização de uma tradição. Ao comer seu inimigo, o índio se vinga e, dessa forma, absorve seu oponente. Porém, mais do que simples deglutição — absorção e controle do outro —, a antropofagia pan-tupi era a incorporação do outro por completo, a assunção de sua alteridade.

Os comportamentos relacionais das sociedades indígenas, que marcam a fundação de suas memórias pela vingança, matando e comendo o inimigo (ou, ainda, recebendo com euforia as novidades europeias), expõem uma compreensão de *tradição* (de cultura) diversa daquela correntemente prevista nas sociedades ocidentais. Enquanto nestas a tendência é pensar a memória e a tradição como um perseverar no ser, o qual encontraria sua forma reflexiva na cultura, nas sociedades primitivas, pelo contrário, tal lógica identitária não faz sentido, uma vez que seu «(in)fundamento é a relação aos outros, não a coincidência consigo mesmas».[68] Assim, «guerra mortal aos inimigos e hospitalidade entusiástica aos europeus, vingança canibal e voracidade ideológica exprimiam a mesma propensão e o mesmo desejo: absorver o outro e, nesse processo,

---

67 Eduardo Viveiros de Castro, *A inconstância da alma selvagem — e outros ensaios de antropologia*. São Paulo: Cosac Naify, 2002, pp. 232-4.

68 Ibid., p. 195.

alterar-se».[69] A antropofagia é o motor do devir histórico das sociedades primitivas.

Usar estrategicamente a antropofagia, tal como fazem as vanguardas, é ater-se ao movimento das relações com o exterior — com o outro — e, além disso, a ruptura com a tradição e com a memória. Porém, no mesmo instante em que o abandono da tradição é conclamado, outra ideia de tradição é posta em cena: não mais a proposição dicotômica do particular/universal (que ontologicamente se reflete na agonia do ser ou do nada), do primitivo-natural/civilizado, mas a do *homem natural tecnizado*, do ser singular (o ser *qualquer*). É nesse sentido que, como afirma Agamben, «a singularidade liberta-se assim do falso dilema que obriga o conhecimento a escolher entre o carácter inefável do indivíduo e a inteligibilidade do universal».[70]

Às posições marcadamente cindidas e estruturadas da tradição lógico-conceitual ocidental — a civilização *esquizofrênica*, diria Warburg —, nas quais os campos filosófico e poético (assim também como o pensamento e a política, a ontologia e a práxis) são compartimentados em seus respectivos domínios, cujas fronteiras são constantemente marcadas (*decididas*), a antropofagia expõe sua estratégia pela negação dessas decisões: como o arqueólogo que lê na fratura entre as palavras e as coisas a *assinatura* — a impressão, o vestígio, a deformação imagética — e a partir desta rearranja as coordenadas da rede histórica de uma civilização, assim também o antropófago, ao dar ouvidos ao homem nu e pela devoração pura e eterna, busca uma saída aos impasses da construção de um *homem natural tecnizado*. Colocando-se como única lei do mundo, a antropofagia se lança como tentativa de supressão da aporia ser/não ser e reabre a pergunta do príncipe da Dinamarca: «Tupi or not tupi.

---

69 Ibid., p. 207.

70 Giorgio Agamben, *A comunidade que vem*. Trad. de Antônio Guerreiro. Lisboa: Presença, 1993, p. 11.

That is the question». Nem um nem outro, nem particular nem universal: o mundo é singular e indecidível; o mundo está suspenso no próprio mundo; o mundo é o que resta do mundo — é imaginação do mundo. Nesse salto dimensional, ler a(s) história(s) dos humanos (de suas *humanidades*: as artes, a política) é partir de um *pathos* que não faz contas da distinção entre um trabalho da razão (universal, etnocêntrico, europeu) e uma mitologização (particular, antropológica, indígena), mas que no espaço entre ambos tenta ler e ver a abertura de um possível. Ler e ver a possibilidade num mundo impossível.

Não se trata de prostrar-se em um dos lados da contenda contemporânea: ou vemos o fim da história (o nada) e lamentamos aquilo que supostamente já foi (o ser, o absoluto) e que poderia ter continuado, ou vemos o fim da história (o nada) e anunciamos que esta é nossa época (o niilismo), hipocritamente declarando que apenas para alguns é dada a possibilidade de compreendê-la e de nela esperar pela felicidade (o niilismo que se quer nada). Pelo contrário, é colocar-se além dessas alternativas — é sobreviver à extinção e «pular por cima do fim do tempo e das épocas históricas, não em direção ao futuro ou ao passado, mas em direção ao coração do tempo e da história».[71] Eis então a vacina antropofágica: é o pensar que devora o agir, é o nada e o ser devorando-se mutuamente, é o primitivo e o civilizado de mãos dadas, é, muito além das posturas antinômicas, o lançar-se no infinito, porém imanente, mar das possibilidades humanas.

71   Id., *Ideia da prosa*. Trad. de João Barrento. Belo Horizonte: Autêntica, 2013, p. 81.

Ensaiar os gestos:
experiências de infância e morte

«Nunca podemos recuperar totalmente o que foi esquecido. E talvez seja bom assim. O choque do resgate do passado seria tão destrutivo que, no exato momento, forçosamente deixaríamos de compreender nossa saudade.»[1] Assim começa Walter Benjamin o texto «O jogo das letras», que aparece em seu *Infância em Berlim por volta de 1900*. O momento do qual Benjamin sente saudades — e diz, é o que lhe causa mais saudades — é o de sua alfabetização, de quando brincava com os então muito comuns jogos de letras. Aprender a compor palavras, operação factual dos jogos de letras, é para a criança um momento imaginativo por excelência. Isto é, o jogo das letras se dá como uma espécie de tábua de montagem: uma série de plaquinhas, nas quais vem individualmente gravada cada uma das letras do alfabeto, é disposta de modo que a criança possa, montando-as em sequências, aprender a ler. O gesto infantil diante das letras (todo o alfabeto que compõe o jogo de letras e que em si, tal qual apresentado à criança, não tem sentido) é o de organizá-las dando-lhes um sentido, formando palavras. É justamente disto que Benjamin tem saudade: do gesto de aprender a ler. Na saudade despertada pelo jogo das letras Benjamin pretende reencontrar sua infância na integralidade.

---

1 Walter Benjamin, *Infância em Berlim por volta de 1900*. In: *Obras escolhidas II. Rua de mão única*. Trad. de Rubens Rodrigues Torres Filho e José Carlos Martins Barbosa. São Paulo: Brasiliense, 1995, pp. 104-5.

Porém isso nunca se dará: «posso sonhar como no passado aprendi a andar. Mas isso de nada adianta. Hoje sei andar; porém, nunca mais poderei tornar a aprendê-lo».[2]

A repetição, o retorno daquela imagem da criança aprendiz — seu retorno em sonho — não é alcançável em sua total integridade por Benjamin. A experiência do aprendizado, ainda que irrepetível em sua configuração imagético-memorial (como artefato — *imago* — imobilizado por uma intencionalidade rememorativa), deixa um rastro que, efetivamente, não compete à memória voluntária, mas permanece como um gesto. O aprendizado, a iniciação da criança no mundo da escritura não é, nesse sentido, propriamente uma operação intelectual, mas um gesto.

Numa outra passagem, em *Imagens do pensamento*, Benjamin conta um sonho. Encontrava-se ele diante de Notre Dame. Porém não havia nada de Notre Dame ali à sua frente, senão uma grande construção de tijolos. «Mas eu permanecia lá, subjugado, justamente defronte de Notre Dame. E o que me subjugava era a saudade. Saudade justamente de Paris na qual eu me encontrava aqui no sonho.»[3] Benjamin fala aqui de uma saudade que não impele à distância, à rememoração da imagem que faz falta. «Era a saudade ditosa que já atravessou o limiar da imagem e da posse e só conhece ainda a força do nome, do qual a coisa amada vive, se transforma, envelhece, rejuvenesce e, sem imagem, é o refúgio de todas as imagens.»[4] A saudade de algo que irremediavelmente não volta como tal é o ponto de passagem da imobilização (que não passa de um sonho) à mobilidade da imagem; é a transposição da imagem à pátria do gesto.

---

2 Ibid.

3 Id., *Imagens do pensamento*. In: *Obras escolhidas II. Rua de mão única*. Trad. de Rubens Rodrigues Torres Filho e José Carlos Martins Barbosa. São Paulo: Brasiliense, 1995, p. 209.

4 Ibid.

Assim, podemos reler o gesto, tal qual sugere Agamben[5] (que, a partir de Varrão, procura dar uma compreensão do gesto como um terceiro gênero de ação, ao lado do fazer e do agir [práxis]), como pura medialidade cuja destinação é a abertura de uma morada habitual (um *éthos*) para o homem:

> O que caracteriza o gesto é que, nele, não se produz nem se age, mas se assume e suporta. Isto é, o gesto abre a esfera do *ethos* como esfera mais própria do homem. [...] se o fazer é um meio em vista de um fim e a práxis é um fim sem meios, o gesto rompe a falsa alternativa entre fins e meios que paralisa a moral e apresenta meios que, *como tais*, se subtraem ao âmbito da medialidade, sem por isso tornarem-se fins. [...] *O gesto é a exibição de uma medialidade, o tornar visível um meio como tal.* Este faz aparecer o ser-num-meio do homem e, desse modo, abre para ele a dimensão ética.[6]

A ingenuidade infantil diante do jogo de letras, que à criança se apresenta como um arquivo legado em herança, seu gesto de montar palavras, traz em si um efeito crítico e político:

5 Cf. Giorgio Agamben, «Notas sobre o gesto». Trad. de Vinícius Nicastro Honesko. *Artefilosofia*, n. 4, jan. 2008. Ouro Preto: Tessitura, 2008, p. 12: «De fato, toda imagem é animada por uma polaridade antinômica: de um lado, ela é a reificação e a anulação de um gesto (é a imago como máscara de cera do morto ou como símbolo), do outro, ela conserva-lhe intacta a *dynamis* (como nos instantes de Muybridge ou em qualquer fotografia esportiva). A primeira corresponde à lembrança de que se apodera a memória voluntária; a segunda, à imagem que lampeja na epifania da memória involuntária. E, enquanto a primeira vive em um mágico isolamento, a segunda envia sempre para além de si mesma, para um todo do qual faz parte. Mesmo a Monalisa, mesmo *Las meninas* podem ser vistas não como formas imóveis e eternas, mas como fragmentos de um gesto ou de fotogramas de um filme perdido, somente no qual readquiririam seu verdadeiro sentido. Pois em toda imagem está sempre em ação uma espécie de *ligatio*, um poder paralisante que é preciso desencantar, e é como se de toda história da arte se elevasse um mudo chamado para a liberação da imagem no gesto».

6 Ibid., pp. 12-3.

expõe, sem palavras, a palavra humana. Não se trata da compreensão causal do aprendizado infantil (o jogo de letras como meio para a alfabetização — um fazer —, ou ainda como atividade lúdica — uma práxis), mas de tentar ver na montagem das palavras a abertura de uma sempre nova possibilidade.

Essa correspondência encontrada pela criança entre as letras na formação das palavras, a ligação (que é sempre nebulosa para o infante) entre as letras, esconde, mais do que uma simples atividade de pensamento, uma atividade imaginativa. Ao discorrer sobre quatro fotografias feitas clandestinamente por internos de Auschwitz em agosto de 1944, em *Images malgré tout*, Georges Didi-Huberman, para rebater críticas a ele feitas por Gérard Wajcman, lança mão de uma compreensão da imaginação (cuja origem remonta a Baudelaire e que, poderíamos complementar, é fruto do averroísmo) para justamente defender a possibilidade de leitura daquelas fotos (possibilidade atacada por Wajcman).

> O valor do conhecimento não teria sido intrínseco a uma só imagem, assim como imaginação não consiste em regredir passivamente a uma única imagem. Trata-se, ao contrário, de colocar os múltiplos em movimento, de nada isolar, de fazer surgir os hiatos e as analogias, as indeterminações e as sobredeterminações na obra.[7]

A montagem das imagens, para a qual Didi-Huberman aqui chama a atenção, é, portanto, um gesto que libera as imagens de sua prisão nos arquivos mnemônicos e lhes dá um sentido histórico. É por meio de uma operação crítica, levada a termo num gesto ensaístico — isto é, no ensaio como gesto — que uma construção de sentidos *de* e *para* uma leitura da história pode aparecer. Imaginar, tanto para a criança quanto para

---

7 Georges Didi-Huberman, *Images malgré tout*. Paris: Minuit, 2003, p. 151.

o crítico, pode ser a porta de acesso ao gesto e à liberação da imagem de sua imobilidade memorial.[8]

A imaginação não é o abandono às miragens de um único reflexo, como frequentemente se crê, mas a construção e montagem de formas plurais colocadas em correspondências: eis por que, longe de ser um privilégio do artista, ou uma pura legitimação subjetivista, ela é parte integrante do conhecimento em seu movimento mais fecundo, ainda que — já que — mais arriscado.[9]

A arriscada operação perpetrada pela imaginação leva ao extremo o desencanto das imagens. Não é possível falar em retrato imóvel, cujas características, uma vez definidas, seriam a causa do presente a partir do qual tais imagens são observadas (ou rememoradas). As imagens, tocadas pelo gesto crítico (ou infantil: a imagem das letras), não se cristalizam numa *imago* (num interdito passado intocável), mas se enchem de movimento: são acessíveis apenas no presente. Isto é, a atividade ensaística é prenhe de um jogo de tempos, o qual articula pendularmente a imagem e sua leitura. Como alerta Didi-Huberman, no mesmo *Images malgré tout*, ao analisar os procedimentos de montagem a partir de imagens de arquivos e de «imagens ficcionais» de Jean-Luc Godard e de Claude Lanzmann, em *Histoire(s) du cinéma* e *Shoah*,

É suficiente não ser ingênuo nem com os arquivos nem com a montagem que a partir deles se produz: os primeiros de forma

---

8 Cf. Giorgio Agamben, *Ninfe*. Turim: Bollati Boringhieri, 2007, p. 56: «La storia dell'umanità è sempre storia di fantasmi e di immagini, perché è nell'immaginazione che ha luogo la frattura fra l'individuale e l'impersonale, il molteplice e l'unico, il sensibile e l'intelligibile e, insieme, il compito della sua dialettica ricomposizione».

9 Didi-Huberman, *Images malgré tout*, op. cit., p. 151.

alguma dão a verdade «totalmente crua» do passado e somente existem para se construírem sobre o conjunto de questões pensadas que nós devemos lhes colocar; a segunda dá precisamente forma a esse conjunto de questões, daí sua importância — estética e epistemológica — crucial.[10]

A ideia de Didi-Huberman é que, a partir do gesto crítico — questionador dos arquivos e que, portanto, se faz *gesto-ensaio* —, seja possível constatar a montagem da história, sua não totalidade, seu vazio constitutivo. Não há verdade absoluta na imagem do arquivo (esta é apenas *imago*, máscara mortuária), tampouco se encontrará verdade alguma pela montagem (que dá *uma* forma possível ao conjunto de arquivos). Essa dupla operação elíptica, a não verdade absoluta da imagem e a não verdade interveniente do crítico, potencializa um resquício (que Aby Warburg denominaria *Nachleben* — sobrevivência) de energia que permanece como o gesto a ser liberado em toda imagem. Esse desembaraçar da imagem em gesto — por meio do gesto-ensaio — suspende, portanto, a formação de uma imagem decidida e passa a expor o processo por meio do qual a própria imagem se forma. *O ensaio expõe as imagens como processos de processos, como partes do fluxo do devir histórico; ou, ainda, as imagens carregam-se de tempo.*

* * *

«Eu abro os meus olhos e não vejo nada. Eu apenas lembro que houve um acidente. Todos corriam o quanto podiam para se salvar, eu apenas não consigo lembrar o que aconteceu comigo.» É com essas palavras que o filme *Arca russa*, de Alexander Sokurov, começa. A tela está preta. Que acidente é esse? Quem o sofre? Quem está descrevendo o acidente? De repente, aparecem as primeiras imagens. Mulheres em suntuosos trajes festivos,

10 Ibid., p. 166.

plumas, casacos de pele, cabelos impecavelmente arrumados; homens — provavelmente oficiais — com seus uniformes militares perfeitamente engomados, alguns com medalhas de honra ao mérito por supostas campanhas. Todos correndo, apressados para fugir do frio — o branco da neve predomina — e para chegar a algum lugar, ao que tudo indica uma festa. Que imagens são essas? São visões do acidentado, que acaba de recuperar as vistas. Porém, com a amnésia advinda do acidente, ele não sabe onde está: «Que estranho... onde estou? A julgar pelas roupas, deve ser o século XIX. Para onde estão correndo?».

Recém-desperta, a personagem — um russo — dona dessas falas começa a acompanhar aqueles estranhos. Um clima eufórico, talvez a ansiedade por uma grande festa, toma conta de todos. Entram por uma porta, que não parece ser a entrada principal, no local onde supostamente acontecerá um evento. Começam a ziguezaguear por alguns corredores, descem uma escada... «Esses oficiais parecem não saber o caminho.» Chegam a uma espécie de hall pleno de gente, onde todos parecem animadíssimos. Nesse momento a personagem por meio de quem vemos tudo o que vemos (o filme se nos dá por um plano-sequência que é a visão dessa personagem) começa a se questionar: «Será que estou invisível, ou simplesmente não estou sendo percebido? Pode ser? Foi tudo isso organizado para mim? Será que esperam que eu encene algo? Que tipo de peça é essa? Espero que não seja uma tragédia». Ela segue atrás de algumas pessoas. Novos corredores, oscilação na iluminação... Até que vê, num cômodo lateral, um homem vestido de preto que também parece deslocado em relação àquilo tudo. Este, a princípio, aparenta ser o único a conseguir enxergá-la, dirige-lhe inesperadamente a palavra. Desculpa-se por começar a conversar sem que tenham sido devidamente apresentados e pergunta que cidade era aquela e que língua estavam falando. A partir de então ambos começam a dialogar e a caminhar — um caminhar ininterrupto — por aquele lugar, que, como se vê no decorrer do filme, é o Palácio do Hermitage em São Petersburgo.

Analisemos a estratégia que Sokurov arma para o filme: aquele que nunca vemos, mas a partir de quem vemos, é um russo, deslocado espaçotemporalmente, de seu lugar comum; o homem de preto é supostamente um marquês francês que exerceu algum tipo de função na Rússia. Todo o filme, e este talvez tenha sido o fato que mais chamou a atenção do público em geral, é um único plano-sequência (sem cortes, sem montagem). O diálogo tramado entre o russo e o marquês expõe a todo instante uma oposição valorativa Europa/Rússia que Sokurov parece querer anotar. Mas o fundamental do filme é o cruzamento anacrônico que patentemente ali se flagra. Desde a entrada no Palácio, que se dá lateralmente e na época talvez de maior glória do Hermitage — o século XIX —, a personagem *principal* se vê temporalmente desorientada. Também o marquês francês percebe tal deslocamento. A cada porta aberta, a cada troca de cada sala, um tempo diverso, um período diferente da história russa. Entretanto, existe outro tempo a perfurar essas épocas distintas que se desenrolam *por cômodos*: é o tempo do filme, o do trajeto percorrido pelas duas personagens. Vários tempos que se cruzam, portanto. Como nota Américo Cristófaro,

> Sokurov trabalha no campo de uma discordância elementar entre as imagens e a marcha de exposição narrativa, acumula cenas isoladas, interrompidas sobre a superfície teatral, que se abrem e fecham em seu isolamento e, no entanto, subordinam sua sintaxe à continuidade geral da viagem. Uma hipótese histórica, uma arte de citar. Nesse movimento, Sokurov atenta contra o conceito processual de ação histórica, decompõe o fio do progresso.[11]

11 Américo Cristófalo, «Espejismos del tiempo ruso». *Las Ranas. Arte, Ensayo y Traducción,* Buenos Aires, ano 2, n. 2, abr. 2006, p. 91.

História da Rússia e história do filme; mais do que cruzamento de histórias, trata-se aqui de cruzamento de tempos a partir dos quais o diretor ensaia uma leitura da Rússia. Sua concepção, à primeira vista de rechaço, do cinema — «o cinema como arte nunca chegou a se fazer concreto e por isso se viu obrigado a ir buscar coisas em outras artes... o nascimento do cinema como uma arte ainda está por acontecer»[12] — está intimamente atrelada à sua visão de sua terra natal, a Rússia. Ele chega a afirmar que não gosta de cinema, não é um cinéfilo, que se pudesse começar novamente não faria cinema e que só o fez por necessidade.[13] Essas ideias a respeito do cinema ecoam na mesma medida em seu entendimento sobre a Rússia (ou vice-versa): o cinema como arte ainda está por acontecer enquanto a única coisa que sobrou e que pode salvar a Rússia é a arte — «Depois de todas as transformações, os problemas e a tragédia, a única coisa que salvou a Rússia é a arte.»[14] Cinema como arte por vir, arte como restos redentores da Rússia. Sokurov parece querer empreender um meio de encontrar um ponto arquimediano em que os restos do que foi e a plenitude do que ainda está por vir possam se encontrar: o cinema como arte.

Sua tentativa de superação dessa dicotômica aporia parece ser justamente *Arca russa*. No entanto, a ousadia de Sokurov está em levar a cabo um filme em que tanto a história da Rússia como o procedimento de confecção de um filme possam ser revisitados tanto no modo de olhar como no modo de proceder. Quem olha a história russa é um russo que, porém, nunca se dá a ver; e o filme se faz sem aquilo que Deleuze considerava o principal elemento da criação cinematográfica: a montagem. Sokurov condensa num

12 Alexandr Sokurov, «Diccionario Sokurov. Selección y traducción de Eduardo Stupía y David Oubiña». *Las Ranas. Arte, Ensayo y Traducción,* Buenos Aires, ano 2, n. 2, abr. 2006, p. 65.

13 Ibid., p. 62.

14 Ibid., p. 67.

único olhar, numa única tomada sem cortes, a história recente da Rússia, fazendo de *Arca russa* um ensaio — um gesto crítico de observação e interpretação histórica.

Podemos dizer que Sokurov abstém-se da montagem na medida em que o passeio pelo Hermitage empreendido pelo marquês (este, ainda que imageticamente apresentado no filme, é um estrangeiro à história russa) e pelo russo (este, mesmo que pertencente à história russa, é um estrangeiro às imagens do filme) é a emblemática visão de uma descontinuidade contínua, se assim podemos nos exprimir: a descontinuidade intransponível das imagens do cinema, que é rearranjada pela montagem, torna-se contínua na tomada única, enquanto uma suposta continuidade da história russa é fragmentada pela dupla operação temporal do filme — o tempo da história da Rússia, com o tempo do passeio das duas personagens. O movimento anacrônico de *Arca russa* (lembremos que no final ela, a arca — o russo que nos empresta a visão —, sai do Hermitage em direção ao mar, à deriva) esboça uma teorização do cinema, bem como uma ficcionalização da história russa. Ou seja, Sokurov empreende uma ficção teórica, cuja figura da *arca* encontra-se, ao contrário daquela de Noé, completamente vazia. Não há um sentido, tanto para o filme (que se esvai numa angustiante visão ininterrupta do que não se dá a ver: o tempo) quanto para a história russa, cuja orientação não é mais do que a visão de alguém que acaba de sofrer um acidente e que não sabe em que tempo nem em que lugar se encontra.

Essas constatações mostram que *Arca russa*, ao mesmo tempo que exibe um vazio de sentidos para a história russa (e para seu filme), o qual deve ser tramado e retramado a todo instante como operação *a dar sentido* (uma espécie de *mise en abîme* em face da impossibilidade de ver a história russa senão de modo fragmentário e ilusório), também pode ser compreendida como uma espécie de lamento por uma totalidade perdida. Para Sokurov, a esperança de redenção para o homem só se dá pela arte, isto é, salvando — colocando na arca — o único elemento da Rússia que segundo o diretor parece não ter se modificado no decorrer da história: a cultura artística russa. Nesse sentido, arca torna-se uma elegia,[15] um lamento pelo esvaziamento do poder,[16] que pode interromper o ensaio de Sokurov de tentar expor o vazio de significações justamente por cantá-lo em elegia — isto é, por lamentar o todo perdido. A não utilização da montagem em *Arca russa* pode ser vista justamente como um resquício de lamentação, uma tentativa de ver um todo que, não obstante — e ambiguamente —, insiste em se exibir fragmentado e assincrônico — ou melhor, anacrônico.

Outro ponto interessante para pensar esse ensaio de interpretação nacional que é *Arca russa* é a condição pós-traumática do russo que nos empresta a visão. Ele, que acaba de sofrer um acidente, mal abre os olhos e não vê nada, nem consegue se lembrar do que havia acontecido. No entanto, mal recupera a visão e, por assim dizer, um estágio de consciência — que não fica de todo definido, uma vez que as indefinições e incertezas parecem permear todo o contexto do filme —, inicia uma caminhada de quase duas horas sob um impulso de querer saber o que havia se passado, bem como de saber onde estava e o que

---

15 Lembremos que Sokurov filmou outras tantas elegias (curtas, documentários e longas): *Elegia de Moscou* (1987), *Elegia* (1988), *Elegia soviética* (1989), *Elegia de São Petersburgo* (1989), *Elegia simples* (1990), *Elegia da Rússia* (1994), *Elegia oriental* (1996), *Elegia de uma viagem* (2001) e *Elegia da vida* (2006).

16 Cf. Giorgio Agamben, «La elegía de Sokurov». *Las Ranas: Arte, Ensayo y Traducción*, Buenos Aires, ano 2, n. 2, abr. 2006, p. 81: «El contenido original de la elegía es el lamento — lamento fúnebre, según las noticias más antiguas. Y sin embargo, las primeras elegías conservadas en la poesía griega tienen un contenido claramente político y son exhortaciones a dar la vida en defensa de la ciudad. La ambigüedad de la elegía se sitúa en este difícil cruce entre política y lamento. En este sentido, los títulos obstinadamente elegíacos de las películas de Sokurov deben ser tomados literalmente. ¿A quién y qué cosas lamentan estas elegías? ¿La Unión Soviética, la libertad de Vilnius, la vieja Rusia, Europa? Todo esto, pero no solamente esto. El objeto del lamento de Sokurov es el poder o, más precisamente, su vacío central, que en la Unión Soviética empieza a aparecer implacablemente a partir de 1989, fecha de la primera elegía».

fazia ali. Depois de uma experiência de perda de consciência, isto é, de aproximação às vivências não a partir de um eu consciente, mas, por assim dizer, de uma experiência do inexperienciável — uma aproximação à morte —, há uma incessante busca, o desenrolar de todo o filme, pela compreensão de si (no caso de *Arca russa*, entender e rever a história russa, compreendê-la a partir de seu retorno pós-traumático).

Algo similar — também uma experiência de aproximação à morte — nos é descrito por Montaigne, no capítulo 6 do livro II de seus *Ensaios*.[17] Todo o episódio se dá como a narrativa de uma experiência da qual, no início do texto, Montaigne já aponta toda a dificuldade, se não impossibilidade:

> Mas não nos é possível exercitar-nos a morrer, o que constitui entretanto a mais árdua tarefa que nos cumpre enfrentar. Podemos, pelo hábito e a experiência, fortalecer-nos contra a dor, a vergonha, a indigência etc. No que concerne à morte, só a podemos experimentar uma vez, e quando ela chega não passamos todos nós de aprendizes.[18]

Eis, portanto, a agudeza da experiência que Montaigne irá narrar logo em seguida, e que apenas crê possível por ter sido ele mesmo quem a sofreu: uma experiência do inexperienciável, uma experiência da morte. Depois de descrever o acidente, Montaigne nos fala da impressão que tal episódio lhe causara, bem como de suas lembranças da recuperação após o trauma:

---

17 Agamben analisa esse texto de Montaigne tomando-o como precursor da elaboração conceitual de *inconsciente*, que se dará no século XIX. Tais análises levam o filósofo italiano a desenvolver sua teoria da experiência. Cf. Giorgio Agamben, *Infância e história: Destruição da experiência e origem da história*. Trad. de Henrique Burigo. Belo Horizonte: UFMG, 2005, pp. 48-51.

18 Michel de Montaigne, *Ensaios*. Trad. de Sérgio Milliet. São Paulo: Abril Cultural, 1984, p. 175.

Essa recordação, que se gravou fundamentalmente em meu espírito, de um acidente em que a morte me apareceu por assim dizer com o aspecto que deve realmente ter, causando-me a impressão que devemos sentir, essa recordação reconcilia-me até certo ponto com ela. Quando comecei a ver de novo, minha vista estava tão turva, tão fraca, extinta, que não discerni a princípio senão um pouco de luz. [...] Em meu espírito ocorria a sensação vaga da volta da faculdade de pensar, mal definida ainda, mais suspeitada do que percebida, sensação terna e doce como tudo o que experimentava, não somente isenta de desprazer, mas ainda lembrando a quietude que se apodera de nós a sermos dominados pelo sono. Creio que é nesse estado que se devem sentir os que na agonia desfalecem na fraqueza. E julgo que deles nos apiedamos sem razão, pois imaginamos erroneamente que sua agitação provém de dores excessivas ou de pensamentos penosos.[19]

Experimentar a morte não se dá sob os auspícios da dor consciente, mas num entregar-se às experiências que não são próprias, portanto numa expropriação.

Eu não sabia nem de onde vinha nem para onde ia; não podia tampouco entender o que me perguntavam, nem refletir; o pouco que então me era possível fazer ou dizer decorria de meus sentidos agindo maquinalmente; o espírito não participava disso. Este se encontrava como em um sonho, ligeiramente impulsionado pela débil impressão dos sentidos. Contudo, a sensação que eu tinha era de calma e de doçura; não pensava em mim nem em ninguém, estava em um estado de languidez e de fraqueza extremas, sem sentir dor alguma. Vi a minha casa mas não a reconheci. Quando me deitaram, o repouso causou-me infinito bem-estar. Fora terrivelmente sacudido e abalado pelos pobres-diabos que

19   Ibid., pp. 176-7.

se haviam revezado no transporte de meu corpo durante a longa e extenuante caminhada.[20]

A *experiência* dessa morte em vida é, assim, o contato com um vazio de sentidos, vazio de intencionalidade (de *intentio*). Esse acidente, essa experiência personalíssima, seria apenas vaidade se a partir dele Montaigne não tivesse *tirado uma lição*: apenas ao aproximar-se da morte é que se pode ter um pensamento da morte.[21] O mais íntimo dá acesso àquilo que é mais exterior: a morte.

O mitólogo italiano Furio Jesi — cujos textos sobre cultura e mito germânicos são de grande importância não apenas para estudos mitológicos, mas têm grande valia para antropólogos, críticos literários e filósofos — recorrentemente citava um trecho dos *Sonetos a Orfeu* de Rilke, que podemos marcar como estratégico à concepção divisória de elementos antagônicos que Jesi parece assinalar (vida e morte, consciente e inconsciente: termos que se apresentam na configuração daquilo que Jesi denomina *máquina mitológica*): «*Wer sich als Quelle ergießt, den erkennt die Erkennung*», isto é, «Quem se derrama como fonte é conhecido do conhecimento». Num de seus exemplares estudos sobre Károly Kerényi, Jesi analisa o que chama de *religio mortis* — que para ele era evidente nos «pensamentos secretos» de Ezra Pound (religião da morte esta que poderia ser colocada ao lado do fascismo de Pound). Aqui ele retoma a citação de Rilke para aventar uma hipótese sobre o conhecimento da morte, ou seja, para analisar de que modo a religião da morte se daria como um tomar parte na convicção de que com a morte o humano entretém um

20 Ibid., p. 178.
21 Ibid.

comportamento «por meio do qual a morte teria acesso à 'verdade superior' de ser 'algo e ao mesmo tempo nada'».[22] Assim,

> [...] poesia e mitologia (ou, se quisermos, essência da poesia e da mitologia) sobrevivem na cultura moderna também na medida em que sua sobrevivência é circunscrita, defendida e alimentada por um «algo e ao mesmo tempo nada» que vale seja como suas definições, seja como horizonte próximo do comportamento com a morte. À sobrevivência da poesia e da mitologia *neste* presente, e não somente neste, já que não parece ser a primeira vez que isso acontece, parece apropriado, mesmo que talvez não de modo exclusivo, um terreno de cultura que se conserva nutritivo e quente, não obstante os gelos e as esterilizações do agora, graças às qualidades da morte, que são múltiplas e de vários modos de eficácia.[23]

Essa tentativa de buscar um conhecimento da morte, de ir às bordas de um conhecimento além do qual só pode estar um derramar-se como fonte, que é ser conhecido pelo conhecimento, é contrapor à morte — enrijecida num «mito da morte», que se traduz aqui no comportamento humano com a morte — um fluir de vida humana, a qual, porém, só pode estar circunscrita por «algo e ao mesmo tempo nada» que é a morte.

Portanto, esse «algo e ao mesmo tempo nada» que se funda como o núcleo escondido de uma máquina (mitológica, poetológica ou antropológica) é o que a esta permite seu funcionamento. Apenas com um resíduo internalizado — que, porém, é absolutamente vazio de significações — é que todo o mecanismo de formulação de uma propriedade humana pode funcionar. A morte, o que há de mais exterior, é, dessa maneira,

22 Furio Jesi, *Materiali mitologici: Mito e antropologia nella cultura mitteleuropea.* Turim: Einaudi, 2001, p. 29.

23 Ibid.

colocada como elemento intrínseco ao processo de conhecimento levado às últimas consequências: um conhecimento do impossível. E a experiência do inexperienciável de Montaigne volta, dessa forma, como *ensaio*, como o gesto que toca o «algo e ao mesmo tempo nada» e a partir desse toque elabora (monta, como num jogo de letras) sua história, seus *Ensaios*.

Também Sokurov expõe sua compreensão artística sempre em relação à morte:

> A arte nos prepara para a morte. Em sua própria essência, em sua beleza, a arte nos força a repetir esse instante final um número infinito de vezes e tem um poder de nos fazer acostumar a essa ideia. A arte nos ajuda a passar a noite, a viver com a ideia da morte, a resistir até o final. Não gostaria de dar a impressão de que emprego fórmulas solenes ou definitivas sobre isso; simplesmente quero dizer que é uma explicação que encontrei e que me ajudou a dar um sentido para minha atividade.[24]

Ao aproximarmos a experiência de Sokurov àquela de Montaigne, portanto — experiências de *contato* com a morte —, fica evidenciado um ponto de tensão expropriativo capaz de dar abertura a um conhecimento outro, além da consciência: em Montaigne, uma aproximação da morte que dá acesso a si mesmo — como ele adverte na nota de abertura do livro: «Assim, leitor, sou eu mesmo a matéria deste livro, o que será talvez razão suficiente para que não empregues teus lazeres em assunto tão fútil e de tão mínima importância»;[25] em Sokurov, um acidente (também aproximação da morte — o que dá sentido à atividade do diretor) que lhe abre as portas do Hermitage, as portas de uma história da Rússia para além da certeza e inexorabilidade de seu dar-se como *História* (é *uma* história russa

24 Sokurov, «Diccionario Sokurov»... op. cit., p. 61.

25 Montaigne, *Ensaios*, op. cit., p. 7.

vista através dos olhos de alguém que já não se sabe certo de si e do que vê).

Essa possibilidade de se ver incluído na própria experiência de morte encontra, porém, um limite em Sokurov. O russo — aquele a partir do qual vemos a história, a testemunha *ocular* da história russa que então vemos — jamais se dá a ver. Ele parece assumir uma posição de timoneiro da arca, uma função de capitania que não quer deixar (mesmo que possamos ver a arca à deriva). Daí o plano-sequência, a não cisão, a não separação do filme em tomadas, cortes: a ausência da montagem. Ainda que um esboço de rompimento com uma única leitura da *história* esteja presente em *Arca russa*, também, num movimento de ambiguidade patente no filme — numa negativa do corte (da montagem) —, uma espécie de recusa dessa tentativa já vem aí acoplada: Sokurov quer ver a impossibilidade de ver (a impossibilidade de neutralidade diante do tempo — da história russa), mas se retrai ao sentir que poderia fazer todo o filme numa única tomada. Melhor dito: quando o diretor afirma que esperava há tempos as condições técnicas para poder fazer um filme numa única tomada,[26] está dizendo de outro modo que há um avanço e um progresso que poderiam dar as bases — mesmo que declare se tratar de meios puramente técnicos — para a superação da condição lacunar e falha ao narrar uma história. Em outras palavras, e, mais uma vez, não obstante seu aceno para o vazio interno ao filme (os vazios de sentidos), Sokurov, de certo modo, parece *esperar* uma plenitude que preencha tal condição lacunar.

* * *

26   Cf. Sokurov, «Diccionario Sokurov»... op. cit., p. 66: «Hace quince años, yo pensaba detalladamente en un film que pudiera hacerse en una sola toma. Pero en esse entonces no existían las posibilidades técnicas que me permitieran hacer una obra de calidad. La cámara digital me ha dado esa posibilidad. De todos modos, la toma continua es solo un medio, no la finalidad ni el objetivo artístico».

Murilo Mendes nos narra, em *A idade do serrote*, um episódio interessante de sua infância. Lembra-se de Mariana, a filha mais velha e mais feia de Sinhá Leonor — prima de Murilo, viúva; excêntrica, festiva, afável, risonha e cuja residência, «um delicioso labirinto!... onde se vivia numa atmosfera mista de real e irreal»,[27] começava a fazer com que o poeta despertasse para as representações de Eros. Mariana, que era apagada e não chamava a atenção, passa a ser personagem das memórias de Murilo por um fato negativo: seu marido Afonso havia desaparecido da cidade rumo à Europa há muitos anos, deixando-a sozinha. Rumores na cidade diziam que Afonso havia se tornado um grande mágico no além-mar. Todos em Juiz de Fora, principalmente os adolescentes, criavam imagens de Afonso. Murilo invejava-o e admirava-o sem razão, além de fazer planos para mais tarde se tornar um segundo Afonso aperfeiçoado.[28] «Por isso a desgraciosa Mariana ganhara prestígio a meus olhos: era a mulher, embora desprezada, do grande personagem.»[29]

Quando uma carta, vinda de Nápoles, chega endereçada a Mariana, todos se alvoroçam. É Afonso que anuncia seu retorno à terra natal. Porém, um detalhe em tudo isso: na carta anunciava que havia mudado de nome. Chama-se agora Alfanor. Murilo nos relata a justificativa de Afonso constante na carta.

Alfa corresponde à primeira letra do alfabeto grego, assim todos logo compreendem que se trata de pessoa culta; *nor* corresponde às três últimas letras do nome D. Leonor, minha sogra; é uma homenagem a essa querida pessoa. Meu nome anterior, Afonso, deve desaparecer; Alfanor é mais nobre, mais misterioso,

---

27 Murilo Mendes, *A idade do serrote*. In: *Poesia completa e prosa. Volume único*. Org. de Luciana Stegagno Picchio. Rio de Janeiro: Nova Aguilar, 1994, pp. 948-9.

28 Ibid., p. 954.

29 Ibid.

tendo ainda a vantagem de lembrar o antigo; é o nome que me trouxe fama e sucesso aqui na Europa.[30]

Assim que chegou a Juiz de Fora, Alfanor preparou com muito mistério uma apresentação, na qual, boato corria na cidade, seria exposto um cachorro falante. Na estreia do espetáculo Alfanor apresentou-se elegante, saudando a todos os seus conterrâneos. Em seguida começou seu show com vários números clássicos de mágica até que, a certa altura, trouxe para o palco um belo cão de nome Rajá. Num passe de mágica Alfanor hipnotizou o animal e começou a lhe fazer perguntas, as quais eram respondidas com extrema precisão. Ovacionado por todos, o mágico explicou tratar-se tal proeza de fruto de árduo trabalho de treinamento e paciência.

No entanto, o jovem Murilo sofre um duro golpe ao descobrir, tempo depois, que o mágico era ventríloquo.

> Nossos pais certamente conheciam o segredo; tínhamos sido traídos, enganados. Eu por mim comecei a suspeitar que o mecanismo do mundo era ou estava torto; qualquer coisa, muitas coisas não funcionavam bem; passei a farejar por toda a parte ciladas, armadilhas. Havia sem dúvida uma conspiração universal contra a verdade íntima de cada um e de todos; a história deveria ser feita de abusões e mal-entendidos.[31]

Esse ressentimento do jovem (e ingênuo) que cria ver um verdadeiro mágico, um homem capaz de alterar a natureza, parece imprimir em Murilo uma desconfiança absoluta em relação à verdade das coisas. Tudo lhe parecia uma cilada. Porém interessante é a forma como, já mais velho, Murilo passa a compreender que a morte de Afonso e seu renascimento em

30 Ibid., p. 955.
31 Ibid., p. 956.

Alfanor lhe possibilitaram uma abertura para o conhecimento de si, do mundo, da história.

Somente muito mais tarde pude compreender que Alfanor estava certo: mesmo sem o querer, levantara a meus olhos o véu de Maya, mostrando-me a grande ilusão, isto é, o artifício sem o qual não existe conhecimento da realidade. Desde então passei a perceber a realidade sempre acompanhada de sua irmã gêmea, a ilusão, igualmente geradora de múltiplas formas de situações.[32]

Murilo enxerga a impossibilidade de uma verdade única e imóvel, e parece perceber que a fixação de um valor *a priori* para a conexão entre um discurso e sua verdade é falha; nota que há sempre um excedente entre o significante e o significado. Em outros termos, parece intuir que numa ligação entre o nome e a coisa que por ele é nomeada há apenas uma relação de fiabilidade (uma espécie de experiência performativa da palavra).[33]

De todo modo, Murilo — já não mais o jovem Murilo, mas o escritor Murilo, que escreve *A idade do serrote*, que relembra tais episódios e, compondo um ensaio, restitui-lhes vida — deixa que seu passado retorne por suas lembranças, assim como se dá o retorno de Afonso, agora Alfanor. É um retorno não de um mesmo, mas de uma nova possibilidade.

Trinta anos antes de escrever esse episódio em *A idade do serrote*, Murilo, então tomado de dor pela morte do grande amigo Ismael Nery, exprime, em um ensaio publicado em 1936 na revista *Lanterna Verde*, suas preocupações em relação ao

---

32 Ibid., pp. 956-7.

33 Agamben nos lembra que, para resguardar a confiança do vivente falante na conexão entre as palavras e as coisas, um operador antropogenético é chamado à causa: o juramento. Cf. Giorgio Agamben, *Il sacramento del linguaggio: Archeologia del giuramento. Homo sacer II, 3*. Roma/Bari: Laterza, 2008, pp. 89-90.

tempo, por assim dizer, uma preocupação com um estado de eternidade no tempo presente.

A ideia do tempo é o tema central de toda a arte e filosofia modernas. Pode-se dizer que o grande debate entre cristianismo e comunismo, entre monismo e dualismo, entre espiritualismo e materialismo, reduz-se em última análise ao conflito entre as ideias de tempo e eternidade. Muitos homens julgam que a ideia de eternidade reside num plano de mito, de ficção, ou que a eternidade é a vida de além-túmulo. Entretanto, a vida eterna começa neste mundo mesmo: o homem que distingue o espírito da matéria, a necessidade da liberdade, o bem do mal, e que aceita a revelação de Cristo como solução para o enigma da vida, este homem já incorpora elementos eternos ao patrimônio que lhe foi trazido pelo tempo.[34]

A eternidade que já está presente no tempo profano, como uma vida eterna que começa neste mundo, dá o tom do pensamento muriliano. Isso é algo que pode ser lido em *A idade do serrote* e nos *Retratos-relâmpago* — esses ensaios de memórias, gestos críticos de si em relação a si que empreende Murilo — de modo mais claro. Em *A idade do serrote*, esse *eterno no presente* acontece com a desfiguração de uma memória que não é simples introspecção de resgate do passado como tal (um tempo que seria intocável, apenas *retratável*), mas misto indiscernível de tempos no qual o Murilo do presente — o poeta que em 1965-66 escreve *A idade do serrote* — e o jovem Murilo de Juiz de Fora se confundem numa impossibilidade de dizer *eu*. Não há um sujeito-narrador Murilo — um *ego* sólido no presente que se lembra dos fatos passados como inequívocos — que retrata seu passado real já pleno de sentido, mas tão

---

34 Murilo Mendes, «O eterno nas letras brasileiras modernas». *Lanterna Verde,* Rio de Janeiro, n. 4, nov. 1936, p. 45.

somente um tramado discursivo que não cessa de não poder ser representado.

> As têmporas de Antonieta. As têmporas da begônia.
> As têmporas da romã, as têmporas da maçã,
> as têmporas da hortelã.
> As pitangas temporãs. O tempo temporão. O tempo-será.
> As têmporas do tempo. O tempo da onça. As têmporas da onça.
> O tampão do tempo.
> O temporal do tempo. Os tambores do tempo.
> As mulheres temporãs.
> O tempo atual, superado por um tempo de outra dimensão,
> e que não é aquele tempo.
> Temporizemos.[35]

Murilo *anacronicamente* restitui vida ao passado: *temporiza*. Não é o passado intocável, emoldurado, apenas recuperável em sua mesmidade como passado, mas é por Murilo reconstruído em retrospectiva. O que volta é a figura, é a imagem, é, por fim, o *retrato* de um tempo, porém não imobilizado e enquadrado, mas *lampejante, relâmpago. Retratos-relâmpago* não é a disposição de fotografias na galeria de uma memória (do poeta-autor Murilo Mendes de 1965-66); são muito mais *impressões* a partir das quais Murilo se *exprime* e forma a si mesmo como *eu-poeta*. Portanto, mais importante e pungente do que ver a estrutura da parede (a memória) que suporta os quadros como intransponível sentido dos próprios quadros (como se estivessem organizados inequivocamente de antemão pelo curador da galeria, pela intencionalidade do *dono* e *organizador* do espaço), é perceber como tais retratos é que se articulam como *forças* que *modelam* as paredes (a memória). Não há sentido dado, mas apenas uma luta das imagens (dos *retratos* que, por isso, são

---

35 Id., *A idade do serrote...*, op. cit., p. 897.

relâmpagos) numa zona limiar entre consciência e inconsciência como que a constituir a história e o tempo da vida de Murilo. Podemos dizer que Murilo *monta*, por meio dessas operações de *força*, tal qual um filme, uma *nova* história (*A idade do serrote* não é a idêntica recomposição das lembranças de Murilo, mas a fusão do tempo da escritura com o tempo do que nela é escrito) justamente a partir da repetição daquilo que foi. Como lembra Agamben, «a força e a graça da repetição, a novidade que ela traz, é o retorno em possibilidade daquilo que foi. A repetição restitui a possibilidade daquilo que foi, torna-o novamente possível. Repetir uma coisa é torná-la novamente possível».[36] Paradoxalmente, o retorno àquilo que foi traz consigo a possibilidade do novo.

Toda essa operação — uma sucessão de *gestos-ensaios* — de Murilo pode ser vista como muito próxima da questão levantada por Benjamin em suas reminiscências em *Infância em Berlim por volta de 1900*. O jogo de fragmentos da memória pode ser rearmado por meio de uma operação de montagem que traz uma nova possibilidade. Muito da estratégia benjaminiana, no entanto, pode já ser vista como notas à teorização do moderno empreendida por Baudelaire. Em seu *O pintor da vida moderna*, como é notório, o artista moderno — cuja figura emblemática no ensaio é *C.G.* (Constantin Guys) — há de ser aquele que sempre está em estado de convalescença.

A convalescença é como uma volta à infância. O convalescente goza, no mais alto grau, como a criança, da faculdade de se interessar intensamente pelas coisas, mesmo por aquelas que aparentemente se mostram as mais triviais. Retornemos, se possível, através de um esforço retrospectivo da imaginação, às mais jovens, às mais matinais de nossas impressões, e constataremos que elas possuem um singular parentesco com as impressões

---

36 Giorgio Agamben, *Image et mémoire*. Paris: Hoëbeke, 1998, p. 70.

tão vivamente coloridas que recebemos ulteriormente, depois de uma doença, desde que esta tenha deixado puras e intactas nossas faculdades espirituais. A criança vê tudo como *novidade*; ela sempre está *inebriada*. Nada se parece tanto com o que chamamos inspiração quanto a alegria com que a criança absorve a forma e a cor.[37]

A importância que toma a infância tanto em Baudelaire,[38] como em Benjamin e em Murilo Mendes, em sua posição de estupefação diante das coisas e seu assumido não reconhecimento de fronteiras entre a realidade e a irrealidade[39] (e, posta a equiparação infância/convalescença, também em Sokurov e Montaigne), não é sem causa. De fato, o gesto infantil é único no despertar da possibilidade; para tanto, sua retomada no tempo presente (na idade adulta) é imperiosa[40] para aquele que

37 Charles Baudelaire, *O pintor da vida moderna*. São Paulo: Paz e Terra, 1988, p. 168.

38 Jeanne Marie Gagnebin tem um excelente ensaio intitulado «Baudelaire, Benjamin e o moderno», no qual traça alguns pensamentos acerca da leitura de Baudelaire empreendida por Benjamin. Cf. Jeanne Marie Gagnebin, *7ete: Sete aulas sobre linguagem, memória e história*. Rio de Janeiro: Imago, 2005, pp. 137-52.

39 É o que diz em seu *autorretrato*. Cf. Murilo Mendes, *Murilo Mendes por Murilo Mendes*. In: *Poesia completa e prosa*. Org. de Luciana Stegagno Picchio. Rio de Janeiro: Nova Aguilar, 1994, p. 45: «Sinto-me compelido ao trabalho literário: [...] pelo meu congênito amor à liberdade, que se exprime justamente no trabalho literário; pelo meu não reconhecimento da fronteira realidade-irrealidade; pelo meu dom de assimilar e fundir elementos díspares...».

40 Cf. Gagnebin, «Baudelaire, Benjamin e o moderno»... op. cit., 2005, p. 143: «O novo é uma certa qualidade do olhar, própria do artista, do convalescente e da criança, olhar ao mesmo tempo privilegiado e profundamente antinatural, sim, anormal, quase doente (cf. as comparações com a ebriedade e com a congestão). A criança tem esse dom de maneira natural, mas não tem os meios da razão que possibilitam a sua expressão. Ao se tornar um adulto, ela adquire a razão e, geralmente, perde a intensidade da visão, não consegue então ver o novo porque perdeu a capacidade de encontrá-lo. Assim, só um retorno organizado à infância permite a conjunção da curiosidade, da intensidade (próprias da criança) e da organização voluntária e racional (própria do adulto) que geram a expressão artística».

pretende modalizar (temporizar, diria Murilo) o tempo, isto é, preenchê-lo de possibilidade. O gesto infantil (gesto ingênuo mas pleno de efeitos) de montar palavras no jogo de letras é o exemplo, o paradigma, para a atividade do crítico: imaginar, botar frente a frente coisas que num primeiro momento jamais poderiam se encontrar em tal posição, restituir possibilidades àquilo que parece não mais tê-las — e essa é também a tarefa de um ensaio, de um *gesto-ensaio*.

Podemos notar que a infância parece colocar-se num ponto de confluências — que nossos autores julgam de extrema importância para qualquer possibilidade de criação humana, de um ensaio crítico que potencialize a criação — entre a consistência de uma consciência (adulta), de um próprio, e a inconstância de uma inconsciência, de um impróprio (Montaigne e Sokurov marcam tal lugar como uma experiência da morte). É justamente nesse espaço que o artista (o crítico, o cineasta, enfim, todos os que *ensaiam* seus gestos) encontra o combate de suas imagens do passado, sempre tendentes à cristalização numa *imago*, e aí intervém para evitar sua monumentalização numa *História* — portadora de verdade e sentido, e enrijecida numa imagem-retrato.

O jogo de ensaiar uma montagem a partir do que foi é sempre uma operação a ser empreendida por um gesto, o qual, por sua vez, compreende um reencontro da potência de uma ingenuidade infantil. O regresso arqueológico (a uma *arké* que não é passado intangível, mas sempre presente, uma assinatura do sempre possível) não é uma busca pela recuperação total daquilo que foi esquecido, mas a tentativa de encontro das fagulhas de tempos perdidos no tempo presente. E talvez esteja nesse jogo convalescente da montagem um crivo interessante a ser levado em conta pelo crítico que pretende sair das ataduras de sua própria história crítica e, com isso, liberar suas potências criativas *ensaiando* seus gestos.

Mãos ao alto: olhos armados
Notas sobre *O olho da história* de Georges Didi-Huberman

Em 2003, onze anos depois do texto que — principalmente aqui no Brasil — o tornou conhecido (*O que vemos, o que nos olha*),[1] o crítico de arte Georges Didi-Huberman lançava aquele que talvez fosse seu livro fulgurante da década que se iniciava: *Images malgré tout*.[2] Publicação imediatamente posterior ao grande tratado metodológico do autor (*L'image survivante*,[3] no qual Didi-Huberman se debruça sobre a obra de Aby Warburg, expondo sua dívida em relação a esse grande historiador da arte), o livro tem como cerne a discussão do problema de como olhar para as imagens, sejam elas fotografias desgastadas e desfocadas (como aquelas sorrateiramente deflagradas pelos membros do *Sonderkommando* de Auschwitz-Birkenau), ou as fotografias oficiais — e narcisistas — dos próprios ss. Além do olhar detido nessas imagens, Didi-Huberman propõe-se a esmiuçar *como* se posicionar diante dessas imagens, de modo que delas extraia um saber, montá-las numa série (e aqui as análises se dirigem aos filmes *Shoah*, de Claude Lanzmann, e

---

1 Georges Didi-Huberman, *O que vemos, o que nos olha*. Trad. de Paulo Neves. São Paulo: Ed. 34, 1998.

2 Id., *Images malgré tout*. Paris: Minuit, 2003.

3 Id., *L'image survivante. Histoire de l'art et temps des fantômes selon Aby Warburg*. Paris: Minuit, 2002. (Ed. bras.: *A imagem sobrevivente: História da arte e tempo dos fantasmas segundo Aby Warburg*. Trad. de Vera Ribeiro. Rio de Janeiro: Contraponto, 2013.)

Histoire(s) du cinéma, de Jean-Luc Godard). A polêmica suscitada pela primeira parte do livro (e cujas críticas serão respondidas pelo autor na segunda parte), que fora publicada como catálogo da exposição *Mémoire des camps. Photographies des camps de concentration et d'extermination nazis (1933-1999)*, é fruto de certas indagações que propõe o autor: qual a importância das imagens para os saberes históricos? Como, diante de tão poucas ou quase nulas imagens, elaborar um saber sobre nossa história? Como, diante da trágica experiência dos campos, ainda assim, *malgré tout*, imaginar sua história? Isto é — e eis o ponto-chave —, como imaginar o suposto *inimaginável* (conceito contra o qual se insurge Didi-Huberman)?

Para lidar com tais questões, a estratégia armada por Didi-Huberman é a de uma arqueologia visual (remexer os arquivos de imagens), um modo de olhar para a história (a da arte ou mesmo nossa história recente, a história no século das imagens) que seja uma tomada de posição, o que implica um comprometimento não simplesmente gnosiológico (há impossibilidade de pureza científica diante da história), mas ético e político, isto é, um posicionar-se no presente (de forma benjaminiana). E, como toda posição é relativa, uma vez que há uma temporalidade que nos precede com a qual é imprescindível o jogo, esquecendo-a, rompendo com ela ou rememorando-a, é importante saber-se implicado num processo, num movimento, no qual o aproximar-se com reservas e o distanciar-se com desejo é a forma de constituição de um saber efetivamente histórico (não se constrói o saber na pura imersão, na aproximação excessiva, no puro combate, no muito perto; tampouco na pura abstração, na transcendência, no muito longe — e essa dialética do duplo regime da imagem era já o motor de *O que vemos, o que nos olha*). Toda a questão do método, portanto, está atravessada por um posicionamento do pesquisador, dimensão que, de modo direto, será o enfoque da série *O olho da história*.

Quase uma década depois de seu livro sobre Warburg, Didi--Huberman irá retomar nessa série todo o problema do saber histórico, do como se posicionar, do como jogar *anacronicamente* para desmontar, montar e remontar nossas imagens de modo que crie a partir da *visibilidade* e da *temporalidade* sua *legibilidade* (fazer delas *questão de conhecimento*, não de ilusão). Tirar da imaginação sua conotação negativa, sua ligação com a simples ilusão, com a miragem: esse tem sido o trabalho de Didi-Huberman na última década. Imaginar, para ele (e aqui, por exemplo, Giorgio Agamben ou mesmo Emanuele Coccia resgatam uma tradição averroísta), não é abandonar-se às miragens de um reflexo, mas é a *montagem* de formas plurais colocadas em correspondência, isto é, não algo deixado a uma espécie de delírio subjetivo do artista, mas um movimento — talvez o mais arriscado — do conhecimento; é a arriscada operação de levar ao extremo o desencanto das imagens.

Essa associação da imaginação com a montagem é a clave de leitura da série *O olho da história*. Seu primeiro volume — *Quand les images prennent position*[4] — é um detalhado e refinado estudo sobre Bertolt Brecht e seus *Arbeitsjournal* (*Diário de trabalho*) e *Krigsfibel* (ABC *da guerra*) no qual o crítico procura apontar como Brecht, na *posição* de exilado, usava a *imaginação* para, diante das imagens da guerra (mapas, documentos e principalmente fotos), *prever* outras coisas além do que estava figurado na imagem. Tal *previsão*, diz Didi-Huberman, nada tinha a ver com a palavra profética, mas era tão somente produto de uma *técnica* utilizada por Brecht, qual seja, a *montagem*. Com tesoura e cola, Brecht cortava as imagens de jornais e revistas, rearranjava-as numa outra ordem de *legibilidade*. Isso porque as fotografias, sem dúvida, documentam um momento da história, porém, uma vez montadas com outras — e Brecht a elas agregava um texto, normalmente um epigrama —, induzem a uma reflexão mais profunda sobre

---

4   Id., *Quand les images prennent position: L'oeil de l'histoire, 1*. Paris: Minuit, 2009.

seu contexto, isto é, as imagens ganham ainda mais *legibilidade*. Ou seja, «se ver (*voir*) nos permite saber (*savoir*) e mesmo prever (*prévoir*) algo do estado histórico e político do mundo, é porque a montagem das imagens funda toda a sua eficácia sobre uma arte da memória», pois «uma política no presente, mesmo que esteja construindo o futuro, não pode ignorar o passado que ela repete ou que repulsa».[5]

Ora, um benjaminiano como Didi-Huberman não deixa escapar o fato de que, por trás da concepção de montagem, está todo o problema do declínio da experiência no moderno, principalmente com o que ocorre na sequência da primeira grande guerra, tal como descreve Benjamin no seu *Experiência e pobreza* (e também, de certo modo, em *O narrador*). Com a catástrofe, a desestruturação do mundo, com sua explosão em fragmentos, também a percepção de tempo se modifica, e, com isso, o método capaz de dar conta dessa percepção fragmentária é a montagem. E Didi-Huberman, lendo aqui a resenha que Ernst Bloch faz de *Rua de mão única* de Benjamin, para isso chama a atenção ao notar que toda a geração que viveu o entreguerras — Georg Simmel, Aby Warburg, Marc Bloch, Franz Kafka, Marcel Proust, Igor Stravinski, o próprio Walter Benjamin, entre outros — criou e pensou por montagem. E entre esses artistas e pensadores *por montagem* está o próprio Bertolt Brecht.

E, se no primeiro volume de *O olho da história* Didi--Huberman toca os primórdios dessa nova forma de compor que é a montagem, em *Remontages du temps subi*,[6] o segundo volume, ele examina como certos pensadores e artistas, hoje, trabalham por montagem. É a citação de Christian Boltanski (artista com quem Didi-Huberman trava uma conversa e a partir da qual escreve o texto que será o «Apêndice *II*» do livro), que expõe com clareza essa opção de leitura daqueles que compõem depois da

5 Ibid., p. 35.

6 Id., *Remontages du temps subi: L'oeil de l'histoire*, 2. Paris: Minuit, 2010.

segunda guerra: «Mesmo que não a tenhamos vivido, nossa infância foi toda misturada à ideia de catástrofe. Nossos pais foram loucos de não nos terem abortado».[7] A frase de Boltanski (nascido em 1944, em Paris), além de situá-lo biograficamente, dá também os tons da situação catastrófica em meio à qual se viu nos primeiros anos de vida. Mas não é com a chave autobiográfica que Didi-Huberman analisa Boltanski, e sim «com uma relação *histórica, partilhada, impessoal* e coletiva, com os mortos incontáveis que formaram o quadro de sua entrada na vida».[8]

No entanto, antes de percorrer as análises que o crítico faz no livro, é preciso dar ainda mais um passo para trás. Numa entrevista concedida a Mathieu Potte-Bonneville em meados de 2006 (ou seja, no *olho da década*), Didi-Huberman fala que seu método de trabalho, baseado em fichas escritas à mão (como as *Passagens* benjaminianas) dispostas sobre sua mesa de trabalho, consiste em *montar* seu texto a partir das fichas, num *jogo paciente* entre a ordem do saber acumulado e sua associação. O próprio autor assume como método de trabalho a montagem (e a certa altura indica que sua escrivaninha é como uma ilha de edição cinematográfica), e isso fica claro quando, ao final de cada livro seu, traz a nota bibliográfica que aponta o itinerário fragmentado a partir do qual compôs a obra. E isso não é diferente em *Remontagens do tempo transcorrido*. De fato, o livro é o resultado de uma *montagem* de quatro textos: dois ensaios principais e dois apêndices, cada um deles escrito em situações diversas e publicados (em partes ou na íntegra — mais uma vez, fragmentos que são montados) em periódicos ou como catálogo de exposição.

Fundamentalmente, o trabalho de arqueologia visual empreendido aqui por Didi-Huberman é voltado, nos capítulos (os ensaios principais), para o cinema, e, nos apêndices, para

7   Ibid., p. 218.

8   Ibid.

a fotografia e as artes plásticas. Porém qual foi o fio condutor (ou, poder-se-ia dizer com Agamben, as *assinaturas*) dos textos que fizeram com que o autor montasse um livro tal e qual? E a resposta só pode vir por um jogo de palavras: a *violência das imagens* das *imagens violentas* das guerras. Ou seja, o pano de fundo, a linha condutora da argumentação, está em como dar *legibilidade* para essas imagens paralisantes, difíceis de serem vistas e que *violentam* o olhar do espectador com a *violência* que exibem e das quais, muitas vezes, o espectador desvia o olhar. Entretanto, diz Didi-Huberman, «hoje é preciso olhar duas vezes para elas para extrair uma legibilidade histórica dessa visibilidade tão difícil de sustentar».[9] É das imagens da liberação dos campos de concentração e extermínio que Didi-Huberman está falando precisamente. E é diante da dificuldade de sustentar o olhar nessas imagens e também de torná-las legíveis (já que, é preciso lembrar, os primeiros filmes sobre a libertação foram comissionados pelo governo da União Soviética como meio de propaganda) que Didi-Huberman começa o primeiro ensaio. Cooptadas por uma ideologia, as imagens montadas da libertação (os filmes oficiais) muitas vezes precisam ser afrontadas novamente, e essa é a ideia da remontagem, que dá título ao livro:

> Construir uma legibilidade para essas imagens será *não* se contentar com as *legendas* que a elas se agregam, com sua voz, o comentador certificado pelo exército libertador. Será restituir, recontextualizar essas imagens numa *montagem* de outro gênero, com outro gênero de textos, por exemplo, as narrações dos próprios sobreviventes quando contam o que, para eles, significou a abertura do campo.[10]

9   Ibid., p. 19.
10 Ibid., p. 26.

Para tanto, e eis o trabalho do arqueólogo das imagens, é preciso compreender que, mesmo com a conclusão e condenação dos culpados por meio dos protocolos jurídicos oficiais (Didi-Huberman chama a atenção para o fato de Nuremberg ter sido o primeiro tribunal a utilizar uma tela de projeção para exibição das *evidências*), a questão dos campos não se encerrou: «Mesmo abertos, os campos deixaram *aberta* a questão histórica, antropológica e política que questiona sua própria existência, passada, presente e futura».[11]

Era o fim da guerra, a Alemanha tinha capitulado, algumas partes da Europa já começavam a remover seus escombros, porém a cena dos campos libertados era algo *impossível* de olhar. Foi essa a sensação que teve Samuel Fuller, então um soldado americano do batalhão que libertou o campo de Falkenau, e sobre quem versa o primeiro capítulo. Com uma câmera em mãos e atordoado com o que via, põe-se a filmar, a capturar as imagens sem nenhum julgamento, fazendo apenas documentação (como um *eye witness*), a ponto de deixar as imagens intocadas — não montadas — por mais de quarenta anos sobre sua mesa de trabalho. Fuller falará muito sobre essas suas imagens de Falkenau, marcadamente o episódio decisivo de sua vida e seu trabalho. Assim, quando acaba entrando para o circuito hollywoodiano, mantém um traço diferencial para os filmes que dirigiu: «a figura central de seus filmes é a do *sobrevivente*, e não aquela do herói».[12] Mais do que *ação*, típica da cinematografia de guerra norte-americana, é a *indignação* diante da realidade da guerra que se mostra no cinema de Fuller. Porém a latência dos pouco mais de vinte minutos das imagens de Falkenau continuava, e só em 1988 Fuller retorna ao antigo lugar do campo para se deixar filmar pelo jovem Emil Weiss e, com isso, tentar dar legibilidade às imagens de 1945.

11 Ibid., p. 31.

12 Ibid., p. 45.

Observando essa conjuntura, Didi-Huberman diz que se trata de um claro exemplo de um momento ético do olhar, o qual, no entanto, não é redutível a uma atitude moral ou moralizante. Essa dimensão ética

> [...] se situa, de plano, no ato de dar conhecimento às imagens cujo estado de «mudez» a princípio nos deixou simplesmente «mudos», mudos de indignação. A dignidade na imagem só se constrói por um trabalho dialético da montagem, isto é, também, porque a gravação de 1988 [...] dá a ver o pequeno filme de 1945.[13]

Aberto o campo, capturadas suas imagens, é preciso que sejam *montadas* (ou *remontadas*, no caso daquelas capturadas pelos filmes oficiais) para dar-lhes legibilidade. Isso só acontece quando se encontra um *ponto de vista*, uma distância justa, uma posição, portanto.

> Quando se abre um campo, para ele se olha estupefato, toma-se tudo o que se pode *sem pensar no mal*. Depois, tratar-se-á de escolher, de compreender, de *pensar o mal*. [...] Filmar no espaço de um campo que se abre só é possível tendo *confiança* no meio, na «inocência fundamental» do registro óptico. Tratar-se-á, mais tarde, de saber utilizar as imagens segundo um ponto de vista *crítico*, isto é, segundo uma análise concomitante da «não inocência» do espetáculo.[14]

Do material bruto, uma visão estupefata, um hieróglifo, à imagem legível, passada pelo crivo de um ponto de vista crítico. Tal legibilidade, no entanto, não pode ser mal compreendida. Não se trata de uma anulação da imagem em detrimento

13 Ibid., p. 50.
14 Ibid., p. 58.

de um texto, mas sim de uma leitura da própria imagem; não é um regramento da imagem pela escritura, mas, como diria Benjamin, a constatação e leitura de uma imagem dialética.

Não se «regram» os «problemas da imagem» pela escritura e pela montagem. Escritura e montagem permitem muito mais oferecer às imagens uma legibilidade, o que supõe uma atitude dupla, dialética (com a clara condição de compreender, com Benjamin, que dialetizar não é nem sintetizar nem resolver, nem «regrar»): não cessar de arregalar nossos olhos de criança diante de uma imagem (aceitar a prova, o não saber, o perigo da imagem, a falta da linguagem) e não cessar de construir, como adultos, a «cognoscibilidade» da imagem (o que supõe o saber, o ponto de vista, o ato de escritura, a reflexão ética).[15]

À terrível situação dos campos nazistas esmiuçada a partir das imagens do libertador que olha o libertado, Samuel Fuller, Didi-Huberman, no «Apêndice I», agrega a imagem do *humilhado que olha para o humilhado*. Trata-se das fotografias do catalão Augustí Centelles (e aqui, lendo com cuidado, é possível ver a montagem rítmica do livro, com um jogo de aproximação e distanciamento: o primeiro capítulo e o primeiro apêndice tratam de testemunhas oculares dos campos — Samuel Fuller e Augustí Centelles — enquanto o segundo capítulo e o segundo apêndice tratam de remontagens de quem viu somente as imagens em arquivos — Harun Farocki e Christian Boltanski). Refugiado primeiro no campo de Argelès e depois em Bram, ambos no sul da França, depois da derrota dos republicanos na Espanha, Centelles leva consigo apenas sua câmera fotográfica. Como humilhado fugido é que ele faz suas fotos e, «quando o humilhado olha o humilhado, é o próprio

15 Ibid., p. 65.

trabalho da humilhação que se faz visível».[16] Isso porque há uma *empatia*, pois partilham a mesma experiência, e uma *observação* que nada tem de clínica, já que o observador sofre como o observado. Ambos sofrem do abandono e se arruínam, permanecendo puras *vidas nuas* (Didi-Huberman a todo instante reclama Agamben em suas diagnoses, porém com certos prognósticos — uma aposta numa espécie de *resistência* — que julga somente seus, mas que já estão, de outro modo, no pensamento do italiano). Porém

> [...] seria possível dizer, mais uma vez, que suas fotografias do campo de Bram terão assumido, desde a condição mais miserável, a menos honorífica que seja, a antiga função de uma *imago* própria a dar, de retrato em retrato — seja de um fundo arame farpado ou de bancos —, a dignidade de uma comunidade de homens certamente vencidos pelo fascismo, humilhados por uma polícia, mas decididos a inscrever sua vida nua, isto é, sua morte, numa ligação de transmissão histórica e genealógica.[17]

A aposta que Didi-Huberman faz ao ler as imagens de Centelles é que elas formam um atlas, um «repertório de formas sobreviventes, isto é, de formas resistentes».[18] Seu otimismo diante das fotos de Centelles — dos jogos, das reuniões para discussões políticas dos homens no campo, de uma tourada improvisada — é seu modo de fazer crítica dos arquivos, de remontá-los, com vistas para o presente, ou seja, é sua tomada de posição.

O olhar do crítico ou do artista para as imagens, sua tomada de posição, portanto, implica necessariamente pensamentos e

16   Ibid., p. 205.

17   Ibid., pp. 209-10.

18   Ibid., p. 213.

gestos. Não é a simples captura das imagens (com a *infantilidade* que lhe é implícita: a estupefação diante do horror), tampouco uma tentativa de construção de arcabouços teóricos que não questionam a própria posição, o que garante a legibilidade das imagens.

> Os olhares podem ser cegos ou penetrantes, os gestos brutais ou delicados, os pensamentos ineptos ou sublimes, é assim. Mas uma imagem que seria do olho em estado puro, do pensamento absoluto ou da simples manipulação, não existe. É notavelmente absurdo querer desqualificar certas imagens sob pretexto de que elas seriam «manipuladas». Todas as imagens do mundo são o resultado de um esforço concentrado que envolveu a mão do homem, mesmo que esta estivesse equipada. [...] A verdadeira questão será muito mais a de saber, a cada instante — a cada imagem —, o que exatamente faz a mão, em que sentido e por quais fins operou-se a manipulação.[19]

Esses são os termos com os quais Didi-Huberman começa o segundo ensaio — «Abrir o tempo, armar os olhos» —, dedicado inteiramente às análises da obra de Harun Farocki. É a partir de uma foto de 1981 de Farocki diante do Cinema Arsenal (*Kino Arsenal*), em Berlim Ocidental, que Didi-Huberman *arma* aqui *seus olhos*. O cineasta está só, com a mão esquerda levantada e com o pulso cerrado, num gesto de protesto (e, de fato, pode-se pensar num protesto de Farocki pela morte, por greve de fome, de Holger Meins).

A mão levantada de Farocki representa o protesto, porém — e, ainda que Didi-Huberman não mencione, a conexão com *Elogio da mão* de Henri Focillon é sensível — é com ela também que intervêm, que se tocam, que se *montam* as imagens e, como no texto «Jogo das letras», do *Infância em Berlim*, de Benjamin —

---

19 Ibid., p. 71.

citado no primeiro volume de *O olho da história* —, é com a mão que se *constrói a legibilidade*. *Sein Hand ins Feuer Legen*, literalmente, «colocar a mão no fogo», é justamente o termo alemão para indicar o engajamento político e ético. Anos antes da foto no Cine Arsenal, em 1969, Farocki filmava *Fogo inextinguível*, um filme de protesto contra as indústrias produtoras e fornecedoras de napalm para o governo norte-americano. Ali, também a mão tinha um papel fundamental, pois, como representação possível do ferimento por napalm (para não apresentar um verdadeiro ferido no Vietnã, diante do qual o espectador viraria os olhos), Farocki queima sua mão com um cigarro, gesto de *Sein Hand ins Feuer Legen*, para com essa imagem dar a ver um mínimo do que seria a imagem de um ferimento pela nova arma dos Estados Unidos.

Didi-Huberman é claramente um entusiasta da arte de Farocki. Inclusive se reconhece nele, já que para o crítico francês a questão que move o cineasta alemão é muito similar à sua, àquela que o põe a trabalhar: «Por que, em que e como a produção de imagens participa tão frequentemente da destruição dos seres humanos?».[20] Farocki trabalha com imagens de processos técnicos nascidas do espírito da utopia guerreira, como as imagens de disparos de mísseis por aviões de guerra (no Iraque); mas também com imagens supostamente destinadas a impedir a destruição entre os seres humanos, como as imagens de circuitos de proteção e vigilância. Diante dessas *imagens operatórias* (o conceito é de Farocki), para o artista não resta outra alternativa senão seu desmonte e sua remontagem, se a elas quer dar nova legibilidade. E, segundo Didi-Huberman, é essa a estratégia de Farocki, que opera tal como um ensaísta; e aqui as aproximações de Farocki a uma sua leitura de Adorno do *Ensaio como forma* são fundamentais. Segundo Didi-Huberman, para Adorno o ensaio «é uma construção do pensamento capaz de não se fechar nas estritas

20   Ibid., p. 84.

categorias lógico-discursivas. E isso só é possível por uma certa afinidade com a imagem. [...] ele funciona, consequentemente — e isso, no mínimo, é minha própria hipótese de leitura — à maneira de uma *montagem de imagens*».[21]

Mais uma vez, é o problema de dar legibilidade às imagens que Didi-Huberman põe em causa, e tal problema não pode ser formulado sem a questão da tomada de posição do artista (do montador):

> [...] aos olhos daquele que ensaia, tudo se parece sempre com uma primeira vez, com uma experiência marcada por incompletude. Se ele sabe e aceita tal incompletude, ele revela a *modéstia* fundamental de sua tomada de posição. Mas ele está então obrigado, estruturalmente, a recomeçar sempre, da «primeira tentativa» inicial aos numerosos «ensaios» que se repetem depois dela. E nada lhe parecerá uma segunda vez. É, no fundo, como uma dialética do desejo. O que faz então o montador, por exemplo, se não começar por montar seu material de imagens, depois desmontar, depois remontar, depois recomeçar sem trégua? É a *exigência* de sua tomada de posição (é possível aqui lembrar que a palavra «ensaio» tem sua etimologia no baixo latim *exagium*, que deriva do verbo *exigere*, «fazer sair algo de uma outra coisa»).[22]

Isto é, para Didi-Huberman a montagem é sempre o gesto constante de *retomada* e *reaprendizado* e, por isso, Farocki seria

> [...] um artista de ensaios sempre retomados, sempre recolocados em trabalho. Ele não cessa de *rever*, *reler* e *remontar* o que reviu com o que releu. Sua exigência é regrada sobre a modéstia de saber que o que ele vê não lhe pertence e o que ele pensa

---

21 Ibid., p. 94.

22 Ibid., p. 98.

— pois é preciso pensar para ver, para organizar o que se vê — procede do que lhe precedeu.[23]

O que precede o artista, no caso, sobretudo aquele que trabalha com imagens, é sempre algo que deve ser buscado nos arquivos. Tomando em suas mãos os arquivos, o artista arqueólogo o vivifica

> [...] a partir do momento em que elegeu uma singularidade capaz de romper, de surpreender nossas ideias gerais — isto é, nossos preconceitos históricos — constituindo-se como *sintoma*. Serão necessários, na sequência, toda uma arte da montagem e o estabelecimento de um atlas de imagens para interpretar esse sintoma, isto é, para compreendê-lo sob o olhar do contexto do qual ele surge e que o torna legível ao mesmo tempo.[24]

Esse princípio warburguiano de respeito à singularidade no momento em que se reconstrói uma constelação de sentidos é tanto epistemológico quanto ético. Remontar as imagens oficiais nazistas, por exemplo, aquelas que mostram homens trabalhando numa aparente normalidade no campo de Westerbock (como a instalação feita por Farocki em 2007, *Aufschub*), é um modo de expor como o saber histórico crítico relativiza tal normalidade, mas também de entender o que as próprias imagens agregam ao saber histórico, isto é, «uma indicação necessária sobre a eficácia da mentira nazista e sua imensa crueldade».[25] Para Farocki, diz Didi-Huberman, não se trata de remontar as imagens com intenções educativas (propagandísticas, por assim dizer), mas de dar ao espectador a

23 Ibid., p. 101.
24 Ibid., p. 110.
25 Ibid., p. 116.

possibilidade de ele mesmo fazer sua montagem imaginativa. E é por isso que suas montagens são sempre abertas e, quando em instalações, normalmente com mais de uma tela de projeção para as mesmas imagens. Oferecer imagens para abrir o sentido (*significação*) aos sentidos (*sensações*) do espectador, tal seria o princípio da montagem aberta de Farocki.

O cineasta seria, portanto, esse artista modesto e corajoso ao mesmo tempo: simplesmente determinado a *abrir os olhos* — os seus, os de seu espectador — mas constatando que, por isso, é preciso *tomar posição*. Tanto é assim que abrir os olhos exige primeiro desarmá-los, despojá-los de todo preconceito e de todo estereótipo, para *rearmá-los* na sequência, dar a eles essa potência de olhar, logo de pensamento, que falta aos nossos habituais consumos de imagens.[26]

Essa *tomada em mãos* dos arquivos e seu *dar a ver* ao espectador é a posição que Didi-Huberman vê em Farocki e que julga ser um efetivo engajamento ético e político.

A leitura que o autor faz de *tomar em mãos* para *dar a ver* é, desse modo, correlata à expressão latina *emancipare*, o ato de liberar algo de uma *autoridade* ligada a um direito de *propriedade*. A *manus capare*, ato de tomar em mãos, e daí *mancipare* (a tomada que faz propriedade) e *mancipium* (captura, caça, tomada), é *ex-mancipata* (colocada fora dos círculos negociáveis; que é também o nome das *Imago*, as máscaras mortuárias que marcavam a *dignidade* do falecido). Portanto, emancipar seria

[...] tomar alguém pela mão para guiá-lo para uma zona franca, um espaço de liberdade no qual ele não será «possuído» por ninguém. [...] A emancipação é um gesto capaz de assumir duas «inevidências» conjuntas. Primeiro, *assumir o inestimável de*

26 Ibid., pp. 121-2.

uma certa ligação temporal, ligação a uma história presente, a uma memória, a uma genealogia, o que supõe ao mesmo tempo uma ruptura e uma sobrevivência. Em segundo lugar, *assumir o deslocamento até uma zona de possibilidades abertas*, uma zona franca, uma zona na qual podem florescer formas e atos até aí impensados: *remontagem* do tempo e do espaço perdidos.[27]

No entanto, é da noção de *Imago*, da máscara mortuária romana, que Didi-Huberman vai aproximar sua ideia de emancipação do espectador, com aquela de restituição da imagem a um uso comum. Tomando as noções apresentadas por Vilém Flusser, de que um aparelho estatal das imagens produz a ilusão de que o que se *passa* no mundo é admitido que se *passe* na TV, produzindo com isso um desengajamento político sem precedentes, apresenta, com a noção de *imago*, outra possibilidade.

Porque a imagem (a *imago*), nesse sentido, é ao mesmo tempo um objeto de culto privado — os ancestrais, os mortos, a família — e um objeto e culto público — o «direito às imagens» estando de acordo com o olhar do lugar que ocupa o ancestral na *res publica*, e a exposição das *imagines* como um espetáculo público nos quadros das «pompas fúnebres» ou rituais de enterro —, é possível dizer que ela institui a questão da semelhança fora de toda esfera «artística» como tal. Ela aparece mais como um objeto do *corpo privado* (o próprio rosto a partir do qual se fabrica a imagem) entregue à esfera do *direito público*.[28]

Mas como, no mundo contemporâneo, recobrar uma dimensão pública ao que seria o *comum* do público, e que, no entanto, é limitado pelo que é o *próprio* do público oficial (o Estado, ou, hoje mais do que nunca, a opinião pública — a *doxa* — expressa nos

27   Ibid., p. 131.

28   Ibid., pp. 157-8.

meios de comunicação)? Isto é, e o jogo de uma dialética rítmica aqui se expõe, como *emancipar as imagens* para que elas possam dar *condições de emancipação para os espectadores*?

Em Farocki isso se dá com um «*tomar* das instituições aquilo que elas não querem mostrar — a escória, o refugo, as imagens esquecidas ou censuradas — para as *dar* a quem de direito, isto é, ao 'público', à comunidade de cidadãos».[29] Porém é no conceito de profanação, de Giorgio Agamben, que Didi-Huberman fundamenta essa restituição daquilo que havia sido tomado como *próprio* a seu uso *comum* (isso a despeito das críticas — às vezes apressadas — que o autor faz a Agamben). Assim, para o crítico, o trabalho de Farocki é justamente o de profanar o mundo das imagens oficiais trazendo-as muitas vezes dos fundos dos arquivos (quase sempre obscuros, como em sua exposição *Ich glaubte Gefangene zu sehen*, na qual monta imagens de circuitos internos de presídios norte-americanos) para o público: dá a ver aquilo cuja visibilidade tinha sido interditada — e mais: com a montagem, a remontagem, dá legibilidade (uma possibilidade de leitura, que é sempre aberta) a isso que permanecia um hieróglifo num sarcófago ainda por explorar.

Também com relação a Christian Boltanski, cujas análises desenvolvem-se no segundo apêndice do livro, Didi-Huberman se volta para o conceito de profanação. Boltanski, que igualmente trabalha com as imagens dos campos nazistas, é um artista *consagrado* por sua obra — que tem espaço nas grandes galerias e obras muito *valorizadas* monetariamente —, que, porém, *joga* com essa sua posição. Sua *consagração* vai contra toda busca concreta exposta em suas obras: «trazer de volta as grandes coisas à sua posição mais modesta, trazer as coisas graves à sua condição mais infantil, mais inocente».[30] O que não quer dizer «um

29 Ibid., p. 158.

30 Ibid., p. 222.

tempo sob o ângulo — prestigioso, intocável — da eternidade ou da redenção, mas sob aquele do tédio cotidiano e da tão banal — não menos trágica por isso — marcha para a morte».[31] Ou seja, diz Didi-Huberman, Boltanski joga como uma criança (e as conexões da infância com as possibilidades de releituras da história são construções que o crítico acolhe também de Agamben): na *gratuidade* do jogo, porém, *gravidade* no jogo. Isto é, toma posição, e «a brincadeira aparece sempre, de um momento a outro, como uma tomada de posição face a face com a realidade histórica e social ao redor [...] A brincadeira torna-se então uma posição ética».[32] Trata-se, portanto, de uma tentativa constante de *profanar* a própria condição de artista *consagrado*.

Trabalhar, para Boltanski, é somente encontrar a cada instante uma nova forma para a transmissão. Ora, transmitir não é nada mais do que permitir algo como uma sobrevida, uma espécie de fora do esquecimento dos homens. A procura de Boltanski é, portanto, uma «procura pelo tempo transcorrido», uma fábrica da sobrevida do tempo transcorrido: sofrimentos revividos, multiplicados, desintegrados, remontados, transformados em jogo, portanto ultrapassados, ainda que mantidos em nossa consciência histórica.[33]

Algo sobrevive apenas na remontagem do tempo transcorrido. E é com as imagens, com a remontagem das imagens violentas da guerra (poder-se-ia dizer: *violentando a violência* daquelas imagens), que Boltanski tenta sacar à luz a dignidade que elas são capazes de restituir para além do esquecimento, isto é, em sentido warburguiano, como *sobrevivência*. E esta,

31 Ibid.
32 Ibid., p. 232.
33 Ibid., p. 234.

tal como a *imago* romana, é *ex-mancipata*, está fora do círculo dos negócios, não é *consagrada*. Ou seja, enfrentar a cooptação da consagração artística é o jogo paradoxal no qual Boltanski (e, quiçá, todo artista ou crítico) está imerso.

É uma questão ética do artista ou crítico que está, portanto, no cerne dos debates sobre a imagem propostos por Georges Didi-Huberman no correr da última década. E é no parágrafo final do ensaio sobre Farocki que pode ser visto o vórtice de toda a *armação estratégica e dos olhos* que está em obra não só em seu último trabalho, a série *O olho da história*, mas em todas as pesquisas por ele desenvolvidas ao longo de uma década:

> Remontar o tempo transcorrido: elevar sua cólera à altura de um pensamento, seu pensamento à altura de uma expressão, sua expressão à altura de um olhar. Praticar uma 'fenomenologia das pequenas imagens'. Desmontar-lhes a ordem, remontar-lhes a coerência escondida. Voltar de sua cólera — que finalmente encontrou sua forma — sem esquecer o sofrimento do mundo que a tinha, de início, suscitado.[34]

---

34 Ibid., p. 195.

As assinaturas de uma política que vem
Notas sobre o método de Giorgio Agamben

Em 1968 Enzo Melandri, então professor de filosofia na Universidade de Bolonha, publica, pela editora Il Mulino, *La linea e il circolo: Studio logico-filosofico sull'analogia*[1] [A linha e o círculo: Estudo lógico-filosófico sobre a analogia]. Melandri, que morreu em 1993, jamais conseguiu ver uma segunda edição do livro — o qual desde seu lançamento não foi bem compreendido nem pela crítica italiana nem pela intelectualidade europeia como um todo (basta dizer que Umberto Eco, um dos poucos a fazer uma crítica do livro, ao ressaltar as qualidades eruditas do autor, faz um irônico jogo de palavras entre Melandri e *meandri* [meandros], insinuando que o leitor acabaria por se perder na dificuldade argumentativa das quase mil páginas do livro). Desde essa «má recepção» de *La linea e il circolo*, lembra-nos Stefano Catucci, Melandri entra num progressivo isolamento intelectual e político, de modo que seus escritos não encontram mais lugar nas editoras de grande circulação (como a Il Mulino).[2] Apenas 36 anos depois, em 2004, uma segunda edição — agora pela editora Quodlibet, de Macerata — é publicada. De certo modo, o resgate de um livro «obscuro» e que durante muito tempo permaneceu quase sem fortuna

---

1 Enzo Melandri, *La linea e il circolo: Studio logico-filosofico sull'analogia*. Macerata: Quodlibet, 2004.

2 Stefano Catucci, «Dal 1968 *La linea e il circolo* di Enzo Melandri. Demone Analogia». Disponível em: <https://www.quodlibet.it/recensione/326>.

crítica não poderia se dar senão com a intervenção de alguns intelectuais que, com refinadas leituras, tentam resgatar nos *meandros* da recente história da filosofia uma nova possibilidade de pensar o contemporâneo. Dentre esses «novos» leitores de Melandri um, em especial, parte na defesa do falecido professor de Bolonha: Giorgio Agamben.

Talvez a fama recente e repentina alcançada por Agamben nos últimos tempos aqui no Brasil — principalmente por ocasião da publicação das traduções de seus livros — possa ensejar uma dispensa de apresentações. Porém não compreenderemos sua trajetória intelectual e tampouco seu método (sua estratégia de pensamento) se não nos ativermos a um detalhe: Agamben não tem como formação primeira a filosofia, mas sim o direito. Ele próprio afirma, em entrevista concedida a Roman Herzog,[3] que depois de ter concluído seus estudos em direito pensou que os abandonara para sempre. No entanto, assume que a lógica férrea do direito, sobretudo a do direito romano, é algo que jamais alguém pode abandonar por completo e que, justamente por isso, o acompanha até hoje. Ainda que para qualquer leitor mais atento de *Homo Sacer: O poder soberano e a vida nua* tal declaração de Agamben não soe como novidade, o que aqui ressalto é o fato de ser o próprio Agamben quem prefacia a segunda edição do livro de Melandri, isto é, um estudo sobre a *analogia*. Em certo sentido, eis que uma implícita contradição pode ser lida nessa atitude: ao constatar a própria impossibilidade de escapar à lógica no modo de pensar (lógica incutida na idade de formação do pensador), Agamben irá, na esteira de Melandri, defender um método *ana-lógico* de pensamento. O que está em jogo então nessa tomada de posição de Agamben ao lado de Melandri é algo mais do que uma tentativa

---

3 A entrevista faz parte do radiodocumentário denominado «Nell'abisso dell'uomo. A proposito della filosofia di Giorgio Agamben», produzido por Roman Herzog em 2006.

de dar a merecida voz a alguém que ficou à sombra dos eventos da esquerda italiana dos anos 1970 e 1980; de fato, ao assumir como própria uma *assinatura* lógica que se dá a contrapelo de sua atual produção textual, é o próprio modo de pensar de Agamben, seu método, que acaba aqui por se expor.

O que o prefácio de 2004 de *La linea e il circolo* — para o qual Agamben dá o nome de *Archeologia di un'archeologia*[4] — aponta é justamente a diretriz metodológica que ele assume e que, quatro anos mais tarde, esmiúça e traz à luz no livro *Signatura Rerum. Sul metodo* [Signatura Rerum. Sobre o método]. Os três ensaios que o compõem («Che cos'è un paradigma?», «Teoria delle segnature» e «Archeologia filosofica») são desse modo um desenvolvimento do texto de 2004 e dão as notas do cabedal metodológico que perpassa toda a obra de Agamben — desde seus primeiros textos como *Stanze*, de 1977, até seu recente *Nudità*, de 2009.

Archeologia di un'archeologia é talvez — mais do que apenas a introdução da temática arqueológica reivindicada por Melandri, declaradamente via Foucault, como método próprio — uma prova à qual Agamben submete sua própria formação lógico-jurídica (ou seja, a lógica das oposições binárias por excelência). O princípio de analogia, pedra de toque do livro de Melandri, é a base da compreensão do *paradigma* agambeniano. Isto é o que lemos nas teses sobre o paradigma avançadas por Agamben no final do primeiro ensaio de *Signatura Rerum*: «o paradigma não é uma forma de conhecimento nem indutiva nem dedutiva, mas analógica [...]; neutralizando a dicotomia entre o geral e o particular, este [o paradigma] substitui à lógica dicotômica um modelo analógico bipolar».[5]

---

4 Giorgio Agamben, «Archeologia di un'archeologia». In: MELANDRI, Enzo. *La linea e il circolo: Studio logico-filosofico sull'analogia*. Macerata: Quodlibet, 2004, pp. IX-XXXV.

5 Id., *Signatura Rerum: Sul metodo*. Turim: Bollati Boringhieri, 2008, p. 32.

Assim, quando Agamben ressalta que Melandri tenta, a partir do princípio de analogia, uma declinação das oposições binárias que definem a lógica ocidental, está, de certo modo, remodelando seu método presente sem perder de vista as *assinaturas* de seu passado. Essa *regressão* ao passado proposta por Agamben (à própria formação e, para quem acompanha seu pensamento, às tradições filosóficas de certo modo ofuscadas que ele visita: o averroísmo, a teoria do fantasma e também a medicina paracelsiana que aparecerá em *Signatura Rerum*), mais do que uma tentativa de remoção do não dito — como forma de superação do trauma infantil originário, como suscitaria uma leitura nos moldes de Freud ou ainda Ricoeur —, é um modo de retomar o próprio não dito, a *arké* (a origem), que paira a todo instante (é sempre presente) sobre o dito. A isso, tanto Melandri quanto Agamben — ambos pagando os tributos a Foucault — chamam método arqueológico.

É a Foucault que Agamben se refere no início de *Signatura Rerum*. Todo o texto é, em maior ou menor medida, uma indagação a respeito das ideias do pensador francês. Como a *arqueologia* feita ao texto de Melandri, *Signatura Rerum* é, de certa maneira, uma outra *arqueologia de uma arqueologia*, dessa vez ao texto *A arqueologia do saber* de Foucault. A complementaridade entre *La linea e il circolo* e *A arqueologia do saber*, para a qual Agamben chama a atenção já no prefácio de 2004, é a chave para sua proposta metodológica: «fundando a arqueologia sobre os enunciados (isto é, não sobre o dito de um discurso, mas sobre seu puro ter-lugar), Foucault fornece-lhe, por assim dizer, o paradigma ontológico; Melandri, fundando a arqueologia sobre a analogia, fornece-lhe a 'lógica' da qual tinha necessidade».[6] Para Agamben, é essa leitura em paralelo que lhe possibilita falar em arqueologia, isto é, numa leitura da *arké*.

---

6   Id., «Archeologia di un'archeologia»..., op. cit., p. XXIV.

A ideia de uma retomada do não dito — cautela arqueológica que Agamben enfatiza na advertência inicial de *Signatura Rerum*: «somente um pensamento que não esconde o próprio não dito mas incessantemente o retoma e desenvolve pode, eventualmente, pretender a originalidade»[7] — não é uma tentativa de alcançar o inconsciente ou o esquecido para além da fronteira da consciência, mas, por meio do princípio analógico — isto é, paradigmaticamente —, uma tentativa de encontrar a «originalidade» do ponto em que a própria instauração da divisão (das dicotomias) entre consciente e inconsciente, história e historiografia se dá. De fato, a *arké* (a origem) que a arqueologia alcança «não é uma origem pressuposta no tempo, mas, situando-se no cruzamento entre diacronia e sincronia, torna inteligível não menos o presente do pesquisador que o passado do seu objeto».[8]

Essa *origem* — não meta-histórica (uma origem *antes da queda* e que, ao ser contada, canta-se sempre uma teogonia, diria Foucault em seu ensaio de 1971 sobre Nietzsche e a genealogia) — a que Agamben se refere pode ser tida como uma *assinatura* (e daqui a referência do título, *Signatura Rerum*, a Paracelso, cujo livro IX de seu tratado *De natura rerum* intitula-se *De signatura rerum naturalium*). Depois de uma incursão ao modo como as *assinaturas* aparecem — desde Paracelso, passando por seu desenvolvimento na doutrina do sacramento da Igreja (interessante ressaltar que o livro de Agamben subsequente a *Signatura Rerum* é *Il sacramento del linguaggio: Archeologia del giuramento*) e nas ideias astrológicas e medicinais do Renascimento — e acabam saindo da ciência ocidental no final do século XVIII, Agamben constata como elas reaparecem em Foucault, em *As palavras e as coisas*. Ainda que aqui Foucault não defina as *assinaturas*, a elas confere uma função e

7 Id., *Signatura Rerum...*, op. cit., p. 8.

8 Ibid., p. 33.

uma posição próprias. Ao bipartir o campo epistemológico do século XVI em hermenêutica — o «conjunto de conhecimentos e de técnicas que permitem fazer falar os signos e descobrir seu sentido»[9] — e em semiologia — o «conjunto de conhecimentos e de técnicas que permitem distinguir onde estão os signos, definir o que os institui como signos, conhecer seus liames e as leis de seu encadeamento»[10] —, Foucault diz que «o século XVI superpôs semiologia e hermenêutica na forma da similitude».[11] Tal superposição, no entanto, não é imediata e evidente, sempre restando entre ambas um *vão*. É esse hiato entre semiologia e hermenêutica, o qual não suporta uma livre passagem de uma à outra, que pode ser visto como o *não lugar* das assinaturas. É importante notar que algum tempo depois — em 1969, um ano depois da publicação de *La linea e il circolo* e mesmo ano da publicação de *A arqueologia do saber* — Émile Benveniste (também ele teórico de referência constante na obra de Agamben) desenvolve em seu ensaio «Sémiologie de la langue» essa bipartição, porém com denominações diferentes: os campos semântico e semiótico. Para Agamben, esse hiato é também o puro ter-lugar do discurso, isto é, o *enunciado* proposto por Foucault na *Arqueologia*. «Nem semiótico nem semântico», diz Agamben (utilizando-se da terminologia de Benveniste),

> [...] ainda não discurso e tampouco mero signo, os enunciados, como as assinaturas, não instauram relações semióticas nem criam novos significados, mas assinalam e «caracterizam» os signos no nível de sua existência e, desse modo, efetivam e deslocam a eficácia. Eles são as assinaturas que os signos

9 Michel Foucault, *As palavras e as coisas: Uma arqueologia das ciências humanas*. Trad. de Salma Tannus Muchail. São Paulo: Martins Fontes, 2002, p. 40.

10 Ibid.

11 Ibid.

recebem pelo fato de existirem e serem usados, o caráter indelével que, marcando-os em seu significar algo, orienta e determina em certo contexto sua interpretação e eficácia.[12]

Para Agamben, desse modo, «a arqueologia é, assim, a ciência das assinaturas».[13] Quando o arqueólogo se propõe a estudar um objeto histórico, deve se dar conta de que este nunca é dado de modo neutro, «mas está sempre acompanhado por um índice ou uma assinatura, que o constitui como imagem e nele determina e condiciona temporalmente a legibilidade».[14] A *arké*, isto é, a assinatura ou índice aqui chamado à causa, é justamente o que constitui todo objeto histórico (uma obra de arte, um texto, um edifício etc.) como imagem — uma imagem dialética, diria Benjamin. Entretanto, essa imagem não é uma meta última em relação à qual se dirige o arqueólogo — como seria o caso do *fantasma* (o *eidolon*, isto é, uma imagem) indestrutível da regressão freudiana, ou seja, propriamente um passado (cronológico) petrificado *numa imagem* — mas um ponto de insurgência (justamente uma *imagem dialética*, nesse sentido, uma *assinatura*), algo que, mais do que atrelado ao passado, encontra-se em relação com o devir histórico. E é a partir desse constante jogo entre o ponto de insurgência e o devir histórico, em que tem lugar a *origem* — jogo por si só *anacrônico* — que talvez seja possível à humanidade encontrar seu tempo e sua história destituídos de sua fulguração redentora; ou seja, é na leitura das *assinaturas* que o presente talvez pela primeira vez se torne acessível (e aqui as tentativas de Melandri e Foucault, respectivamente, a superação da lógica dicotômica ocidental e a procura pela assinatura que qualifica e especifica

---

12 Agamben, *Signatura Rerum...*, op. cit., p. 65.

13 Ibid., p. 66.

14 Ibid., p. 74.

todo evento de palavra, parecem encontrar seu paradigma). Nesse sentido, a arqueologia pode ser entendida como um *a priori* imanente da historiografia; do mesmo modo como o gesto do arqueólogo — o seguir o curso da história a contrapelo — pode ser compreendido como o paradigma de toda verdadeira ação humana.[15] É nesse sentido que, para Agamben, seria possível vislumbrar uma ação humana desvinculada de seu cristalizar-se em obra — não propriamente uma ação, como sustentará o filósofo em seu livro de nove anos depois, *Karman*,[16] mas um *gesto* que esteja sempre aberto em seu presente como *inoperosidade*.

Diante de toda essa trama armada por Agamben para discutir o método, encontra-se não apenas a tentativa de dar fôlego a uma ideia (a arqueologia) que se encontra epistemologicamente ancorada num evento histórico originário (a *arké* não datada cronologicamente), mas a própria possibilidade de uma ação humana para além de seus condicionamentos (que hoje, dito tempo da *pós-história*, dir-se-iam genético-comportamentais), com os quais a humanidade luta incessantemente. É do modo de encarar esse combate (da estratégia, do *método* utilizado) que depende também algo mais do que a *sobrevivência* do homem apenas como espécie; ou melhor, apenas se não nos recusarmos a ver na história as marcas que a condicionam é que viver poderá deixar de ser o anseio por um além da história (num paraíso ou na eterna gestão do corpo) e, desse modo, abrir-se a um *com-viver*, a uma verdadeira política.

---

15 Ibid., p. 108.

16 Cf. Id., *Karman: Breve trattato sull'azione, la colpa e il gesto*. Turim: Bollati Boringhieri, 2017.

Uma vida inesquecível:
o animal inferior e a felicidade

A Miroslau Honesko, in memoriam

Daniel Heller-Roazen, em seu livro *Ecolalias: Sobre o esquecimento das línguas*, traça, a partir de um trabalho erudito e agudo, as relações entre língua, fala, escritura, memória e esquecimento. Um dos textos que compõem o livro, «O animal inferior», traz uma longa análise de Al-Jahiz, uma das principais figuras da tradição literária árabe clássica. Heller-Roazen cita, do pensador árabe, *O livro das coisas vivas*, concluído em meados do século VIII. A passagem é a seguinte:

> Deus deu em abundância aos animais, e não ao homem, todo tipo de conhecimentos. Deu-lhes uma extraordinária facilidade tanto para a técnica como para o conhecimento; provendo-os de bicos e garras, abriu-lhes um imenso campo de conhecimento adaptado às ferramentas com as que estão equipados e, em muitas espécies, criou órgãos sensoriais altamente desenvolvidos que as permitem executar obras maravilhosas. [...] Contemplemos a aranha ou o cupim, com os dons que cada um recebeu; ou, melhor ainda, o pássaro tecedor e sua extraordinária aptidão, sua maravilhosa habilidade para executar obras-primas; e isso não é tudo. Na maioria das ações que realizam, Deus não impôs a essas espécies nenhum defeito: desde insetos alados a aves pequenas, até insetos diminutos, todos têm as aptidões

mais extraordinárias. [...] Do homem, Deus fez um ser dotado de razão, maestria, capacidade de ação, soberania, responsabilidade, experiência, espírito de reconciliação, rivalidade, afã de entendimento, desejo de participar no jogo da emulação e de considerar, com lucidez, as consequências de suas ações. [...] Mas até o homem dotado da mais fina sensatez, com todas as suas qualidades intelectuais, capacitado em um amplo número de disciplinas e que se destaque em muitos âmbitos do conhecimento é igualmente incapaz de realizar de modo espontâneo a maioria das ações realizadas pelos animais. [...] Sem terem sido capacitados nem educados, sem terem frequentado nenhuma escola nem terem sido aprendizes de outros; sem terem feito exercícios repetidos e metódicos, essas espécies de animais, graças às suas faculdades naturais, são espontaneamente capazes de realizar rápida e subitamente ações que nem os homens mais bem informados — nem sequer os filósofos mais eruditos — poderiam realizar mesmo se tivessem mãos ágeis ou se valessem de ferramentas.[1]

O erudito árabe insistia no fato de que o homem, dentre todos os seres vivos, era uma espécie de animal inferior. Não obstante, Al-Jahiz parece perceber que essa relativa debilidade da espécie humana acaba por ser o refúgio de uma curiosa habilidade outorgada apenas ao homem: o não fazer nada, ou, para falar de maneira mais delicada, o fazer menos. E, depois da longa reflexão sobre as maravilhas dos outros animais e da inferioridade do homem, diz Al-Jahiz:

O homem está feito de tal maneira que quando realiza um ato muito difícil tem a capacidade de fazer outro que seja mais fácil. Deus criou o homem capaz de tal desempenho e não deu esse poder a nenhuma outra espécie animal; ainda que os

1 Al-Jahiz, *Book of living things*, apud Daniel Heller-Roazen, *Ecolalias: Sobre el olvido de las lenguas*. Trad. de Julia Benseñor. Buenos Aires: Katz, 2008, pp. 129-31.

animais saibam como realizar certas ações que nem o mais hábil dos homens, mestre das façanhas, pode igualar, não podem eleger fazer outras ações mais fáceis.[2]

Podemos, num traçado genealógico, perceber como Al--Jahiz — essa figura eminente da Mu'tazila — é de fundamental importância para a Falsafah. Ademais, partindo da conferência do professor Rodrigo Karmy, é possível notar como a questão de uma obra própria (um *ergon*) ao homem pode ser postulada: isto é, ao separar o intelecto como uma instância transingular, as pretensões de subjetividade cognoscente (e soberana, por assim dizer; o pilar da constituição da assim chamada modernidade ocidental) que se cristalizam na produção incessante de obras (a postulação de um Destino ao Homem: seja na política, seja na história) podem ser colocadas em xeque, e a proposição do homem *sem obra* (ou, poder não fazer nada) é então aberta. De certo modo, o homem *poderia a própria impotência* (ou, nos termos da conferência do professor Karmy, o homem *pode* pensar, o que não lhe garante a certeza do pensamento). Nesse sentido, poderíamos lembrar uma recente conferência de Giorgio Agamben, que, lendo Aristóteles com sua costumeira lente averroísta, nos diz que:

> [...] o homem é um animal constitutivamente sem obra e que lhe falta, de maneira diversa dos outros animais, uma vocação específica inscrita no seu destino, assinalada pela espécie. O homem é um animal que não tem uma atividade própria. E é, talvez, justo por isso que, diferentemente dos outros animais, pode encontrar a própria verdade em uma atividade como a arte, que,

2   Ibid., pp. 131-2.

como se sabe, é privada de uma finalidade (de uma finalidade ao menos definível).[3]

Em que medida, entretanto, essa «verdade própria», essa privação de finalidade pode ser pensada no contexto contemporâneo (lembrando que aqui *fazemos uso* dessa tradição imemorial, dessas irrupções dos silêncios elocutórios árabes na dita filosofia contemporânea, esses fantasmas que circulam entre nós)? Em que medida essa dimensão *inferior* do homem em relação aos demais animais pode ser uma forma de experimentar uma escapatória à cristalização subjetiva — tendo em vista o *sujeito* como o governável por excelência — e uma nova experiência desse *comum* que, de certo modo, pode ser vislumbrado nesse intelecto separado? Em que medida o debate sobre o fechamento da história e o fim da política podem estar aí implicados, levando em conta a luta ético-política pela vida feliz? Para lidar com essa *tradição imemorial*, pretendo falar de certas leituras contemporâneas que, de maneira enviesada, podem ser interessantes modos de pensar e agir no presente. Para tanto, retomo um recente ensaio no qual tento traçar linhas de fuga para um pensamento da vida feliz a partir, sobretudo, de certas leituras que o mitólogo italiano Furio Jesi (um germanista sempre atento a esses *silêncios* nos discursos da assim chamada tradição) faz da dimensão do dionisíaco.[4]

Em 1972, em «Inatualidade de Dionísio» — ensaio sobre a questão do tempo e os problemas gnosiológicos e de

---

3 Giorgio Agamben, «Arqueologia da obra de arte». Trad. de Vinícius Nicastro Honesko. *Revista Princípios*, vol. 20, n. 34, jul./dez. 2013. Natal: UFRN.

4 A partir desse trecho, retomo meu breve ensaio publicado como apresentação da tradução de uma série de textos de Jesi na revista *Boletim de Pesquisa do Nelic*. O dossiê «Furio Jesi», organizado por Davi Pessoa, Raúl Antelo, Laíse Ribas Bastos e por mim, é a primeira reunião de textos de Jesi a ser traduzida no Brasil. Cf. Vinícius N. Honesko, «Notas de uma vida inesquecível: variações». *Boletim de Pesquisa do Nelic*, vol. 14, n. 22. Florianópolis: UFSC, 2014.

interpretação do dionisíaco muito mais *genealógica* do que *historiográfica* —, o mitólogo Furio Jesi, de modo nietzschiano e, por certo, muito perspicaz, diz:

> Do passado, o que verdadeiramente importa é o que se esquece. O que se recorda é apenas sedimento e escória. O que importa, o que é destinado a sobreviver, sobrevive aparentemente em segredo, na realidade, no modo mais óbvio, uma vez que sobrevive como matéria existente de quem experimentou o passado: como presente vivente, não como memória de passado morto.[5]

Nessas suas análises da experiência religiosa dionisíaca, Jesi — que por volta de 1972 começava a ter um contato mais direto com a filosofia de Walter Benjamin — aponta para um ponto crucial da compreensão da passagem do tempo e da exposição dos homens ao tempo histórico, que, por fim, põe em jogo a ideia de felicidade. No cerne de seu texto, ainda que não de maneira explícita, está, obviamente, o famoso trecho da segunda consideração extemporânea de Nietzsche:

> Mas nas menores como nas maiores felicidades é sempre o mesmo aquilo que faz da felicidade felicidade: o poder esquecer ou, dito mais eruditamente, a faculdade de, enquanto dura a felicidade, sentir *a-historicamente*. Quem não se instala no limiar do instante, esquecendo todos os passados, quem não é capaz de manter-se sobre um ponto como uma deusa de vitória, sem vertigem e medo, nunca saberá o que é felicidade e, pior ainda, nunca fará algo que torne os outros felizes. Pensem o exemplo extremo, um homem que não possuísse a força de esquecer, que estivesse condenado a ver por toda parte um vir-a-ser: tal homem

5 Furio Jesi, «Inatualidade de Dionísio». Trad. de Vinícius N. Honesko. *Boletim de Pesquisa do Nelic*, vol. 14, n. 22. Florianópolis: UFSC, 2014, pp. 63-4.

não acredita mais em seu próprio ser, não acredita mais em si, vê tudo desmanchar-se em pontos móveis e se perde nesse rio do vir-a-ser: finalmente, como bom discípulo de Heráclito, mal ousará levantar o dedo. Todo agir requer esquecimento: assim como a vida de tudo o que é orgânico requer não somente luz, mas também escuro. Um homem que quisesse sempre sentir apenas historicamente seria semelhante àquele que se forçasse a abster-se de dormir, ou ao animal que tivesse de sobreviver apenas da ruminação, e ruminação sempre repetida. Portanto: é possível viver quase sem lembrança, e mesmo viver feliz, como mostra o animal; mas é inteiramente impossível, sem esquecimento, simplesmente *viver*.[6]

Todo instante de felicidade é pontuado pela angústia de seu fim, toda felicidade *exposta* já é *sempre* contaminada pela agonia do passado, não aquele que é lembrado, mas o que se *marca* no próprio *ser* de quem, no presente, se alegra — de outro modo, o homem desprovido do esquecimento seria incapaz de sair da destruição absoluta do vir-a-ser. O esquecimento, ou melhor, o esquecido (a grande massa de vivido de que conscientemente não nos lembramos), que, para Nietzsche é uma espécie de exigência para a vida feliz, jamais é perdido por quem esquece, como se apenas de lembrança algo como a história ou a tradição fosse feita. Ao contrário, a própria noção de esquecimento é atravessada por aquilo que podemos denominar (nos traços de uma *sequência* que nos reporta a Nietzsche, Espinosa e, via de consequência, a certos fundamentos da Falsafah) *inesquecível*, não no sentido de uma gigantesca memória consciente ao modo Funes, mas algo que em todo *vivido* o transborda e, de algum modo, permanece como *esquecido*.

6 Friedrich Nietzsche, *Da utilidade e desvantagem da história para a vida*. (Considerações extemporâneas – II). In: *Obras incompletas*. Trad. de Rubens R. Torres Freire. São Paulo: Abril Cultural, 1983, p. 58.

A vida feliz, a vida que *exige* felicidade — a vida atravessada pela palavra e pelos modos de dizer a vida —, no confronto com o que se perde de vida com os sentidos passados, tem diante de si o paradoxo do *devir*, da própria impossibilidade. Jesi, em sua leitura da experiência dionisíaca — a fundo tocada por Nietzsche —, percebe a relação esquecimento/memória (o dizer a vida passada, em certo sentido) justamente na problemática do renascimento, do presente que encampa o passado com a vida:

> Dionísio era o deus da dor, uma vez que é dolorosa a perda do passado quando o passado não é lembrado enquanto permaneceu presente. A mecânica e superficial interpretação do esquema de morte e renascimento, entrevisto nos testemunhos da religiosidade dionisíaca, pode ser modificada neste sentido: assim como na iniciação primordial, a experiência de morte e renascimento é, antes de tudo, *mudança, passagem* de um estado a outro, *de um tempo a outro*. A morte que preludia o renascimento é o abandono do passado, o qual cessa de ser tal e não é lembrado uma vez que se tornou presente. O renascimento é, portanto, a experiência daquele presente que compreende em si tudo o que do passado era vivo e é vivo: tudo o que não se recorda.[7]

Nesse sentido, a vida feliz nietzschiana é preludiada pela morte. Porém como se dá tal morte em vida? Qual seu sentido? É mais uma vez Jesi a nos guiar na leitura. Diz o mitólogo:

> Não por acaso, no parágrafo 224 de *Além do bem e do mal* [*Jenseits von Gut und Böse*], Nietzsche escreveu: «Nossos instintos percorrem todos caminhos do passado, nós próprios somos uma espécie de caos: — mas, por fim, como já dissemos, o 'espírito' sabe encontrar sua vantagem». Dir-se-ia, em uma primeira e superficial leitura, que «percorrer todos os caminhos do passado» é

7 Jesi, «Inatualidade de Dionísio»..., op. cit., p. 64.

exatamente o contrário do ter «perdido o passado». Mas, olhando mais a fundo, parece muito mais provável que o «percorrer todos os caminhos do passado», por parte de «nossos instintos», signifique ter *esquecido* o passado, uma vez que o que do passado é vivo é o presente. Mas não sem dor se é destacado do passado para possuir apenas o presente, não sem dor se renasce — não sem morrer.[8]

De certa forma, nessa leitura do dionisíaco empreendida por Jesi — e isso para além de implicações gnosiológicas — há uma forma outra de ultrapassagem da vida como *instrumento conceitual* a serviço de *sujeitos viventes*. Ou seja, a suposta posição de sujeito que, destacado do tempo (numa espécie de espaço mitológico),[9] assiste a seus atos como preenchimento do tempo homogêneo e vazio é suplantada pela dimensão intensiva do viver, esta, por sua vez, que pode ser lida, nos rastros de Walter Benjamin (que, frise-se mais uma vez, Jesi lia quando da redação desse ensaio), como intensidade numa dimensão *kairológica* da vida. Podemos acrescentar, além disso, a interpretação de *O idiota*, de Dostoiévski, que faz o próprio Benjamin. A vida do príncipe Míchkin — vista através das lentes do então jovem judeu de 25 anos que já frequentava a tradição alemã: de Kant a Nietzsche e, também, seu contemporâneo Sigmund Freud — marca o traço do que chama vida imortal. Diz ele:

---

8 Ibid., p. 65.

9 Jesi examina a posição do sujeito cognoscente — sobretudo no que diz respeito à análise do mito — em vários outros ensaios. É a partir dessas análises, aliás, que irá elaborar seu conceito de *máquina mitológica*, este que será desenvolvido, entre outros, em: «La festa e la macchina mitologica», publicado em *Materiali mitologici*, e em «Lettura del *Bateau ivre* di Rimbaud» e «Conoscibilità della festa», ambos em Furio Jesi, *Il tempo della festa*. Org. de Andrea Cavalletti. Roma: Nottetempo, 2013, pp. 30-115; Id., «Gastronomia mitológica». Trad. de Vinícius Nicastro Honesko. *Sopro*, 52, jun. 2011. Disponível em: <http://culturaebarbarie.org/sopro/arquivo/gastronomia.html>.

A vida imortal é inesquecível, esse é o sinal que nos permite reconhecê-la. É a vida que, sem monumento e sem lembrança, mesmo sem testemunho, deveria ser inesquecida. Não pode ser esquecida. Esta vida permanece, por assim dizer, sem recipiente nem forma, a imperecível. E dizer «inesquecível» significa mais do que dizer que não podemos esquecê-la; é remeter a algo que está na essência do inesquecível mesmo, por meio do que ele é inesquecível. Até a falta de memória do príncipe durante sua doença posterior é símbolo do inesquecível de sua vida, pois ela está aparentemente mergulhada no abismo da rememoração de si, do qual não mais emergirá.[10]

Outro leitor de Nietzsche e, sobretudo, de Benjamin, mas que também já é um leitor de Jesi (uma sequência rizomática de leitores que, em certo sentido, para chegar até aqui, neste leitor, retoma fios *imemoriais* que podem ser traçados desde a Falsafah e da Mu'tazila), Giorgio Agamben, conceitualiza esse motor *imperceptível da vida* justamente com o termo *inesquecível*.

A cada instante, a medida do esquecimento e da ruína, o desperdício ontológico que portamos inscrito em nós mesmos, excede largamente a piedade de nossas lembranças e de nossa consciência. Mas esse caos informe do esquecido não é inerte nem ineficaz — ao contrário, age em nós com não menos força do que a massa de lembranças conscientes, ainda que de modo diverso. Há uma força e uma operação do esquecido que não podem ser medidas em termos de memória consciente nem acumuladas como saber, mas cuja insistência determina o valor de todo saber e de toda consciência. O que o perdido exige não é ser lembrado e comemorado, mas permanecer em nós e entre nós como

---

10   Walter Benjamin, «*O idiota* de Dostoiévski». In: *Escritos sobre mito e linguagem*. Org., apres. e notas de Jeanne Marie Gagnebin. São Paulo: Ed. 34, 2011, p. 78.

esquecido, como perdido — e, unicamente por isso, inesquecível. Daqui a insuficiência de toda relação com o esquecido que procure simplesmente restituí-lo à memória, inscrevê-lo nos arquivos e nos monumentos da história, ou, no limite, construir para ele outra tradição e outra história, a dos oprimidos e dos vencidos, que se escreve com instrumentos diversos em relação à das classes dominantes, mas que não se diferencia substancialmente desta. Contra essa confusão, é preciso lembrar que a tradição do inesquecível não é uma tradição — ela é, ao contrário, aquilo que marca toda tradição com um selo de infâmia ou de glória e, às vezes, com os dois ao mesmo tempo. O que torna histórica toda história e transmissível toda tradição é, portanto, o núcleo inesquecível que ela leva dentro de si. A alternativa aqui não é entre esquecer e lembrar, ser inconsciente e tomar consciência: decisiva é apenas a capacidade de permanecer fiel ao que — ainda que incessantemente esquecido — deve permanecer inesquecível, exige permanecer de algum modo conosco, ser ainda — para nós — de algum modo possível.[11]

Como sobrevivências — conceito de certo modo desenvolvido, no âmbito da história da arte, por outro leitor de Nietzsche, que passa também pela mesma sequência rizomática, Aby Warburg —, a massa de esquecimento, isto é, de vivido, daquilo que molda a vida, é de algum modo o que de possível há no instante presente. Aliás, no que tange à possibilidade, abrimos o flanco dessa discussão para muito além, para as discussões *ontológicas* e *éticas* da Grécia antiga. Pensemos num excerto notório do *De Anima* — quando da definição, fundamental para as discussões que levantará Averróis, do intelecto (*nous*), a parte intelectiva da alma, e da diferenciação entre

---

11 Giorgio Agamben, *Il tempo che resta: Un commento alla Lettera ai Romani*. Turim: Bollati Boringhieri, 2000, pp. 43-4. (Todas as citações de textos em outras línguas foram traduzidas pelo autor.)

a impassibilidade da parte perceptiva (que não é sem corpo) e a da intelectiva (que é separada) —, em que Aristóteles diz:

> Quando o intelecto se torna cada um dos objetos inteligíveis no sentido em que isso se diz daquele que tem a ciência em ato (e isso ocorre quando ele pode atuar por si mesmo), ainda nesta circunstância o intelecto está de certo modo em potência, embora não como antes de aprender ou descobrir; e agora ele mesmo é capaz de pensar a si próprio.[12]

Ainda que o filósofo nesse trecho apresente o que lhe era caro — o pensamento que pensa si mesmo —, o que aqui se faz pertinente são as conexões com as noções do inesquecível que podem ser estabelecidas. Todo o vivido (apreendido seja pelos sentidos — percebidos —, seja pelo intelecto) passa pelo homem e, a despeito de marcá-lo até mesmo na parte da alma responsável pela intelecção — para usar os termos aristotélicos —, *passa* e, mesmo que marque, deixa intacta a potência (ou seja, em Aristóteles, para o pensamento, a passagem da potência ao ato, da *dynamis* à *energeia*, é sempre possibilidade de permanência à potência; em outras palavras, o pensamento não se esgota). Em alguma medida essa ideia aristotélica (por certo aqui lida de uma perspectiva averroísta), muito importante tanto para a metafísica quanto para a ética, apresenta-se também como aquilo que se configura como a relação primordial de uma série de vividos e experimentados — isto é, da ordem do *ex perire*; em outras palavras: colocados em perigo — com a possibilidade de uma sempre renovada leitura.

Ademais, a felicidade, que para Nietzsche é possível apenas com essa medida do *esquecimento*, está para Aristóteles no centro da vida política, como podemos ler logo no início da *Política* e,

---

12 Aristóteles, *De Anima*. Apres., trad. e notas de Maria Cecília Gomes dos Reis. São Paulo: Ed. 34, 2006, pp. 114-5.

sobretudo, no cerne da questão ética. Na *Ética a Nicômaco*, ele começa a se aproximar de uma definição de felicidade ligada à «autossuficiência» — definição relacionada à vida política:

O bem completo, parece bastar-se a si próprio. Nós entendemos por «autossuficiente» não aquela existência vivida num isolamento de si, nem uma vida de solidão, mas a vida vivida conjuntamente com os pais, os filhos e a mulher e, em geral, amigos e concidadãos, uma vez que o Humano está destinado, pela sua natureza, a existir em comunhão com os outros. [...] Nós entendemos por «autossuficiente» aquilo que, existindo num isolamento de si, torna a vida numa escolha possível, não precisando de mais nenhum acrescento. Cuidamos que uma coisa deste gênero é a felicidade; ademais, cuidamos que a felicidade é, dentre todas as coisas boas, a favorita, mesmo sem ser levada em consideração com as outras. Se fosse levada em consideração com todas as coisas boas, ela seria preferível quando acrescentada de um bem — porque, por mais ínfimo que fosse, constituirá sempre um acréscimo de bem, e um bem maior é sempre a melhor possibilidade de escolha. A felicidade parece, por conseguinte, ser de uma completude plena e autossuficiente, sendo o fim último de todas as ações possíveis.[13]

Tomar *posse* da felicidade, portanto, teria a ver, de algum modo, com as ações dos homens. Como finalidade de todas as ações, entretanto, a felicidade precisaria ser definida quanto à sua essência. Ou seja, seria preciso saber se há, para o homem, alguma função específica na prática de suas ações, isto é, seria necessária uma definição da *essência* do Humano, pois só assim a «favorita» dentre todas as coisas, a felicidade, poderia ser dita felicidade. Aristóteles continua sua tentativa de definição da felicidade,

---

13 Aristóteles, *Ética a Nicômaco*. Trad. de António de Castro Caeiro. São Paulo: Atlas, 2009, p. 26.

definição, portanto, atrelada a uma definição do Humano, dada a ligação inexorável entre ação humana e felicidade:

> Pois, tal como para o tocador de flauta e para o escultor de imagens, para todo o perito e, em geral, para tudo o que tem uma certa função [*ergon*] e um procedimento prático [*práxis*], o bem e o que foi obtido de uma forma correta parecem existir justamente no exercício da função própria que têm, assim também poderá parecer que acontece o mesmo com o Humano, caso haja uma função específica que lhe seja própria [*ti ergon*]. Ou será que haverá certas funções e procedimentos práticos específicos para o carpinteiro e para o sapateiro e nenhuma função para o Humano enquanto Humano, dando-se antes o caso de existir naturalmente inoperante [*argos*]?[14]

Nesse trecho, Aristóteles acaba por esboçar, diante das dificuldades do questionamento (e, por certo, por causa da necessária finalidade de cada coisa estar atrelada ao seu ser-em-ato), uma hipótese de uma inoperosidade — uma não obra, uma espécie de *a-funcionalidade* — constitutiva de algo como uma *natureza do humano*, constitutiva do Humano. Isto é, questiona sobre a existência ou não de uma função, um *ergon*, um trabalho, próprio ao homem. Giorgio Agamben lembra[15] (nas várias vezes que analisa a filosofia aristotélica) que a dimensão da *obra* — do trabalho — do homem em Aristóteles atravessa não só a dimensão ética, mas já está colocada nas questões de filosofia primeira (todo o aparato conceitual aristotélico, estabelecido na *Metafísica*, para pensar a passagem da potência ao ato e rechaçar a tese megárica do ato que absorve toda potência — e assim, como no trecho do *De Anima* citado, salvar a potência e o

14 Ibid.

15 Cf. Giorgio Agamben, «L'oeuvre de l'homme». In: *La Puissance de la pensée: Essais et conférences*. Trad. de Martin Rueff e Joël Gayraud. Paris: Rivages, 2006, p. 310.

próprio esquema potência/ato), e, com isso, a dimensão da felicidade estaria atida à própria definição conceitual do *humano*. Para Aristóteles seria impensável uma resposta afirmativa para a pergunta que faz, na *Ética a Nicômaco*, sobre o Humano. Portanto, ele abandona a ideia de uma inoperosidade constitutiva do homem em prol de uma definição da obra do homem no plano dos modos de vida — os *bioi* —, posto que o ser-em-obra permanece o fim da potência.[16] Ainda assim, ao levantar a hipótese do *ser sem obra*, isto é, *argos*, é possível vislumbrar em Aristóteles a ideia de que o homem não poderia encontrar sua própria realização (seu

16 Em seu recente *L'uso dei corpi* (2014), Agamben volta várias vezes à leitura de Aristóteles, reexaminando certos conceitos próprios às questões sobre a *ética* — a noção de *hábito* — e também sobre a teoria metafísica — a passagem da potência ao ato. Em determinado momento, o filósofo italiano aponta um limite na teoria aristotélica do *habitus* e, então, irá propor (e não há aqui espaço para nos alongarmos nessa discussão) uma teoria do *uso*. Cf. Giorgio Agamben, *L'uso dei corpi. Homo sacer IV, 2*. Vicenza: Neri Pozza, 2014, p. 91: «No conceito de *hexis-habitus* (*hexis* é o deverbal de *echein*, 'ter'), a filosofia pensou o nexo constitutivo que une o ser ao ter, que permanece um capítulo ainda não indagado na história da ontologia. [...] A relação entre 'ser' e 'ter' é, na verdade, mais íntima e complexa. A *hexis*, a potência como hábito, é, segundo Aristóteles, um dos modos em que o ser se diz. Isto é, ele indica o estado do ser enquanto é atribuído a um sujeito. O que há na *hexis* é certo modo de ser, uma *diathesis*, um ser disposto de certo modo (o ser sábio, o ser arquiteto, o ser tocador de flauta...). Tal ser que se tem, Aristóteles o chama *dynamis*, 'potência', e *dynatos*, 'potente', é quem tem certo estado e aquele certo ser. Em todo caso, ter (*echein*) é aqui sempre 'ter um ser'. Isso significa que a doutrina do *habitus* delimita o lugar lógico em que uma doutrina da subjetividade teria sido possível. Por isso, no dicionário filosófico do livro *Delta da metafísica* (1022b 4-6), Aristóteles pode escrever, com uma aparente contradição, que *hexis* significa tanto 'certo ser-em-obra [*energeia*] de quem tem e do tido' quanto 'a disposição [*diathesis*] segundo a qual o que é disposto é disposto bem ou mal': isto é, tanto um modo do ser quanto o estado ou a disposição de um sujeito. E, por isso, a propósito das potências racionais, que são capazes tanto de uma coisa quanto de seu contrário, ele pode dizer que é necessário que haja um elemento soberano (*kyrion*), capaz de decidir a potência em um sentido ou no outro, e que ele deve ser 'algo outro' (*heteron ti*) em relação à potência (*Metafísica*, 1048a 11). O hábito é o ponto em que uma subjetividade procura fazer-se chefe do ser, o lugar em que, com uma perfeita circularidade, o ter, que deriva do ser, apropria-se deste. Ter é somente apropriação de um ser».

perfazer-se) como tal. Isto é, tal como ao pensamento, poderíamos dizer que a passagem da *potência* ao *ato* jamais se poderia dar em definitivo e o homem seria um ser de pura potência.

Ora, que esse *ergon*, o trabalho e ação fundamental ao homem, esteja implicado na vida feliz parece claro. A vida feliz, portanto, uma vida ativa, uma vida presente, não passaria incólume ao acúmulo de vivido e de lembrado. Seja na figura da memória, seja no esquecimento, a realização de *feitos* — a práxis — está sempre em relação com o tempo (as ações, a busca da felicidade, desenrolam-se no tempo). Mais ainda: a faculdade de sentir *a-historicamente* enquanto dura a felicidade, de que nos fala Nietzsche, jamais pode se dar, ao vivente que possui a linguagem, de modo absoluto. Felicidade plena poderia apenas existir numa dimensão da deusa da vitória, ou, para dizer de outra maneira, apenas com a morte. O *ergon* — ou sua falta, nessa paradoxal figura — do ser *argos*, portanto, abre a este a porta à felicidade e, não obstante, como não há instalação do homem no produto do seu *ergon*, isto é, não lhe é possível ser sempre em ato, *eneregeia*, resta-lhe sempre uma ponta de dor, uma ponta de agonia (*ex perire*, experiência, portanto, lançar-se ao perigo, também tem uma dimensão de *agon*, de jogo de vida e morte, justamente, *agonia*).[17]

---

17 Cf. Agamben, *L'uso dei corpi...*, op. cit., pp. 90-6. «Como Aristóteles não se cansa de repetir contra os megáricos, tem verdadeiramente uma potência quem pode tanto colocá-la quanto não colocá-la em ato; mas a *energeia*, o ser-em-obra, permanece o fim da potência. Desse modo, todavia, a aporia que se crera eliminar reaparece de forma ainda mais aguda: se para toda potência-hábito é inerente, de modo irredutível, uma potência de não passar ao ato, como será possível determiná-la para tal passagem, como será possível despertá-la do sono?
Aristóteles, assimilando o uso à *energeia* e ao ser-em-obra, e separando-o do hábito como a vigília do sono, colocou definitivamente o pensamento fora do caminho. Apenas se pensamos o hábito não só de modo negativo a partir da impotência e da possibilidade de não passar ao ato, mas como uso habitual, a aporia, contra a qual naufragou o pensamento aristotélico da potência, dissolve-se. O uso é a forma em que o hábito se dá existência, além da simples oposição entre potência e ser-em--obra. E, se o hábito já é, nesse sentido, sempre uso de si e se isso, como vimos,

Jean-Luc Nancy, num belíssimo livro intitulado *O sentido do mundo*, lembra que há um parentesco semântico entre *ergon* e *orgia* que, além de possibilitar a constatação de como o caráter de transbordamento (sobretudo sexual) implícito na noção contemporânea de *orgia* só é possível por uma significação primeira do termo na esfera dos cultos antigos gregos — um rito,[18] uma *ação*, uma liturgia (*leitourgia*)[19] —, também abre

---

implica uma neutralização da oposição sujeito/objeto, então não há aí lugar para um sujeito proprietário do hábito que possa decidir colocá-lo ou não em obra. O si, que se constitui na relação de uso, não é um sujeito, não é senão tal relação. [...] Quebrando o círculo vicioso da virtude, é preciso pensar o virtuoso (ou o virtual) como uso, isto é, como algo que está além da dicotomia entre ser e práxis, entre substância e ação. O virtuoso (ou o virtual) não se opõe ao real: ao contrário, ele existe e está em uso no modo da habitualidade; não é, entretanto, imaterial, mas, enquanto não cessa de desdizer e desativar o ser-em-obra, restitui continuamente a *energeia* à potência e à materialidade. O uso, enquanto neutraliza a oposição entre potência e ato, ser e agir, matéria e forma, ser-em-obra e hábito, vigília e sono, é sempre virtuoso e não precisa que lhe seja acrescentado algo para torná-lo operativo. A virtude não sobrevém ao hábito: é o ser sempre em uso do hábito, é o hábito como forma de vida. Como a pureza, a virtude não é um caráter que compete de maneira própria a alguém ou a algo. Não existem, por isso, ações virtuosas, como não existe um ser virtuoso: virtuoso é apenas o uso, além — isto é, no meio — do ser e do agir.»

18   Cf. Jean-Luc Nancy, *El sentido del mundo*. Trad. de Jorge Manuel Casas. Buenos Aires: La Marca, 2003, p. 203: «Que o gozar/padecer, sua surpresa e sua suspensão, não sejam nem exógenos nem anexos à obra como tal, mas, pelo contrário, a ela sejam intimamente conexos, é aquilo a partir de que se terá um índice no parentesco semântico (como mínimo presumido) do *ergon* e da orgia. Orgia não designa o orgiasma como transbordamento — singularmente sexual — mais do que designa primeiro um rito, uma operação cultural que pode dar lugar a tal transbordamento». Cf. também André Motte; Vinciane Pirenne-Delforge, «Le mot et les rites. Aperçu des significations de orgia et de quelques dérivés». *Kernes*, n. 5, 1992. Paris: Centre International d'Étude de la religion grecque antique, p. 127: «Podemos, desde então, considerar que orgia, nesses usos, revela a designação por sinédoque. Dito de outra forma, o nome do elemento central do ritual — o próprio objeto da revelação — se estendeu por toda a cerimônia».

19   Para uma noção de *leitourgia*, aliás, uma arqueologia da liturgia — desde seu significado de *obra pública* na Grécia clássica até sua designação cristã como

acesso «à compreensão» da coimplicação necessária da exposição ao mundo em busca da felicidade e o padecer (o agonizar) pelo *gozo* dessa exposição. Tal padecer, no entanto, não seria uma culpa por um ato *excessivo* ou *faltoso* (um pecado, nesse sentido), mas apenas a percepção do necessário esquecimento nietzschiano para a felicidade. Aguda é, nesse sentido, a percepção de Jesi — mais uma vez pensando a partir da dimensão dionisíaca:

> Quando se fala de ebriedade dionisíaca e do erotismo orgiástico dionisíaco, não é possível não levar em conta essa consagração do presente, que é, ao mesmo tempo, laceração e alegria, *passagem*: *superação dos limites*. A experiência erótica da orgia é, portanto, o mais cru e doloroso presente absoluto. Os símbolos sexuais da iconografia pré-histórica são, por outro lado, garantia de vida não tanto como garantia do perdurar da espécie quanto como emblemas, símbolos eficazes, do absoluto presente. A orgia é antes de tudo atualidade, simultaneidade (em termos de iconografia pré-histórica seria possível dizer: coexistência por transparência), presente. E a tradicional sentença latina «*Post coitum animal triste*» deve ser entendida não tanto no sentido de lamentação ou de percepção de culpa quanto no sentido de confirmada perda do passado. Todavia, alguém poderá objetar que, apesar de tudo, trata-se igualmente de percepção de culpa, uma vez que o passado perdido é talvez primordialmente inocência.[20]

Ao assumir uma felicidade incompleta no presente, fazemos de nosso *trabalho* não uma fundamentação de sentidos a serem revelados, como um mistério, numa impossível felicidade plena, mas uma *constante*, um *com-instante*, um *presente*

---

rito concretizador da *obra divina* (*opus dei*) —, cf. Giorgio Agamben, *Opus Dei: Archeologia dell'ufficio. Homo sacer*, II, 5. Turim: Bollati Boringhieri, 2012, pp. 13-41.

20   Jesi, Inatualidade de Dionísio..., op. cit., p. 64.

no qual agimos e em que, portanto, sabemos, temos ciência, da impossibilidade de uma realização plena da felicidade (a perda do passado, a perda da inocência, é, assim, também uma presença: os possíveis que não se realizaram — não passaram ao ato — mas que, na qualidade de inesquecíveis, permanecem possíveis; isto é, trata-se de algo como uma abertura dos cômodos da pirâmide da Teodiceia de Leibniz). De certa forma, também é possível, por exemplo, ver nas análises de Maurice Blanchot a respeito de outro irremediavelmente agoniado no tempo, Marcel Proust, essa luta com/pela felicidade:

> Tempo inicialmente real, destruidor, o Moloch assustador que produz a morte e a morte do esquecimento. (Como confiar nesse tempo? Como poderia ele nos conduzir a algo que não fosse um lugar nenhum sem realidade?) Tempo, entretanto o mesmo, que por essa ação destruidora também nos dá o que nos tira, e infinitamente mais, já que nos dá as coisas, os acontecimentos e os seres numa presença irreal que os eleva ao ponto em que nos comovem. Mas isso é ainda apenas a felicidade das lembranças espontâneas.[21]

O tempo devorador, o Chronos indefectível que nos impediria o acesso a felicidade — que, no bordel do historicismo, encheria a boca com seu «era uma vez» —, de algum modo ainda possibilita uma esperança (a felicidade impedida por sua própria perspectiva; a oferta de uma felicidade plena que é apenas vindoura). E tal esperança é a uma dança nefasta que pretende afastar todo possível, todo passado vivo como presente; ou, ainda, uma esperança que é a interdição da percepção do esquecimento necessário à felicidade, isso por meio de uma espécie de memória atemporal — a hipertrofia mnemônica dos dispositivos que governam a vida dos homens — que, com efeito, é a prisão na

21 Maurice Blanchot, *O livro por vir*. Trad. de Leyla Perrrone-Moisés. São Paulo: Martins Fontes, 2005, p. 16.

cripta a partir da qual só nos seria possível a observação impassível da vida que passa. Entretanto, e é aqui nossa proposta, outra possibilidade de pensar a relação com o tempo é possível. Isto é, manter uma «relação com o tempo que a este adere através de uma dissociação e um anacronismo»,[22] um transbordamento entre *ergon* e *orgia* sob a égide da máxima benjaminiana que fecha o *Fragmento teológico-político*: o método político, chamado niilismo, para buscar a efemeridade da *restitutio* secular de um eterno aniquilamento que se dá no ritmo da felicidade.[23] Mas esse *aniquilamento* — essa *anulação* —, esse chamar à causa o nada, não é uma negação absoluta (um desespero que impede qualquer gesto, um naufragar nas águas de um suposto e essencial *ser-em-obra* inexorável), mas — para retomar a dimensão dionisíaca — um guiar-se por Dionísio-touro, como diria Deleuze:

> A afirmação pura e múltipla, a verdadeira afirmação, a vontade afirmativa; ele nada carrega, não se encarrega de nada, mas alivia tudo o que vive. Sabe fazer aquilo que o homem superior não sabe: rir, brincar, dançar, isto é, afirmar. Ele é o Leve, que não se reconhece no homem, sobretudo no homem superior ou no herói sublime, mas só no além-do-homem, no além-do-herói, em outra coisa que não o homem.[24]

Essa afirmação, um necessário toque de dionisismo, é Teseu abandonando Ariadne, é encarar a *tradição* (o passado) enfrentando o *animal-Leve* do *inesquecível* sem, todavia, apelar

---

22 Giorgio Agamben, *O que é o contemporâneo? E outros ensaios*. Trad. de Vinícius N. Honesko. Chapecó: Argos, 2009, p. 59.

23 Cf. Walter Benjamin, «Fragment théologico-politique». In: *Oeuvres I*. Trad. de Maurice de Gandillac, Rainer Rochlitz e Pierre Rusch. Paris: Gallimard, 2000, pp. 264-5.

24 Gilles Deleuze, «Mistério de Ariadne segundo Nietzsche». In: *Crítica e clínica*. Trad. de Peter Pál Pelbart. São Paulo: Ed. 34, 1997, p. 117.

para a confecção (ou paródia) dos deuses, sem redesenhar mitologias (ou mitologemas tais como a soberania individual) a partir da descoberta do distanciamento e aniquilação do divino. A luta *ético-política* pela *vida feliz* não se constrói em mitologias que desdobram deuses mortos em discursos salvíficos. Diríamos, com Andrea Cavalletti (no prefácio que faz a *Il tempo della festa*, recente coletânea de ensaios de Jesi), que «a mitologia deve fazer-se experimentação política concreta, enquanto a ação política deve fazer-se contínua crítica mitológica. Para que a batalha possa *durar*, a crítica deve ser de fato contínua: isto é, deve ser 'antes de tudo autocrítica'».[25]

Os gestos possíveis num mundo impossível, o guiar-se pelo inesquecível que urge no presente, a tristeza pós-coito do animal que fala: a travessia do mundo da dor (a do renascimento que, talvez, se o dissesse Deleuze, seria no *devir*) no esquecimento feliz. De certa maneira, propomos um modo de tomar posição no mundo: sem perspectivas de uma felicidade plena, com a «consciência infeliz» do distanciamento dos deuses, mas sem a esperança de novas mitologias — novos deuses (isto é, novos destinos, novas *obras* para o animal inferior) para iluminar a noite escura do nada que se abre com o aniquilamento. Assim, retomando Jesi, quando escreve, em algumas folhas encontradas por Cavalletti nos materiais do mitólogo (com data de 10 de fevereiro de 1961), «tudo o que escrevi é *poesia*», podemos concluir, com suas palavras, estas inquietações sobre o animal inferior que incessantemente procura a felicidade:

> [...] o poeta possui desde o nascimento uma deformação do olhar ao ponto de fazê-lo crer que sem palavras mágicas jamais chegará a conhecer os segredos do mundo, e, talvez, nem mesmo a autodestruir-se. Trata-se de uma deformação, porque isso não

---

25 Andrea Cavalletti, «Festa, scrittura e distruzione». In: JESI, Furio. *Il tempo della festa*. Org. de Andrea Cavalletti. Roma: Nottetempo, 2013, p. 24.

é verdade: para chegar ao ponto desejado basta o simples amor
[...]. As estranhas imagens, os acontecimentos misteriosos, que
minhas poesias contêm, são aquelas das forças secretas que
movem a matéria da vida, constituem tal matéria.[26]

26 Ibid., p. 23.

Como ler sobre como as palavras mudam de sentido?[1]

É muito conhecido o argumento de que a linguística assumiu, na primeira metade do século XX, um papel central — alguns dizem que foi a «ciência piloto»[2] — no âmbito da reflexão das chamadas humanidades. Nesse sentido, as investigações acerca de Saussure, de Benveniste foram e continuam a ser constantes em várias áreas (desde a linguística propriamente dita, passando pela literatura, pelas ciências sociais, pela antropologia etc.). Entretanto, mesmo no seio dessa disciplina, há alguns nomes que, por mais conhecidos e estudados que possam ser, ainda podem ser lidos de outros modos, ainda podem, nesse sentido, ganhar certa legibilidade e, com isso, ser nossos contemporâneos.[3] Gostaria de fazer uma leitura de (e a partir de) um pequeno texto de um desses autores que, não obstante já ser um clássico, no Brasil não atingiu notoriedade.[4] Falo

---

1 Agradeço especialmente a Rafael Benthien pela leitura crítica que me fez rever alguns pontos problemáticos e equivocados da primeira versão publicada deste texto.

2 Cf. Émile Benveniste, «Estruturalismo e linguística». In: *Problemas de linguística geral II*. Trad. de Eduardo Guimarães et al. Campinas: Pontes, 1989, p. 26.

3 Cf. Giorgio Agamben, *O que é o contemporâneo? E outros ensaios*. Trad. de Vinícius Nicastro Honesko. Chapecó: Argos, 2009.

4 Meillet é um autor que, no Brasil, tem sido muito pouco trabalhado. Fato que comprova isso é a falta de traduções — até 2015 — de textos seminais do autor (por exemplo, o famoso *Dictionaire étymologique de la langue latine*, escrito em conjunto com Alfred Ernout, de 1932). É preciso frisar, todavia, que existem trabalhos de pesquisadores brasileiros que apontam para a importância de Meillet — sobretudo no

de Antoine Meillet, autor nascido em 1866, que foi discípulo direto de Saussure e de Michel Bréal e que teve como aluno, por exemplo, Émile Benveniste (de quem, aliás, foi orientador de pesquisas). Meillet foi um dos grandes mestres das análises do indo-europeu e, estando muito próximo da escola sociológica francesa ligada a Durkheim, teve também grande influência, dentre outros, em Marcel Mauss.

Sem maiores pretensões de uma reflexão histórica sobre o contexto de publicação, bem como sobre as relações de Meillet com a escola sociológica francesa, gostaria de ler e, a partir dessa leitura, inventariar algumas hipóteses para abordar esse importante autor que, direta ou indiretamente, está no cerne de discussões fundamentais no âmbito dos pensamentos acerca da literatura.

Recentemente, os professores Rafael Faraco Benthien e Miguel Soares Palmeira organizaram a primeira publicação em português de um importante texto de Meillet: *Como as palavras mudam de sentido*, editada na coleção Biblioteca Durkheimiana, da Edusp. Nessa edição, bilíngue e crítica, os organizadores nos apresentam um cuidado muito minucioso em relação ao texto — aliás, as relações de Meillet com a escola sociológica francesa e também outras informações importantes sobre o contexto histórico aí podem ser encontradas —, exibindo várias nuances dos contextos de publicação, bem

---

que diz respeito ao diálogo do linguista com a escola sociológica durkheimiana. Cf. Daniel Marra; Sebastião E. Milani, «Uma teoria social da lingua(-gem) anunciada no limiar do século xx por Antoine Meillet». *Linha D'Água*, vol. 25, n. 2, 2012, pp. 67-90; Ibid., «Whitney, Saussure, Meillet e Labov: a língua como um fato social». *Anais do Silel*, vol. 3, n. 1. Uberlândia: Edufu, 2013, pp. 1-12. De todo modo, conforme razões que serão explicitadas adiante, o presente ensaio não tem como escopo um estudo histórico — e tampouco analítico no âmbito das ciências linguísticas — de Meillet, de forma que não há uma recapitulação de fortuna crítica nem no que diz respeito à história da linguística nem quanto aos aspectos atinentes às teorias do autor em sentido estrito (sua aplicabilidade no campo das letras, nas discussões sobre políticas linguísticas etc.).

como as diversas variações nas sucessivas edições (é importante frisar que o texto foi originalmente publicado na revista *L'Année sociologique*, em 1906, e depois, em 1921, incorporado pelo próprio autor à grande obra *Linguistique historique et linguistique générale*).

Gostaria, assim, de ingressar na leitura e, sobretudo, *a partir da leitura*, tratar de expor minhas inquietações e meus modos de análise de Meillet *no* e *para o* presente. Friso um ponto que, no texto, me marcou como uma espécie de estopim para organizar minha leitura:

> [...] vê-se que o valor geral das palavras é, em grande medida, um fato social, e que a generalidade do sentido de uma palavra tem, com frequência, a possibilidade de ser proporcionada pela dimensão do grupo. [...] Torna-se assim claro que o princípio essencial da mudança de sentido está na existência de grupos sociais no interior do meio em que se fala uma língua, ou seja, em um fato de estrutura social. Certamente seria quimérico pretender explicar desde já todas as transformações de sentido por esse princípio: um grande número de fatos resistiria, deixando-se apenas interpretar com a ajuda de suposições arbitrárias e frequentemente forçadas. A história das palavras não está madura o suficiente para que se possa, em um domínio específico, procurar esgotar todos os casos e demonstrar que eles se relacionam de maneira natural e não problemática ao princípio evocado, o que seria a única maneira possível de prová-lo teoricamente. Na maior parte dos casos, é somente a partir de hipóteses que podemos traçar a curva seguida pelo sentido de uma palavra em via de transformação.[5]

---

5 Antoine Meillet, *Como as palavras mudam de sentido*. Org. de Rafael Faraco Benthien e Marcos Soares Palmeira. São Paulo: Edusp, 2016, p. 75.

Nesse trecho, o viés durkheimiano — que na edição em questão é muito bem analisado por Renato Basso, Rodrigo Gonçalves, Jean-François Bert e Carlos Alberto Faraco nos comentários publicados em anexo ao texto de Meillet — da análise de Meillet se torna patente: a língua como uma instituição social imanente aos indivíduos mas, ao mesmo tempo, independente de cada um deles. Porém não me deterei nas relações entre a linguística de Meillet e a sociologia de Durkheim (para isso, remeto à edição), mas num aspecto que, quando da leitura, me fez refletir e reler outros autores que, direta ou indiretamente, foram também afetados por Meillet. Aliás, em certo sentido, a leitura de *Como as palavras mudam de sentido* me leva a pensar em como, a partir daquele contexto de demarcações disciplinares e de expectativas de maturidade científica aos quais também Meillet parece afeito — «A história das palavras não está madura o suficiente para que se possa, num domínio específico, procurar esgotar todos os casos etc.» —, é possível, hoje, levantar outras hipóteses de leitura para esse texto.

Nesse caso, a expectativa de «maturidade» de Meillet aponta para um desejo de conhecimento que, já em seus desenhos do indo-europeu, esbarra nas portas de um não saber. E é perto do final de seu texto que Meillet mais uma vez indica essa fragilidade do conhecimento, por assim dizer:

> Justamente porque dependem de forma imediata de causas exteriores à língua, as mudanças semânticas não podem ser reconstituídas por hipóteses puramente linguísticas. É desde já impossível, como se viu, demonstrar na prática a teoria aqui proposta. Tal demonstração poderia apenas resultar do exame de todas as modificações de sentido constatadas em uma dada língua entre dois períodos específicos e da constatação de que tudo o que não se explica por causas propriamente linguísticas ou por mudanças das coisas designadas provém da passagem das palavras de línguas particulares à língua comum, ou da passagem

inversa da língua comum a uma língua particular. Similar constatação é irrealizável no estado atual de nossos conhecimentos. De fato, não se tem, em nenhum domínio linguístico, o meio de proceder a um exame completo dessa natureza. Ainda assim, quando nenhuma indicação real permite assinalar a série de empréstimos interiores que ocasionou a mudança de sentido de uma palavra, a possibilidade dessas passagens permanece provável na maioria dos casos, o que nos obriga a fazer tal suposição se não quisermos admitir que gerações sucessivas associaram noções diferentes a uma única e mesma palavra por puro capricho. As condições psíquicas da semântica são constantes; elas são as mesmas nas diversas línguas e nos diversos períodos de uma mesma língua. Se, então, almeja-se explicar a variação, é preciso introduzir a consideração de um elemento que é, ele mesmo, variável. Dadas as condições da linguagem, esse elemento pode apenas ser a estrutura da sociedade na qual se fala a língua considerada.[6]

Nessa abertura diante de uma impossibilidade, Meillet, apelando à noção de *estrutura da sociedade* (algo aqui muito perto da noção de *fato social* da sociologia de Durkheim), reconhece os limites disciplinares da linguística e, com isso, com esse fechamento disciplinar e com sua expectativa de maturidade das ciências, deixa em aberto à posteridade a possibilidade do suposto *desenvolvimento científico* de uma disciplina. No entanto, mais do que uma dimensão disciplinar (e, repito, mesmo que o momento tenha sido de definições de fronteiras: veja-se, por exemplo, também a escola dos *Annales* no âmbito da ciência histórica), essa *inserção de variáveis* na linguística geral e histórica de Meillet pôde, reverberando numa tradição de leitores, se desdobrar num pensamento sobre a linguagem que ultrapassa em muito a disciplina linguística: de Vendryes a Benveniste (seus orientandos),

6   Ibid., p. 91.

mas também de Marcel Mauss a Georges Bataille (seus leitores diretos), Roger Caillois e Maurice Blanchot. E é deste último que eu gostaria de partir para algumas análises (mais do que análises, inquietações), a partir de agora.

Logo nas primeiras páginas de seu belíssimo «A literatura e o direito à morte», publicado em 1949 no livro *A parte do fogo*, Blanchot se mostra inquieto com as dimensões do engano e da própria «Coisa» da literatura e, ao lembrar do famoso verso, presente nas *Sátiras* de Nicolas Boileau, sobre Charles Rollet: *«J'appelle un chat un chat, et Rollet un fripon»* («Chamo um gato um gato e Rollet um malandro»), diz:

> O notável é que na literatura o engano e a mistificação são não apenas inevitáveis, mas também formam a honestidade do escritor, a parte de esperança e de verdade que existe nele. Muitas vezes, atualmente, fala-se da doença das palavras, até nos irritamos com aqueles que falam disso, suspeitando que as tornem doentes para delas poder falar. Talvez seja. Infelizmente, essa doença é também a saúde das palavras. O equívoco as dilacera? Feliz equívoco, sem o qual não haveria diálogo. O mal-entendido as desvirtua? Mas esse mal-entendido é a própria possibilidade do nosso entendimento. O vazio as penetra? Esse vazio é seu próprio sentido. Naturalmente, um escritor sempre pode se dar como ideal chamar um gato de gato. Mas o que não pode obter é crer-se então no caminho da cura e da sinceridade. Pelo contrário, é mais mistificador do que nunca, pois um gato não é um gato, e aquele que o afirma não tem mais nada em vista do que essa hipócrita violência: Rollet é um malandro.[7]

A doença das palavras é também sua saúde, e o que resta em qualquer evento de fala ou de escritura é uma espécie de

---

7 Maurice Blanchot, *A parte do fogo*. Trad. de Ana Maria Scherer. Rio de Janeiro: Rocco, 1997, p. 300.

hipócrita violência que, por sua vez, garante as possibilidades de sentido. E, adiante, Blanchot, numa leitura kojeviana de Hegel, aprofunda essa conexão entre palavra e sentido de maneira magistral:

> O sentido da palavra exige, portanto, como preâmbulo a qualquer palavra, uma espécie de imensa hecatombe, um prévio dilúvio, mergulhando num mar completo toda a criação. Deus havia criado os seres, mas o homem teve de aniquilá-los. Foi então que ganharam sentido para ele, e ele os criou, por sua vez, a partir dessa morte em que tinha desaparecido; só que, em vez de seres e, como dizemos, existentes, só houve o ser, e o homem foi condenado a só poder se aproximar e viver das coisas pelo sentido que lhes dava.[8]

Condenados a viver pelos sentidos (entre *le son et le sens*, para lembrar Valéry), permanecemos num umbral de incertezas quanto às palavras e, desde esse lugar, parece que as línguas se tornam um campo de batalha para a compreensão da própria possibilidade de fazer *sentidos em comum*. Mas esse *em comum* dos sentidos também se nos mostra, assim, como uma condenação, e as próprias palavras com as quais *fazemos* tais sentidos mudam de sentido. E, diante disso, no âmbito sociopolítico, juntamos o *factum pluralitatis* (o fato de que os homens formam uma comunidade) com o *factum loquendi* (o fato de que os homens falam e se entendem em determinada língua) e tentamos dar conta de explicar nossa condenação. Entretanto, ainda assim, esses *fatos* funcionam como pressupostos à nossa própria explicação e, de certo modo, permanecem eles mesmos não explicados, lançando-nos ainda mais fundo em nossa condenação (e essa parece ter sido a tônica das análises nas ciências sociais, políticas, na filosofia, na história etc.).

---

8 Ibid., p. 311.

Dando um passo atrás nessas discussões, podemos nos remeter às origens de determinadas inquietações sobre a língua no âmbito da literatura do Ocidente. Refiro-me a Dante. Ele já se dava conta de que esse problema que faz parte de nossa possibilidade de *viver em comum* é também, e fundamentalmente, ligado à compreensão tanto do *factum pluralitatis*, que analisará no *De Monarchia*, quanto do *factum loquendi*, pensado por ele no *De vulgari eloquentia*. Neste último (Livro I, IX), expondo a variabilidade das línguas no tempo e no espaço, recorre à dispersão linguística por meio do mito de Babel e, apontando o caráter arbitrário da linguagem, liga a dimensão da língua a uma noção de homem como ser mutável:

> Afirmamos, portanto, que nenhum efeito, como efeito, é superior à sua causa, pois nada pode fazer aquilo que não é. Ora, nossa linguagem — salvo aquela criada por Deus junto com o primeiro homem — é fruto de uma reconstrução que se dá por nosso arbítrio, depois da confusão (refere-se a Babel) que outra coisa não foi além do esquecimento da linguagem precedente; o homem, no entanto, é o mais instável e mutável dos seres animados: a linguagem, portanto, não pode ser nem durável nem contínua, mas, como as outras coisas humanas (usos e costumes, por exemplo), varia necessariamente com a distância no espaço e no tempo.[9]

A *mutabilidade* do homem, das palavras e dos sentidos talvez seja a *constante* possível de ser colocada como título da condenação sobre a qual nos fala Blanchot; condenação que cumprimos numa prisão cujas carcereiras, por assim dizer, são as pressuposições de uma língua (do *fato linguístico*) e de um

---

9 Dante Alighieri, *De vulgari eloquentia*. In: *Opere minori di Dante Alighieri*, vol. II. Org. e notas de Sergio Cecchin. Turim: UTET, 1986. Disponível em: <http://www.classicitaliani.it/Dante/prosa/vulgari_ita.htm _ftnref31>.

contingente de pessoas que a fale (o *fato político*, ou, em outras palavras — mais próximas daquelas que aqui quero abordar —, o *fato social*) como, repito, fatores explicativos não tão bem explicados. Se dessa condenação não temos induto, talvez nos reste a necessidade de especular sobre as carcereiras para, de algum modo, perceber que o problema das línguas é *clara* e *eminentemente* um problema político. A questão, porém, é que tais carcereiras têm, em grande medida, as habilidades de Proteu.

Assim, no que diz respeito às mutabilidades, pretendo, no âmbito dessas inquietações, firmar-me naquela da língua, para a qual Meillet, além dos problemas ligados à questão semântica desenvolvidos em *Como as palavras mudam de sentido*, apresenta sua compreensão em seu clássico de 1921, *Linguística histórica e linguística geral* (onde, aliás, está também republicada uma versão de *Como as palavras mudam de sentido*). Diz ele — e, podemos notar, de um modo muito próximo daquele com o qual se expressou Dante:

> Uma língua é uma instituição própria de uma coletividade social, e as modificações que ela sofre estão ligadas à história dessa coletividade. [...] Com efeito, a definição da identidade linguística só pode ser social: quaisquer que sejam as diferenças de fato entre os sujeitos falantes, há aí uma língua na qual indivíduos, compreendendo-se entre si, têm, consciente ou inconscientemente, o sentimento e a vontade de pertencer a uma mesma comunidade linguística.[10]

Tal princípio acaba por remeter a uma espécie de *definição* própria da língua para a coletividade que, por sua vez, seria ela também definida por uma referência inversa: a coletividade é tal porque fala tal língua (e ficaríamos nesse jogo de *vice-versa*,

---

10 Antoine Meillet, *Linguistique historique et linguistique générale*. Paris/Genebra: Champion/Slatkine, 1982, pp. 79-81.

no qual é possível agora também dizer: uma língua é tal porque dada em tal coletividade). Isto é, a hipótese de Meillet, ainda que de um ponto de vista pragmático possa dar condições para uma determinação disciplinar da linguística, por vezes acaba deixando em aberto certas questões — e talvez apenas hoje podemos perceber melhor — atinentes à compreensão política da língua (aliás, seria talvez um excesso demandar de Meillet esse tipo de discussão, haja vista que ele escrevia num momento de delimitações e marcações disciplinares). Nesse sentido, caberia a nós — que, justamente, lemos Meillet *agora* — enfrentar essas questões que restam em aberto; isto é, diante da potência de uma obra como a de Meillet, talvez não pensar em levar a ciência à maturidade (como esperava o próprio linguista), uma vez que já nos demos conta de que um progressismo nesses moldes pode produzir monstros, mas abrir essa própria potencialidade para um pensamento novo, à altura dos problemas de nosso tempo (em chave benjaminiana, em tempos sombrios como estes em que estamos vivendo, poderia dizer: incluir Meillet numa constelação imagética que nos abra a cognoscibilidade da história *no* e *para o* presente).

Lembro-me de que, na introdução da edição crítica de *Como as palavras mudam de sentido*, Rafael Benthien e Miguel Palmeira chamam a atenção para o fato de que, a despeito de sua adesão ao projeto sociológico de Durkheim, Meillet tinha muito apreço pela teoria da imitação de Gabriel Tarde.[11] Essa referência sutil a Tarde, «o mais filósofo dos sociólogos, ou o mais sociólogo dos filósofos»[12] — como diz Eduardo Viana Vargas —, pode ser uma possibilidade de, *nos rastros* das leituras de Meillet, indagar hoje

---

11   Cf. Rafael F. Benthien; Miguel S. Palmeira, «Apresentação». In: MEILLET, *Como as palavras...*, op. cit., p. 18.

12   Eduardo V. Vargas, «Gabriel Tarde e a diferença infinitesimal». In: TARDE, Gabriel. *Monadologia e sociologia e outros ensaios*. Org. de Eduardo V. Vargas. Trad. de Paulo Neves. São Paulo: Cosac Naify, 2007, p. 11.

as carcereiras com a forma de Proteu de nossa prisão.[13] De fato, é a partir de Tarde que Deleuze e Guattari elaboram as noções relativas à diferença infinitesimal e, para o que aqui nos interessa, de *menor*. Num primeiro momento, analisando Kafka, os autores apontam para a dimensão da literatura menor, cujas três características seriam «a desterritorialização da língua, a ligação do individual no imediato-político, o agenciamento coletivo de enunciação».[14] Utilizando-se das análises de Wagenbach sobre o alemão de Praga (os abusos pronominais, os verbos curingas, a multiplicação de advérbios, isto é, toda sorte de *metamorfoses linguísticas*), Deleuze e Guattari apontam para a potência política dessa literatura menor:

> É a literatura que se encontra encarregada positivamente desse papel e dessa função de enunciação coletiva, e mesmo revolucionária: é a literatura que produz uma solidariedade ativa, malgrado o ceticismo; e se o escritor está à margem ou apartado de sua comunidade frágil, essa situação o coloca ainda mais em condição de exprimir uma outra comunidade potencial, de forjar os meios de uma outra consciência e de uma outra sensibilidade [...]. A máquina literária toma assim o lugar de uma máquina revolucionária por vir, de modo algum por razões ideológicas, mas porque só ela é determinada a satisfazer as condições de uma enunciação coletiva que faltam por toda outra parte nesse meio: *a literatura é a tarefa do povo.*[15]

---

13 É de todo modo interessante uma leitura mais matizada da proposta, de Viana Vargas, de uma contraposição quase estritamente dicotômica — da qual, aqui, em certa medida me utilizo — entre Durkheim e Tarde. Nesse sentido, cf. Rafael F. Benthien; Eduardo Dimitrov, «Resenha de Gabriel Tarde, *Monadologia e sociologia e outros ensaios*». *Mana*, vol. 14, n. 1, abr. 2018.

14 Gilles Deleuze; Félix Guattari, *Kafka: Por uma literatura menor*. Trad. de Cíntia Vieira da Silva. Belo Horizonte: Autêntica, 2015, p. 39.

15 Ibid., p. 37.

É justamente nessas modificações ou mutações (meta-morfoses) da língua que *aparece* um povo, e, assim, o par pressuposto constituinte dos modelos políticos modernos já não pode ser o mesmo. No entanto, qual é esse povo que se instala no coração dessa máquina revolucionária por vir? Não se trata daquele que faz par com a língua nos horizontes sociopolítico--linguísticos modernos, mas, antes, de um povo que se produz a partir da ativação da máquina. Pode, pelo contrário, ser tal povo colocado em clave política, como nos lembra o coletivo Comitê Invisível:

> Quando se diz que «o povo» está na rua, não se trata de um povo que existia previamente, pelo contrário, trata-se do povo que previamente *faltava*. Não é o «povo» que produz o levante, é o levante que produz seu povo, suscitando a experiência e a inteligência comuns, o tecido humano e a linguagem da vida real, que haviam desaparecido.[16]

Assim, as línguas e os povos redesenhados nessa chave *menor* — diria também *indisciplinada* — podem ser interpelados para além de suas funções num jogo constitutivo das disciplinas no que chamamos de humanidades e, com isso, liberar uma potência para a literatura e, além disso, uma potência de ordem política, de forjamento desse *povo menor*.

Ler Meillet — esse esquecido que por certo permanece, tal como sugere Giorgio Agamben lendo Walter Benjamin, um *inesquecível*[17] — nessa espécie de contrachave de suas apostas —

16 Comitê Invisível, *Aos nossos amigos*. Trad. de Ed. Antipáticas. São Paulo: N-1, 2016, p. 51.

17 Cf. Giorgio Agamben, *Il tempo che resta: Un commento alla Lettera ai Romani*. Turim: Bollati Boringhieri, 2000, pp. 43-4: «A cada instante, a medida do esquecimento e da ruína, o desperdício ontológico que portamos inscrito em nós mesmos, excede largamente a piedade de nossas lembranças e de nossa consciência. Mas esse caos informe do esquecido não é inerte nem ineficaz — ao contrário, age em

suas adesões a certas generalizações da sociologia durkheimiana em detrimento de seu apreço por uma sociologia do infinitesimal, nos moldes de Tarde — pode ser uma maneira de contar com suas imensas contribuições ao campo da linguística e, além disso, estendê-las para outros campos e sentidos; isto é, sem nos mantermos fixados num projeto de cunho eminentemente disciplinar, podemos levar em conta as leituras que dele foram feitas e, com isso, reelaborar — explorando a linguística histórica para além da *disciplina* — possibilidades gnosiológicas e políticas para nosso tempo.

Desse modo, às expectativas de Melliet no que dizia respeito aos «estágios da ciência», hoje é possível contrapor não apenas questões epistemológicas (não se trata apenas de conhecimento, por assim dizer), mas, assumindo em todo o seu peso o caráter político dos saberes, também nossas posições éticas e, via de consequência, políticas. As impossibilidades das demonstrações teóricas alegadas por Meillet para comprovar suas teses de *como as palavras mudam de sentido* esbarram,

---

nós com não menos força do que a massa de lembranças conscientes, ainda que de modo diverso. Há uma força e uma operação do esquecido que não podem ser medidas em termos de memória consciente nem acumuladas como saber, mas cuja insistência determina o valor de todo saber e de toda consciência. O que o perdido exige não é ser lembrado e comemorado, mas permanecer em nós e entre nós como esquecido, como perdido — e, unicamente por isso, inesquecível. Daqui a insuficiência de toda relação com o esquecido que procure simplesmente restituí-lo à memória, inscrevê-lo nos arquivos e nos monumentos da história, ou, no limite, construir para ele outra tradição e outra história, a dos oprimidos e dos vencidos, que se escreve com instrumentos diversos em relação à das classes dominantes, mas que não se diferencia substancialmente desta. Contra essa confusão, é preciso lembrar que a tradição do inesquecível não é uma tradição — ela é, ao contrário, aquilo que marca toda tradição com um selo de infâmia ou de glória e, às vezes, com os dois ao mesmo tempo. O que torna histórica toda história e transmissível toda tradição é, portanto, o núcleo inesquecível que ela leva dentro de si. A alternativa aqui não é entre esquecer e lembrar, ser inconsciente e tomar consciência: decisiva é apenas a capacidade de permanecer fiel ao que — ainda que incessantemente esquecido — deve permanecer inesquecível, exige permanecer de algum modo conosco, ser ainda — para nós — de algum modo possível».

assim — e nesse início de século XXI quiçá sejam possíveis, talvez um pouco mais amadurecidos a duras penas pelos gases das guerras e dos motores que o século XX nos lega como herança, essas inquietações que trazem essa *questão epistemológica* a um ambiente mais mundano, isto é, *político* —, nas práticas de vida incompatíveis com a universalização de nossos modelos científicos. Talvez sejam outras vozes, outras línguas, outros povos por vir a nos dar, hoje, não a condição de nos livrarmos da condenação sobre a qual Blanchot nos fala (libertação impossível), mas, ao menos, perguntas mais plausíveis para podermos colocar para nossas carcereiras que, de certo modo, ainda são os fantasmas que, por vezes, acordam e, vestindo seus filhos com suas cores (as cores da pátria), nos assombram e parecem nos imobilizar até o limite da impotência.

O LITERÁRIO

À beira do fora: grito e *experimentum linguae*

Les yeux seuls sont encore capables de pousser un cri.

René Char

Gilles Deleuze, em seu livro sobre o Barroco, ao analisar a questão dos princípios de identidade e de contradição em Leibniz, diz que para o filósofo alemão os princípios se parecem com gritos, pois «cada um assinala a presença de uma classe de seres, seres que lançam o grito e se fazem reconhecer por esse grito».[1] De fato, não se trata de uma abstenção ou anulação da questão do conhecimento, mas, continua Deleuze,

> [...] faz com que conheçamos uma classe de seres, a dos Idênticos, que são seres completos. O princípio de identidade, ou sobretudo de contradição, é somente o grito dos Idênticos e não pode ser abstrato. É um sinal. Os Idênticos são indefiníveis em si e talvez incognoscíveis para nós; nem por isso deixam de ter um critério que o princípio nos permite conhecer ou ouvir.[2]

O grito, a interjeição que é o grito, tem a forma rumorosa de um apontar para o fora, na direção do apagamento reflexivo

---

1 Gilles Deleuze, *A dobra: Leibniz e o Barroco*. Trad. de Luiz B. L. Orlandi. Campinas: Papirus, 1991, p. 79.

2 Ibid., p. 80.

da linguagem (o princípio não dá um conhecimento interior, mas apresenta os Idênticos como seres completos, infinitos por si, em *não relação*, pois «não há elemento que um possa afirmar e outro negar»).[3] De outro modo, poderíamos dizer que a linguagem, pensada como «o próprio brilho do exterior»,[4] é também um infinito que se abre sobre sua Identidade e, com isso, para além de qualquer *função* (informativa, comunicativa), dá-se também como um *lugar* próprio ao abandono da reflexão, da interiorização e atribuição de causas. Cessa a perseguição das negativas dialéticas — que se interiorizam na inquietude da reflexão — e o pensamento é devolvido ao exterior.

A partir do momento, efetivamente, em que o discurso para de seguir a tendência de um pensamento que se interioriza e, dirigindo-se ao próprio ser da linguagem, devolve o pensamento para o exterior, ele é também e de uma só vez: narrativa meticulosa de experiência, de encontros de signos improváveis — linguagem sobre o exterior de qualquer linguagem, falas na vertente invisível das palavras; e atenção para o que da linguagem já existe, já foi dito, impresso, manifesto — escuta não tanto do que se pronunciou nele, mas do vazio que circula entre suas palavras, do murmúrio que não cessa de desfazê-lo, discurso sobre o não discurso de qualquer linguagem, ficção do espaço invisível em que ele aparece.[5]

A voz que vem de fora vem da linguagem por si mesma, a voz do carvalho, «linguagem rigorosa e fechada do aforismo,

---

3 Ibid.

4 Michel Foucault, «O pensamento do exterior». In: *Ditos e escritos*. Vol. III: *Estética: Literatura e Pintura; Música e Cinema*. Org. de Manoel Barros da Motta. Trad. de Inês Autran Dourado Barbosa. Rio de Janeiro: Forense Universitária, 2009, p. 223.

5 Ibid.

como nos fala na indistinção de uma palavra primeira»,[6] lê Blanchot em René Char, na, pelo poeta chamada, besta inominável.[7] É o exterior aberto, desnudado, é o grito por saber que a poesia está «ligada a essa impossibilidade de pensar que é o pensamento».[8] Blanchot abre esse campo do impossível e, lendo Artaud, percebe que «ser é não ser, é essa falta do ser, falta viva que torna a vida desfalecente, inacessível e inexprimível, exceto pelo grito de uma feroz abstinência».[9]

O grito, a declaração de existência de um Idêntico, de um absolutamente singular, da conjugação de um ateísmo com a escritura (o nome de Deus, um nome sem conceito, que é chamado — por vezes como neutro — e, apenas como um Idêntico em *não relação*, para lembrar Deleuze, dá-se como uma outra experiência da linguagem: um *experimentum linguae*, diria, em outra clave, Giorgio Agamben), é também o clamor dessa «feroz abstinência», dessa ausência e afastamento ou *ausentamento*, como diz Jean-Luc Nancy, do sentido. Aliás, lembra o próprio Nancy a respeito de Blanchot:

> Na conjunção do ateísmo com a escritura Blanchot reúne, no mesmo texto e no mesmo título, aquela do humanismo e do grito. O humanismo do grito seria o humanismo que abandona toda idolatria do homem e toda antropoteologia. Se não é exatamente

---

6 Maurice Blanchot, *Une voix venue d'ailleurs*. Paris: Gallimard, 2002, p. 67.

7 Em Giorgio Caproni, essa *Besta* também aparece como o inominável, o por trás das palavras (além, para fora das palavras) como a *Besta assassina*, que só o poeta sabe: «A Besta assassina./ A Besta que ninguém nunca viu./ A Besta que subterraneamente/ – falsamente mastim –/ cada dia te elide./ A Besta que te vivifica e assim te mata.../ [...]/ Eu só, com um nó na garganta,/ sabia. Está atrás da Palavra». Cf. Giorgio Caproni, *A coisa perdida: Agamben comenta Caproni*. Org. e trad. de Aurora Fornoni Bernardini. Florianópolis: EDUFSC, 2011, p. 263.

8 Maurice Blanchot, *O livro por vir*. Trad. de Leyla Perrone-Moisés. São Paulo: Martins Fontes, 2005, p. 51.

9 Ibid., p. 53.

no registro da escritura, também não é naquele do discurso —
mas no do grito. Precisamente, «ele grita no deserto», escreve
Blanchot. Não é por acaso que ele retoma uma fórmula insigne
do profetismo bíblico.[10]

A exasperação de um sentido que se ausenta, a borda da —
e que é a — linguagem (e Alejandra Pizarnik tocava essa borda
afiada com seus pássaros: «Mas a ti quero olhar até que teu rosto
se distancie de meu medo como um pássaro da borda afiada da
noite»),[11] uma experiência patética (e mesmo ética) em que o
pathos impossibilita ao *eu-sujeito*[12] uma materialização inerte e
ilusoriamente soberana.

Trata-se, mais do que do estado paroxístico em que o eu
grita e se desgarra, de um sofrimento como indiferente, e não
sofrido, e neutro (um fantasma de sofrimento), se aquele que está
exposto a ele permanece despojado, justamente pelo sofrimento,
desse «Eu» pelo qual padeceria. Assim é como o vemos: a marca
de semelhante movimento consiste em que, pelo fato de o experimentarmos, escapa de nosso poder de experimentá-lo, e não
é o que fica fora de experimentação, mas sim esse algo de cuja
experimentação já não podemos escapar. Experiência que alguém
representará como estranha e, inclusive, como a experiência do
estranhamento, porém, caso assim seja, reconhecemos que não o

10 Jean-Luc Nancy, «Le nom de Dieu chez Blanchot». In: *La Déclosion* (Déconstruction du christianisme, 1). Paris: Galilée, 2005, p. 133.

11 Alejandra Pizarnik, «Caminhos do Espelho (1962)». Trad. de Vinícius Nicastro
Honesko e Davi Pessoa. *Revista Polichinello*, n. 16. Belém: Lumme, 2014, p. 44.

12 «La renuncia al yo sujeto no es una renuncia voluntaria, por tanto tampoco
es una abdicación involuntaria; cuando el sujeto se torna ausencia, la ausencia de
sujeto o el morir como sujeto subvierte toda la frase de la existencia, saca el tiempo
de su orden, abre la vida a la pasividad, exponiéndolo a lo desconocido de la amistad que nunca se declara.» Cf. Maurice Blanchot, *La escritura del desastre*. Trad. de
Pierre de Place. Caracas: Monte Avila, 1987, p. 32.

é, por estar muito distanciada: ao contrário do que está tão perto que toda distância em relação a ela está proibida — estranha na própria proximidade.[13]

A experiência da linguagem, do fora, do exterior, acontece nesse estranhamento: distância e proximidade que sufocam uma reflexão interior, um humanismo da palavra meditada, e o lançamento ao risco (*ex periri*: experiência sempre como exposição ao risco, à morte), ao *grito* que clama do deserto. Da exposição à morte, do lançar-se *efetivamente à morte* como uma abertura à linguagem (às línguas históricas), conta-nos Dante. No *De vulgari eloquentia*, fala sobre como as línguas históricas nascem depois da expulsão do paraíso. Diz Dante:

> Quanto à palavra que a voz do primeiro falante pronunciou pela primeira vez, é um ponto que não hesito em considerar mais do que claro para uma pessoa com a mente lúcida: foi o equivalente de «Deus», isto é, *El*, dito em tom de pergunta ou de resposta. À razão parece de fato absurdo e horrendo que o homem tenha nomeado algo antes de nomear Deus, tendo sido criado a partir d'Ele e por Ele. É portanto razoável que, como depois da transgressão cometida pelo gênero humano, todo homem comece a falar dizendo «ai», de modo que aquele que precedeu tal transgressão tenha, ao contrário, iniciado com alegria.[14]

O que Dante parece evocar é o fato de que, depois da Queda, a linguagem humana só pode ter início por meio de um grito de dor e desespero (uma interjeição, portanto, nem uma enunciação, nem uma pergunta ou uma designação). A marca da passagem entre eternidade e tempo histórico, assim, é o arruinar-se

---

13 Id, *El diálogo inconcluso*. Trad. de Pierre de Place. Caracas: Monte Avila, 1993, pp. 88-9.

14 Dante Alighieri, *De vulgari eloquentia*, [s.p.].

da língua alegre dos nomes em exclamação, no grito de dor, que assinala toda língua histórica. Não há volta ao mundo edênico dos nomes; a condenação é inexorável. E, na tradição judaico--cristã, desde a primeira língua, a língua pré-babélica, qualquer tentativa humana de reencontro de uma língua dos nomes está condenada. Talvez seja por isso que Dante, no Canto XXXI do «Inferno», condene Nemrod — um dos gigantes descendentes de Noé, apresentado no Gênesis como um «valente caçador» (Gn 10,9), de cujo reino Babel, Arac e Acad foram sustentáculos, (Gn 10,10) e a quem a tradição atribui o projeto de construção da torre de Babel — à perda da linguagem significante. A condenação, entretanto, não é ao silêncio, mas à fala desarticulada, ao pronunciar glossolálico de sons que não produzem sentido. Na condição infernal, Nemrod perde a capacidade de uma *voz articulada* (a *phoné enartros* aristotélica) e, com isso, todo *logos* lhe é interdito; porém Nemrod não perde só a capacidade de articular a voz. Podemos acrescentar que em sua condenação está também a perda da capacidade de gritar. Como sugere Daniel Heller-Roazen, a proposta dantesca de que as línguas históricas surgem de uma interjeição deve ser lida como uma condição da própria língua. Isto é, «assim como pode haver uma exclamação [...], pode haver uma língua [...]; uma língua na qual alguém não possa gritar absolutamente não seria uma língua humana».[15]

Não há senão a possibilidade do grito primeiro como marca *original* (um turbilhão; um *salto do tigre* constantemente presente, no melhor sentido benjaminiano; uma origem presente que não cessa de irromper), como traço na borda-linguagem.

> Não é a voz que é a atualidade da fala, ela é sempre somente uma voz, a sua ou a minha, falante ou cantante, uma outra de cada vez. Está sempre partilhada, num certo sentido é a própria

---

15 Daniel Heller-Roazen, *Ecolalias. Sobre el olvido de las lenguas.* Trad. de Julia Benseñor. Buenos Aires: Katz, 2008, p. 18.

partilha. Uma voz começa aí onde se inicia o entrincheiramento de um ser singular. Mais tarde, com sua fala, ele refará laços com o mundo, dará sentido ao seu próprio entrincheiramento. Mas primeiro, com sua voz, clama um puro desvio, e isso não faz sentido. Toda a voz clama no deserto, como a do profeta. Aliás, é no deserto da existência desamparada, a braços com a falta e a ausência, que a voz se faz primeiramente ouvir.[16]

O grito do profeta na imensidão do deserto como origem da palavra, como experiência original da língua, como a abertura ao mistério da língua. Na *parte do fogo* — esse resto insignificante em que a arte descobre sua *soberania interior*[17] —, nessa experiência do irrisório inapreensível e exterior, Blanchot, num texto sobre Lautréamont, fala do *mistério das letras*. Parte de uma «evidência» de que a linguagem é feita de dois elementos distintos — «um material, sopro, som, imagem escrita ou tátil, e o outro imaterial, pensamento, significado, sentimento»[18] — para propor uma ideia diversa da linguagem literária, que toque o fundo da dicotomia a ponto de colocar os dois planos ressaltados como antagônicos (na proposição de Valéry «*l'hésitation prolongée entre le sens et le son*»)[19] em contato e, com isso, ver surgir o mistério da linguagem, seu silêncio que lhe dá suporte. Depois de várias conjecturas sobre análises abstratas da linguagem, nas quais um leitor a decomporia em elementos — justamente os dados materiais (o sopro que se torna palavra) e os imateriais (o sentido que se torna ideia) —

16 Jean-Luc Nancy, «Vox Clamans in Deserto». Trad. de Fernanda Bernardo e Hugo Monteiro. *Caderno de Leituras*, n. 13, 2013, pp. 1-10. Disponível em: <https://chaodafeira.com/catalogo/caderno13/>. Acesso em 16 fev. 2021.

17 Eduardo Pellejero, «Da morte da arte à hora dos assassinos». *ArteFilosofia*, n. 13, dez. 2012. Ouro Preto: UFOP, pp. 124-31.

18 Blanchot, *A parte do fogo*, op. cit., p. 60.

19 Paul Valéry, *Oeuvres II*. Paris: Gallimard, 1960, p. 637.

para procurar uma relação entre ambos, Blanchot se depara com o limite de tal busca:

> Os dois elementos que de início eram apenas fatores, isolados pela análise, mas não existindo à parte na realidade, tornaram-se agora partes autônomas da linguagem: o sopro é palavra, o sentido é ideia. Tudo se realizou na forma de fragmentos reais do discurso, que eram apenas constituintes abstratos do discurso. Mas, a partir do momento em que o lado material da linguagem se torna uma porção independente da linguagem, como o é uma palavra, compreendemos melhor que a passagem desse lado para o outro e, mais ainda, sua indiferenciação nessa passagem se tornem um escândalo ou pelo menos fenômenos bastante misteriosos — exatamente o próprio mistério.[20]

O que está em jogo nas análises blanchotianas não é apenas uma dimensão estrutural da linguagem, mas a questão fundamental da linguagem literária, do encontro com uma dimensão em que o poeta (o escritor) coloque-se em jogo na linguagem, sinta o som (material) e o sentido (imaterial) suspendidos e, por isso, faça sua experiência fundamental da linguagem — uma experiência que ultrapassa uma dimensão puramente estética para ingressar numa instância ética. Continua Blanchot:

> Mas talvez amedrontado pela vizinhança do mistério, nosso leitor agora o afaste depressa demais. Talvez esqueça o essencial. Não estamos à procura de um mistério qualquer, mas do mistério nas Letras, e não de uma descrição qualquer da linguagem, mas dessa descrição requerida pela literatura. A literatura não é apenas a linguagem em repouso, a linguagem definitivamente feita, imobilizada e morta; é mais do que isso e, no entanto, é também unicamente isso, pois aspira ao paradoxo de uma língua

20 Blanchot, *A parte do fogo*, op. cit., p. 60.

que, construindo-se e como nascente, quisesse por isso mesmo ser definitivamente feita: ser perfeita. A linguagem da literatura não quer ser distinta da liberdade daquele que a fala e, ao mesmo tempo, quer ter a força de uma palavra impessoal, a existência de *uma língua que se fala sozinha*. Ela é uma coisa, uma natureza e a consciência que arruína tudo isto.[21]

O mistério para que Blanchot chama a atenção, o mistério por excelência, é o mistério do mundo, da existência de algo, do sentido das coisas que só é dado pela linguagem, pelo nome de cada uma das coisas. Blanchot, que nesse momento pensa os limites da literatura, vê o mistério da nomeação das coisas, não propriamente do dizer as coisas; o nome das coisas (o *onoma* dos gregos) é uma *evidência*, o que se dá a ver como e na linguagem e que, portanto, expõe as relações internas à linguagem, apresentadas como mistério.

Mas é por ocasião da palavra que acontece o mistério e talvez como uma parte de não-linguagem, como a parte que na própria linguagem seria sempre estranha à linguagem e sua contradição sem fim, mas é também a partir desse fim que a linguagem fala melhor. O mistério está menos nessa não-linguagem do que na relação entre ele e a palavra, relação indeterminável, pois é nessa relação que a palavra se realiza, e a não-linguagem, por sua vez, só aparece como uma linguagem simplesmente diferenciada, isto é, tal como as palavras devem descrevê-la para que a compreendamos, mas tal como ela não pode ser, já que essas próprias palavras precisam dela para se fundirem na relação que as forma.[22]

21 Ibid., p. 61.
22 Ibid., p. 63.

O mistério está na relação entre a não linguagem, essa pressuposição de um vazio para que possa haver linguagem, e a palavra; e esse calar-se mistérico, de fato, pode ser lido como a intransponibilidade dos elementos materiais e imateriais da linguagem, ou da língua à fala (para falar com Benveniste).

Essa experiência da linguagem dirige-se, portanto, a um ponto que não é um fora da linguagem, mas a própria condição de possibilidade da linguagem, o fora que é a linguagem. Ou, ainda, como alerta Jacques Derrida, «somente há borda, somente há limite na linguagem... Quer dizer, referência. Dado que nunca há nada a não ser referência, uma referência irredutível, pode-se também concluir que o referente — tudo, salvo o nome — é ou não é indispensável».[23]

A voz que clama no deserto é a mesma da viagem iniciática em que o poeta ingressa. Não é o início de nenhum mistério a não ser o próprio ingresso na palavra. Em tal viagem, é como se a saída da infância e o ingresso na vida adulta então se tornassem também expressão do poeta como ser cindido, sempre em busca de um espaço original (*khôra*) para experimentar uma língua própria. Ou seja, o mistério das letras, o mistério da linguagem, não é uma impossibilidade da linguagem, um silêncio fora da linguagem, mas, justamente, a experiência *desse* fora.

Em um texto sobre o mito de Perséfone, Giorgio Agamben diz que a questão do silêncio que envolve o mistério dos iniciados — partindo da etimologia do termo mistério (*myein*, o fechar os olhos e sobretudo a boca no início dos ritos sagrados) — não dizia algo velado ao qual teriam acesso somente iniciados, mas um silêncio que dizia respeito aos próprios iniciados. Retomando os diálogos exotéricos perdidos de Aristóteles (transmitidos por Miguel Psero), nos quais o estagirita traça uma distinção entre ensinamento (o que é gerado no homem a partir da escuta) e

---

23 Jacques Derrida, *Salvo o nome*. Trad. de Nicia Adan Bonatti. Campinas: Papirus, 1995, p. 43.

iniciação (quando o intelecto sofre — do verbo *paschein*, e daqui *pathos* — uma iluminação), e os conectando com o *De Anima* e a *Metafísica*,[24] o filósofo italiano explica que a diferenciação proposta por Aristóteles — em sua teoria da consciência — dá-se justamente porque *paschein* compreende dois significados: o primeiro, que diz respeito àquele que ainda está aprendendo, significa a destruição em ato de um princípio contrário (da *potência de aprender* anterior); o segundo diz respeito ao sujeito que já tem o hábito de um saber e que, mesmo tendo o saber em ato, conserva junto de si a potência de aprender que lhe é anterior[25] (e, em certo sentido, o que é trazido à tona é o motivo da conservação da potência no ato de conhecimento). Assim, «os dois modos de acesso ao ato da *theoria* aqui descritos correspondem exatamente aos dois gêneros de conhecimento»,[26] quais sejam: ensinamento e iniciático.

Desse modo, Agamben interpreta a experiência mística em Elêusis como um êxtase do *iniciado,* que, entretanto, não é um processo psíquico inexplicado, «mas uma visão análoga à *theoria*, ao conhecimento supremo do filósofo. Essencial, em ambos os casos, era que não se tratava mais de um aprendizado, mas de um dar-se a si mesmo e um cumprir-se do pensamento».[27] O acesso ao mistério concedido pelo iniciado é, desse modo, um tocar o silêncio do lugar do discurso. Agamben, tecendo considerações sobre a *Metafísica* aristotélica, conclui:

> Na *Metafísica* (1051 b, 22-24), portanto, Aristóteles diz que, no conhecimento das coisas não compostas, o verdadeiro consiste

---

24 Cf. Giorgio Agamben, *La ragazza indicibile: Mito e mistero di Kore*. Milão: Electa Mondadori, 2010, pp. 13-6.

25 Aristóteles, *De Anima*. Apres., trad. e notas de Maria Cecília Gomes dos Reis. São Paulo: Ed. 34, 2006, p. 84.

26 Agamben, *La ragazza indicibile...*, op. cit., p. 14.

27 Ibid., p. 15.

no *thigein kai phanai*, no «tocar e nomear», explicando logo em seguida que a «nomeação» (*phasis*, o proferir palavras não ligadas na forma do juízo) não é a mesma coisa que a «proposição» (*kataphasis*, dizer algo sobre algo). O conhecimento adquirido em Elêusis podia, portanto, ser expresso por meio de nomes, mas não por meio de proposições; a «moça indizível» podia ser *nomeada*, mas não *dita*. Isto é, no mistério não havia espaço para o *logos apophantikos* (*de interpr.*, 17b, 8), mas apenas para o *onoma*. E, no nome, acontecia algo como um «tocar» e um «ver».[28]

Aproximação de conhecimento e mistério, a partir do *onoma*, do nome: eis uma forma de experimentar o fora, a *evidência* do grito, a presença de uma classe de seres, para dizer com Deleuze. A língua que diz não pode ser dita, e o mundo que se abre pela linguagem permanece misterioso: pode-se dizer *como* é o mundo, mas isso não é dizer *que* o mundo é. A poeta Ingeborg Bachmann, numa de suas emissões radiofônicas da década de 1960, ao comentar o aforismo 6432 do *Tractatus Logico-philosophicus* de Wittgenstein — «Como é o mundo é perfeitamente indiferente para o que está além. Deus não se manifesta no mundo»[29] —, aproxima-o de Heidegger e apresenta, aí, uma espécie de dimensão da experiência da linguagem tangencial ao dizível e ao indizível:

> Essa é a proposição mais amarga do *Tractatus*. Nela ressoa o verso de Hölderlin «Tão pouco de nós toca aos Olímpicos»; mas aqui se pretende dizer que Deus permanece o deus escondido, o *deus absconditus*, o qual não se mostra neste mundo para nós representável mediante um esquema formal. Se do mundo podemos falar, se, portanto, podemo-lo representar, se o dizível

28 Ibid.

29 Ludwig Wittgenstein, *Tractatus logico-philosophicus*. Trad. de José Arthur Giannotti. São Paulo: Companhia Editora Nacional/USP, 1968, p. 128.

pode ser, então tudo isso pode ser somente graças ao indizível, ao Místico, ao limite — ou como quer que se queira chamar.[30]

A poesia e a filosofia, na tradição ocidental, são espécies de tentativas de expor esse lugar da pressuposição; e essa tarefa só pode ser — assim como os místicos faziam ao experienciar o ingresso nessa escura zona da palavra, porém, sem as redenções divinas — tentar dizer o indizível da linguagem.[31] No entanto, no mundo contemporâneo, ao contrário da expectativa mística de ingresso na transcendência — cujo indizível seria o próprio Deus —, é de um mistério profano, «cujo único objeto é a própria existência»,[32] que se trata.

Tal mistério profano é a mais banal ocupação do homem com uma palavra, esta que já não se prende ao seu fundamento silencioso (e, assim, metafísico). Nesse sentido, Jean-Luc Nancy, nos traços das *Paixões* de Derrida, fala que no mistério não há um conteúdo de significados a ser revelado, mas infinito de sentidos que se abre nos nomes próprios e que retira a pergunta imediata que se faz diante do mistério — «o que isso quer dizer?» —, pois não há sentido último (uma espécie de verdade do ser), mas o infinito de sentidos do mundo aberto pela linguagem:

> Nós aprendemos, precisamente, que não há um mistério que esperaria ser desvelado e que nos revelaria um sentido escondido. Não há um sentido último, mas há um «infinito do sentido», a fórmula foi pronunciada. Esse infinito do sentido não é nada que

30 Ingeborg Bachmann, *Il dicibile e l'indicibile*. Trad. de Barbara Agnese. Milão: Adelphi, 2009, p. 64.

31 Cf. Paolo Virno, *Virtuosismo e revolução*. Trad. de Paulo Andrade Lemos. Rio de Janeiro: Civilização Brasileira, 2008, pp. 16-8.

32 Giorgio Agamben, «Kommerell, o del gesto». In: KOMMERELL, Max. *Il poeta e l'indicibile*. Trad. de Gino Giometti. Gênova: Marietti, 1991, p. XIV.

nós poderíamos tomar, nada que nós, tampouco, poderíamos figurar e, ainda menos, do qual poderíamos fazer para nós algo como um deus, para não falar de um ídolo. [...] É por isso que, diante de um homem ou de uma mulher, obviamente, o que nós chamamos uma «pessoa», isto é, algo, se assim posso dizer, que está antes de tudo apresentado por um rosto e um nome — e o nome diz a verdade do rosto —, estou diante de uma singularidade, e é a respeito dessa singularidade que o nome, o nome próprio, diz-me algo. Ora, o nome próprio, como sabemos pela boa linguística, não quer dizer nada, mesmo que seja transferência de um nome comum. E apenas o rosto, assim que ele me apresenta traços, aspectos, olhares, mostra-me também que não me entrega a intimidade da pessoa. E que talvez ela não possa ser entregue, significada.[33]

O olhar para as coisas — um olhar que é já sempre atravessado pela linguagem — revela o mundo, o infinito de sentidos das relações singulares das coisas e nomes; revela nada mais do que a própria linguagem como, novamente com Deleuze, um Idêntico. A linguagem chamada na grande extensão desse abismo exterior que é o deserto pelo grito.

É nesse sentido, creio, que a experiência do mistério é, no fundo, a experiência, ousaria dizer, mais comum. Ela é a experiência que acontece assim que não estamos ocupados com outra coisa — e «outra coisa» é evidentemente o que é sem mistério, que pode conter muitos supostos mistérios, isto é, de fato, segredos, coisas que não conhecemos, truques a ser encontrados, receitas a aprender, competências a manejar quando assim o podemos, se nós podemos. Mas isso que se produz sem cessar não é mistério. Melhor dizendo, não é concedido da manhã à noite,

33 Jean-Luc Nancy, «L'évidence du mystère». In: BENJELLOUN, Nadia (Org.). *Le voyage initiatique*. Paris: Albin Michel, 2011, pp. 84-5.

em cada minuto, encontrar-se diante do mistério sem segredo, mas isso se produz por momentos — se nisso prestamos atenção. E penso, além disso, que é muito simples e muito evidente dizer que, sem isso, nós não continuaríamos a viver numa humanidade tão difícil, que deixa a vida tão difícil. Nós continuamos porque sabemos algo do mistério de cada um, homem, animal, planta, e do mistério deste mundo que nós transformamos sem cessar. Nós sabemos que é o mistério de um sentido infinito.[34]

Revelar o sentido de um mistério não é desvendar o ser por trás do significante linguístico, um absoluto — que poderia, inclusive, ser o Absoluto, o *deus absconditus* no mundo —, uma razão última que determinasse o sentido da revelação, pois

[...] tudo quanto existe é sua própria razão, não tem nenhuma outra, o que não quer dizer que seja em si mesmo princípio e fim, já que não é «si mesmo». É sua própria dis-posição como pluralidade de singularidades. Esse *ser* se ex-põe então como o *entre* e como o *com* dos singulares. *Ser, entre* e *com* dizem a mesma coisa: dizem precisamente *o que não pode mais que ser dito* (o que se denominaria, por outro lado, «o inefável»), o que não se pode apresentar como um ente entre outros, já que é o «entre» de todos os seres (*entre*: dentro, em meio de, com) que são todos e a cada vez uns entre outros. *Ser* não diz nada distinto e, em consequência, se o dizer diz sempre o ser de uma maneira ou outra, em troca o ser não se expõe mais do que no incorpóreo do dizer.[35]

A experiência de uma evidência, portanto, é a experiência da linguagem para além de sua fundamentação como instrumento apreendido e manejado no interior (em discursos

34 Ibid., pp. 90-1.

35 Id., *Ser singular plural*. Trad. de Antonio Tudela Sancho. Madri: Arena Libros, 2006, p. 102.

reflexivos ou em atos comunicativos). É tocar essa evidência e *maravilhar-se* com o *há linguagem*. É, por fim, fazer da língua o lugar da experiência poética e, por certo, ética e política. Porém tal experiência de maravilha — o *experimentum linguae* que é a poesia e também a ação política — é, de certo modo, uma resposta ao impossível (impossível que, tomado como impotência, pode ser lido como o ato de criação, a capacidade de resistir e experienciar esse fora).[36]

Nomeando o possível, respondendo ao impossível. Responder não consiste em formular uma resposta, de modo que se apazigue a pergunta que viria de modo obscuro de tal região. E consiste menos ainda em transmitir — ao estilo de um oráculo — alguns conteúdos de verdade de cujo conhecimento não tivesse carecido

---

36 Algo próximo ao que Agamben, nos traços de Deleuze, diz ser a resistência como criação: «Possiamo ora comprendere in modo nuovo la relazione fra creazione e resistenza di cui parlava Deleuze. Vi è, in ogni atto di creazione, qualcosa che resiste e si oppone all'espressione. Resistere, dal latino *sisto*, significa etimologicamente 'arrestare, tener fermo' o 'arrestarsi'. Questo potere che trattiene e arresta la potenza nel suo movimento verso l'atto è l'impotenza, la potenza-di-non. La potenza è, cioè, un essere ambiguo, che non solo può tanto una cosa che il suo contrario, ma contiene in se stessa un'intima e irriducibile resistenza.

Se questo è vero, dobbiamo allora guardare all'atto di creazione come a un campo di forze teso fra potenza e impotenza, potere e poter-non agire e resistere. L'uomo può avere signoria sulla sua potenza e aver acesso a essa solo attraverso la sua impotenza; ma — proprio per questo — non si dà, in verità, signoria sulla potenza ed essere poeta significa: essere in balia della propria impotenza.

Solo una potenza che può tanto la potenza che l'impotenza è allora la potenza suprema. Se ogni potenza è tanto potenza di essere che potenza di non essere, il passaggio all'atto può solo avvenire trasportando nell'atto la propria potenza-di-non. Ciò significa che, se a ogni pianist appartengono necessariamente la potenza di suonare e quella di non suonare, Glenn Gould è, però, solo colui che può non non suonare e, rivolgendo la sua potenza non solo all'atto ma alla sua stessa impotenza, suona, per così dire, con la sua potenza di non suonare. Di fronte all'abilità, che semplicemente nega e abbandona la propria potenza di non suonare, e al talent, che può soltanto suonare, la maestria conserva ed eserciga nell'atto non la sua potenza di suonare, ma quella di non suonare.» Cf. Giorgio Agamben, «Che cos'è l'atto di creazione?» In: *Il fuocco e il racconto*. Roma: Nottetempo, 2014, pp. 46-7.

o mundo da luz. Mas a existência da poesia, cada vez que é poesia, forma por si mesma resposta e, nessa resposta, é atenção ao que destina (desviando-se) na impossibilidade. Não a expressa, nem a diz, nem a atrai sob a fascinação da linguagem. Mas responde. Toda palavra inicial começa por responder. Resposta ao que todavia ainda não foi ouvido, resposta em si esperançada em que se afirma a espera impaciente do desconhecido e a esperança desejosa da presença.[37]

Ainda em suas leituras de Artaud, Blanchot já apontava para esse grito de dor que, longe de um estado psíquico irrisório, é experiência e negação absoluta da separação vida/pensamento. A resposta ao impossível — desenhada com a pergunta: «Será que sofrer é, finalmente, pensar?» —, portanto, é o afrontamento desse pensamento doloroso do fora (o toque na borda da linguagem, a experiência de *khora*):

> [...] a impotência nunca é impotente o bastante, o impossível não é o impossível. Mas, ao mesmo tempo, o combate é também aquele que Artaud quer continuar, pois nessa luta ele não renuncia ao que chama de «vida» (o jorro, a vivacidade fulgurante), cuja perda não pode tolerar, que quer unir a seu pensamento e que, por uma obstinação grandiosa e horrível, se recusa a distinguir do pensamento. Ora, este não é mais do que a «*erosão*» daquela vida, a «*emaciação*» daquela vida, a intimidade de ruptura e de perda em que não há ida nem pensamento, mas o suplício de uma falta fundamental através da qual já se afirma a exigência de uma negação mais decisiva. E tudo recomeça. Pois Artaud nunca aceitará o escândalo de um pensamento separado da vida, nem mesmo quando está entregue à experiência mais direta e mais selvagem que jamais foi feita, da essência do pensamento

---

37 Blanchot, *El diálogo inconcluso...*, op. cit., pp. 93-4.

entendida como separação, da impossibilidade que ela afirma contra ela mesma como o limite de sua potência infinita.[38]

A postulação da potência infinita justamente no lugar do impossível, na abertura e clivagem entre potência e impotência, na capacidade de resistir, com o grito, e, assim, criar. Não uma obra, mas uma contínua ação que mantém em si a dor dos possíveis e, no limite, desativa a linguagem tal qual apreendida na reflexão, na informação e na comunicação. A experiência põe absolutamente em questão o *dispositivo* linguagem e, como grito de criação, é a exposição da língua como tal, como um Idêntico: a coabitação do possível e do impossível no mesmo tabernáculo, é o eterno recomeço (a origem sempre presente — o salto) e a afronta entre potente e impotente, entre possível (que chama) e impossível (ao que se responde). Lembra Agamben que

> A potência-de-não não é uma outra potência ao lado da potência-de-: é sua inoperosidade, aquilo que resulta da desativação do esquema potência/ato. Ou seja, há um nexo essencial entre potência-de-não e inoperosidade. [...] O poder não cantar é, antes de mais, uma suspensão e uma exibição da potência de cantar que não transpassa simplesmente ao ato, mas se dirige a si mesma. Isto é, não há uma potência de não cantar que precede a potência de cantar e deve, portanto, anular-se para que a potência possa realizar-se no canto: a potência-de-não é uma resistência interna à potência que impede que esta se exaura no ato e a leva a dirigir-se a si mesma, a fazer-se *potentia potentiae*, a poder a própria impotência. A obra — por exemplo, *As meninas* — que resulta dessa suspensão da potência não representa apenas seu objeto: apresenta, junto deste, a potência — a arte — com a qual foi pintado. Assim a grande poesia não diz apenas o que diz, mas

38 Id., *O livro por vir...*, op. cit., p. 55.

também o fato de que está dizendo, a potência e a impotência de dizê-lo. E a pintura é suspensão e exposição da potência do olhar, como a poesia é suspensão e exposição da língua.[39]

Em face do impossível — que nos *exige* resposta —, a abertura aos possíveis (a contingência infinita do poder ou poder não); o fora e o grito denunciam, apelam, a língua. Há a suspensão e nada mais. O *experimentum linguae* — cuja forma basilar se dá na poesia, na suspensão e exposição da língua, a desativação do dispositivo linguagem — é ainda poder dizer, mesmo quando tudo parece já ter sido dito, mesmo quando o silêncio se avoluma no horizonte como a intempérie última aos viventes que falam. É ainda poder dizer sem a obrigação de fazê-lo, mas diante da impreterível potência de poder ou não fazê-lo (e o escrevente Bartleby, aqui, toma o posto de anunciador inequívoco dessa experiência, dessa exposição ao fora). É, por fim, ainda tomar em conta que, «quando tudo está dito, o que resta por dizer é o desastre, ruína da fala, desfalecimento pela escritura, rumor que murmura: o que resta sem sobra (o fragmentário)»[40] e, dessa maneira, perceber que, «quando tudo se obscureceu, reina o esclarecimento sem luz que anunciam certas palavras».[41]

39 Agamben, «Che cos'è l'atto di creazione?», op. cit., pp. 52-3.

40 Blanchot, *La escritura del desastre*, op. cit., p. 35.

41 Ibid., p. 37.

De mistério e de letras:
nenhum caminho por trás da linguagem?

1.

> *La Bestia assassina.*
> *La Bestia che nessuno mai vide.*
> *La Bestia che sotterraneamente*
> *falsamente mastina*
> *ogni giorno ti elide.*
> *La Bestia che ti vivifica e uccide...*
> *......*
> *Io solo, con un nodo in gola,*
> *sapevo. È dietro la Parola.*

> Giorgio Caproni

O *Catecismo da Igreja Católica* — estabelecido no dia 11 de outubro de 1992, no pontificado de João Paulo II, e cujo projeto de estruturação e redação fora iniciado em 1986 pelo então cardeal Joseph Ratzinger —, em sua primeira parte (*A profissão de fé*), mais especificamente no capítulo terceiro da primeira seção, «Eu creio — nós cremos», traz o querigma do conhecimento de Deus segundo a Igreja. Logo na abertura do capítulo há uma citação da compilação dos dogmas católicos feita por Heinrich Joseph Dominicus Denzinger, em 1854, *Enchiridion symbolorum*, *definitionum et declarationum de rebus fidei et morum*, na qual se diz que a razão humana é possuidora da capacidade de conhecer Deus com certeza a partir das coisas criadas. O catecismo completa-a dizendo que sem tal capacidade seria impossível ao homem acolher a *revelação* de Deus.

No catecismo está elaborada uma compreensão das dificuldades históricas a respeito do conhecimento de Deus. Nada de novo, com efeito, em relação à tradição católica que há muito lida com o tema. Exemplar nesse sentido, entretanto, é a proposição que a encíclica *Humani generis*, de Pio XII, declara logo em sua introdução:

> Não é de admirar que haja constantemente discórdias e erros fora do redil de Cristo. Pois, embora possa realmente a razão humana com suas forças e sua luz natural chegar de forma absoluta ao conhecimento verdadeiro e certo de Deus, único e pessoal, que sustém e governa o mundo com sua providência, bem como ao conhecimento da lei natural, impressa pelo Criador em nossas almas, entretanto, não são poucos os obstáculos que impedem a razão de fazer uso eficaz e frutuoso dessa sua capacidade natural. De fato, as verdades que se referem a Deus e às relações entre os homens e Deus transcendem por completo a ordem dos seres sensíveis e, quando entram na prática da vida e a enformam, exigem o sacrifício e a abnegação própria. Ora, o entendimento humano encontra dificuldades na aquisição de tais verdades, já pela ação dos sentidos e da imaginação, já pelas más inclinações, nascidas do pecado original. Isso faz com que os homens, em semelhantes questões, facilmente se persuadam de ser falso e duvidoso o que não querem que seja verdadeiro. Por isso deve-se defender que a revelação divina é moralmente necessária para que, mesmo no estado atual do gênero humano, todos possam conhecer com facilidade, com firme certeza e sem nenhum erro, as verdades religiosas e morais que não são por si inacessíveis à razão. Ademais, por vezes, pode a mente humana

encontrar dificuldade mesmo para formar juízo certo sobre a credibilidade da fé católica, não obstante os múltiplos e admiráveis indícios externos ordenados por Deus para se poder provar certamente, por meio deles, a origem divina da religião cristã, exclusivamente com a luz da razão. Isso ocorre porque o homem, levado por preconceitos, ou instigado pelas paixões e pela má vontade, não só pode negar a evidência desses sinais externos, mas também resistir às inspirações sobrenaturais que Deus infunde em nossa alma.[1]

O catecismo, ao comentar tal encíclica, salienta que «o homem tem necessidade de ser iluminado pela revelação de Deus, não somente sobre o que ultrapassa seu entendimento»,[2] mas também sobre aquilo que por si só não é inacessível à razão, mas que, pelo atual estado histórico humano, torna-se difícil de ser compreendido.

Revelação, no sentido dos teólogos católicos, portanto, é uma espécie de suporte para os limites da razão; ou seja, é o que abre ao entendimento humano (à sua razão — ao seu *logos*) aquilo que apenas o próprio Deus pode mostrar (ou, ainda, possibilita a clarificação de situações que, embora acessíveis à razão, somente se *reveladas* por Deus são compreendidas). A partir dessa construção conceitual católica, se aquilo que a revelação dá ao conhecimento humano fosse acessível à razão, revelação cessaria de ser revelação. Além disso, a revelação divina, como atesta a *Humani generis*, é necessária como condição e possibilidade do conhecimento em geral.

A partir de um trecho da *Carta aos Colossenses* de Paulo, quando este afirma seu encargo de ministro do corpo de Cristo

---

1 Pio XII, *Humani Generis: Sobre opiniões falsas que ameaçam a doutrina católica.* Disponível em: <http://www.vatican.va/holy_father/pius_xii/encyclicals/documents/hf_p-xii_enc_12081950_humani-generis_po.html>. Acesso em: 20 maio 2013.

2 *Catecismo da Igreja Católica.* Petrópolis/São Paulo: Vozes/Loyola, 1993, p. 25.

«para levar a bom termo o anúncio da Palavra de Deus, o mistério escondido desde os séculos e desde as gerações, mas agora manifestado aos seus santos» (Cl 1,25-26),[3] Giorgio Agamben expõe como o termo «mistério», em tal passagem, opõe-se à palavra de Deus. Segundo o filósofo italiano — que desestabiliza, em sua leitura, a hermenêutica católica do texto —, o que se *esconde* no mistério não é algo concernente ao presente mundo ou ao mundo futuro, mas apenas à própria palavra de Deus.[4] A revelação de um mistério, nesse sentido, é a experiência mais comum, a mais banal, da ocupação do homem com a linguagem e com o mundo aberto das significações. Não há *desvelamento* de um algo escondido, mas apenas pura exposição do próprio *logos*, da linguagem em sua possibilidade de ser proferida.

Também Jean-Luc Nancy, nos traços das *Paixões* de Jacques Derrida, fala que no mistério não há um conteúdo de significados a ser revelado, mas um infinito de sentidos que se abre nos nomes próprios e que retira a pergunta imediata que se faz diante do mistério — «o que isso quer dizer?» —, pois não há sentido último (uma espécie de verdade do ser), mas o infinito de sentidos do mundo aberto pela linguagem. Isto é,

> [...] não há um mistério que esperaria ser desvelado e que nos revelaria um sentido escondido. Não há um sentido último, mas há um «infinito do sentido», a fórmula foi pronunciada. Esse infinito do sentido não é nada que nós poderíamos tomar, nada que nós, tampouco, poderíamos figurar e, ainda menos, do qual poderíamos fazer para nós algo como um deus, para não falar de um ídolo. [...] É por isso que, diante de um homem ou de uma

3 As referências do texto bíblico são feitas a partir da seguinte versão: *A Bíblia de Jerusalém* (São Paulo: Paulus, 1995).

4 Cf. Giorgio Agamben, *La potenza del pensiero: Saggi e conferenze*. Vincenza: Neri Pozza, 2005, p. 26.

mulher, obviamente, o que nós chamamos uma «pessoa», isto é, algo, se assim posso dizer, que está antes de tudo apresentado por um rosto e um nome — e o nome diz a verdade do rosto —, estou diante de uma singularidade, e é a respeito dessa singularidade que o nome, o nome próprio, diz-me algo. Ora, o nome próprio, como sabemos pela boa linguística, não quer dizer nada, mesmo que seja transferência de um nome comum. E apenas o rosto, assim que ele me apresenta traços, aspectos, olhares, mostra-me também que não me entrega a intimidade da pessoa. E que talvez ela não possa ser entregue, significada.[5]

O olhar para as coisas — um olhar que é já sempre atravessado pela linguagem — revela o mundo, o infinito de sentidos das relações singulares das coisas e nomes.

É nesse sentido, creio, que a experiência do mistério é, no fundo, a experiência, ousaria dizer, mais comum. Ela é a experiência que acontece assim que não estamos ocupados com outra coisa — e «outra coisa» é evidentemente o que é sem mistério, que pode conter muitos supostos mistérios, isto é, de fato, segredos, coisas que não conhecemos, truques a ser encontrados, receitas a aprender, competências a manejar quando assim o podemos, se nós podemos. Mas isso que se produz sem cessar não é mistério. Melhor dizendo, não é concedido, da manhã à noite, em cada minuto, encontrar-se diante do mistério sem segredo, mas isso se produz por momentos — se nisso prestamos atenção. E, penso, além disso, que é muito simples e muito evidente dizer que, sem isso, nós não continuaríamos a viver numa humanidade tão difícil, que deixa a vida tão difícil. Nós continuamos porque sabemos algo do mistério de cada um, homem, animal, planta,

---

5 Jean-Luc Nancy, «L'évidence du mystère». In: BENJELLOUN, Nadia (Org.). *Le voyage initiatique*. Paris: Albin Michel, 2011, pp. 89-90.

e do mistério deste mundo que nós transformamos sem cessar. Nós sabemos que é o mistério de um sentido infinito.[6]

Revelar o sentido de um mistério não é desvendar o ser por trás do significante linguístico, um absoluto — que poderia, inclusive, ser o Absoluto, o *deus absconditus* no mundo, o *logos* joanino —, uma razão última que determinasse o sentido da revelação, pois

> [...] tudo quanto existe é sua própria razão, não tem nenhuma outra, o que não quer dizer que seja em si mesmo princípio e fim, já que não é «si mesmo». *É* sua própria dis-posição como pluralidade de singularidades. Esse *ser* se ex-põe então como o *entre* e como o *com* dos singulares. *Ser, entre* e *com* dizem a mesma coisa: dizem precisamente *o que não pode mais que ser dito* (o que se denominaria, por outro lado, «o inefável»), o que não se pode apresentar como um ente entre outros, já que é o «entre» de todos os seres (*entre*: dentro, em meio de, com) que são todos e a cada vez uns entre outros. *Ser* não diz nada distinto e, em consequência, se o dizer diz sempre o ser de uma maneira ou outra, em troca o ser não se expõe mais do que no incorpóreo do dizer.[7]

O conhecimento revelado é a revelação do sentido do que se dá como existente, e não há, por trás deste, senão a própria exposição da incorporalidade do dizer. Assim, o que a razão — para voltar aos termos dos teólogos católicos — não pode conhecer por si, um suposto (pressuposto) não linguístico da linguagem (o inefável divino), só pode significar que o

---

6 Ibid., pp. 90-1.

7 Id., *Ser singular plural.* Trad. de Antonio Tudela Sancho. Madri: Arena Libros, 2006, p. 102.

[...] conteúdo da revelação não é uma verdade exprimível sob a forma de proposições linguísticas sobre o existente (ainda que se tratasse do ente supremo), mas, muito mais, uma verdade que concerne à própria linguagem, ao fato de que a linguagem (e, portanto, o conhecimento) é. O sentido da revelação é que o homem pode revelar o existente por meio da linguagem, mas não pode revelar a própria linguagem. Em outras palavras: o homem vê o mundo por meio da linguagem, mas não vê a linguagem. Essa invisibilidade do revelador naquilo que ele revela é a palavra de Deus, é a revelação.[8]

A revelação não porta à luz um segredo, uma proposição significante com determinado valor léxico (isto é, uma realidade escondida do mundo ou do além-mundo), mas apenas o velamento em si que é revelado. Em outras palavras: se um segredo é mantido apenas na medida em que seu significado permanece escondido no discurso não dito que explicitaria o conteúdo (a significação lexical, portanto) omitido por aquele que mantém o segredo, a revelação revela apenas o lugar do discurso, isto é, que existe a linguagem. Revelar é o ato de indicar o lugar do discurso, apontar para o ter-lugar da palavra humana. Desse modo, se o segredo está retido na *intenção* de significação de um sujeito que fala, isto é — e lembrando a sugestão de Paolo Virno a respeito de uma dupla dimensão da linguagem: *aquilo que se diz* e o *fato de que se fala*[9] —, é um jogo entre o que é dito e o que se *quer* dizer (a própria *funcionalidade* da linguagem na relação significante/significado), jamais pode, entretanto, impedir a revelação. Esta é a exposição irremediável de um fato: *fala-se*, ou seja, o discurso tem lugar.

8   Agamben, *La potenza del pensiero...*, op. cit., p. 26.

9   Cf. Paolo Virno, *Quando il verbo si fa carne: Linguaggio e natura umana*. Turim: Bollati Boringhieri, 2003.

No texto cardinal da tradição cristão, a abertura do evangelho de João, o *Verbo* demora no Pai:

> No princípio era o Verbo
> E o Verbo estava com Deus
> e o Verbo era Deus.
> No princípio, ele estava com Deus.
> Tudo foi feito por meio dele
> e sem ele nada foi feito.
> O que foi feito nele era a vida
> se a vida era a luz dos homens;
> e a luz brilha nas trevas,
> mas as trevas não a apreenderam. (Jo 1,1-5)

Mas ele, o Verbo, não é senão uma espécie de silêncio em que o que é velado inexoravelmente se revela no existente: o inefável, o pressuposto silencioso da linguagem, estava em Deus e era deus — e, assim, podemos ler na proposição 6.44 do *Tractatus* de Wittgenstein a exposição de seu místico como *o* linguístico: «O que é místico não é como o mundo é, mas *que* ele seja».[10] E que ao longo dos séculos, na chamada cultura ocidental, o início do texto de João tenha sido equacionado pelos teólogos nas doutrinas da economia trinitária diz que, para além do *infinito de sentidos*, no catolicismo (e, em geral, no protestantismo) o *sentido último* é que permanece como o próprio velado às condições de *racionalidade* do homem — e daqui a *revelação* apregoada na catequética católica. Entretanto, quando João expõe como princípio o Verbo — a Palavra —, este não pressupõe nada além de si mesmo. «Não há nada antes dela [a palavra] que possa explicá-la ou, por sua vez, revelá-la (*não há palavra para a palavra*), e sua estrutura trinitária não é nada

---

10 Ludwig Wittgenstein, *Tractatus logico-philosophicus*. Trad. de José Arthur Giannotti. São Paulo: Companhia Editora Nacional/USP, 1968, p. 128.

além do movimento de sua própria autorrevelação.»[11] O não pressuposto absoluto que, por sua vez, é o pressuposto por excelência, é o próprio Verbo, isto é, o próprio Deus.

A revelação é a exposição do lugar que transcende toda palavra e conhecimento humanos (em termos contemporâneos: a revelação exerce uma função de metalinguagem que, no entanto, não tem função significante, mas apenas a indicação insignificante do ter-lugar da linguagem). Por outro lado, porém, não mostra nada além da própria linguagem, do lugar do discurso, do fato de que a linguagem existe. Assim como a Voz[12] e como o nome (*onoma*) — e também o inefável místico —, a revelação evidencia o fundo negativo sobre o qual a palavra humana parece se fundar; o *infundamento* que é o fundamento — a autopressuposição — do *logos*. «Que haja linguagem é de tal modo certo quanto incompreensível, e essa incompreensibilidade e essa certeza constituem-se na fé e na revelação.»[13]

O fundamento negativo, no entanto, também tem outro nome, o outro nome do ser, o outro nome de Deus: nada. E, preso à lógica da linguagem significante, o nada que sobeja o ser é o silêncio que fundamenta a linguagem. Jacob Taubes, intentando uma interpretação ontológica da teologia, pergunta-se: «O nada pode ser expressado de maneira significativa?».[14] Ao que responde:

> O nada nunca pode ser um objeto, mas, como sujeito, precede sempre e em todas as partes qualquer coisa. Quando a

---

11   Agamben, *La potenza del pensiero...*, op. cit., p. 27.

12   Cf. Id., *El lenguaje y la muerte: Un seminario sobre el lugar de la negatividad*. Trad. de Tomás Segovia. Valencia: Pre-Textos, 2002; Id., *Infância e história: A destruição da experiência e a origem da história*. Trad. de Henrique Burigo. Belo Horizonte: UFMG, 2005.

13   Id., *La potenza del pensiero...*, op. cit., pp. 29-30.

14   Jacob Taubes, *Del culto a la cultura: Elementos para una crítica de la razón histórica*. Trad. de Silvia Villegas. Buenos Aires: Katz, 2007, p. 264.

linguagem está reduzida aos limites que fixa a lógica dos objetos, o nada não pode ser expressado. A linguagem deve estar livre da sujeição da lógica dos objetos. Na rede da lógica dos objetos não há verdadeiramente um sujeito e a distinção gramatical entre sujeito e objeto é confusa e enganosa. Como se distingue, pois, o sujeito de uma proposição ontológica do objeto lógico? Ambos são objetos. Não somente falha aqui a linguagem; a lógica dos objetos não está em condições de expressar o sujeito ontológico. Se a linguagem se vir liberada dessa lógica, poderia talvez expressar-se nela até o silêncio.[15]

A linguagem arquitetada numa lógica de objetos (numa lógica de predicados, diria Agamben) está ligada ao *como* é o mundo wittgensteiniano, mas deixa seu rastro misterioso no *que* é o mundo: o silêncio inexpresso da existência de algo não mais do que nada. E o Verbo que demorava em Deus é também o nada, porém, que explode no que *há*, na existência do mundo. Diz Taubes que aí ateísmo e teologia tocam o nada em sua identificação com Deus.

A teologia e o ateísmo ocultam Deus como o nada. Quando, no passado, intentou-se definir a relação entre Deus e o mundo, surgiu a ideia da «*creatio ex nihilo*». Nessa formulação, permanece sem clareza a relação entre o «*ex nihilo*» e o «*a deo*», implícita ainda que não seja mencionada. Se Deus cria a criação a partir do nada, ele deve ter uma relação com esse nada. Mas como pode ser «relacionado»... com esse nada se Deus é Deus? Somente se se trata de uma «relação» de identidade, se «deus» e «*nihil*» são idênticos. Então, «*creatio ex nihilo*» significa uma «*creatio ex deo*». Mas, se «*creatio ex nihilo a deo*» significa «*creatio ex nihilo a nihilo*», qual sentido pode ter então «*creatio*»? «*Ex nihilo fit ens creatum*» não se opõe a «*ex nihilo nihil fit*»? Essa contradição se resolve se Deus e

15 Ibid.

o nada são um. Se *«deus»* e *«nihil»* são idênticos, então coincidem *«creatio ex nihil»* e *«ex nihilo nihil fit»*. *«Creatio»* significa então o explodir do nada numa multiplicidade de algo. Nessa explosão do nada nasce a multiplicidade de algo. Na multiplicidade de algo é perceptível o desejo pela unidade da criação nascida da explosão. O nada retumba com as dores do parto de algo. O nascimento, como explosão do nada na multiplicidade de algo, e a morte, como a fusão da multiplicidade na unidade do nada, voltam-se eternamente um para o outro.[16]

A explosão do nada no existente é a *ex-posição* da singularidade plural do mundo, e esta só pode ser dita na linguagem, no «infinito de sentidos» de que fala Nancy:

> A linguagem é o que expõe a singularidade plural. Nela, todo o existente se expõe como seu sentido, é dizer, como a participação originária segundo a qual o existente se relaciona com o existente, circulação de um sentido do mundo que não possui nem começo nem fim, que é o sentido do mundo como ser-com, a simultaneidade de todas as presenças que são todas, umas em respeito às outras, e das que nenhuma é em si sem ser com as demais.[17]

Um tal «infinito de sentidos» da explosão do nada na maravilha do existente jamais pode estar presente numa compreensão de revelação teísta como a católica. Ainda numa tradição que remontaria a Anselmo, o nada não esbarra no ser sobre o qual nada maior, nem anterior, pode ser concebido. O argumento ontológico — a prova da existência de algo por um simples pronunciar de palavras — funciona como um suporte para

16 Ibid., p. 265.

17 Nancy, *Ser singular plural*, op. cit., p. 101.

uma revelação que *revelaria* o Ser somente por um princípio de razão última.

> Nós acreditamos que tu és um ser sobre o qual nada maior pode ser concebido. Ou não há tal natureza, já que o tolo disse no seu coração que não há Deus? (Sl 14,1) Mas, sob qualquer atributo, esse néscio, quando ouve acerca desse ser do qual falo — um ser sobre o qual nada maior pode ser concebido —, compreende o que ouve e aquilo que compreende está em seu entendimento; embora ele não entenda que isso exista. [...] Até mesmo o tolo está convencido de que algo existe ao menos no entendimento, sobre o qual nada maior pode ser concebido. Assim, quando ouve sobre isso, ele entende isso. E, não importa o que é entendido, existe no entendimento. E, indubitavelmente, aquilo sobre o qual nada maior pode ser concebido, não pode existir no entendimento sozinho.[18]

Quando o tolo ouve o nome de Deus, o simples fato de formular algo em seu pensamento garante a existência da coisa pensada — que no argumento de Anselmo é o próprio Deus. Ou seja, aquilo que é *falado* por alguém — uma vez que o tolo deve *escutar* o nome de Deus — é, no argumento, existente. Todavia, enquanto dito *que* é e não *como* é, é apenas o lugar pressuponente da linguagem, seu ter-lugar. Assim, em Anselmo, de acordo com Agamben,

> [...] um ser cuja simples nominação linguística implica a existência existe: é a linguagem. O fato de que eu fale e de que alguém escute não implica a existência de nada — a não ser da linguagem. *A linguagem é aquilo que deve necessariamente*

---

18 Anselmo, *Proslogium*. Trad. de Sidney Norton Deane, B. A. With an Introduction, Bibliography, and Reprints of the Opinions of Leading Philosophers and Writers on the Ontological Argument (Chicago: The Open Court Publishing Company, 1903, reimp. 1926). Disponível em: <http://www.fordham.edu/halsall/basis/anselm-proslogium.html>. Acesso em: 25 mar. 2013.

pressupor a si mesma. Aquilo que o argumento ontológico prova é, portanto, que, se os homens falam, se existem animais racionais, então existe uma palavra divina, no sentido de que sempre há a preexistência da função significante e a abertura da revelação (apenas nesse sentido — isto é, somente se Deus é o nome da preexistência da linguagem, do seu permanecer na *arké* — o argumento ontológico prova a existência de Deus).[19]

O problema é que, ao tentar provar a existência de um ser por meio de um discurso dotado de significado, a única coisa provada é a existência do *ter-lugar* da linguagem, isto é, a existência da linguagem. A ausência do ser que se pretendia provar *presente*, portanto, lança o *teísmo* à sua impossibilidade — ou, como lembra Jean-Luc Nancy, num belo ensaio denominado «O nome de Deus em Blanchot», a um *ausenteísmo*.[20] Nesse mesmo ensaio, diz o filósofo francês:

> Se o nome de Deus vem no lugar de uma ausência do sentido, ou como na linha de fuga e na perspectiva ao mesmo tempo infinita e sem profundidade de campo dessa mesma linha de fuga, é antes de tudo porque esse nome não diz respeito a uma existência, mas, precisamente, à nomeação — que não seria nem a designação nem a significação — dessa ausência. Não há aí, portanto, a justo título, nenhuma «questão de Deus» que deveria ser colocada como a questão ritual da existência ou da não existência de um ente supremo. Semelhante questão se anula por si mesma (sabemos disso desde Kant; aliás, bem antes dele), já que um ente supremo deveria ainda se encontrar em dívida com seu ser ou com o próprio ser em alguma instância ou em alguma potência

---

19 Agamben, *La potenza del pensiero...*, op. cit., p. 28.

20 Jean-Luc Nancy, «O nome de Deus em Blanchot». Trad. de Carlos E. S. Capela e Vinícius N. Honesko. *Outra Travessia*, n. 18, 2º sem. 2014. Florianópolis: UFSC.

(termos evidentemente muito impróprios) impossível de organizar na ordem dos entes.[21]

Uma revelação nada revela, portanto, senão a abertura do espaço do simples discurso, no seu não revelar um conteúdo discursivo — uma significação —, mas o puro evento da linguagem, aquilo que Agamben denomina de dimensão lógica original e além daquilo que na linguagem é dito, isto é, a Voz (ou, revertendo e anulando a conscienciosa revelação teísta, o *nada que é Deus*). Por isso, «o nome de Deus, isto é, o nome que nomeia a linguagem, é, portanto (como a tradição mística não cessou de repetir), uma palavra sem significado».[22]

Essa identificação entre nada e deus pode ser remetida à ironia cabalista, lembrada por Gershom Scholem, de que há uma tradição em que a verdade do ser pode ser proferida: «O cabalista mantém a ideia de que a verdade tem uma tradição, de que a verdade pode ser proferida. Afirmação irônica, já que a verdade de que se fala aqui é tudo menos proferível. A verdade pode ser conhecida, mas não transmitida, e exatamente isso que dela é proferível não a contém mais».[23] Tocada a verdade, pelo fato da existência da linguagem (*que* o mundo é), nenhum conteúdo auferido do toque — nenhum discurso significante, nenhuma *tradição* — é capaz de dizer a verdade, de transmiti-la.[24] Ou, ainda, dizer o *misterioso* ter-lugar da linguagem (ou,

21 Ibid., pp. 84-5.

22 Agamben, *La potenza del pensiero...*, op. cit., p. 29.

23 Gershom Scholem, *Il nome di Dio e la teoria cabbalistica del linguaggio*. Trad. de Adriano Fabris. Milão: Adelphi, 2005, p. 93.

24 E aqui toda a implicação das questões acerca da *palavra de ordem* e do *discurso indireto*, analisados por Deleuze e Guattari, pode ser interessante para pensar os modos da tradição transmissível da verdade. Cf. Gilles Deleuze; Félix Guattari, *Mil platôs: Capitalismo e esquizofrenia*. Trad. de Ana Lúcia de Oliveira e Lúcia Cláudia Leão. São Paulo: Ed. 34, 1997, vol. II, p. 13: «O difícil é precisar o estatuto e a extensão da palavra de ordem. Não se trata de uma origem da linguagem, já que a palavra de

com Heidegger, «o dizer capaz de trazer à linguagem a essência vigorosa da linguagem»)[25] não *na voz*, mas como *Voz* — e eis a Besta caproniana por trás da Palavra. A uma *verdadeira* língua (uma língua pura, diria Benjamin), no tempo histórico (ao menos na tradição ocidental), não se tem acesso.

> O inteiro pode ser proferido somente de modo oculto. O Nome de Deus pode ser chamado, mas não pronunciado. Já que somente o que na língua há de fragmentário faz sim com que ela possa ser falada. Não se pode falar a «verdadeira» língua, assim como não se pode cumprir um ato absolutamente concreto.[26]

É possível *chamar* o nome divino, em outros termos, o Verbo, mas não é possível *pronunciá-lo*. Um lugar silencioso da linguagem que aparece, mas que não pode ser visto. No que toca à interpretação catequética católica, é perceptível que os elementos que a teologia cristã declara inapreensíveis pela razão, aquilo que excede os nomes, seriam passíveis de conhecimento pelo homem somente pela revelação. No entanto, tais elementos incompreensíveis (impronunciáveis — portanto, o próprio deus) são o que, insistindo na terminologia católica, a razão reconhece como seu pressuposto, como o silêncio que possibilita a linguagem (uma *ausência* que *é* deus). Uma incompreensão a dar suporte à compreensão — isso que, no debate linguístico, nada mais é que o silêncio das palavras.

---

ordem é apenas uma função-linguagem, uma função coextensiva à linguagem. Se a linguagem parece sempre supor a linguagem, se não se pode fixar um ponto de partida não linguístico, é porque a linguagem não é estabelecida entre algo visto (ou sentido) e algo dito, mas vai sempre de um dizer a um dizer».

25 Martin Heidegger, *A caminho da linguagem*. Trad. de Márcia Sá Cavalcante Schuback. Petrópolis/Bragança Paulista: Vozes/São Francisco, 2003, p. 187.

26 Scholem, *Il nome di Dio...*, op. cit., p. 101.

2.

Não te machuque a minha ausência, meu Deus,
Quando eu não mais estiver na Terra
Onde agora canto amor e heresia
Outros hão de ferir e amar
Teu coração e corpo. Tuas bifrontes
Valias, mandarim e ovelha, soberba e timidez

Não temas.
Meus pares e outros homens
Te farão viver destas duas voragens:
Matança e amanhecer, sangue e poesia.

Chora por mim. Pela poeira que fui
Serei, e sou agora. Pelo esquecimento
Que virá de ti e dos amigos.
Pelas palavras que te deram vida
E hoje me dão morte. Punhal, cegueira

Sorri, meu Deus, por mim. De cedro
De mil abelhas tu és. Cavalo-d'água
Rondando o ego. Sorri. Te amei sonâmbula
Esdrúxula, mas te amei inteira.

Hilda Hilst

Não é a literatura, por sua vez, o toque nessa borda plena de silêncio e que, ao mesmo tempo, *revela o mundo*, que é a linguagem? Ademais, a poesia, como a tarefa do poeta, não é o chamar o nome silencioso, o impronunciável silêncio sempre dito, na linguagem?

Divagações gozosas — e Hilda Hilst, na sua interpelação a Deus, despede-se da palavra *em deus* — são a porta de acesso à borda em que o poeta, lançando-se na *hésitation prolongée entre le son e le sens*, brinca tal qual um infante. É a possibilidade de armar, num texto, a brincadeira infantil diante das letras, que, em certo sentido, excede a linguagem como função comunicativa. E esse jogo é também um modo de não se referir a nada útil, mas a algo *sutil* como uma letra, um *gramma*, para dizer com Derrida. É curioso como uma letra desloca o emblema máximo dos tempos de capitalismo financeiro doentio ao seu *oposto*. Os adjetivos útil e sutil, de fato, não são opostos; porém o primeiro refere-se à necessidade, ao uso determinado e preciso, ao mundo da produção, já o segundo diz respeito a coisas delicadas, pequenas e refinadas (e, outra brincadeira: útil é paroxítona — claro, as palavras também podem ser estoicas: primeiro a força para depois ter o descanso numa ética do labor, mesmo que se possa pensar no sexo, se bem que de modo ainda muito cristianizado; sutil é oxítona — o clímax vem aos poucos, é tântrico, é de gozo contínuo com uma explosão final).

Os substantivos utilidade e sutileza conseguem expor, mais do que seus adjetivos, figuras desse mundo opositivo. Com frequência se diz que a lógica do mercado é a utilidade, que é imperiosa, que não dá tréguas; a sutileza, por sua vez, seria para momentos precisos (normalmente associados ao «lazer» do homem médio — num discurso ainda dentro da lógica capitalista), não dados às coisas úteis. Em outra linguagem, poderíamos dizer que a utilidade é masculina, enquanto a sutileza é feminina (e isso se agrava ainda mais em estudos biológicos que apontam a caça — coisa *verdadeiramente* útil — ao macho, enquanto à fêmea restariam os trabalhos menos úteis e mais sutis — a preparação dos alimentos, o cuidado com a cria etc.). É evidente que a distinção pautada pelo critério da necessidade não é taxativa (aliás, não é questão de dois opostos).

Nesse jogo com um *s*, por exemplo, é possível abrir toda uma temática: com *s* diz-se *sexo*, palavra na qual a letra *s* aparece uma só vez, mas é dita duas. Nada mais gratuito do que o sexo (a não ser que, escolástica e cretinamente, alguém queira dizer que sexo é para a reprodução — o que seria reafirmar a lógica da utilidade num espaço em que predomina a sutileza). Foucault foi muito perspicaz ao dizer que diante do minúsculo segredo do sexo todos os enigmas do mundo parecem menores. Mas, não se preocupando com os enigmas ditos no mundo, mas tão só com o das letras, é possível abrir um jogo, como o da letra *s* (e, anfibologicamente, ao modo de Max Ernst no *La Femme 100 têtes*, no qual o número 100 funciona como uma *caixa de letras* — e sons — para uma brincadeira com a sentença: *sans tête, cent tête, s'entête, sang tête...*).

Pensar a linguagem a partir de uma espécie de jogo de letras é algo feito pela cabala judaica. Toda a experiência mística dos judeus medievais se dava por meio da reflexão sobre o tetragrama sagrado. O nome com o qual deus se nomeia é a tal ponto uma experiência da letra, que não pode ser proferido (*nomen innominabile*). Para o místico, o som e a letra coincidem, e daí a força criadora do Nome. A autonomeação divina seria como que anterior ao primeiro ato da criação, e esta, a criação, seria apenas emanação das letras que compõem o nome divino (daí o caráter impronunciável do nome do deus judeu). Em hebraico, a palavra *ot* não quer dizer apenas *letra*, mas também *signo*. Eis a razão de as teorias cabalísticas pensarem as letras como *assinaturas secretas* (*signos secretos*) do divino em todos os graus do processo da criação. Isaac, *o cego* — que Scholem diz ser talvez o primeiro cabalista provençal passível de ser historicamente individualizado[27] —, dizia que toda letra, como configuração de forças criadoras divinas, representa as formas supremas (divinas) e, ao assumir um aspecto visível no plano terreno, passa a possuir um corpo e uma

27   Ibid., pp. 45-53.

alma. Essa seria a articulação do espírito divino que vive na letra (proveniente do sopro da criação), de modo que todo o criado está fundamentado na linguagem divina, à qual, porém, os homens não têm acesso. A estes é deixada como herança a *maldição* de saber reconhecer as letras do nome divino (o tetragrama), porém a impossibilidade de pronunciá-lo. De certo modo, falamos aqui de uma gramática do inominável, do que não pode ser proferido; isto é, no fundamento (a letra) de toda palavra e de todo proferir (a fonética, a voz), *existe* uma negação fundamental — a Voz. E, além da cabala judaica, também a gnose tardoantiga e a mística cristã fazem tal experiência.

Henri-Charles Puech, ao comentar a obra do místico Pseudo-Dionísio Aeropagita, indica como a relação de inadequação da apreensão mística de um sujeito cognoscente e um objeto desconhecido encontra seu ajuste na Treva (as condições para o sujeito ser iniciado e, ao mesmo tempo, como sinal da transcendência divina — de modo simétrico a como o silêncio é condição para o sujeito na espera divina e como o próprio Deus pode ser dito silêncio, *Sigé*). No caminho do místico ao êxtase, diz Puech,

> Nuvem e Obscuridade aqui simbolizam, portanto, a impossibilidade de a união mística esgotar um objeto que permanece fora de toda apreensão, que não pode nem mesmo ser tomado como objeto. Elas marcam o limite que impõe à finitude do sujeito criado o caráter infinito Daquele que o êxtase só pode aproximar. É seguindo essa distância ou essa inadequação jamais colmatada que Aquele que é apenas Luz, ou mesmo que é superior à Luz como à Obscuridade, aparece como Treva.[28]

---

28 Henri-Charles Puech, *En quête de la gnose: I. La gnose et le temps*. Paris: Gallimard, 2006, p. 126.

Em certo sentido, portanto, a união extática deixa um descarte, pois a impossibilidade de conhecimento do místico é simétrica à impossibilidade de dar-se a conhecer de Deus. Nessas impossibilidades, poderíamos lembrar com Jacques Derrida, está a marca da busca de um conhecimento *não conhecível* que, como toda teologia apofática (negativa), é audaz em ir mais longe do que convém permitir.[29]

Em João da Cruz a metáfora da *noite escura* é um modo de relacionar-se com o negativo, com o aniquilamento de Deus por Deus na experiência do Calvário — isto é, a *maior obra* divina na experiência de seu próprio aniquilamento. Em seu *História do nada*, Sergio Givone lê nessa anulação divina justamente — tal como sugeriu Taubes — a identificação de Deus e nada.

> Somente no nada e ante o nada Deus se reconcilia com o homem e o salva do próprio nada. A potência da negação não deve perdoar nem a Deus nem ao homem. Se perdoasse ao homem, isto é, se o homem encontrasse em algum lugar um pretexto certo no qual ancorar sua existência, poderia prescindir de Deus. E, se perdoasse a Deus, Deus encobriria o homem tornando impossível, com seu simples ser, toda reunião com ele. Ao contrário, Deus se abandona à potência da negação, sem se subtrair a nenhuma forma de autodestruição. Onde pode então o homem encontrar Deus senão ali, na aniquilação da divindade?[30]

Tais misticismos, assim, abrem-se ao paradoxo contido na experiência de um negativo:

---

29 Jacques Derrida, *Salvo o nome*. Trad. de Nicia Adan Bonatti. Campinas: Papirus, 1995, p. 9.

30 Sergio Givone, *Historia de la nada*. Trad. de Alejo González e Demian Orosz. Buenos Aires: Adriana Hidalgo, 2001, p. 101.

Que, enquanto é opacidade e desapossamento integral, a experiência final que ela implica é aquela, puramente negativa, de uma presença que não se distingue em nada de uma ausência; em sentido próprio, ela não é antes uma *teologia* (uma ciência de Deus), mas uma *teo-alogia*, que atinge uma incognoscibilidade última ou, ao menos, um conhecer apenas por opacidade e negação, uma apropriação cujo objeto é o próprio Inapropriável, e que não está, por isso, substancialmente em um *habitus* doutrinal positivo, mas apenas metaforizável e aludível por oximoros, catacreses e outras «figuras e similitudes extravagantes».[31]

Desse modo, a experiência em questão, no êxtase, é a de um tocar a borda da linguagem — ela que dá a única possibilidade de conhecer —, e, como lembra Derrida, «somente há borda, somente há limite na linguagem [...] Quer dizer, referência. Dado que nunca há nada a não ser referência, uma referência irredutível, pode-se também concluir que o referente — tudo, salvo o nome — é ou não é indispensável».[32] Assim, a busca fundamental, a busca *do* fundamental na linguagem — pela via negativa — acaba por esbarrar no limite que é a própria linguagem. A teologia negativa

[...] não seria somente uma linguagem, e um teste da linguagem, mas antes de tudo a experiência mais pensante, a mais exigente, a mais intratável da «essência» da linguagem, um «monólogo» (no sentido heterológico que Novalis ou Heidegger dão a essa palavra), no qual a linguagem e a língua falam de si mesmas e constatam o que é *Die Sprache spricht*. De onde essa dimensão poética ou ficcional, às vezes irônica, sempre alegórica, da qual alguns diriam ser somente uma forma, uma aparência ou um

---

31 Giorgio Agamben, «La 'Notte oscura' di Juan de la Cruz». In: CRUZ, Juan de la. *Poesie*. Trad. de Giorgio Agamben. Milão: Giulio Einaudi, 1974, p. VII.

32 Derrida, *Salvo o nome*, op. cit., p. 43.

simulacro... É verdade que, simultaneamente, essa árida ficcionalidade tende a denunciar as imagens, as figuras, os ídolos, a retórica. É preciso pensar em uma ficção iconoclasta.[33]

A busca mística, nesse sentido, é pela *linguagem que fala*, pelo toque na borda, pela intransponibilidade do ter-lugar da linguagem. E é esse o silêncio do próprio lugar da linguagem. A experiência do êxtase como calar-se, um não proferir palavra diante do Absoluto (também ele silencioso) para nele se integrar num *silêncio* que tudo sabe, é um modo de tentar tocar o fundamento negativo (deus) da linguagem; ou, em outros termos, retomando o aforismo 6.44 do *Tractatus* de Wittgenstein, aos conteúdos da linguagem com os quais dizemos «como o mundo é», a experiência do negativo é a tentativa de ir além e, assim, experimentar o «*que* o mundo seja».

Chamar o nome silencioso — o impronunciável silêncio sempre dito na linguagem — é a tarefa do poeta. Como lembra Murilo Mendes, o poeta não é senão uma espécie de *ordenador do sagrado* num mundo em que a linguagem deformada diz apenas a morte.[34] Ademais, ele, o poeta, tem na palavra a

---

33 Ibid., p. 35.

34 Cf. Murilo Mendes, *Papiers*. In: *Poesia completa e prosa*. Org. de Luciana Stegano Picchio. Rio de Janeiro: Nova Aguilar, 1994, pp. 1593-4. Há uma tradução publicada em *Sopro*, n. 54, jul. 2011. Disponível em: <http://culturaebarbarie.org/sopro/arquivo/montreal.html>: «De modo algum creio na potência do poeta hoje enquanto ordenador do sagrado, pois estamos instalados na dessacralização total, isto é, na desintegração dos signos de amor. Pelo fato de a linguagem ter sido deformada, o drama do poeta se confunde com aquele do homem. Não se sabe mais hoje o valor exato das palavras. Em diversos setores se nos propõe a destruição da linguagem aristotélica. Estou de acordo, ao menos em parte, pois uma tal linguagem corresponde a conceitos ultrapassados. E o que é formidável em nosso mundo atual é que tudo está aí para ser reconstruído. É absolutamente preciso reconstruir a linguagem. E isso jamais será obra de um só homem. Temos perto de nós o exemplo de Mallarmé, que, não obstante tudo o que trouxe de maravilhoso, teve consciência de sua derrota. Assim, na véspera de sua morte, escrevia para sua mulher e sua filha Geneviève: 'E, no entanto, era tão belo!' aquilo que ele quisera fazer, o Livro Órfico

ordenadora do mundo *caótico*, isto é, encontra nesse aspecto *fundamental* (e fundante) da linguagem seu alicerce de maravilhamento e espanto, de alegria e agonia, no *que é* o mundo. Na medida em que se anula, obliterando qualquer materialidade de um *eu poético*, o poeta percorre o caminho infindável, e de uma conversa infinita, que é a literatura. Não o faz com outra linguagem ou apenas num plano de sublimação entre *som* e *sentido*, mas na hesitação do próprio não lugar *essencial* (fundamental) da linguagem. E essa «utopia da linguagem, em direção à qual a literatura está a caminho, coincide com o irreparável caráter tópico das proposições significantes: ela não é uma outra palavra, mas somente o seu ter lugar, o halo de silêncio que a delimita e expõe».[35] Numa pura *ex-posição* aos sentidos, o poeta, atravessado pela *ausência divina*, verte palavras que não *revelam* um inefável (ou o Inefável), mas, sim, *revelam* a impossibilidade de — como Kafka pensa ter sabido Ulisses — escapar de um silêncio implacável que excede todo dizer. Apesar de tudo, em luta com a linguagem, o poeta a percebe esperando pela contemplação de seu olhar, como uma sereia terrivelmente silenciosa. Resta ao poeta, portanto, não mais do que a coragem de para ela olhar e, sem mais, viver a constante despedida da Besta vítrea que por trás da linguagem se esconde.

---

da revelação cósmica, o livro da terra. Pois nós estamos engajados, nós estamos na terra. Nossa linguagem deve ser, portanto, uma linguagem concreta, baseada em valores racionais e de acordo com todas as possibilidades do mundo atual».

35 Giorgio Agamben, «O silêncio das palavras». Trad. de Vinícius Nicastro Honesko. Disponível em: <http://flanagens.blogspot.com.br/2012/08/o-silencio-das-palavras.html>. Acesso em: 23 maio 2013.

Fragmentos de um exílio:
por uma ctono-grafia poética

> *Todos os poetas são judeus*
> *Todos marcados*
> *Por uma estrela negra,*
> *Quer seja rosa ou amarela.*
> *Todos caminham para o sul*
> *Fatigados, não da luz*
> *Crua das dunas: do peso*
> *Morto dessa estrela.*

> Eugénio de Andrade

O cineasta espanhol Victor Erice dirige, em 1992, um documentário, intitulado *O sol do marmeleiro*, em cujo centro aparece a figura de um pintor, Antonio Lopez. O pintor a cada outono volta ao jardim dos fundos da casa em que cresceu para tentar capturar em sua tela certa *perfeição* da luz — o fenômeno — nas folhas e frutos de um marmeleiro durante as manhãs. Toda manhã, com paciência, Lopez toma seu tripé, sua tela, arma um lugar onde se fixar para captar a melhor luz, organiza o espaço e pousa o olhar no marmeleiro. Tomar aquela que seria a melhor luz passa então a ser o trabalho diuturno do pintor. Erice constrói o filme a partir da labuta diária de Lopez, e ao exibir a passagem do tempo também expõe o constante trabalho do artista, como se houvesse uma espécie de *continuum* entre o trabalho do tempo e o processo *poiético* do pintor. O filme diurno, entretanto, abre-se, em sua conclusão, para um ponto de implosão da luz na imagem do pintor que dorme com, ao fundo, sua voz em *off* a descrever um sonho:

> Estou em Tomelloso, diante da casa onde nasci. Do outro lado da praça há umas árvores que nunca cresceram ali. À distância reconheço as folhas escuras e os frutos dourados dos marmeleiros. Vejo-me entre essas árvores, junto de meus pais, acompanhado por outras pessoas cujos traços não consigo identificar. Até mim chega o rumor de nossas vozes, conversamos de modo aprazível. Nossos pés estão fundidos na terra em lama, ao nosso redor, pendendo de seus galhos, os frutos rugosos se penduram de modo cada vez mais brando. Grandes manchas vão invadindo sua pele e no ar imóvel percebo a fermentação de sua carne. Desde o lugar onde observo a cena não posso saber se os demais veem o que vejo. Ninguém parece perceber que todos os marmelos estão apodrecendo sob uma luz... que não sei como descrever, nítida e ao mesmo tempo sombria, que converte tudo em metal e cinzas. Não é a luz da noite, tampouco é a luz do crepúsculo nem a da aurora.

Em confronto com o lugar sempre fixo e milimetricamente calculado das manhãs de pintura — e sempre colocado à prova para seu interlocutor: «quer olhar isso», diz ele, chamando seu amigo para *tomar seu lugar de olhar* —, o espaço da noite, do sonho, é aquele que deixa ao pintor um não saber, uma impossibilidade de perceber se os outros podem ver, tal como o pintor, uma imagem: «desde o lugar onde observo a cena não posso saber se os demais veem o que vejo». Só na escuridão da noite e na língua do sonho é que Antonio Lopez percebe o insondável do *lugar*: à luz do dia ele insistia na perfeição do posto a ser tomado. Mas a certeza da negação de um claro saber na noite tem seu contraponto no impossível saber comutativo do dia: por mais que insistisse para que seu amigo tomasse inclusive os mesmos pontos em que seus pés se apoiavam, por mais que pedisse para que seu amigo, mais alto, se abaixasse para tomar o ponto de vista, ambos jamais entram num acordo sobre essa melhor luz a ser capturada por esse quadro de outono. O saber se dá em dissenso, mesmo no dia; a luz não se deixa apreender numa certeza desde um único lugar demarcado, esquadrinhado, por um *soberano* ponto de vista.

Por fim, na noite, é a imaginação do cineasta que emerge e, assim, vemos a câmera tomando, solitária, a imagem dos frutos sem a luz — luz que foi o motivo da perseguição do filme. De todo modo, é possível abrir essas inquietações por meio da deriva inicial exibida no filme de Erice — suas inquietações sobre a continuidade da vida na arte; melhor dizendo, da intransigência do tempo natural no fazer poético —, essa deriva sobre a fixidez de um lugar preciso em que o artista tenta se colocar e também colocar o outro para que este tome seu ponto de vista, porque aí é uma espécie de alegoria do lugar do fazer poético que se expõe, uma alegoria do estranhamento: por mais que insista, por mais que a luz esteja ali, os frutos estejam ali, seu olhar esteja sempre partindo desse lugar milimetricamente organizado, o pintor jamais *toma seu lugar*. Há um lugar, mas não para nós.

* * *

Na demanda por um lugar o que aparece é a estranheza, o estranhamento, o estrangeiro que somos em cada momento. Roberto Bolaño certa vez disse, em Viena, que «a única pátria do escritor de verdade é sua biblioteca, uma biblioteca que pode estar em estantes ou na memória».[1] Ao escritor — ao artista, de modo

---

1 Roberto Bolaño, «Literatura e exílio». Trad. de Guilherme de Freitas. *Caderno de Leituras,* n. 22. Disponível em: <http://chaodafeira.com/cadernos/literatura-e-exilio/>. Acesso em: 22 set. 2017.

geral — não cabem lugares; aliás, o espaço literário não cabe nos lugares advindos dessas imagens congelantes que são os *Estados*. Antes, o espaço literário forja-se como uma forma de desrespeito pelas fronteiras. Na mesma conferência, Bolaño, brincando com uma brincadeira de Nicanor Parra sobre os grandes poetas chilenos («Os quatro grandes poetas do Chile/ são três:/ Alonso de Ercilla e Rubén Darío») — que por sua vez era uma brincadeira com versos de Vicente Huidobro: «Os quatro pontos cardeais/ são três:/ o sul e o norte» —, coloca o escritor na contramão das apropriações nacionalistas no âmbito da literatura: não se pode *ter* um escritor num panteão que forma um cânone, só se pode, o que já seria muito, lê-lo. Nesse sentido, restaria à literatura um rosto não amigável às consternações dos *detentores* do rol dos escritores *pátrios*, localizáveis no *lugar* que lhes seria de *direito*, mas, pelo contrário, a literatura abriria um imenso campo liso em que nenhuma fronteira seria respeitada e, ainda lembrando Bolaño (que, com certa dose de ironia ante seus ouvintes na conferência vienense, lembrava do amigo Mario Santiago — expulso de Viena em 1978 e que para tal cidade jamais voltaria), «literatura e exílio são, creio, duas faces da mesma moeda, nosso destino posto nas mãos do acaso».[2]

Essa despossessão implicada no *lance de dados* da literatura a coloca ao lado do informe, ou, como diria Gilles Deleuze, faz com que escrever seja «um caso de devir, sempre inacabado, sempre em via de fazer-se, e que extravasa qualquer matéria vivível ou vivida».[3] Recrutamos as palavras num exército que não toma posição mas que passa ao largo de qualquer formação. O exército das palavras é estranho e apenas dá seus passos em volta do exército (fantasmático, mas cruel) dos Estados e de seus generais, exército, este último, que demarca as fronteiras

2   Ibid.

3   Gilles Deleuze, *Crítica e clínica*. Trad. de Peter Pál Pelbart. São Paulo: Ed. 34, 1997, p. 11.

e que é a máquina da afrontosa delimitação dos homens contra a lisura de seu não estar num lugar (o lugar demarcado, vigiado, guardado justamente pelo exército dos Estados). À postulação de um real inerte e impassível, controlado pelas determinações de um general que avança com seu exército em formação, a literatura só pode propor, sem grandes pretensões de embate, outro forjamento de real: a metamorfose, essa única lei que abrange tanto o mundo das coisas como o da imaginação, como diz Herberto Helder. Aliás, em seu pequeno livro de *posições* (definir como contos seria uma forma de levantar fronteiras) *Os passos em volta*, o poeta lembra de um pintor que detecta essa lei ao começar a pintar seu peixe, então vermelho, que, a partir de dentro, começou a se tornar negro. Fiel à lei da metamorfose que revelava o peixe, o pintor pinta-o de amarelo. Ao *poeta* resta dar voltas, restam as linhas de fuga do exército que tenta a todo instante circundá-lo para dar-lhe um lugar.

O poeta passeia em volta, mas em volta de quê? A resposta poderia também se perder num interminável lance de dados, ainda que talvez seja justamente essa a condição do que é alimentado pelos séculos e vive afogado na vida de outros homens. É o que diz o poeta — e seria essa voz que toma lugar na escrita a voz *própria* do poeta? — em outro texto de *Os passos em volta*, sentado em algum canto da Holanda. Mas ser alimentada pelos séculos e viver afogada na vida dos homens, de outros homens, é também a condição da linguagem: transmite-se pela tradição e por esta — e nesta — é naufragada. O poeta que dá passos em volta «já não escreve poemas nem pergunta às pessoas o seu nome. Ele próprio, visto estar destinado à inteira perdição, vai perdendo o nome pelo país adiante».[4] Um poeta que já não escreve poemas e não quer saber seu nome, um poeta que se abstrai da vontade de escrever mas que *pode* escrever, e que escreve como para afastar concretamente o mundo (um poeta que

---

4 Herberto Helder, *Os passos em volta*. Rio de Janeiro: Azougue, 2005, pp. 15-6.

poderia ter uma imagem no escrevente de Melville: Bartleby). O lugar, portanto, é sempre passagem e a linguagem é vacante, aliás, esta só pode ser contemplada em seu vazio; ela, portanto, não mais opera e exige ser lembrada, mas é um puro movimento dia-bólico — não aquilo que une (um *syn-bolon*), mas o que nos lança à condição de exilados (e é mais uma vez Bolaño a alertar: o exílio é uma atitude perante a vida). Um idioma demoníaco[5] é o que aparece na escrita de Herberto Helder como uma forma de desgaste das coisas que as transformam em pura ausência e abre tal ausência a um ritmo em devir, um puro movimento das relações — para lembrar Blanchot falando sobre Mallarmé (pensando para onde vai a literatura) e sobre quando o poeta *do Livro* insistia no acaso que traria ao livro a impessoalidade, isto é, uma espécie de poesia *des-criativa*, que não leva a insígnia de um autor delimitado e senhor de uma obra. Em outras palavras, o informe rítmico que faz desaparecerem tanto uma suposta naturalidade da língua (e mesmo da natureza das coisas ditas no poema) quanto o próprio poeta que se realiza nessa fala iniciadora, na fonte da abertura dos sentidos do estar no mundo. A literatura se faz movimento de escritura e leitura sem fim.[6]

---

5 Em um recente encontro dedicado a Herberto Helder, «Todos os lugares são no estrangeiro. Em diálogo sobre Herberto Helder», António Guerreiro aponta, a partir das análises de António Ramos Rosa que indicam o caráter órfico da poesia de Herberto Helder, para essa dimensão *demoníaca* da escrita do poeta. O esvaziamento das palavras vem com essa destruição dos sentidos cristalizados numa língua. O demônio, o diabo, irrompe como o informe na poética de Helder. Cf. diálogo com Golgona Anghel disponível em: <http://www.porta33.com/eventos/content_eventos/ciclo_herberto_helder/antonio_guerreiro_gogona_anghel.html>. Acesso em: 5 out. 2017.

6 Cf. Maurice Blanchot, *O livro por vir*. Trad. de Leyla Perrone-Moisés. São Paulo: Martins Fontes, 2005, pp. 331-5.

A língua e o poeta, portanto, encontram-se numa experiência complexa, numa espécie de experiência da voz:[7]

O que está escrito no mundo está escrito de lado
a lado do corpo — e tu, pura alucinação da memória,
entra no meu coração como um braço vivo:
o dia traz as paisagens de dentro delas, a noite é um grande
buraco selvagem —
e a voz agarra em todo o espaço, desde o epicentro às
    [constelações
dos membros abertos: e irrompe o sangue
das imagens ferozes:
as rótulas unidas aos dentes e,
como um sexo trilhado:
a boca expele por entre os joelhos o seu grito com a fundura
de uma paisagem arrancada ao meio da noite, com as golfadas
de luz
que se desenharam: porque não há lembrança
dos jardins refrigerados com seus pequenos planetas
fotostáticos
levitando — a loucura está tão próxima que o meu braço

---

7 Em «*Experimentum vocis*», texto publicado em 2016 em *Che cos'è la filosofia?*, o filósofo Giorgio Agamben retoma um argumento que desenvolvia ainda durante a década de 1980 (quando então escreve um outro texto denominado «*Experimentum linguae*», incluído como prefácio à edição francesa de seu livro *Infância e história*), para pensar essa imagem de contato entre poesia e filosofia a partir de uma experiência da voz. Entre certa definição tradicional da poesia pela rima e *enjambement* e sua tendência a encaminhar-se ao *puro som*, e aquela da prosa filosófica como apagamento do som em caminho de um puro sentido, Agamben mostra como estas se tocam naquilo que chamamos de *pensamento*. Poesia e filosofia seriam internas uma à outra pois uma experiência poética da palavra se realiza no pensamento e a experiência pensante da língua acontece justamente na poesia: a filosofia, nesse sentido, estaria à procura e também celebraria a voz, enquanto a poesia é amor e busca da língua. Cf. Giorgio Agamben, «*Experimentum vocis*». In: *Che cos'è la filosofia?* Macerata: Quodlibet, 2016, pp. 43-5.

se entranha na água, e este atelier onde escrevo
sobe
dos precipícios curvos, fora desde o fundo:
aquilo que se escreve é o próprio corpo pregado
        [como uma estrela
à púrpura das madeiras, aos lençóis
ofuscantes cheios de sangue, de água
magnetizada — e esta sala brilhando apoia-se às espáduas,
e embaixo a queimadura
dos intestinos arde do alimento: os cabelos luzem, o rosto
plantado
em sua estaca de sangue como uma grande veia animal —[8]

Nesse trecho de (*vox*), poema incluído em *Phantomaton & Vox*, de 1979, Helder, a partir desse espaço ao lado do mundo, lança sua voz — uma voz que alucina os outros (os leitores?) — que, assim, parte de um atelier no fundo de precipícios curvos, um fora do mundo da consubstanciação de uma palavra redimida, de uma palavra que salva. Suas palavras são a negação órfica da possibilidade de compreensão de *um* mundo pelos *símbolos* que tentam, em desespero, ligar as palavras às coisas. Escapa ao poeta a paisagem pelo buraco selvagem que de dentro dessa paisagem salta às vistas (e um pintor jamais capta tal paisagem, e o negro que sai de dentro do peixe e transforma-o de vermelho em negro só pode ser pintado de amarelo), mas ainda assim seu poema pode dizê-la, mesmo que a diga já em seu desvanecer pela selvageria do buraco. Lançar-se nessa experiência de uma poesia pensante, ou de um pensamento poético (o que seria o mesmo), é arriscar-se a perder toda língua, todo sentido, diante de uma *voz* que grita e, ao mesmo tempo, perder a *voz* diante dos sentidos que inundam, diante da *língua* que desde antes do poeta cintila no mundo. Por

8   Herberto Helder, «Dedicatória». In: *Poemas completos*. Porto: Porto Editora, 2014, p. 319.

tal experiência é que parece se movimentar a inquieta poesia de Helder. Oito anos antes, em *Antropofagias*, o poeta abre uma reflexão justamente sobre a *voz*:

Todo discurso é apenas o símbolo de uma inflexão
da voz
a insinuação de um gesto uma temperatura
à sua extraordinária desordem preside um pensamento
melhor diria «um esforço» não coordenador (de modo algum)
mas de «moldagem» perguntavam «estão a criar moldes?»
não senhores para isso teria de preexistir um «modelo»
uma ideia organizada um cânone
queremos sugerir coisas como «imagem de respiração»
«imagem de digestão»
«imagem de dilatação»
«imagem de movimentação»
«com as palavras?» perguntavam eles e devo dizer que era
uma pergunta perigosa um alarme colocando para sempre
algo como o confessado amor das palavras
no centro
não tentamos criar abóboras com a palavra «abóboras»
não é um sentido propiciatório da linguagem
introduzimos furtivamente planos que ocasionais
ocupações («des-sintonizar» aberto o caminho
para antigas explicações «discursos de discursos
    [de discursos» etc.)
fixemos essa ideia de «planos»
podemos admiti-los como «uma espécie de casas»
ou «uma espécie de campos»
e então evidente para serem habitados percorridos gastos
será que se pretende ainda identificar «linguagem» e «vida»?
uma vez se designou mão para que a mão fosse
uma vez o discurso sugeriu a mão para que a mão fosse
uma vez o discurso foi a mão

partia-se sempre de um entusiasmo arbitrário
era esse o «espírito» o «destino» da linguagem
agora estamos a ver as palavras como possibilidades
de respiração digestão dilatação movimentação
experimentamos a pequena possibilidade de uma
    [inflexão quente
«elas estão andando por si próprias!» exclama alguém
estão a falar a andar umas com as outras
a falar umas com as outras
estão lançadas por aí fora a piscar o olho a ter inteligência
para todos os lados
sugerindo obliquamente que se reportam
a um novo universo ao qual é possível assistir
«ver»
como se vê o que comporta uma certa inflexão
de voz
é uma espécie de cinema das palavras
ou uma forma de vida assustadoramente juvenil
se calhar vão destruir-nos sob o título
«os autómatos invadem» mas invadem o quê?[9]

Tentou-se um destino às palavras, uma propiciação dos discursos (e o infindável da metalinguagem seria uma espécie de redenção no processo sem fim da língua, algo similar ao destino num suposto processo histórico), mas a tal destino escapam as palavras. Agora resta a experiência das palavras como possibilidades, as palavras como *coisas* soltas. Mas ainda assim tal experiência não foge à inflexão da voz. O contato silente do poeta com as palavras esbarra nesse espaço em que a voz toma um papel: um papel demoníaco, um papel *dia-bólico*. O discurso é *símbolo* da inflexão da voz, mas a voz é o *dia-bolon* do discurso e cabe ao

---

9   Id., «Antropofagias». In: *Poemas completos*. Porto: Porto Editora, 2014, pp. 273-4.

poeta apenas se colocar no ponto de contato entre voz e discurso, entre som e sentido.

Elias Canetti, numa conferência sobre o *Ofício do poeta* em Munique, em 1976, expunha que o poeta é aquele que mantém certa intimidade promíscua com as palavras, mas que ainda assim é capaz de, diante delas, rastejar em busca de refúgio.[10] Esse refúgio, entretanto, jamais é encontrado. O poeta pode apagar seus traços, pode deixar de escrever, pode sumir em sua África, mas sempre acaba dizendo: «eu *é* um outro», e esse outro lhe escapa (a mão que segura a caneta não está sob seu controle, diria Blanchot). O poeta está em permanente exílio de seu lugar, de sua delimitação de um *lugar de fala* e de *escrita*. E talvez apenas uma indeterminação possa constituir um referencial (que não indica nada com muita clareza, mas que aponta para o obscuro buraco selvagem que corrói as coisas): fala-*se*, escreve-*se*.

* * *

Numa carta que endereça ao amigo Gershom Scholem em 29 de março de 1936, Walter Benjamin assim diz:

> Qualquer que seja o Deus a ter entre suas incumbências velar pela correspondência dos terrestres, parece que os fios da nossa escaparam de suas mãos e caíram no poder de algum demônio do silêncio. Naturalmente, admito que o poderio desse diabo não me é de todo estranho, à medida que meu próprio mundo interior lhe serve de cenário.[11]

---

10 Elias Canetti, *O ofício do poeta*. In: *A consciência das palavras*. Trad. de Márcio Susuki e Herberto Caro. São Paulo: Companhia das Letras, 2011, p. 314.

11 Walter Benjamin; Gershom Scholem, *Correspondência*. Trad. de Neusa Soliz. São Paulo: Perspectiva, 1993, p. 239.

Essas palavras ressoam pelo tempo e, ainda que destinadas ao amigo, hoje se abrem a leitores que podem tomar em mãos o volume *Correspondência*. A intimidade dos amigos — e toda *intimidade* é, tal como Agostinho em suas interpelações a deus, *interior intimo meo*, o mais profundo de mim que é atravessado por esse fora, pelo completamente outro — encontra, em cada carta que se pode escrever, seu ponto de máxima combustão. Assim, quando em nosso cenário interior demônios-atores — e, para os gregos, o demoníaco (*daimonion*) estava sempre em relação com a felicidade (*eudaimonia*); ou seja, feliz é quem está na companhia de um *bom demônio* — atuam numa peça que é sempre desconhecida justamente para aqueles que lhes servem como palco para encenação, e é possível que o escritor, tomado por esses seus companheiros *demoníacos* que dançam em seu *interior intimo meo*, companheiros também *diabólicos*, comece a escrever a alguém que jamais o compreenderá e corresponderá: uma carta para destinatários desconhecidos, carta que é sempre uma tentativa de mapear um território que resiste em se deixar apreender como um *lugar* determinado. Uma carta escrita sob os influxos desses demônios é o *mapa* que Murilo Mendes tenta fazer de si para quem quer que o possa ler:

> Me colaram no tempo, me puseram
> uma alma viva e um corpo desconjuntado. Estou
> limitado ao norte pelos sentidos, ao sul pelo medo,
> a leste pelo Apóstolo São Paulo, a oeste pela minha educação.
> Me vejo numa nebulosa, rodando, sou um fluido,
> Depois chego à consciência da terra, ando como os outros,
> Me pregam numa cruz, numa única vida.[12]

---

12 Murilo Mendes, *Poemas*. In: *Poesia completa e prosa*. Org. de Luciana Stegagno Picchio. Rio de Janeiro: Nova Aguilar, 1994, p. 116.

O escritor, assim, ao endereçar-se a todos ou a ninguém, tenta mapear este ponto impossível de formalizar justamente num mapa: seu *lugar*, um fluido que roda num vórtice rumo à consciência da terra, e, assim, o poeta se faz um ser ctônico, portanto, demoníaco. Lembra-nos Franco Farinelli, lendo Ferécides de Siro, acerca das primeiras núpcias do mundo: a Terra, *Gaia* (*Gea*), antes de casar-se com *Zas*, Júpiter, possuía outro nome, *Ctón*, e ainda era informe.[13] De fato, somente por meio desse gesto instaurador, ser coberta por um manto por seu noivo — o soberano que, inclusive, muda o nome dela —, é que *Ctón*, o informe e obscuro, torna-se *Gea*, formosa e clara. A aparência recobre o fundo informe do que apenas *existia* para ganhar um sentido. O distanciamento de uma coisa, seu afundamento na obscuridade, para que possa ser apreendida em sua clara aparência, se assim podemos ler essa história que nos conta Farinelli a contrapelo. «O distanciamento está no âmago da coisa. A coisa estava aí, que nós apreenderíamos no movimento vivo de uma ação compreensiva e, tornada imagem, ei-la instantaneamente convertida em inapreensível, inatual, impassível.»[14] Essa é a determinação *ctono-gráfica* do espaço literário: não tem fronteiras, é errância, é do informe.

A escrita, portanto, mostra-se em sua *informalidade*, em seu caráter não laudatório de uma *obra* com pretensões de eternização de um mestre autor (nessa irrupção ctônica, a escrita é *morte sem mestre*, para lembrar mais uma vez Herberto Helder), isto é, como tão somente fragmentos para dominar os demônios que quebram a crosta das aparências e por vezes saltam à frente do escritor que, caneta em mãos, tenta atribuir papéis a esses seres que nos fazem lançar palavras a outrem. A mão que preenche o

---

13 Franco Farinelli, *A invenção da Terra*. Trad. de Francisco Degani. São Paulo: Phoebus, 2012, pp. 45-7.

14 Maurice Blanchot, *O espaço literário*. Trad. de Álvaro Cabral. Rio de Janeiro: Rocco, 2011, p. 279.

vazio da folha até então em branco não para, uma vez que está fora do domínio do escritor, e, à medida que *preenche* o papel com a conversa infinita dos demônios ctônicos que encenam no *lugar* impossível do escritor (esse lugar de exílio: uma postura diante da vida), esvazia o mundo interior do escritor que, nesse sentido, «faz-se eco do que não pode parar de falar».[15] Uma imagem desses *fragmentos para dominar o silêncio* (silêncio que é do escritor, mas que é também a terrível voz dos demônios — e eis o *dia-bolon*) está na poeta que se debateu, ainda que em contemplação, até a morte com esse *tenebroso lugar*: Alejandra Pizarnik. Diz ela num desses seus fragmentos de 1966:

> Morreram as formas apavoradas e não houve mais um fora e um dentro. Ninguém estava escutando o lugar porque o lugar não existia.
> Com o propósito de escutar estão escutando o lugar. Dentro de tua máscara relampejava a noite. Te atravessam com grunhidos. Te martelam com pássaros negros. Cores inimigas se unem na tragédia.[16]

A cor do peixe metamórfico de Herberto Helder mostra-se no negro, mas o pintor a desfaz (a *descria*) em amarelo. Os demônios, no entanto, atravessam com grunhidos e martelam com pássaros negros a escritora que percebe seu exílio dentro das fronteiras do mundo. E esses mesmos pássaros também circundam a cabeça de Gil Scott-Heron em 1970, quando se engajava na luta política com sua imagem de *novo poeta negro*, mas também em seu vagar final, em 2010, quando toma a companhia do diabo — o mesmo que já adornara os dedos do

---

15 Ibid., p. 18.

16 Alejandra Pizarnik, «Fragmentos para dominar o silêncio». Trad. de Davi Pessoa e Vinícius N. Honesko. *Revista Polichinello*, n. 16. Belém: Lumme, 2014, p. 43.

bluesman Robert Johnson em 1937 — e repete ao final de *Me and the Devil* o poema, justamente de 1970, *Vulture:*

> Standing in the ruins
> Of another Black man's life,
> or flying through the valley
> They're separating day and night.
> «I am death,» cried the Vulture.
> «For the people of the light.»
>
> Charon brought his raft
> and came from the sea that sails on souls,
> And saw the scavenger departing,
> taking warm hearts to the cold.
> He knew the ghetto was the haven
> for the meanest creature ever known.
> In a wilderness of heartbreak
> and a desert of despair,
> Evil's carrion of justice
> shrieks a cry of naked terror.
> He's taking babies from their momas
> and leaving grief beyond compare.
>
> So if you see the Vulture coming,
> he's flying circles in your mind,
> Remember there is no escaping
> for he will follow close behind.
> Only promised me a battle,
> battle for your soul and mine.
>
> He taking babies from their momas
> And he's leaving
> Leaving
> Leaving

Leaving
Leaving [17]

Tomados pelo espaço literário, ou melhor, pelos demônios que os habitam, aos escritores — a qualquer um que se embrenha na *poiesis* — não resta saída, há apenas uma batalha por se realizar, uma batalha de antemão perdida, para lembrar a imagem da literatura dada por Bolaño:

> A literatura se parece muito com uma luta de samurais, mas um samurai não luta contra outro samurai: luta contra um monstro. Geralmente sabe, ademais, que vai ser derrotado. Manter o valor, sabendo previamente que vai ser derrotado, e sair para a luta: isso é a literatura. [18]

Da fragilidade de Pizarnik à potência agressiva de Scott-Heron, de Herberto Helder a Murilo Mendes, a literatura, a escrita, faz-se uma luta infindável cujo vencedor está de antemão estabelecido. Assim, a partir dessa imagem de Bolaño, sugeriria que essa luta monstruosa é a que se imiscui no escritor — e em todo aquele que tenta pôr em contato *voz* e *língua*, *som* e *sentido* — como a encenação dos demônios no teatro silencioso do *espaço literário*. Uma luta que não se dá em nenhum lugar, portanto, mas que é a que se coloca em movimento na operação literária: uma operação que, com um caráter muito especial, já não procura a elevação monumental — um arco do triunfo diante da morte —, mas se sabe absolutamente movimento,

---

17 Cf. Gil Scott-Heron, «Vulture». Letra e música de Gil Scott-Heron lançada no álbum *Small talk at 125th and Lenox*, em 1970.

18 Eduardo Cobos, «Entrevista a Roberto Bolaño: Hay que mantener la ficción en favor de la conjetura». Disponível em: <http://critica.cl/entrevistas/entrevista-a-roberto-bolano-hay-que-mantener-la-ficcion-en-favor-de-la-conjetura>. Acesso em: 15 jan. 2021.

absolutamente perda, dispêndio, saída para uma luta derrotada. Uma saída em erro, justamente, o modo como vagamos e ultrapassamos e voltamos pelas linhas que tentam nos manter nas fronteiras.

* * *

Errar: eis que, talvez, seja esta uma função humana fundamental, se é que de fundamentos e funções é possível falar, ainda mais ao animal de *voz articulada* (e não seria esse *eis* um *ecco*, ou um *eco*, portanto uma ausência-presença?). Erra-se, assim, de modo indeterminado; erra-se como erramos; erra-se como é impossível determinar o valor de pi. Caminho tortuoso, o erro não é o *acerto* do deus sem nome que deita suas letras em linhas tortas: não há linhas, não há sem nome, há só silêncio da linguagem. A matemática, dita ciência que quer *dizer* de modo *exato*, erra por excelência e é tão somente vontade de valor. Não há números capazes de serem ditos como valor (é o precário e o impossível, algo como o que Georges Bataille já gritava nos fundos da livraria na rua Gay Lussac), assim como as letras não dizem nada *per se*.

À margem dessa história, que é de sonhos e vontades de acerto, também se arma um grande delírio: o dos cabalistas, que está na tortuosa assimilação do que é de todo *sem-sentido*, as letras, ao que seria *plenitude* de sentido: deus. E é também a partir do limiar da *religião* de Moisés e da *religião* inventada com base nos delírios do Nazareno que uma figura, uma imagem, do erro cria corpo: Ahsverus, o *judeu errante*. Como lembra Euclides da Cunha, ele é a imagem daqueles *à margem da história*.[19] Não porque estes se encontram num eterno presente, ou num eterno paraíso, ou num eterno inferno, mas, ao

---

19 Euclides da Cunha, *À margem da história*. In: *Obra Completa. Vol. I*. Org. de Afrânio Coutinho. Rio de Janeiro: Nova Aguilar, 1995, pp. 292-7.

contrário, porque a história é sua morada *à margem*, e, por isso, são ditos os homens. O não sentido da *História* — cujo *Sentido* talvez tenha sido um dos maiores delírios idealistas — é o que nós, meros sertanejos, não nos cansamos de querer esquecer. Às voltas com o tempo, essa autoafeição que também insistimos em usar como vetor de sentido, resta-nos apenas digerir a história que está à margem de nós e olhar para os rodopios e espirais (essas figuras matemáticas às quais atribuímos *teoremas numéricos* na tentativa de encontrar *um Sentido*) do rio que leva o *errante* ao seu não destino, ao seu *acerto* que nunca chega. Erramos como a máquina do tempo, em suas frações imperceptíveis e em suas impossíveis representações; erramos como a indeterminação do *erra-se*; erramos como as nuvens que passam em suas formas impossíveis; erramos nas letras e nos números; erramos e, como lembra Dante, talvez só nos reste lançar um grito, um *ai!* (tal qual Adão ao ser expulso do paraíso), de agonia por termos entrado nesta vida.

Nos rastros de nossa estupidez: ou da literatura

[...] o estudo é em si interminável. Quem quer que tenha conhecido as longas horas de vagabundagem entre os livros, quando qualquer fragmento, qualquer código, qualquer inicial parece abrir um novo caminho, logo abandonado por um novo encontro, ou quem quer que tenha provado a labiríntica e ilusória «lei da boa vizinhança» a que Warburg havia submetido a organização de sua biblioteca, sabe que o estudo não apenas não pode ter fim, mas nem mesmo deseja tê-lo. Aqui a etimologia do termo studium *faz-se transparente. Ela remonta a uma raiz,* st- *ou* sp-, *que indica os embates, os choques. Estudar e espantar-se são, nesse sentido, aparentados: quem estuda está nas condições de quem se espantou e permanece estupefato diante daquilo que o chocou, sem disso conseguir sair e, ao mesmo tempo, impotente para disso se liberar. O estudioso é também, portanto, sempre um estúpido. Mas, se por um lado ele fica assim perplexo e absorto, se o estudo é essencialmente sofrimento e paixão, por outro a herança messiânica que ele carrega consigo incita-o incessantemente à conclusão. Essa* festina lente, *essa alternância de estupor e lucidez, de descoberta e de perda, de paixão e de ação é o ritmo do estudo.*

Giorgio Agamben, «Ideia do estudo»

A certa altura de *Os detetives selvagens*, de Roberto Bolaño, num dos trechos em que as diversas vozes outras que compõem o livro aparecem, também surge uma discussão sobre a dimensão compositiva da literatura. Aí, as concepções de *obra, leitura* e *crítica* dão as notas do debate que, em certa medida, traz consigo os problemas do trágico e do cômico como horizonte das artes. No primeiro discurso, dado à voz do crítico *Iñaki Echavarne*, certa ironia trágica irrompe em meio à incessante busca da poeta Cesárea Tinajero:

Iñaki Echavarne, bar Giardinetto, rua Granada del Penedés, Barcelona, julho de 1994. Por algum tempo, a Crítica acompanha a Obra, depois a Crítica se desvanece e são os leitores que a acompanham. A viagem pode ser comprida ou curta. Depois os leitores morrem um a um, e a Obra segue sozinha, muito embora outra Crítica e outros Leitores pouco a pouco se ajustem à sua singradura. Depois a Crítica morre outra vez, os Leitores morrem outra vez, e sobre esse rastro de ossos a Obra segue sua viagem rumo à solidão. Aproximar-se dela, navegar em sua esteira é um sinal inequívoco de morte segura, mas outra Crítica e outros Leitores dela se aproximam, incansáveis e implacáveis, e o tempo e a velocidade os devoram. Finalmente a Obra viaja irremediavelmente sozinha na Imensidão. E um dia a Obra morre, como morrem todas as coisas, como se extinguirão o Sol e a Terra, o Sistema Solar e a Galáxia, e a mais recôndita memória dos homens. Tudo que começa como comédia acaba como tragédia.[1]

A Obra que viaja irremediavelmente sozinha na Imensidão e morre como todas as coisas, como um dia morrerá até mesmo a mais recôndita memória dos homens. No discurso de Echavarne a morte domina o horizonte da literatura e não há leitores ou críticos que façam com que ela, a literatura, não seja devorada pelo tempo voraz. Essa dimensão saturnina, em que o desaparecimento dá um tom sombreado à Obra, toma a literatura de assalto. O livro se constitui como um monólito à espera da leitura. Esta, por sua vez, será um sussurro aos ventos (que, como disse Ruy Belo, têm nas folhas — das árvores ou aquelas que destinamos numa missiva — as definidoras de seu sentido) que, também por sua vez, será extinto como a mais recôndita memória dos homens. É diante dessa constante perda, desse

---

1 Roberto Bolaño, *Os detetives selvagens*. Trad. de Eduardo Brandão. São Paulo: Companhia das Letras, 2006, p. 497.

caminho inexorável à morte, que Maurice Blanchot, ao escavar o espaço literário, lança os livros ao encontro de uma leitura.

A leitura faz do livro o que o mar e o vento fazem da obra modelada pelos homens: uma pedra mais lisa, o fragmento caído do céu, sem passado, sem futuro, sobre o qual não se indaga enquanto é visto. A leitura confere ao livro a existência abrupta que a estátua «parece» reter do cinzel: esse isolamento que a furta aos olhos que a veem, essa distância altaneira, essa sabedoria órfã, que dispensa tanto o escultor quanto o olhar que gostaria de voltar a esculpi-la. O livro tem, de certo modo, necessidade do leitor para tornar-se estátua, necessidade do leitor para afirmar-se coisa sem autor, e também sem leitor.[2]

O livro — poderíamos dizer, a literatura — se faz pela liberdade do jogo biunívoco da leitura/escritura. Continua Blanchot:

A leitura nada faz, nada acrescenta; ela deixa ser o que é; ela é liberdade, não liberdade que dá o ser ou o prende, mas liberdade que acolhe, consente, diz sim, não pode dizer senão sim e, no espaço aberto por esse sim, deixa afirmar-se a decisão desconcertante da obra, a afirmação de que ela é — e nada mais.[3]

Como, no âmbito da atividade dos homens (nessa via de mão dupla da constituição do livro: escritura/leitura), pensar esse «deixar ser o que é», no gesto de leitura, com a afirmação desconcertante da obra, que nada exige da leitura senão esse espaço de afirmação de existência? Podemos propor, a princípio, uma leitura dessa liberdade a partir do ponto em que, por fim, a memória dos homens, a Obra, o Sistema Solar, as

2   Maurice Blanchot, *O espaço literário*. Trad. de Álvaro Cabral. Rio de Janeiro: Rocco, 2011, p. 194.

3   Ibid.

Galáxias — o *Uni-verso* — encontram seu destino: o caos informe, o silêncio de antes do cosmos, por assim dizer.

Em *Diálogos do começo*, Yann Kassile — que no livro assume o nome de Jean D'Istria — vai ao Japão e tem justamente uma série de diálogos com pensadores japoneses contemporâneos. Numa dessas conversas, com Uno Kuniichi, antes de entrar nas diferenças de compreensões (Japão/Europa, *grosso modo*) a respeito das noções de literatura, filosofia e pensamento, o assunto tem como ponto de início o caos. D'Istria pensa uma necessidade de se defender do caos para evitar certa loucura, e, diante dessa afirmativa, Kuniichi, numa associação interessante entre caos e liberdade, diz:

> Acredito que temos necessidade do caos. Para mim, o que me deixa louco, o que me deprime, não é o caos, mas muita ordem. Muita ordem me deixa louco, no sentido de que isso me deprime. Temos necessidade de nos proteger do caos, mas, ao mesmo tempo, também temos necessidade do caos como forma de liberdade. O caos é um perigo, é algo terrível, mas é uma forma de liberdade, de viagem. Para que algo se crie é preciso deixar certas ordens, é preciso se lançar no caos.[4]

O professor japonês, então, toca o tema da composição, do que podemos chamar de ato poético (no sentido do verbo grego *poiein*, isto é, *produção*, e, no que diz respeito ao contexto artístico, de *criação*):

> Quando escrevemos, quando pensamos, quando descobrimos algo, claro, isso é sair do caos, mas é também usufruir do caos. Assim, o problema é agora saber como definir, como

---

4 Yann Kassile, *Penseurs japonais. Dialogues du commencement*. Paris: Éditions de l'éclat, 2006, p. 86. (Todas as citações em outras línguas foram traduzidas pelo autor.)

classificar o que vemos no caos e como viver o caos. Para mim, pensar, escrever, escrever para pensar, pensar para escrever, sempre estou com o caos. O caos me agita, me abala, o caos me estimula.[5]

Trata-se de uma constante guerra de quem se coloca no movimento poético, de quem lida com a extração de sentidos no mundo. De certa maneira, usufruir do caos é mantê-lo sempre à mão, próximo, em intimidade. Esse absolutamente outro, uma espécie de *voz que vem de fora*, coloca aos homens o desespero diante do sem sentido do existir (e, no diálogo *Europa/Japão*, o tópico acerca do *caos* surge com a chamada da proposição de abertura do *Tractatus logico-philosophicus* de Wittgenstein, «o mundo é tudo o que ocorre»)[6] e, assim, abre-se a porta à construção *dos sentidos*. «Alguém põe-se a escrever, determinado pelo desespero. Mas o desespero nada pode *determinar*»,[7] diz Maurice Blanchot ainda nas escavações do *espaço literário*. Aliás, os sentidos — como lembra, num gesto de liberdade, um leitor-interlocutor de Blanchot: Jean-Luc Nancy —, que um dia cruzaram os céus cheios dos deuses que guiavam os caminhos dos homens, decaíram ou, de outra maneira, ausentaram-se deixando uma abertura do *mundo* ao *caos*:

> Já não há mais mundo: nem *mundus*, nem *cosmos*, nem ordenação composta e completa no interior ou desde o interior da qual encontrar lugar, abrigo e os sinais de uma orientação. Mais ainda, já não contamos com o «aqui embaixo» de um mundo que caminharia para um mais além do mundo ou para outro mundo. Não há mais Espírito do mundo nem história para conduzir

5 Ibid.

6 Ludwig Wittgenstein, *Tractatus logico-philosophicus*. Trad. de José Arthur Giannotti. São Paulo: Companhia Editora Nacional/USP, 1968, p. 55.

7 Blanchot, *O espaço literário...*, op. cit., p. 50.

diante de seu tribunal. Dito de outro modo, não há mais sentido do mundo.[8]

O mundo, um palimpsesto envelhecido que coordena sentidos, acaba por escapar aos homens. Mas os desejos, os anseios e o desespero que esse contato com o caos do apagamento do mundo gera são, para Kuniichi, os únicos modos possíveis para a criação: «Todos os materiais de início se me mostram como caos. E, se por fim encontro, talvez, crio, certa ordem, aí tenho o sentimento de que lido bem com o caos [...]. Sou amigo do caos».[9] Não é esse caos o início informe do mundo que se construiu e caminhou inexoravelmente para seu fim. O caos é o que sempre *já está* no mundo, é o que se mostra como impossível. É também Maurice Blanchot a abrir esse campo do impossível à angústia da criação, do ato poético. Lendo Artaud, ele percebe que «ser é não ser, é essa falta do ser, falta viva que torna a vida desfalecente, inacessível e inexprimível, exceto pelo grito de uma feroz abstinência».[10]

Esse grito, que para Gilles Deleuze é a declaração de existência de um Idêntico,[11] de um absolutamente singular, da

8 Jean-Luc Nancy, *El sentido del mundo.* Trad. de Jorge Manuel Casas. Buenos Aires: La Marca, 2003, p. 17.

9 Kassile, *Penseurs japonais...*, op. cit., p. 87.

10 Ibid., p. 53.

11 Em seu estudo sobre Leibniz, Deleuze pensa o grito de maneira correlata aos princípios de identidade e de contradição no filósofo barroco. Diz que, tal como um grito, «cada um [cada princípio] assinala a presença de uma classe de seres, seres que lançam o grito e se fazem reconhecer por esse grito [...] faz com que conheçamos uma classe de seres, a dos Idênticos, que são seres completos. O princípio de identidade, ou sobretudo de contradição, é somente o grito dos Idênticos e não pode ser abstrato. É um sinal. Os Idênticos são indefiníveis em si e talvez incognoscíveis para nós; nem por isso deixam de ter um critério que o princípio nos permite conhecer ou ouvir». Cf. Gilles Deleuze, *A dobra: Leibniz e o Barroco.* Trad. de Luiz B. L. Orlandi. Campinas: Papirus, 1991, p. 80.

conjugação de um ateísmo com a escritura (o nome de Deus, um nome sem conceito, que apenas é chamado), é o clamor da «feroz abstinência», dessa ausência e afastamento ou *ausentamento*, como diz Jean-Luc Nancy, do sentido. Aliás, lembra o próprio Nancy a respeito de Blanchot:

> Na conjunção do ateísmo com a escritura, Blanchot reúne, no mesmo texto e no mesmo título, aquela do humanismo e do grito. O humanismo do grito seria o humanismo que abandona toda idolatria do homem e toda antropoteologia. Se não é exatamente no registro da escritura, também não é naquele do discurso — mas no do grito. Precisamente, «ele grita no deserto», escreve Blanchot. Não é por acaso que ele retoma uma fórmula insigne do profetismo bíblico.[12]

A exasperação de um sentido que se ausenta, a borda *da* e *que é* a linguagem, uma experiência patética (e mesmo ética) em que o *pathos* impossibilita ao *eu-sujeito*[13] uma materialização inerte e ilusoriamente soberana.

Trata-se, mais do que do estado paroxístico em que o eu grita e se desgarra, de um sofrimento como indiferente, e não sofrido, e neutro (um fantasma de sofrimento), se aquele que está exposto a ele permanece despojado, justamente pelo sofrimento, desse «Eu» pelo qual padeceria. Assim é como o vemos: a marca de semelhante movimento consiste em que, pelo fato de

---

12   Jean-Luc Nancy, *«O nome de Deus em Blanchot»*. Trad. de Carlos E. S. Capela e Vinícius N. Honesko. Outra Travessia, n. 18, 20 sem. 2014. Florianópolis: UFSC, p. 84.

13   Cf. Maurice Blanchot, *La escritura del desastre*. Trad. de Pierre de Place. Caracas: Monte Avila, 1987, p. 32: «La renuncia al yo sujeto no es una renuncia voluntaria, por tanto tampoco es una abdicación involuntaria; cuando el sujeto se torna ausencia, la ausencia de sujeto o el morir como sujeto subvierte toda la frase de la existencia, saca el tiempo de su orden, abre la vida a la pasividad, exponiéndolo a lo desconocido de la amistad que nunca se declara».

o experimentarmos, escapa de nosso poder de experimentá-lo, e não é o que fica fora de experimentação, mas sim esse algo de cuja experimentação já não podemos escapar. Experiência que alguém representará como estranha e, inclusive, como a experiência do estranhamento; porém, caso assim seja, reconhecemos que não o é, por estar muito distanciada: ao contrário do que está tão perto que toda distância em relação a ela está proibida — estranha na própria proximidade.[14]

Essa distância, essa relação de experiência da linguagem, do fora, do exterior,[15] disso que, de alguma maneira, denominamos aqui *caos*, acontece nesse estranhamento: distância e proximidade que sufocam uma reflexão interior, um humanismo da palavra meditada, e o lançamento ao risco (*ex periri*: experiência sempre como exposição ao risco, à morte), ao *grito* que clama desde o deserto. E, aqui, o deserto é também o caos do qual podemos usufruir. De certa forma, a possibilidade de experimentarmos o caos acontece por não estarmos, uma vez nesse «tudo que ocorre», inexoravelmente adstritos a uma

14 Maurice Blanchot, *El diálogo inconcluso*. Trad. de Pierre de Place. Caracas: Monte Avila, 1993, pp. 88-9.

15 É fundamental, a respeito da ideia de *exterior*, lembrar o texto de Michel Foucault sobre Blanchot — «O pensamento do exterior» — no qual uma concepção da linguagem como *brilho do exterior* aparece de modo fundamental. Cf. Michel Foucault, «O pensamento do exterior». In: *Ditos e escritos*. Vol. III: *Estética: Literatura e Pintura; Música e Cinema*. Org. de Manoel Barros da Motta. Trad. de Inês Autran Dourado Barbosa. Rio de Janeiro: Forense Universitária, 2009, p. 223: «A partir do momento, efetivamente, em que o discurso para de seguir a tendência de um pensamento que se interioriza e, dirigindo-se ao próprio ser da linguagem, devolve o pensamento para o exterior, ele é também e de uma só vez: narrativa meticulosa de experiência, de encontros de signos improváveis — linguagem sobre o exterior de qualquer linguagem, falas na vertente invisível das palavras; e atenção para o que da linguagem já existe, já foi dito, impresso, manifesto — escuta não tanto do que se pronunciou nele, mas do vazio que circula entre suas palavras, do murmúrio que não cessa de desfazê-lo, discurso sobre o não discurso de qualquer linguagem, ficção do espaço invisível em que ele aparece».

propriedade, a uma autenticidade («se entre todas as palavras há uma palavra inautêntica, sem dúvidas é a palavra 'autêntico'.»).[16] O caos não só nos rodeia, como é também nosso íntimo e sua ordenação não é uma *propriedade* dos viventes humanos: não há, para nós, nenhuma maneira de transformar, de imediato (como se fosse uma *natureza*, um produto do cosmo), o *caos* em ordem.

Diante da experiência do caos, Blanchot percebe com estranheza perguntas como «para onde vai a literatura?». Estranheza porque todos sabem que a literatura — suas obras — acompanha o destino dos homens e, na imensidão do universo, será aniquilada como os traços (os rastros) que um dia ousamos deixar como marca de nossa existência. Em outros termos — ao reafirmar o caráter espantoso da pergunta —, Blanchot diz: «se há uma resposta, esta é fácil: a literatura vai em direção a ela mesma, em direção à sua essência, que é o desaparecimento».[17]

Por outro lado, a resposta geral pode ser remetida à ideia hegeliana (em palavras pronunciadas de modo audaz diante de Goethe, diz Blanchot) de que a arte é coisa do passado. Ainda que as obras persistam, para Hegel elas não cumprirão mais nenhuma destinação aos homens. Essa é a notória crítica da arte dentro do espectro da modernidade, sobretudo no que diz respeito à impossibilidade de a arte responder ao caráter racionalista, como teria sido na antiguidade clássica: e, em certa medida, para Hegel a arte sobreviveria sob a insígnia da insignificância (da inutilidade; a arte seria *impotente* à conformação de um *comum* ao seu redor. Isto é, já não cumpriria um papel fundamental na formação política, da *possibilidade da chamada vida feliz*).

16 Blanchot, *La escritura del desastre*, op. cit., p. 56.

17 Id., *O livro por vir*. Trad. de Leyla Perrone-Moisés. São Paulo: Martins Fontes, 2005, p. 285.

Essa *mutação* no estatuto do que chamamos obra de arte na modernidade, que já é salientada por Walter Benjamin,[18] acaba por exibir, também, certa noção de que a arte, tal qual pensada até a *estética* hegeliana, explodiu em fragmentos (uma suposta arte ligada fundamentalmente à *mimesis* — o que Jacques Rancière irá analisar como dissolução do nó górdio entre natureza produtiva, natureza sensível e natureza legisladora da constituição da arte;[19] além disso, é interessante pensar que essa *explosão* da arte coincide, por assim dizer, com o nascimento próprio disso a que usamos chamar literatura). Qualquer tentativa de *resgate*, de reestruturação, portanto, de *um sentido em comum* (do mundo, das instituições, da própria história) a partir da arte é apostar que seu papel subsidiário, uma vez levantada sua limitação *estética* (sensorial, aquém de qualquer pretensão *política* — em sentido de estruturação de sentido — ao *em comum*, tal qual Hegel sugeriria para a arte clássica), possa ser retomado — numa epifania redentorista, reveladora e misteriosa ao mesmo tempo — como uma possibilidade política. Ou seja, no jogo já findo entre o encantamento, que dava à arte sua *aura* capaz de aglutinar um *em comum*, e o *puro prazer estético*, que Hegel via como a impotência da arte no que tangia à realização do Estado,[20] a arte parece encontrar um

18 Cf. Walter Benjamin, «A obra de arte na era da reprodutibilidade técnica». In: *Obras escolhidas I*. Trad. de Sérgio Paulo Rouanet. São Paulo: Brasiliense, 1994.

19 Jacques Rancière, *Malaise dans l'esthétique*. Paris: Galilée, 2004, p. 16.

20 Lembro a interessante análise de Eduardo Pellejero em texto — cujo título é «Perder por perder» — gentilmente cedido pelo autor: «a arte [...] já não constitui uma manifestação dos interesses substanciais da comunidade, do que conta e vale como lei para os homens, do que contribui para a atualização da nossa liberdade. A arte deixou de ser — como fora no mundo grego — uma mediação efetiva para os homens. Logo, segundo Hegel, é inútil na necessária reconciliação do indivíduo com as instituições do mundo moderno (reconciliação que só terá lugar em nível de uma reflexão capaz de satisfazer as demandas da racionalidade crítica, demandas que a arte não pode satisfazer). A poética da política moderna volta assim a expulsar da cidade, ou a relegar em suas margens esquecidas, qualquer possível

limite (e as vanguardas artísticas — com adágio dadaísta «arte é merda» soando em alto e bom som — do início do século xx, com suas incessantes tentativas de ruptura com o discurso esvaziado da estética, são uma faceta das tentativas de *resgate* — ou *construção* — de um sentido *em comum* para a arte).

Mas não podemos dizer que a arte — as obras de arte — teve fim junto com o anúncio de seu fim preconizado por Hegel, uma vez que esse fim é apenas *um* fim relacionado à tentativa inexorável de realização da história e, por isso, é *o* fim que proporciona a fragmentação de uma *unidade* de sentido a ser cumprido. Se há algo a que chamamos arte (e, também, literatura), mesmo que de todo diverso das compreensões que a antecedem, se há algo que *impacta* e que ainda nos toca os *sentidos*, podemos vislumbrar que seu lugar é ilegítimo (e, como nos lembra o breve século xx, esse *algo* é relegado ao caráter, por vezes, de *mercadoria*, *produto de um sistema de produção econômico-cultural*).

O artista (o escritor) constrange-se por ser ainda *alguma coisa* num mundo onde ele se vê injustificado e, via de consequência, a literatura expõe sua ilegitimidade no mundo, sua *força fraca*, por assim dizer. «A arte age mal e age pouco», diz Blanchot (e Marx, caso tivesse escrito belos romances em vez de *O capital*, «teria encantado o mundo mas não o teria abalado»).[21] Poderíamos dizer que já a expulsão dos poetas da cidade (a antiga contenda platônica) é o que irá gravar com a insígnia da frustração — o lugar de uma perda *eternizada* no tempo dos homens — o lugar da arte e de seus feitores. Em dois momentos diferentes Blanchot nos lembra desse caráter *amargo*, por assim dizer, da arte. Em 1955, em *O espaço literário*, nos diz:

---

política da poética». O texto de Pellejero foi publicado como livro em 2017: Eduardo Pellejero, *Perder por perder: E outras apostas intelectuais*. Natal: EDUFRN, 2017, p. 21.

21 Blanchot, *O espaço literário...*, op. cit., p. 213.

A *atividade* artística, para aquele mesmo que a escolheu, revela-se insuficiente nas horas decisivas, essas horas que soam a cada hora, em que «o poeta deve completar sua mensagem pela recusa de si». A arte pôde conciliar-se outrora com outras exigências absolutas, a pintura serviu os deuses, a poesia fê-los falar; é que essas potências não eram deste mundo e, reinando fora do tempo, não mediam o valor dos serviços que lhes eram prestados para sua eficácia temporal. A arte também esteve a serviço da política, mas a política não estava então a serviço exclusivo da ação, e a ação ainda não tomara consciência de si mesma como exigência universal. Enquanto o mundo não é realmente o mundo, a arte pode, sem dúvida, ter aí sua reserva. Mas essa reserva, é o próprio artista que a condena, se, tendo reconhecido na *obra* a essência da arte, reconhece desse modo o primado da *obra humana em geral*. A reserva permite-lhe agir em sua obra. Mas a obra nada mais é, então, do que a ação dessa reserva, ação puramente reservada, inatuante, pura e simples reticência em relação à tarefa histórica, ativa e ordenada, na ação geral.[22]

Quatro anos depois, em *O livro por vir*, nos diz:

A arte é poderosamente voltada para a obra, e a obra de arte, a obra que tem sua origem na arte, mostra-se como uma afirmação completamente diversa das obras que se medem pelo trabalho, os valores e as trocas, diversa mas não contrária: a arte não nega o mundo moderno, nem o da técnica, nem o esforço de libertação e de transformação que se apoia nessa técnica, mas exprime, e talvez realize, relações que *precedem* toda realização objetiva e técnica.

Busca obscura, difícil e atormentada. Experiência essencialmente arriscada em que a arte, a obra, a verdade e a essência da linguagem são questionadas e se põem em risco. É por isso

22 Ibid., pp. 213-4.

que, ao mesmo tempo, a literatura se deprecia, se estende sobre a roda de Íxion, e o poeta se torna inimigo amargo da figura do poeta. Em aparência, essa crise e essa crítica lembram apenas, ao artista, a incerteza de sua condição na civilização poderosa em que ele tem pouca participação. Crise e crítica parecem vir do mundo, da realidade política e social, parecem submeter a literatura a um julgamento que a humilha em nome da história: é a história que critica a literatura, e que empurra o poeta para um canto, colocando em seu lugar o publicitário, cuja tarefa está a serviço dos dias.[23]

O poeta, o escritor, como inimigo da figura do poeta. Imagem forte que marca a literatura em seus trajetos periclitantes que seriam, talvez, formas de inventariar a infâmia ou de historiar a eternidade (e, claro, o jogo borgiano é aqui fundamental; aliás, é o modo com o qual os escritores tentam suas vinganças). Jogados pela história num canto inútil, humilhados, os escritores enveredam-se por caminhos onde suas vidas estão em jogo numa aventura incomensurável, ou *na aventura*.[24]

---

23 Id., *O livro por vir...*, op. cit., pp. 288-9.

24 Num recente opúsculo, Giorgio Agamben trabalha a noção de *aventura* de um modo que, para nosso intuito, é bastante pertinente (cf. Giorgio Agamben, *L'Avventura*. Roma: Nottetempo, 2015). Cito aqui o trecho final do segundo capítulo do livro, «*Aventure*» (pp. 34-5): «Aventure (*âventiure*) è un termine tecnico essenziale del vocabolario poetico medievale. Come tale esso è stato riconosciuto dagli studiosi moderni, che hanno sottolineato il significato poetologico che il vocabolo acquista in Hartmann von Aue (ma era già implicito in Chrétien de Troyes [...]), e il carattere performativo che il testo poetico acquisisce, nella misura in cui atto del raccontare e contenuto del racconto tendono a identificarsi [...]. Dell'avventura ci interessa, però, qui anche un altro aspetto. In quanto esprime l'unità inscindibile di evento e racconto, cosa e parola, essa non può non avere, al di là del suo valore poetologico, un significato propriamente ontologico. Se l'essere è la dimensione che si apre agli uomini nell'evento antropogenetico del linguaggio, se l'essere è sempre, nelle parole di Aristotele, qualcosa che 'si dice', allora l'avventura ha certamente a che fare con una determinata esperienza dell'essere».

O catalão Enrique Vila-Matas, em seu constante jogo de perdas, indefinições, cruzamentos híbridos entre biografia do autor (que pretende desaparecer — e, nesse sentido, lembremos de *Dr. Pasavento*) e ficção, sabe que seu canto inútil está garantido. Na coluna que mantém no diário *El País*, a angústia do sinal trocado (leitor que é escritor, escritor que é leitor) transparece com toda a sua força, e a literatura é, então, uma vingança dada ao leitor que é escritor em toda réplica possível (toda resposta que é a da literatura para a vida):

> Realmente, a literatura parece uma atividade em contato com um material menos vivo do que a vida e, ademais, tem algo da imensa conjunção de frustrados, todos com um retardado talento para a réplica. Por certo, ainda me recordo dos dias em que persegui obsessivamente um indivíduo para tentar com ele recriar uma situação já vivida e poder, assim, por fim — fracassei em meu intento —, dar-lhe minha resposta a umas palavras que, em certo momento, haviam me deixado mudo e humilhado.[25]

Mudo e humilhado por palavras na vida, o escritor procura respostas nas palavras que a ele se dispõem sempre como literatura. Frustrado e retardado, fracassa em suas respostas à vida, mas continua a recriar as situações; ou melhor, a literatura é a *cria*, é o descolamento das situações que conformam a vida do homem de letras. O contato com esse material menos vivo do que a vida, que Vila-Matas propõe como a «aparência» da literatura, parece ser o confronto (uma luta *en retard*, sempre em atraso e que deixa ao escritor a sorte de ser golpeado de modo inexorável até a morte) com os emissários do nada, contra os quais o escritor passa a vida a desferir seus golpes na escrita. Assim, a *aparência* da literatura, este algo

25 Enrique Vila-Matas, «El espíritu de la escalera». Disponível em: <http://elpais.com/diario/2011/12/13/cultura/1323730805_850215.html>. Acesso em: 2 out. 2015.

menos vivo que a vida (que, em certo sentido, também poderia ser lida como *Gleichnis*: a aparência, a semelhança, que, como lembra Giorgio Agamben, tem parentesco com o *mesmo* [*das Gleiche*] da proposição do eterno retorno nietzschiano e cuja etimologia pode ser ligada à noção de *Leiche*, o cadáver, a aparência do vivo),[26] é a imagem dessa luta contra tais emissários. A imagem da literatura é a da luta, a luta entre samurais, como disse Bolaño em uma entrevista, uma luta de um samurai contra um monstro, esse «semivivo», essa *aparência*, que irá sempre vencer:

> A literatura se parece muito com uma luta de samurais, mas um samurai não luta contra outro samurai: luta contra um monstro. Geralmente sabe, ademais, que vai ser derrotado. Manter o valor, sabendo previamente que vai ser derrotado, e sair para a luta: isso é a literatura.[27]

Saber-se derrotado e ainda insistir, apesar de tudo. A literatura como um impossível (nos traços de Bataille) e cuja interdição está desde sempre lançada. Uma espécie de luta de despedida, tal como uma carta de suicídio, e, aqui, exemplar é um trecho da última carta de Mário de Sá-Carneiro a Fernando Pessoa (citação que encerra *Suicídios exemplares*, de Vila-Matas):

> Mas não façamos literatura. Pelo mesmo correio (ou amanhã) registadamente enviarei o meu caderno de versos que você guardará e de que você pode dispor para todos os fins como

---

26 Cf. Giorgio Agamben, «L'image immémoriale». In: *Image et mémoire*. Paris: Hoëbeke, 1998, p. 78.

27 Eduardo Cobos, «Entrevista a Roberto Bolaño: Hay que mantener la ficción en favor de la conjetura». Disponível em: <http://critica.cl/entrevistas/entrevista-a-roberto-bolano-hay-que-mantener-la-ficcion-en-favor-de-la-conjetura>. Acesso em: 15 jan. 2021.

se fosse seu. [...] Adeus. Se não conseguir arranjar amanhã a estricnina em dose suficiente, deito-me para debaixo do «metro»... Não se zangue comigo.[28]

Um caderno de versos para Pessoa e que, como se fosse dele, é também tomado pelos outros nomes do poeta. Eis o delirante e diletante percurso infinito do impossível que é a literatura e que, no caso de Vila-Matas, pode se condensar numa breve história da literatura portátil ou se estender pelas inúmeras curvas das referências à literatura e aos autores pelos quais o catalão nutre sua estima. A literatura opera essa simulação do Outro (um caderno de notas guardado como se fosse *seu*) nesse jogo das horas incertas em que atravessamos a vida para nada, ainda que não em pura perda.

A literatura como desperdício (ou, para lembrar Blanchot, como *a parte do fogo*) pode encontrar sua radicalidade diante de sua humilhação. Não pretende seu espaço legítimo, posto que este já está ocupado pelos publicitários, a serviço dos dias para o cumprimento das obras humanas. Sua ilegitimidade é a insígnia que marca toda *obra* (todo monumento-livro) com a abertura às possibilidades, isto é, que garante ao escritor (ao poeta) a potência de continuar na luta com o monstro que, em certa medida, é a contemplação da própria potência de escrever. Lembra-nos, mais uma vez, Blanchot:

> Parece justo ver, na preocupação que anima os artistas e os escritores, não seu próprio interesse, mas uma preocupação que exige ser expressa em obras. As obras deveriam, pois, ser o mais importante. Mas será assim? De modo algum. O que atrai o escritor, o que impulsiona o artista não é diretamente a obra, é sua

---

28 Mário de Sá-Carneiro em carta a Fernando Pessoa, 31 mar. 1916. In: VILA-MATAS, Enrique. *Suicídios exemplares*. Trad. de Carla Branco. São Paulo: Cosac Naify, 2009, p. 205.

busca, o movimento que conduz a ela, a aproximação que torna a obra possível: a arte, a literatura e o que essas duas palavras dissimulam. Por isso um pintor, a um quadro, prefere os diversos estados desse quadro. E o escritor, frequentemente, não deseja acabar quase nada, deixando em estado de fragmentos cem narrativas que tiveram a função de conduzi-lo a determinado ponto, e que ele deve abandonar para tentar ir além desse ponto.[29]

A literatura é um exercício infinito (uma *conversa infinita*) que sempre retoma a si mesma e convoca sua prática: isto é, como *parte maldita* desse *real* que a expulsa e humilha, a literatura é uma constante convocação à ilegitimidade. Entendo aqui esse *lugar da literatura* justamente como a ruptura com os estamentos que procuram *um lugar de direito* às artes nos espaços sociais (na política, por assim dizer). Dito de outro modo, às proposições que postulam uma realização (um Destino, uma História) para as *atividades* humanas (no sentido de Blanchot), incluindo a arte, essa postulação outra da arte responde com uma força que quer não a cristalização de grandes obras (hoje possivelmente nas mãos dos publicitários), mas a contemplação, em cada obra, daquilo que nela é sua potência. Tomando essas ideias — em flagrante contraste com as postulações heideggerianas, na conferência sobre a *origem da obra de arte*,[30] que veem uma vinculação destinal dos homens às obras de arte —, Giorgio Agamben atrela, sim, vida a obra; mas o faz justamente para pensar o inacabado, o potente, que é a impropriedade mais própria (e, lembremos mais uma vez o fragmento blanchotiano — que, não por acaso, também é uma confrontação a Heidegger: se há uma palavra inautêntica, essa palavra é a autenticidade) da vida dos viventes falantes. Diz o filósofo:

29 Blanchot, *O livro por vir...*, op. cit., p. 291.

30 Cf. Martin Heidegger, «El origen de la obra de arte». In: *Caminos de bosque*. Trad. de Helena Cortés e Arturo Leyte. Madri: Alianza, 2010, pp. 11-62.

Por certo a contemplação de uma potência só se dá numa obra; mas, na contemplação, a obra é desativada e tornada inoperosa e, desse modo, restituída à possibilidade, aberta a um novo uso possível. Verdadeiramente poética é a forma de vida que, na própria obra, contempla a própria potência de fazer e de não fazer e nesta encontra paz. Um vivente jamais pode ser definido por sua obra, mas apenas por sua inoperosidade, isto é, pelo modo como, mantendo-se, em uma obra, em relação com uma pura potência, constitui-se como forma-de-vida, na qual em questão não estão mais nem a vida nem a obra, mas a felicidade. A forma-de-vida é o ponto em que o trabalho numa obra e o trabalho sobre si coincidem perfeitamente. O pintor, o poeta, o pensador — e, em geral, quem quer que pratique uma «arte» e uma «atividade» — não são os sujeitos soberanos titulares de uma operação criadora e de uma obra; são, antes, viventes anônimos que, contemplando e tornando a cada vez inoperosas as obras da linguagem, da visão e dos corpos, procuram fazer experiência de si e manter-se em relação com uma potência, isto é, constituir sua vida como forma-de-vida.[31]

A vida feliz — o motivo da política aristotélica — como busca da atividade dos homens não na qualidade de realização em obra (num *ergon*, num destino autêntico para os homens), mas como possibilidade infinita (nos termos de Agamben), como rechaço absoluto a um lugar legítimo (nos termos de Blanchot), como a luta constante e votada à derrota com um monstro (nos termos de Bolaño), como atividade em contato com um material menos vivo que a vida (nos termos de Vila-Matas), e a proliferação poderia ser ainda maior — e, eu poderia dizer, interminável. Jean-Luc Nancy, numa entrevista publicada recentemente em que fala sobre os *papéis* da filosofia e da literatura, também nos lembra:

31 Giorgio Agamben, *Il fuoco e il racconto*. Roma: Nottetempo, 2014, pp. 141-2.

A literatura não se interroga sobre a verdade: podemos dizer que ela está dentro ou mesmo que faz a verdade. Lendo Proust, Shakespeare, Thomas Mann ou Roberto Bolaño, você não dirá que é «literatura» no sentido que queremos indicar que é fictício, ilusório e inconstante («irreal»). Certamente de maneira alguma não é indiferente que a palavra «literatura» tenha tomado esse sentido do que não tem solidez, massiva certeza das coisas tangíveis. Pois há muitas produções escritas, filmadas ou cantadas que só buscam divertir com um elemento de sonho ou de magia. Mas penso que aquelas e aqueles que gostam disso (e todos nós fazemos mais ou menos parte) sabem muito bem que estão numa trilha de evasão.

Por outro lado, escritores como aqueles que tomei como exemplo estão engajados numa tarefa completamente outra. Trata-se de fazer ou de deixar falar (a diferença aqui é impalpável) o que justamente está aquém ou além das significações. Proust abre *Em busca do tempo perdido* com a frase: «*Longtemps je me suis couché de bonne heure*» [Durante muito tempo costumava me deitar cedo]. Como informação, essa frase é pobre e não interessa a ninguém. Mas não a leio para me informar; aliás, não sei quem é esse «eu» que fala. Ainda menos porque ele escreve na primeira pessoa. Por outro lado, eis-me aqui preso na frase, em sua aparência: ela começa por «*longtemps*». Esse advérbio imprime uma cadência lenta que deixa o longo tempo suspenso numa imprecisão manifesta, assim como «*de bonne heure*» permanece pouco determinado. Quem fala aí? Por que diz isso? Não sou eu quem, de pronto, é remetido às vezes que me deitava na infância ou na adolescência? Mas também: esse narrador fala no passado, fala do passado: qual? Por quê?

Como para a filosofia, paro porque isso seria interminável. Mas não da mesma maneira. Não se trata aqui de uma fuga, mas de um retorno infinito: essa frase e todo o livro que ela abre são feitos evidentemente para ser retomados, relidos, mas, sobretudo, revistos, reescutados, apreciados e apalpados de todas as maneiras possíveis. Não digo «interpretar», o que por certo é possível e desejável, mas provar, recitar, sentir, deixar-se tocar pela verdade própria, singular e, no entanto, muito bem comunicável, contagiosa, que faz falar aqui a vida com uma voz inimitável. Sim, é a vida — real, a verdade — que se manifesta por ela própria (ao mesmo tempo que particular, datada, situada etc.).[32]

Num texto publicado na sua coluna no diário *El País*, em 24 de janeiro de 2012, Vila-Matas compara três posturas que um escritor pode ter diante da vida, a partir de três figuras: Wittgenstein, Montaigne e Rimbaud. Nos três, diz que é possível observar as seguintes atitudes diante da vida, respectivamente: o isolamento de contato e dedicação integral à leitura e ao próprio mundo interior, a abertura para uma vida de amizades e a cumplicidade com o silêncio (a morte) ao qual tudo se encaminha. Diante da última, a de Rimbaud, Vila-Matas termina o texto com uma espécie de exclamação:

> Essa atitude resume muito bem *Adeus*, o poema no qual Rimbaud conta que ardeu demasiado depressa e, portanto, já busca seu próprio outono e o silêncio. «Procurei inventar flores novas, astros novos, carnes novas, idiomas novos. Acreditei adquirir poderes sobrenaturais. E então, devo sepultar minha imaginação e minhas lembranças!», nos diz, e parece já nos dar as costas, como se quisesse fechar a mala com a qual viajará para a Abissínia. Não muito depois, completaria com estas palavras sua despedida: «*Maintenant je puis dire que l'art est une sottise*» [Agora posso dizer que a arte é uma estupidez]. Oh, claro, querido Rimbaud, é claro que a literatura, como toda forma de arte, é uma

---

32 Jean-Luc Nancy, «Vouloir un sens unique ouvre sur une violence: le meurtre des autres sens. Entretien réalisé par Nicolas Dutent». *L'Humanité*. Disponível em: <http://www.humanite.fr/jean-luc-nancy-vouloir-un-sens-unique-ouvre-sur-une-violence-le-meurtre-des-autres-sens-585496>. Acesso em: 2 out. 2015.

estupidez. Ainda que sem a arte a vida não tenha muito sabor, ou talvez nem sequer sentido. Ademais, a estupidez da arte não é mais do que a sensível demonstração de que a vida não basta. E por isso seguimos falando dela, às vezes só para dialogar sobre a melhor forma de vivê-la.[33]

A estupidez da literatura como uma lembrança de que a vida não basta, de que a vida — e é o Iñaki Echavarne de Bolaño a nos dizer —, como toda Obra e toda Crítica, e tudo o que ronda o mundo dos homens, encaminha-se para o silêncio, mas nem por isso deixamos de falar, nem por isso deixamos de escrever justamente sobre esse fim. E, assim, com essa explosão e fragmentação (suposta ou evidente) da literatura (mas não só: também das várias artes, da história, das religiões e da política), ainda nos resta a possibilidade de, apesar de tudo, seguirmos nosso caminho para o silêncio lançando nossas cartas com os traços de nossa estupidez.

---

33 Enrique Vila-Matas. «Cómo vivir». *El País*. Disponível em: <http://elpais.com/diario/2012/01/24/cultura/1327359606_850215.html>. Acesso em: 2 out. 2015.

Delírios I:
Agonia e experiência (jogos de vida e morte)

Johan Huizinga, em seu *Homo Ludens*, nos traz um plexo interessante a partir do qual traça sua concepção de jogo. Num itinerário que tem início com a compreensão do jogo como fenômeno cultural, passando por análises condizentes mas possíveis relações entre o jogo e o direito, a guerra, o conhecimento e a poesia, o autor expressa sua ideia de jogo de maneira que o dispõe como elemento primordial da civilização (isto é, de toda civilização humana). No entanto, logo no segundo capítulo do livro, no qual discutirá a noção de jogo e sua expressão na linguagem, Huizinga se depara com um problema crucial em suas diferenciações conceituais. Quando analisa a terminologia grega para o termo, o autor sugere que, além da desinência *-inda* (específica para jogos infantis) e dos termos atrelados aos sintagmas *paidia* e *atúrou*, há também uma esfera semântica muito ampla e importante para a categorização do jogo: trata-se do termo *agon*, isto é, todo o domínio das competições e concursos.[1] De fato, Huizinga tem consciência da ampliação da ideia de jogo quando do uso do *agon* e, inclusive, chama a atenção para as críticas que lhe foram feitas pelo fato da inclusão de *agon* na esfera do jogo.

---

1 Johan Huizinga, *Homo Ludens: O jogo como elemento da cultura*. Trad. de João Paulo Monteiro. São Paulo: Perspectiva, 2007, p. 35.

Todo esse domínio, de tão grande importância para a vida dos gregos, é designado pela palavra *agon*. Pode-se bem dizer que no terreno do *agon* está ausente uma parte essencial do conceito de jogo. Ao mesmo tempo, devemos admitir que os gregos podiam ter muita razão em estabelecer uma distinção linguística entre a competição e o jogo. É certo que, regra geral, o elemento de «não seriedade», o fator lúdico propriamente dito, não é claramente expresso pela palavra *agon*. Além do mais, as competições de todo o gênero desempenhavam um papel de tal modo importante na cultura grega e na vida cotidiana de todos os gregos que pode parecer excessiva ousadia a pretensão de classificar como «jogo» uma parte tão grande da civilização grega.[2]

Contrariando seus críticos, para os quais *agon* seria mais nobre do que o jogo, Huizinga entende que essas esferas são conexas. Isto é, ao jogo, uma vez comportando em seu sentido também o *agon*, estariam adstritas grandes e importantes searas da vida grega como um todo, quais sejam, as competições e concursos. Ousando uma classificação de jogo que justamente inclua um atrelamento com *agon*, ele pretende ampliar sua esfera em direção a uma compreensão que a atrele de modo irresoluto à própria ideia de civilização. O jogo — e talvez seja essa a proposta central do livro — cumpriria, em seu caráter competitivo, o papel de operador «civilizacional» dos agrupamentos humanos; ele seria, em certo aspecto, uma espécie de modulador antropogenético, uma máquina de produção de «cultura humana». Assim continua Huizinga em sua argumentação:

> O *agon* na vida dos gregos, ou a competição em qualquer outra parte do mundo, possui todas as características formais do jogo e, quanto à sua função, pertence quase inteiramente ao domínio da festa, isto é, ao domínio lúdico. É totalmente

2 Ibid.

impossível separar a competição, como função cultural, do complexo «jogo-festa-ritual».[3]

A função cultural do evento competitivo, sua feição ritual — sempre realçada pelas interpretações antropológicas como aquilo que possibilita, de certo modo, a formatação de uma cultura particular, bem como a própria formação da cultura humana (em oposição a um suposto elemento natural) — permanece, segundo Huizinga, sempre atrelada às concepções de festa e jogo.

As razões devido às quais a língua grega estabelece essa nítida distinção terminológica entre o jogo e a competição podem, em minha opinião, ser explicadas da seguinte maneira. A concepção de uma noção geral de jogo, universal e logicamente homogênea, é, como vimos, uma invenção linguística bastante tardia. Todavia, desde muito cedo as competições sagradas e profanas haviam tomado um lugar tão importante na vida dos gregos, adquirido um valor tão excepcional, que as pessoas deixaram de ter consciência de seu caráter lúdico. Sob todos os seus aspectos e em todas as ocasiões, a competição tornara-se uma função cultural tão intensa que os gregos a consideravam perfeitamente «habitual», como algo que existia naturalmente. Foi por esse motivo que os gregos, possuindo duas palavras distintas para designar o jogo e a competição, não conseguiram identificar de maneira clara a presença, no segundo, do elemento lúdico essencial, daí resultando que a união conceptual e, portanto, linguística, entre ambas, nunca foi efetivamente realizada.[4]

A justificativa para a existência de esferas semânticas diversas para o jogo em geral e para a competição em particular trazidas aqui por Huizinga não elide, segundo o autor, uma

3 Ibid., p. 36.

4 Ibid., pp. 36-7.

equiparação (com as devidas precauções) das esferas, ou, ainda, uma espécie de inclusão da esfera da competição dentro daquela que é mais ampla do que ela, qual seja, a do jogo em geral. A questão da inclusão do grego *agon* como uma categoria de jogo seria, portanto, também um problema de conformação da linguagem. Porém essa questão linguística levantada pela oposição dicotômica entre jogo/seriedade (lúdico/competitivo) não seria definitiva; ou melhor, trata-se sim de um problema linguístico, entretanto, fundamentalmente atrelado à questão, levantada por Lévi-Strauss, do excedente de significantes em relação aos significados.[5]

Em certo sentido, a seara agonística, relativa às competições e concursos, não poderia deixar de ser integrada ao jogo por sua característica de seriedade. De fato, Huizinga lembra que jogo e seriedade não são categorias oponíveis e definíveis simetricamente, como se jogo tivesse um valor positivo e seriedade, um valor negativo.

---

5 Claude Lévi-Strauss, «Introdução à obra de Marcel Mauss». In: MAUSS, Marcel. *Sociologia e antropologia*. Trad. de Lamberto Puccinelli. São Paulo: EPU/Edusp, 1974, p. 73. No trecho do ensaio de abertura das obras de Marcel Mauss, Lévi-Strauss arma o que talvez seja o cerne de toda a sua antropologia. Ali, ele mostra como a compreensão da abertura entre significantes e significados, de certo modo, do hiato entre conhecer e significar, pode ser uma chave para a compreensão das diferenças culturais, bem como da compreensão do chamado desenvolvimento humano. O excerto é o que segue: «No momento em que todo o Universo, de um só golpe, tornou-se significativo, não se tornou por isso mais bem conhecido, mesmo se for verdade que o aparecimento da linguagem devia precipitar o ritmo do desenvolvimento do conhecimento. Há, pois, uma oposição fundamental, na história do espírito humano, entre o simbolismo, que oferece um caráter de descontinuidade, e o conhecimento, marcado pela continuidade. Que resulta disso? Resulta que as duas categorias do significante e do significado constituíram-se simultânea e solidariamente, como dois blocos complementares; mas que o conhecimento, isto é, o processo intelectual que permite identificar, uns por relação com os outros, certos aspectos do significante e certos aspectos do significado [...] só marchou muito lentamente. [...] O universo significou muito antes de que se começasse a saber o que ele significava — isto é óbvio».

O significado de «seriedade» é definido de maneira exaustiva pela negação de «jogo» — seriedade significando ausência de jogo ou brincadeira e nada mais. Por outro lado, o significado de «jogo» de modo algum se define ou se esgota, se considerado simplesmente como ausência de seriedade. O jogo é uma entidade autônoma. O conceito de jogo enquanto tal é de ordem mais elevada do que o de seriedade. Porque a seriedade procura excluir o jogo, ao passo que o jogo pode muito bem incluir a seriedade.[6]

Pari passu com essa leitura de Huizinga, podemos dizer que, nesse aspecto, jogo adquire a feição própria daqueles termos (que, em geral, acabaram por ser «descobertos» pela antropologia e pelas ciências sociais de fins de século XIX e começo do século XX) que comportam uma ambiguidade constitutiva, um excedente de significação, tais como *sacer, mana* etc. Isto é, o jogo está além de sua simples pronúncia e categorização (como se um elenco de atividades — quase elevado ao infinito — pudesse dar conta das ações que compendiariam o ato ou efeito de jogar); ou melhor, está numa posição capaz de exibir o vazio de sentidos próprio à linguagem humana, o vazio que está na desconexão entre os nomes e as coisas.

É desse modo que podemos ver os redimensionamentos propostos às análises de Huizinga por toda uma série de autores que, ao lerem *Homo Ludens*, acabaram botando à prova as análises ali contidas.

Quando o sociólogo Roger Caillois, retomando Huizinga numa lógica muito mais propositiva, trata de aprimorar diferenciações entre esferas de jogos a fim de apresentar um quadro tecnicamente delineado daquilo que chama modalidades de jogos, é justamente para tentar (como seria de praxe para seu *milieu*) uma melhor escansão do conceito jogo. Assim, em seu *Os jogos e os homens*, Caillois traça o que para ele seriam

---

6   Huizinga, *Homo Ludens...*, op. cit., p. 51.

as categorias fundamentais nas quais poderia ser dividido o conceito de jogo: *agon, alea, mimicry* e *ilinx*.[7] O que aqui nos interessa, mais do que a ousadia de Caillois em tentar esmiuçar o problema do jogo, é sua explicação para a subcategoria *agon*.

Agon. Todo um grupo de jogos aparece como competência, isto é, como uma luta em que a igualdade de oportunidades se cria artificialmente para que os antagonistas se enfrentem em condições ideais, com possibilidade de dar um valor preciso e indiscutível ao triunfo do vencedor. Portanto, sempre se trata de uma rivalidade ao redor de uma só qualidade (rapidez, resistência, vigor, memória, habilidade, engenho etc.), que se exerce dentro de limites definidos e sem nenhuma ajuda exterior, de tal modo que o ganhador apareça como o melhor em certa categoria de proezas. Essa é a regra das competências desportivas e a razão de ser de suas múltiplas subdivisões, seja a oposição de dois indivíduos ou de duas equipes (polo, tênis, futebol, boxe, esgrima etc.), seja a disputa entre um número indeterminado de concorrentes (corridas de toda espécie, competições de tiro, de golfe, atletismo etc.). À mesma classe pertencem também os jogos em que os adversários dispõem a princípio de elementos exatamente do mesmo valor e no mesmo número. O jogo de damas, de xadrez, de bilhar são exemplos perfeitos. A busca da igualdade de oportunidades ao principiar constitui de maneira tão manifesta o princípio essencial da rivalidade que é restabelecida por meio de uma *vantagem* entre os jogadores de forças diferentes, isto é, que dentro da igualdade de oportunidades estabelecida num princípio prepara-se uma desigualdade secundária, proporcional à força relativa suposta nos participantes. É significativo que esse uso exista tanto para o *agon* de caráter muscular (os encontros desportivos) como para o *agon* de tipo mais cerebral (as partidas

7 Roger Caillois, *Los juegos y los hombres: La máscara y el vértigo*. Trad. de Jorge Ferreiro. México: Fondo de Cultura Económica, 1986, pp. 43-64.

de xadrez, por exemplo, nas que se dá ao jogador mais fraco a vantagem de um peão, de um cavalo ou de uma torre).[8]

A categorização do *agon* esboçada por Caillois — em certo sentido um alongamento da empreendida por Huizinga — marca a forma competitiva do jogo *agon*; a disputa, a luta, a exaustão supostas pela competição nos fazem perceber a tensão de que está prenhe toda *agonia*, toda aposta na vitória diante de um adversário. *Agon*, a luta pela vitória em jogo *no* jogo, é a porta pela qual estados de desejos ardentes, de ansiedades pela vitória aparecem na vida dos competidores. Os competidores agonizam à espera da vitória. O *agon* — a competição — entrelaça-se com os estados anímicos dos competidores. Enquanto jogam, estes são capturados pelo jogo: seus corpos *agonizam*. Eles jogam com o próprio sentir, com o tempo da vitória e da derrota, com a espera pelo fim do jogo. Os jogadores embarcam numa viagem que parece levá-los para além da simples pretensão de vitória, ou do medo da derrota: *agonizam*. Eis um fato que não nos pode fugir ao olhar: a *agonia* do jogo.

Etimologicamente *agonia* descende de *agon*, da competição. O verbete *agonia* do *Novo Dicionário Aurélio da Língua Portuguesa* reza:

> Agonia. [Do gr. *Agonia*, «luta» (contra a morte), pelo lat. *agonia*.] *S.f.* 1. *Med.* Conjunto de fenômenos mórbidos que aparecem na fase final de doenças agudas ou crônicas e anunciam a morte; ânsia de morte. 2. Espaço de tempo que dura a agonia (1). 3. Estado de moribundo; agoniação. 4. Sofrimento, amargura, dor. 5. Angústia, ansiedade, aflição: «Na agonia de tantos pesadelos/ Uma dor bruta puxa-me os cabelos» (Augusto dos Anjos, *Eu*, p. 111). 6. Desejo ardente; ansiedade, ânsia. 7. Decadência que precede o fim: *A civilização romana entrava em agonia.* 8. Termo, fim,

---

8 Ibid., pp. 43-4.

ocaso: *Vivia o grande escritor a agonia de sua glória*; «Transmonta mesma hora triste,/ À agonia do herói e à agonia da tarde» (Olavo Bilac, *Poesias*, p. 266). 9. *Pop.* Náusea, enjoo. 10. *Bras.* Pressa, azáfama, afobação. 11. *Bras.* Indecisão: chove não molha: *Vai ficar muito tempo nessa agonia?*[9]

Na agonia, portanto, está em jogo como que a náusea da existência em vias de falência, em vias de inexistência. O *agonístico* marca o jogo da vida e da morte, marca o passo além da certeza consciente, o limiar indecidível entre a vida e a morte; entre a morte em vida e a vida que se dá para a morte. Jogar é *agonizar* na incerteza da existência. Tanto por isso que o tempo do jogo é diverso do *chronos* da existência cotidiana; é armado sempre em tempo-outro, tempo não de existências certas nem de essências imortais (uma *eternidade* além-tempo), mas tempo-do-jogo, tempo da incerteza do tempo: nem histórico nem eterno.

Miguel de Unamuno agoniza em Paris. Escreve *A agonia do cristianismo* aí, na capital francesa, porém sofrendo (agonizando) pela distância da terra natal, agonizando pela perda da Espanha. Quando, no domingo de 30 de novembro de 1924 ele vai à igreja de Santo Estevão, na rua Georges Bizet, escuta a sentença grega, provavelmente quando da ostentação da hóstia recém-consagrada (recém-transubstancializada: pão que se torna carne, vinho que se torna sangue; eis o corpo do cristo; eis a plenitude divina na ínfima parcela de farinha e água, na forma do mais ambíguo sinal da fraqueza humana, o vinho, que é ao mesmo tempo fonte de perdição e salvação): «Eu sou o caminho, a verdade e a vida», Unamuno põe-se imaginar

---

9 Aurélio Buarque de Holanda Ferreira, *Novo dicionário da língua portuguesa.* 2. ed. rev. e ampl. Rio de Janeiro: Nova Fronteira, 1997, p. 63.

[...] se o caminho e a vida são a mesma coisa que a verdade, se não haverá contradição entre a verdade e a vida, se a verdade não é a vida que mata e nos mantém vivos em engano. E isso me fez pensar na agonia do cristianismo, na agonia do cristianismo em si mesmo e em cada um de nós. Ainda, dá-se o cristianismo fora de cada um de nós? E aqui reside a tragédia. Porque a verdade é algo coletivo, social, até civil; verdadeiro é aquilo em que convimos e com que nos entendemos. E o cristianismo é algo individual e incomunicável. E eis aqui por que agoniza em cada um de nós. Agonia quer dizer luta. Agoniza quem vive lutando, lutando contra a vida mesma. E contra a morte. É a jaculatória de Santa Teresa de Jesus: «Morro porque não morro».[10]

O cristão deve dizer *ecce christianus*, deve dizer sua agonia, deve saber que sua luta é sempre luta contra a vida *e* contra a morte; é luta contra o que há de mais externo e ao mesmo tempo contra o que há de mais interno; contra si e contra o outro; é jogo de vida e morte; é a morte antecipada em vida e a vida que se lança na morte.

Deve mostrar sua alma cristã, sua alma de cristão, o que em sua luta, em sua agonia do cristianismo se fez. E o fim da vida é fazer-se uma alma, uma alma imortal. Uma alma que é a própria obra. Porque ao morrer se deixa um esqueleto à terra, uma alma, uma obra à história. Isso quando se viveu, isto é, quando se lutou com a vida que passa pela vida que resta. E a vida, o que é a vida? Mais trágico ainda, o que é a verdade? Porque se a verdade não se define porque é ela a que define, a definidora, tampouco se define a vida.[11]

---

10 Miguel de Unamuno, *La agonía del cristianismo*. Buenos Aires/México: Espasa-Calpe Argentina, 1950, pp. 15-6.

11 Ibid., pp. 16-7.

A vida é indefinível, a vida é luta: luta contra a própria vida, luta contra a definidora da vida, luta contra aquilo que com a vida faz par dialético, contra a morte. Jogo de vida e morte, dialética sem síntese, dialética em suspensão. É sobre o leito de morte, sobre a agonia da passagem, que uma fábula, relembrada por Walter Benjamin no início de «Experiência e pobreza», trata.

Em nossos livros de leitura havia aquela fábula do homem velho que, no leito de morte, revela aos filhos que há um tesouro escondido em sua vinha. Tudo o que tinham a fazer era cavar. Os filhos puseram-se a cavar, mas, do tesouro, nem sombra. Quando o outono chegou, porém, a vinha deu uma colheita como nunca se vira em toda a região. E foi então que os filhos perceberam que o pai lhes legara uma experiência: a bênção não está no ouro, mas no trabalho.[12]

Ainda que interpretações moralizantes possam ser feitas — como a valorização do trabalho, a lição de moral aplicada pelo pai (aliás, mais do que uma lição de moral, o que o pai faz é pregar uma peça nos filhos) —, o que aqui importa salientar, além do conteúdo da mensagem, é o modo como a *experiência* foi transmitida: na *agonia*, no limiar entre a vida e a morte. A experiência é a transmissibilidade de si própria no jogo agônico de vida e morte. *Ex periri*, expor-se ao perigo, é expor-se ao perigo de morte, é agonizar.

Ora é precisamente ao morrer que o indivíduo transmite, em primeira mão, não apenas seus conhecimentos mas, sobretudo, a experiência de sua vida — isto é, a matéria com que se constroem as histórias. Assim como no interior do indivíduo, agonizante,

12 Walter Benjamin, «Experiência e pobreza». In: *O anjo da história*. Trad. e org. de João Barrento. Belo Horizonte: Autêntica, 2013, p. 85.

desfila uma sequência de imagens — quadros de situações por ele vividas, sem se ter dado conta —, também o inesquecível aflora, de repente, em sua fisionomia e em seu olhar, conferindo autoridade a tudo o que lhe dizia respeito. Na hora da morte, até o maior pobre-diabo possui essa autoridade perante os vivos que o rodeiam. Essa autoridade está presente na origem da narrativa.[13]

Assim, como nessa parte do ensaio sobre o narrador, Benjamin estabelece, de certo modo, uma maneira de ler e entender a experiência (termo que em alemão se diz *Erfahrung* — literalmente percorrer, atravessar uma região durante uma viagem) para além daquilo que a seus olhos (os de um filósofo que assiste a uma transmutação da existência cultural de seu meio: a guerra, a modernidade, a técnica) se dava a ver: a experiência, na era moderna, não era senão *Erlebnis*, isto é, vivência[14] — a inefável particularidade (que talvez seja aquilo para que Unamuno parece nos chamar a atenção).

Na modernidade, a agonia daquele que quer legar uma experiência parece não mais ser possível senão em sua forma extrema: a transmissão de um intransmissível, a experiência de um inexperienciável. Uma experiência da morte em vida.

O mitólogo italiano Furio Jesi insistia numa citação dos *Sonetos a Orfeu* de Rilke em diversos de seus escritos: «*Wer sich als Quelle ergießt, den erkennt die Erkennung*» (em português: «Quem se derrama como fonte é conhecido do conhecimento»). A *máquina mitológica* de Jesi — operação estratégico-metodológica por ele concebida — é, de certo modo, o meio de compor antagonismos de maneira tensiva e bipolar, mais do que opositiva

---

13 Walter Benjamin, «O narrador». In: *Sobre arte, técnica, linguagem e política*. Trad. de Manuel Alberto; Maria Amélia Cruz; Maria Luz Moita. Lisboa: Relógio d'Água, 1992, p. 40.

14 Jeanne Marie Gagnebin, *História e narração em Walter Benjamin*. São Paulo: Perspectiva, 2004, pp. 58-9.

e dicotômica: vida e morte, consciente e inconsciente, humano e inumano podem ser os elementos da máquina que, para funcionar, tem um núcleo vazio — o vazio de significações — a partir do qual aqueles elementos *ganham sentido*. Num de seus famosos estudos sobre Károly Kerényi, Jesi analisa o que chama de *religio mortis* — que para ele era evidente nos «pensamentos secretos» de Ezra Pound. Aqui ele retoma a citação de Rilke para falar sobre de que modo essa religião da morte se daria como um tomar parte na convicção de que com a morte o ser humano entretém um comportamento «por meio do qual a morte teria acesso à 'verdade superior' de ser 'algo e ao mesmo tempo nada'».[15] Jesi procura no hiato de sua máquina mitológica um conhecimento da morte. Diz ele que

> [...] poesia e mitologia (ou, se quisermos, essência da poesia e da mitologia) sobrevivem na cultura moderna na medida em que também sua sobrevivência é circunscrita, defendida e alimentada por um «algo e ao mesmo tempo nada» que vale seja como suas definições, seja como horizonte próximo do comportamento com a morte. À sobrevivência da poesia e da mitologia *neste* presente, e não somente neste, já que não parece ser a primeira vez que isso acontece, parece apropriado, mesmo que talvez não de modo exclusivo, um terreno de cultura que se conserva nutritivo e quente, não obstante os gelos e as esterilizações do agora, graças às qualidades da morte, que são múltiplas e de vários modos de eficácia.[16]

Buscar um conhecimento da morte, procurar um conhecimento além do qual só pode estar um derramar-se como fonte (isto é, saber que o conhecimento só pode se dar quando

15 Furio Jesi, *Materiali mitologici: Mito e antropologia nella cultura mitteleuropea.* Turim: Einaudi, 2001, p. 29.

16 Ibid.

quem pretende conhecer concebe seu próprio conhecer como já imerso num conhecimento que o ultrapassa e que, portanto, sempre deixa um resto incompreensível), é contrapor à morte — enrijecida num «mito da morte», que se traduz aqui no comportamento humano com a morte — um fluir de vida humana, esta que, porém, só pode estar circunscrita por este «algo e ao mesmo tempo nada» que é a morte.

Assim, este «algo e ao mesmo tempo nada» que se funda como o núcleo escondido de uma máquina (mitológica, poetológica ou antropológica) é o que lhe permite o funcionamento. Apenas com um resíduo internalizado — que, porém, é absolutamente vazio de significações, isto é, tal como dizia Lévi-Strauss, que excede todo significado — é que o mecanismo de formulação de uma propriedade humana pode funcionar. A morte, o que há de mais exterior, é, dessa maneira, colocada como elemento intrínseco ao processo de conhecimento levado às últimas consequências: um conhecimento do impossível.

Talvez seja essa impossibilidade de acesso ao jogo da vida, ao jogo da *própria* vida (ao lance de morte que se emaranha na vida), que Murilo Mendes, ao delinear seu *Mapa* (ao delinear a impossibilidade de seu mapa, a impossibilidade de *cartografar-se*), em meados da década de 1920, dizia:

> Danço. Rio e choro, estou aqui, estou ali, desarticulado,
> gosto de todos, não gosto de ninguém, batalho com os
>   [espíritos do ar,
> alguém da terra me faz sinais, não sei mais o que é o bem
> nem o mal.
> Minha cabeça voou acima da baía, estou suspenso,
>   [angustiado, no éter,
> tonto de vidas, de cheiros, de movimentos,
>   [de pensamentos,
> não acredito em nenhuma técnica.
> Estou com os meus antepassados, me balanço em

[arenas espanholas,
é por isso que saio às vezes pra rua combatendo
[personagens imaginários,
depois estou comos meus tios doidos, às gargalhadas,
na fazenda do interior, olhando os girassóis do jardim.
Estou no outro lado do mundo, daqui a cem anos,
[levantando populações...
Me desespero porque não posso estar presente a
[todos os atos da vida.
Onde esconder minha cara? O mundo samba na
[minha cabeça.
Triângulos, estrelas, noite, mulheres andando,
presságios brotando no ar, diversos pesos e movimentos
[me chamam a atenção,
o mundo vai mudar a cara,
a morte revelará o sentido verdadeiro das coisas.[17]

O devaneio do poeta em vida; cartografar a própria perdição, sondar o insondável, vasculhar jogos imaginários, dançar na agonia da vida. Eis o jogo de vida em que a experiência de uma vida só se dá na agonia da morte. Não a vivência privatística de uma alma que pena e chora, mas a partilha da vida num mundo que pisoteia e esmaga, que aperta e impinge apenas uma dor agoniada. A você, poeta, só resta uma verdade: a morte.

A vida é luta, e a solidariedade para a vida é luta e se faz na luta. Não me cansarei de repetir que o que mais nos une, os homens uns aos outros, são nossas discórdias. E o que mais une cada um a si mesmo, o que faz a unidade íntima de nossa vida, são nossas discórdias íntimas, as contradições interiores de nossas discórdias. Alguém só se coloca a par de si mesmo, como dom

17   Murilo Mendes, *Poemas.* In: *Poesia completa e prosa.* Org. de Luciana Stegagno Picchio. Rio de Janeiro: Nova Aguilar, 1994, p. 117.

Quixote, para morrer. E, se isso é a vida física ou corporal, a vida psíquica ou espiritual é, por sua vez, uma luta contra o eterno esquecimento. E contra a história. Porque a história, que é o pensamento de Deus na terra dos homens, carece de última finalidade humana, caminha para o esquecimento, para a inconsciência. E todo o esforço do homem é dar finalidade humana para a história, finalidade sobre-humana, diria Nietzsche, que foi o grande sonhador do absurdo: o cristianismo social.[18]

As duas lutas das duas vidas esboçadas por Unamuno — diga-se, um dos mestres de Murilo Mendes — são sinóticas. A morte física e a morte espiritual; a morte do corpo e o *esquecimento*. Somos puro combate: combatemos — agonizamos — o nada (aquele resíduo interno da máquina *homem* para o qual Jesi insistentemente nos chama a atenção).

Talvez também seja por isso que o jogo da vida compele o poeta ao trabalho literário (como a bela imagem blanchotiana da mão que pode interromper a escritura, enquanto a outra, a que nunca solta o lápis, pensando estar no domínio, não percebe a fragilidade de seu ato, o caráter tênue da escrita);[19] talvez seja por isso que o poeta — Murilo, agora, em 1970, quase cinquenta anos depois de tentar mapear-se — se *microdefine* (*se autorretrata*) como que compelido pela impossibilidade de experimentar a própria vida senão nas antessalas agonizantes da morte: «Sinto-me compelido ao trabalho literário: pelo desejo de suprir as lacunas

18 Unamuno, *La agonía del cristianismo...*, op. cit., pp. 17-8.

19 Maurice Blanchot, *O espaço literário*. Trad. de Álvaro Cabral. Rio de Janeiro: Rocco, 1987, pp. 15-6: «O domínio do escritor não está na mão que escreve, essa mão 'doente' que nunca solta o lápis, que não pode soltá-lo, pois o que segura, não o segura realmente, o que segura pertence à sombra e ela própria é uma sombra. O domínio é sempre obra da outra mão, daquela que não escreve, capaz de intervir no momento adequado, de apoderar-se do lápis e de o afastar. Portanto, o domínio consiste no poder de parar de escrever, de interromper o que se escreve...».

da vida real; pela minha teimosia em rejeitar as 'avances' da morte (tolice: como se ela usasse o verbo adiar)».[20]

Ao poeta Murilo Mendes, a agonia chega e toma a vida em despreparo; ou melhor, a vida deixa-se capturar pela agonia, numa espécie de tramado indiscernível entre a vida e a morte. O enigma da existência, do *pânico* na existência, deságua nos suspiros pela morte, esta, doce enigma:

> Doce enigma da morte,
> Tu que nos livra da criatura,
> Desta angústia do pecado e da carne.
> Doce enigma da morte,
> De ti, contigo e por ti é que eu vivo.
> Julgamento, inferno e paraíso:
> Sois menos necessários ao poeta.
> A minha morte
> É também a morte de todas as mulheres que existem comigo,
> Aquela que eu amo e não me ama,
> Aquelas que eu não amo e me amam.
> Morte, salário da vida.
> Doce enigma da morte.[21]

De todo modo, à luz dessas leituras de cristãos, é possível dizer que, se há um lugar em que o enigma da morte se mostra com toda sua pujança, este lugar é a cruz do Cristo. O calvário, o Gólgota, é o lugar de anseio — de agonia — necessário ao Cristo para a salvação do homem. É onde acontece a plena intervenção divina na história (no jogo) da humanidade. É aí, no altar no qual a imolação do cordeiro de Deus acontece, que o homem vê a imagem do enigma da morte: o salário da vida.

20 Murilo Mendes, «Murilo Mendes por Murilo Mendes». In: *Poesia completa e prosa...*, op. cit., p. 45.

21 Id., «A poesia em pânico». In: *Poesia completa e prosa...*, op. cit., pp. 306-7.

Paul Gauguin, no limiar da depressão — depois da morte de uma de suas filhas e do começo de suas crises sifilíticas —, aí também se autorretrata: perto do Gólgota. Os clamores de agonia do cristo ressoam na escuridão da tela: «Meu Deus, Meu Deus, por que me abandonaste?» (Mt 27;45). Gauguin está abandonado no jogo da vida. Agoniza pela morte intentada (há alguns meses o suicídio tinha sido uma busca de saída — saída do jogo de vida e morte — malfadada) e que não chega: chega, porém, como vida agoniada. O olhar perdido, o negrume da tela, as aparentes colunas (seriam cruzes?) tombadas no canto superior esquerdo da tela, contrastando com o branco rasgado da roupa do condenado. Estava na Polinésia Francesa, no paraíso terrestre. Porém é aqui que o pintor encontra seu inferno. Jogo de opostos no qual resta uma luta, uma agonia, para o artista.

A luta intrínseca na vida é a agonia de uma experiência na qual o perigo da existência é algo e ao mesmo tempo nada; é a tarefa do poeta (do artista e, por que não, de todo homem) lidar com esse vazio que, como o contraponto entre a escuridão e a luz (do autorretrato de Gauguin, do mapa muriliano, das aspirações de Unamuno), não é o resultado vitorioso ou derrotista num jogo, mas a suspensão irremediável dos resultados e a aceitação do titubear diante das indefinições e incertezas da vida e da morte: Murilo teimando em rejeitar o adiantamento da morte; Gauguin teimando adiantar-se à morte; Unamuno agonizando pela paz na guerra ou pela guerra na paz da vida do cristão;[22] Benjamin pensando a experiência na agonia. Os tabuleiros das vidas são as apostas *agonísticas* e *agoniadas* de um jogo da vida que, porém, é sempre dado na dialética em suspensão de uma morte/vida intermitente e de uma vida/morte sempre imanente...

---

22 Unamuno, *La agonía del cristianismo...*, op. cit, p. 22.

Murilo Mendes, as janelas e o diabo

Pouco menos de um ano antes de sua morte, Murilo Mendes dá claros sinais de uma aflição que vinha tomando cada vez mais vulto em seus pensamentos e poemas, algo como uma espécie de desespero *ontológico*. A respeito desse seu estado de angústias, faz confissões em cartas à jovem amiga Laís Corrêa Araújo e, também, à irmã Virginia Mendes. Murilo admite que muito desse seu desespero melancólico era proveniente da vida na Itália, do caos que via ali se estabelecer. No epistolário, publicado por Laís, além de reclamar das péssimas condições em que se encontrava o correio na Itália naquele momento, o poeta se queixa das condições perigosas pelas quais o país estava passando — ondas de sequestros, assaltos, terrorismos, advindos dos chamados *anos de chumbo*. As reclamações e exasperações de Murilo crescem de carta em carta e, de certo modo, em todas elas vemos um elemento que se repete. Quando escreve da cidade do Porto, Portugal, em 18 de agosto de 1974, diz Murilo: «A vida na Itália tem me deprimido muito, pelos episódios de terror e extrema violência, atentados horríveis, mortes, o diabo. Parece não haver dúvida que os culpados são os fanáticos da extrema direita».[1]

Em 20 de setembro de 1974, escrevendo de Lisboa, diz:

---

1 Murilo Mendes, «Cartas de Murilo Mendes e Maria da Saudade a Laís». In: ARAÚJO, Laís Corrêa. *Murilo Mendes: Ensaio Crítico, antologia, correspondência*. São Paulo: Perspectiva, 2000, p. 233.

O que você diz sobre a vida atual e os tremendos problemas do nosso mundo é exatíssimo. Ando mesmo em crise permanente, diante das notícias de violência, terror, corrupção, mercantilismo atroz, o diabo. Passo certos dias num desânimo horrível, hesitando entre o amor à vida e a vontade de acabar, diante do que vejo, leio e ouço.[2]

Na carta de 22 de janeiro de 1975, escreve:

Não sei se os jornais daí têm falado, mas a atmosfera de Roma (da Itália em geral) está deprimente: roubos, assaltos, assassinatos, sequestros, o diabo. Há dias um comando de três jovens matou uma senhora num restaurante cheio de gente, roubando-lhe um casaco de peles. Ninguém se mexeu.[3]

E na de 12 de junho de 1975, dois meses antes da sua morte, é possível ler: «Tenho andado muito deprimido. A vida na Itália (sei que não é só aqui, mas aqui eu vivo, por isso sinto mais depressa) está desagradável. Roubos, assassinatos, terrorismo, sequestro de pessoas, o diabo. Que se há de fazer?».[4]

Alguns anos antes dessas cartas à amiga, escrevendo à irmã Virgínia e ao cunhado Paulo Torres, Murilo diz que começara a se sentir incomodado tanto com a situação do mundo quanto com sua condição pessoal. Uma das primeiras vezes em que dá mostras de tais preocupações, entretanto, ainda mantendo um *humour*, é na carta ao casal, escrita no Porto em 5 de maio de 1969, em que diz: «Tenho sido perturbado pelas notícias do Brasil; estou profundamente apreensivo. Enfim,

2 Ibid., p. 234.

3 Ibid., p. 236.

4 Ibid., p. 237.

a paz não é deste mundo, é de Deus; e Deus — *hélas!* — não é deste mundo».[5] E, alguns meses depois, em 22 de fevereiro de 1970, de Roma:

> Vamos sem maiores novidades [...] Eu é que ando muito deprimido ante a feia situação do mundo, em particular de países mais próximos do meu coração. É uma tristeza. Mas, como achavam os gregos, a esperança é a última coisa que se perde. Para desabafar um pouco, escrevo em todos os momentos livres.[6]

Também na carta de 17 de junho de 1970, sempre à irmã e ao cunhado: «Vamos sem muitas novidades, mas estou muito preocupado com os grandes problemas do mundo e do Brasil. Saudade diz que não devo ler jornais, mas isto é impossível».[7]

O limiar dos anos 1970 marca, por assim dizer, o ingresso de Murilo numa zona em que, entristecido pelo que via, pouco a pouco passa de uma confiança no porvir a um descrédito na existência que, no entanto, como lemos na carta de 22 de fevereiro de 1970, impelia-o à escritura. Já nas últimas cartas a Virgínia — nas mesmas datas em que trocava as cartas aqui citadas com Laís Corrêa Araújo —, o cenário compõe-se também das preocupações de Murilo com sua saúde e com a possibilidade de furto da coleção de arte que mantinha, junto com a companheira Maria da Saudade, em casa. Assim, na carta de 17 de março de 1975, ele diz:

---

5 Id., Cartas de Murilo Mendes a Virginia Mendes Torres datadas de 05/05/1969, de 22/02/1970, de 17/06/1970, de 29/01/1975, de 17/03/1975 e de 14/05/1975. Documentos originais consultados nos arquivos de Murilo Mendes no MAMM (Museu de Arte Moderna Murilo Mendes), em Juiz de Fora. Todas as cartas endereçadas ao casal estão disponibilizadas para consulta em uma das pastas do Arquivo Murilo Mendes do Museu de Arte Moderna Murilo Mendes, de Juiz de Fora. Aliás, é onde se encontra também parte da biblioteca que pertenceu ao poeta.

6 Ibid.

7 Ibid.

Quanto a nós, vamos andando como podemos. Creio que lhe disse em cartas anteriores: impressiono-me demais com o que se passa na Itália, com a onda de violência, terror e roubos. Uma coisa horrível. Não me consola o fato de saber que há também muita violência e delinquência em tantos outros países. [...] A vida em Roma mudou muito. Nossos ótimos contatos culturais diminuíram, pois vários amigos, escritores e artistas, alugaram ou compraram casas de campo a trinta, sessenta quilômetros de Roma. Todo o mundo está com medo dos ladrões e terroristas. A palavra sossego desapareceu do dicionário. Temos medo (principalmente eu) que venham os ladrões aqui e nos roubem os quadros. Às vezes, além de roubar, espancam e ferem gravemente, sem horror. Enfim, Virginia, basta de tristezas. Não perco a esperança de melhores dias.[8]

A interrupção na narrativa dos crimes e fatos que, além de implicarem o desânimo e angústia de Murilo, geram também medo, dá-se com um *basta* e uma fórmula não muito convicta de esperança de dias melhores. Dois meses depois dessa carta, outra é escrita em 14 de maio de 1975 (três meses antes da morte do poeta), agora, com as preocupações pela velhice que chega.

Quanto a mim, não vou muito bem de saúde, com perturbações do vaso simpático. Consultei um dos melhores especialistas de Roma, que me deu três remédios. Por um lado há melhorias, mas, por outro, os remédios me deixam meio bambo. Pelo que fui constrangido a reduzir minhas atividades passando em casa a maior parte do tempo. É grande a minha preocupação com o nosso futuro. Cheguei aos 74 anos de idade, e, queira ou não queira, a velhice fez sentir seus efeitos.[9]

8   Ibid.
9   Ibid.

Mas é da carta de 29 de janeiro de 1975 que um pessimismo visceral pode ser sentido em Murilo:

Eu ando (aqui entre nós) deprimido e angustiado, em parte pelo que se passa na Itália, mormente em Roma: todos sentem medo, devido aos sucessivos assassinatos, roubos, sequestros de pessoas, violências de toda espécie. Muitas páginas dos jornais são dedicadas a isso. Temo pelas nossas vidas e pelo roubo de quadros. Nesta idade vou me deprendendo das coisas, mas os quadros formam uma parte importante do modesto patrimônio de Saudade. Receio também o próximo fim da minha comissão. Quando ela terminar, como poderemos viver no Rio com uma pensão de CR$ 2.400,00? Tenho evitado falar-lhe desses assuntos, mas de vez em quando é preciso desabafar. Receberam nosso cartão de Boas Festas? Aqui passamos os dois o natal e o ano--bom. Sozinhos, sem ao menos uma pessoa das duas famílias. Aqui entre nós, para mim é difícil viver em Roma; desagradável, tráfego caótico, ônibus supercheios, agora ainda mais com os peregrinos (?) do «ano santo» (ou todos os anos são mesmo santos, ou então nenhum o é). Ser desmotorizado, hoje, é o diabo. Saudade sofre menos com isso, mas é muito mais moça que eu. Cada mês que passa sinto uma diferença grande no que toca ao envelhecimento. Já é mais que tempo de ir largando as ilusões deste mundo. Mas como se pode viver sem ilusões?[10]

O Murilo que em 1963, com seu particular humor, declamava seu amor por Roma,[11] já não mais o consegue fazer. Agora é de um desconsolo — peneirado com pitadas de uma esperança não confiante — que se trata. Desde os primeiros lampejos de preocupação, em 1969, Murilo dá sinais desse seu estado — sinais que aparecem não só em suas cartas, mas também em suas publicações.

10 Ibid.

11 Cf. Murilo Mendes, «Vivo em Roma». In: *Poesia completa e prosa...*, op. cit., pp. 47-8.

Num dos fragmentos, datado de 1969, que compõem *Conversa portátil*, Murilo reflete sobre o filme *Blow Up*, de Antonioni:

> Reconstruo mentalmente o começo e o final de *Blow Up*, o considerável filme de Antonioni: pessoas existentes reúnem-se para um jogo inexistente: fazem força, deslocam braços e pernas, perseguem uma bola invisível, mas não atingem o escopo. Tudo se dissolve no ar, sem palavras, tudo existe e inexiste. As definições científicas nos informam que estamos situados no tempo e no espaço. Mas isto será verdade, ou uma verdade provisória? [...] O que significa o fato de existir, mover-se, respirar, agir? Qual o destino da cultura? Subsistirão, após a provável próxima catástrofe, os textos da *Divina commedia*, da *Odisseia*, de *Os Lusíadas*, de *Hamlet*, das *Soledades*, de *Le Fleurs du Mal*, de *Finnegans Wake*, de *Corpo de baile*? Subsistirão os templos hindus, o Partenon, a «Pietà Rondanini», *Les Demoiselles d'Avignon*, as partituras de *Don Giovanni* e da *Paixão segundo S. Mateus*, as películas de *Luzes da cidade*, *O couraçado Potemkin*, *Blow Up*, as ruínas das ruínas, o tempo e o espaço, a memória de Deus e a do homem? Retorna, inevitável, a ideia da morte. De novo é mestre Quevedo a me instruir. Na carta que dirigiu ao seu amigo italiano Ottavio Branquiforte lê-se: «*La muerte tan cerca está del primero cabello como del último*». Morte: ampliação gigantesca da fotografia da vida. *Blow Up*.[12]

O fim da vida, a proximidade da morte, o questionamento sobre a subsistência das obras humanas (das grandes obras de arte, diga-se), a despeito de com frequência aparecerem em poetas e pensadores que se aproximam do fim da vida, em muito se conectam às reflexões (também sobre a arte) feitas por

---

12 Id., *Conversa Portátil*. In: *Poesia completa e prosa...*, op. cit., p. 1472.

Lévi-Strauss alguns anos depois em *Olhar, escutar, ler*.[13] Com certa referência às *Memoires d'outre-tombe*, de Chateaubriand, o antropólogo pensa a insignificância da humanidade para o cosmos e como, a partir disso, sua persistência, no correr dos milênios, nada terá representado. Porém, mesmo assim, é perceptível aí uma espécie de lamentação: a perda das grandes obras criadas pelo homem, únicos traços de que alguma coisa aconteceu. Mas Murilo, no momento em que pensa sobre a morte em *Blow Up*, está, e nesse caso a conexão deixa evidências, nos traços de alguém que também tem certas marcas das leituras de Chateaubriand: Michel Foucault, em *As palavras e as coisas*.

Murilo, quando se lembra e *reconstrói*, *remonta* mentalmente o filme de 1966, de modo provável *constrói* suas reflexões e seu texto sob as influências do que acabara de grifar em seu exemplar de *As palavras e as coisas*, também de 1966: «O homem é uma invenção de que a arqueologia de nosso pensamento mostra facilmente a data recente. E, talvez, o fim próximo».[14] O retorno da ideia de morte, a morte como sempre já presente na vida é, de fato, a aproximação da morte como contemporânea. Tal ideia também está presente em outro escritor referência na época, Maurice Blanchot, que, em 1955, em *O espaço literário*,[15] já havia falado da aproximação da morte como contemporânea à vida — cujo acesso, porém, seria sempre interdito. E, de modo ainda mais matricial à discussão, em Georg Simmel que, no início

---

13 Claude Lévi-Strauss, *Olhar, escutar, ler*. Trad. de Beatriz Perrone-Moisés. São Paulo: Companhia das Letras, 1997. Também a entrevista concedida a Didier Eribon — cinco anos antes da publicação de *Olhar, escutar, ler* — é marca de uma *desilusão ativa* de Lévi-Strauss (e que, aqui, pode ser mantida em relação a Murilo Mendes). Cf. Claude Lévi-Strauss; Didier Eribon, *De perto e de longe*. Trad. de Lea Mello e Julieta Leite. São Paulo: Cosac Naify, 2005, p. 229.

14 Michel Foucault, *Les mots et les choses*. Paris: Gallimard, 1966, p. 398.

15 Cf. Maurice Blanchot, *O espaço literário*. Trad. de Álvaro Cabral. Rio de Janeiro: Rocco, 1987.

do século, pensava a morte como já presente no homem desde seu nascimento:

> Do mesmo modo que não estamos sempre verdadeiramente aí desde o instante de nosso nascimento, mas que há continuamente um pouco de nós nascendo, assim também não morremos apenas em nosso último instante. Vê-se agora de modo claro a significação da morte como criadora de forma. Ela não se contenta em limitar nossa vida, isto é, em lhe dar forma na hora do trespassar; ao contrário, ela é para nossa vida um fator de forma, que dá coloração a todos os seus conteúdos: fixando os limites da vida na totalidade, a morte exerce de antemão uma ação sobre cada um de seus conteúdos e de seus instantes; a qualidade e a forma de cada um deles seriam outras se fosse possível ultrapassar esse limite imanente.[16]

De certa maneira, as preocupações de senilidade de Murilo são a sensação ainda mais aguda desse algo e ao mesmo tempo nada («*tan cerca está del primero cabello como del último*») que é a morte. A agonia em que o poeta entra nos últimos anos está inexoravelmente presente nos textos dos mesmos anos (nos materiais compostos em italiano, *Ipotesi*, nos fragmentos de *Conversa portátil*, na segunda série de *Retratos-relâmpago* e, até mesmo, em *Janelas verdes* — sua ode a Portugal, por excelência, terra da *Saudade*).

A morte que dá forma à vida é, nesses anos, pressentida por Murilo como uma espécie de absoluto, algo ínsito à vida, capaz até mesmo de matar a própria ressurreição: «Se tudo é morte/ haverá também a morte da ressurreição».[17] Numa visão embebida de pessimismo, as *Ipotesi* tratam do tempo e de seu fim:

---

16 Georg Simmel, *La Tragédie de la culture*. Trad. de Sabine Cornille e Philippe Ivernel. Paris: Rivages, 1988, pp. 171-2.

17 Murilo Mendes, *Ipotesi*. In: *Poesia completa e prosa...*, op. cit., p. 1506.

e as imagens dos relógios, da irreversibilidade, da catástrofe, do caos, tão presentes no livro, são um horizonte no *mundo muriliano*. Além disso, também as já citadas cartas dos últimos anos de vida são uma marca evidente desse *desespero*. No trocadilho sobre a paz — marcado pelo *hélas!*, tão utilizado por Murilo em suas exclamações com algum senso de *humour* — feito na carta de 5 de maio de 1969, endereçada à irmã, vê-se que o poeta associa a ideia de paz à de Deus, colocando ambos fora do mundo, numa aparente impossibilidade. Porém ainda mais significativa — e, de todo modo, conectada a essa ausência divina no mundo — é a repetição sistemática nas cartas de um significante peculiar: o *diabo*.

Depois de cada descrição da realidade italiana que o desola, Murilo, como que a marcar seu desespero neste mundo, lança mão desse significante nada irrisório, o diabo, que, na tradição ocidental e sobretudo católica — tão cara a Murilo —, representa a criatura que carrega nas costas (uma espécie de Sísifo) o peso de ter caído do paraíso por ter se negado a adorar um ser pior e posterior a ele, o homem, tal como narrado no apócrifo *Vida de Adão e Eva*, recentemente incluído numa grande compilação de textos sobre angelologia organizada por Giorgio Agamben e Emanuele Coccia.[18] Diz o texto que, depois de terem sido expulsos do Paraíso, Adão e Eva montaram uma cabana onde lamentaram e choraram por sete dias, quando, com fome, saem à busca de alimentos. Não encontrando aqueles que eram acostumados a comer no Paraíso, mas apenas comida para animais, colocam-se, Adão no rio Jordão, Eva no rio Tigre, em penitência à espera de misericórdia do senhor. Eva, no entanto, é — à semelhança do ludíbrio pela serpente — enganada pelo diabo, que a faz interromper a penitência dizendo que Deus já havia ouvido seus lamentos e que, por isso, enviara

18 Giorgio Agamben; Emanuele Coccia (Orgs.), «Vita di Adamo ed Eva». In: *Angeli: Ebraismo, Cristianesimo, Islam*. Vicenza: Neri Pozza, 2009, pp. 751-4.

uma legião de anjos para conduzir o casal até o local da comida. Adão, entretanto, quando vê Eva junto ao diabo, reprime-a dizendo ter ela caído novamente em erro. Eva, ao perceber seu erro, pergunta então ao diabo por que razões ele os perseguia com tamanha maldade. Ao que o diabo responde: «Oh, Adão, toda a minha inimizade, inveja e dor são por tua causa, porque por culpa tua fui expulso e privado da glória que tinha nos céus entre os anjos, e por tua causa fui jogado sobre a terra».[19] Adão, diante dessa afirmação do diabo, pergunta-lhe o que ele, o homem prototípico, tinha a ver com queda do anjo, o que fizera para isso. E o diabo mais uma vez responde que por causa da criação de Adão ele fora afastado da contemplação do rosto do Senhor, fora expulso para esta terra e acometido de dor pelo despojamento da glória, e, por isso, enganou Eva para, assim, privar Adão da possibilidade da felicidade.[20] Nesse sentido, o diálogo do homem com o diabo traz a ideia da desolação satânica com a perda da própria glória nos céus mas, ao mesmo tempo, mostra como ao diabo o mundo pôde ser uma nova morada (não por ele desejada, porém, onde podia atuar livre dos constrangimentos da hierarquia do governo celeste) na qual poderia, inclusive, ser *fraudulento* — isso quer dizer, liberar os nomes das coisas, ludibriar, mentir (ou ainda, liberar na linguagem a possibilidade de significações).[21]

A terra, o lugar não desejado por excelência, é apenas o lugar dos *caídos*, o que significa, para o homem, o lugar da morte. E não é sem razão que Murilo, próximo da morte (e com o imaginário cristão católico que lhe era peculiar), começa a sentir *o diabo* por toda parte. O espectro que gira, portanto, nas marcas do diabo das cartas de Murilo é, não por acaso, a *melancolia*. Na tradição cristã é a figura de um anjo — o demônio meridiano — que

19 Ibid., p. 751.

20 Ibid., pp. 751-2.

21 Cf. Giorgio Agamben, *Il sacramento del linguaggio: Archeologia del giuramento. Homo sacer II, 3*. Roma/Bari: Laterza, 2008, pp. 94-9.

caracteriza a situação melancólica. O demônio que, por volta do meio-dia, elegia suas vítimas entre os homens religiosos que nos claustros, em vez de então praticarem a oração, deixavam-se guiar por uma espécie de queixosa fadiga que lhes impedia as tarefas monacais.[22] De certo modo, o objeto de desejo do melancólico não é por ele esquecido ou afastado, mas continua posto para ele como fim, porém, inatingível.

Se, em termos teológicos, o que deixa de alcançar não é a salvação, e sim o *caminho* que leva à mesma, em termos psicológicos, a retração do acidioso não delata um eclipse do desejo, mas sim o fato de tornar-se inatingível seu objeto: *trata-se da perversão de uma vontade que quer o objeto, mas não quer o caminho que a ele conduz e ao mesmo tempo deseja e obstrui a estrada ao próprio desejo.*[23]

Ao melancólico, portanto, acontece algo como no aforismo kafkiano, «existe um ponto de chegada, mas nenhum caminho», de maneira que não há como fugir do que não se pode escapar. Murilo, que lê os diários de Kafka, faz a seguinte anotação no fim de seu exemplar do livro: «também eu sofro com certas coisas». Em seguida, indica, como referência a essa sua sensação, as páginas do diário relativas aos dias 13 de março a 9 de abril de 1915. Trata-se de um período em que Kafka sente-se compelido à escritura, porém, incapaz de fazê-lo por diversos motivos que ele ali descreve, deixa-se tomar por certo desespero. Numa dessas passagens grifadas e anotadas por Murilo é possível ler:

22   Id., *Estâncias: A palavra e o fantasma na cultura ocidental*. Trad. de Selvino Assmann. Belo Horizonte: UFMG, 2007, pp. 21-56.

23   Ibid., pp. 30-1.

Não fui para casa, nem para a de Max, onde havia uma reunião esta noite. Razões: falta de vontade, medo da volta noturna, mas, sobretudo, ideia de que eu não escrevi nada ontem, de que eu me afasto cada vez mais de meu trabalho e de que estou em perigo de perder tudo o que adquiri nos últimos seis meses. Disso dou provas escrevendo miserável página e meia, começo de um novo conto já definitivamente condenado; depois, num desespero cuja responsabilidade é em grande parte de meu estômago embrulhado, li Herzen com a intenção de me deixar, não sei como, conduzir por ele.[24]

Aparece aqui uma aura negativa que Kafka não consegue romper, e contra a qual qualquer luta parece fadada ao fracasso, até a entrega à leitura não num gesto de esperança, mas de condenação ainda maior: não sabe como, mas *intenciona*, tem desejo de algo que sabe inalcançável. É a típica faceta melancólica.[25] Porém, enquanto a melancolia kafkiana emperrava o mecanismo de sua escrita (impulsionando-o ao isolamento, já que parece não querer ver ninguém senão na forma espectral de uma possibilidade de guiá-lo), Murilo sentava-se e escrevia ainda mais — como diz na carta à irmã de 22 de fevereiro de 1970 (Murilo também não se isolava — basta lembrar as queixas de falta de amigos e «bons contatos» numa das cartas à irmã).

Aos nefastos medos de Kafka, o diabo que assolava Murilo bem pode ser visto numa dupla polaridade, portanto. Tal como

---

24 Franz Kafka, *Journal*. Trad. de Marthe Robert. Paris: Grasset, 1954, pp. 430-1.

25 Todo o contexto kafkiano pode ser lido também à luz da melancolia descrita pela psicologia medieval e que chega até o Renascimento (figurando, principalmente, naquilo para o que Aby Warburg chama atenção em suas interpretações a respeito das adivinhações pagãs e antigas e suas influências no humanismo renascentista. Cf. Aby Warburg, «La divination païenne et antique». In: *Essais florentins*. Trad. de Sibylle Müller. Paris: Klincksieck, 2003, pp. 242-94. Também Agamben, nos passos de Warburg, levanta a questão a partir de um dos aforismos do *Regimen Sanitatis Salernitanum*. Cf. Agamben, *Estâncias...*, op. cit., pp. 33-4.

a figura do anjo melancólico düreriano, o diabo (o anjo) o afunda na tristeza e, por isso, faz com que o poeta se incline ainda mais à escritura.[26] Como lembra Warburg, nas análises sobre *Melancolia I* de Dürer, «o obscuro demônio astrológico, que devora seus filhos e cujo combate cósmico contra outra divindade astral pesa sobre o destino da criatura submetida à sua influência, é humanizado e torna-se a encarnação plástica do homem que trabalha e pensa».[27]

Em *Ipotesi*, uma de suas últimas compilações de poesias, escritas em italiano, é possível perceber as marcas mais candentes desse anjo-diabo[28] em Murilo. Seus *epigramas* são a marca evidente dessa situação. Abertos com *L'ultimo uomo* e finalizados com *Ritorno*, deixam a todo instante transparecer a atmosfera melancólica na qual se encontra o poeta. O último homem, sozinho diante da bomba atômica e que convida o leitor para ir ao leito, que só pode ser de morte, deseja, ao fim, retornar ao reino mineral — é o desejo de escapar do *caos*, que já é fato de ordinária administração. Tudo é fruto do homem que sabe que o sistema em que vive transforma tudo

---

26 Em clave benjaminiana (portanto, aqui não levamos em conta a também fundamental, ainda que díspar, análise heideggeriana), é possível dizer que em Murilo a melancolia reveste-se de tédio, que também é um *limiar* para agir, como lembra o filósofo alemão no arquivo D 2, 7, das *Passagens*. Cf. Walter Benjamin, *Passagens*. Trad. de Irene Aron e Cleonice Paes Barreto Mourão. Belo Horizonte/São Paulo: UFMG/Imprensa Oficial do Estado de São Paulo, 2006. p. 145: «Sentimos tédio quando não sabemos o que estamos esperando. O fato de o sabermos ou imaginar que o sabemos é quase sempre nada mais que a expressão de nossa superficialidade ou distração. O tédio é o limiar para grandes feitos. — Seria importante saber: qual é o oposto dialético do tédio?».

27 Warburg, «La divination païenne et antique»..., op. cit., p. 280.

28 O anjo que mostra a Murilo a face caótica do mundo, sua desintegração de cosmos em caos, age do mesmo modo que em Baudelaire: o Demônio que, inspirado pelo poeta, leva-o às planícies do Tédio, distante de Deus. Cf. Charles Baudelaire, *As flores do mal*. Trad. de Ivan Nóbrega Junqueira. Rio de Janeiro: Nova Fronteira, 1985, p. 390. Ed. bilíngue.

em matéria de consumo (mercadoria) e é, ao mesmo tempo, a prostituta da morte.

> Antes de nos entregar à roda do Hades
> Onde giraremos, olhos fechados de peixe
> Que nem mesmo um cão quer olhar,
> A morte prostitui-se com o sistema.[29]

Mas escapar do caos, saber das relações promíscuas, ou mesmo cortesãs,[30] do mundo humano com a morte, é ter consciência também do abandono que sofre o homem por parte do cosmos; Murilo tenta escapar do caos, porém, sem chances de cosmos. Num dos textos de *Conversa portátil*, o abandono é o de um *Senhor* que, diante do servo suplicante (são os ecos do Evangelho de Matheus «*Eli, Eli, Lama Sabachthani!*»), vira-lhe as costas:

> Desta janela interrogativa distingo o cosmo: metade homem, metade mulher, «*due archi paralleli e concolori*» (Par. XII, 11). Chora e ri ao mesmo tempo. Levanta um braço, logo depois solta no azul mallarmeano, com absoluta destreza, uma galáxia. Eu então, autômato, me ajoelho e, participante do seu ato, suplico-lhe: «cosmo, já que sabes criar milhares de galáxias, concede-me uma delas: prometo não fundar ali nenhum arranha-céu nem posto de gasolina, centro atômico ou prisão, em contrapartida te levantarei uma ode metálica».
>
> O cosmo trabalhador ocupadíssimo finge que não me entende. Com luvas gigantescas, pedalando, afasta-se, para entre

---

29 Mendes, *Ipotesi*, op. cit., p. 1517.

30 E, de Walter Benjamin, vem um pequeno aforismo que conecta uma das figuras da melancolia, o tédio, às figuras do amor *de trocas* na coorte: «E o tédio é a treliça diante da qual a cortesã provoca a morte. Ennui». Cf. Benjamin, *Passagens*, op. cit., p. 101.

sonho e realidade criar outras galáxias claríssimas cruéis, longe da poluição da atmosfera e do espaço do petróleo.[31]

O mundo do homem, abandonado pelo cosmos, é o da depredação e da queda, da poluição e do negrume do petróleo e da ameaça constante de fim atômico. A janela interrogativa de onde Murilo escreve — da via del Consolato, 6, ou, ainda, alguma das janelas verdes a partir da qual se abrem os edifícios da rua do Museu Nacional de Arte Antiga de Portugal — é a abertura que lhe permite vislumbrar esse cosmos arredio, mas também ver o mundo caótico em que vive. Lembra Raúl Antelo — lendo o Murilo dos anos 1940 — que o poeta, diante do caos, abre janelas. Mas o caos — que é justamente a *falta de ordem* do mundo — visto por Murilo das janelas, nos anos 1930, quando da morte de seu *alter ego*, Ismael Nery, como também anota Antelo,[32] traz o pânico ao poeta, que então aparece como um *desesperado* que só vislumbra *A destruição*:

> Morrerei abominando o mal que cometi
> E sem ânimo para fazer o bem.
> Amo tanto o culpado como o inocente.
> Ó Madalena, tu que dominaste a força da carne,
> Estás mais perto de nós do que a Virgem Maria,
> Isenta, desde a eternidade, da culpa original.
> Meus irmãos, somos mais unidos pelo
> [pecado do que pela Graça:
> Pertencemos à numerosa comunidade do desespero
> Que existirá até a consumação do mundo.[33]

---

31 Mendes, *Conversa portátil*, op. cit., pp. 1474-5.

32 Raúl Antelo, «Desleituras criativas». In: *Transgressão & Modernidade*. Ponta Grossa: UEPG, 2001, p. 158.

33 Mendes, «A poesia em pânico». In: *Poesia completa e prosa...*, op. cit., p. 287.

Destruição e abandono que, com a perda do amigo, Murilo *re-sente* novíssimos e, como no final da vida, são alavancados pela figura demoníaca assoladora do mundo. Como o grito do messias exposto na cruz, a interpelação de Murilo, seu clamor e grito de desespero, é por sentir-se angustiado e só em um mundo sem deus, mas com o diabo.

> — Eu fui criado à tua imagem e semelhança.
> Mas não me deixaste o poder de multiplicar o pão do pobre,
> Nem a neta de Madalena para me amar,
> O segredo que faz andar o morto e faz o cego ver.
> Deixaste-me de ti somente o escárnio que te deram,
> Deixaste-me o demônio que te tentou no deserto,
> Deixaste-me a fraqueza que sentiste no horto,
>
> E o eco do teu grande grito de abandono:
> Por isso serei angustiado e só até a
> [consumação dos meus dias.[34]

É preciso ressaltar, entretanto, a importância do lugar a partir do qual Murilo vislumbra o caos: a janela. Segundo Antelo,[35] são dois os tipos de janelas (literárias): ao modo Apollinaire, «diurnas e confiantes», e ao modo Baudelaire, «um *trou noir*, que que nos aguça o voyeurismo». Em Murilo as janelas ganham esses contornos baudelairianos e se apresentam como buracos negros, abismos que, numa das galáxias jogadas ao léu pelo cosmos — jogadas no azul mallarmaico —, como aqueles de Pascal, dão possibilidades ao voyeurismo aguçado:

---

34 Id., «Tempo e eternidade». In: *Poesia completa e prosa...*, op. cit., p. 254.

35 Raúl Antelo, «A abstração do objeto». In: RIBEIRO, Gilvan Procópio; NEVES, José Alberto Pinho (Orgs.), *Murilo Mendes: o visionário.* Juiz de Fora: EDUFJF, 1997, p. 32.

Pascal em si tinha um abismo se movendo.
— Ai, tudo é abismo! — sonho, ação, desejo intenso,
Palavra! E sobre mim, num calafrio, eu penso
Sentir do Medo o vento às vezes se estendendo.

Em volta, no alto, embaixo, a profundeza, o denso
Silêncio, a tumba, o espaço cativante e horrendo...
Em minhas noites, Deus, o sábio dedo erguendo,
Desenha um pesadelo multiforme e imenso.

Tenho medo do sono, o túnel que me esconde,
Cheio de vago horror, levando não sei aonde;
Do infinito, à janela, eu gozo os cruéis prazeres,

E meu espírito, ébrio afeito ao desvario,
Ao nada inveja a insensibilidade e o frio.
— Ah, não sair jamais dos Números e Seres![36]

Toda essa *caosmologia melancólica* de fim de vida muriliana
já muito antes assombrava o *enigma do mundo* do poeta. Já na
década de 1930, principalmente com as *Metamorfoses*, vê-se um
Murilo preocupado com um aspecto para além da temporalidade
histórica, ou, de outro modo, com a sublevação do tempo em
essência, como o queria o amigo Ismael Nery.[37] Mas é nos anos
1940, quando publica *Mundo enigma* e *Poesia liberdade*, que *seu*
surrealismo se apresenta claramente e, no limiar da década, em
vez de fechar o ciclo dos anos em que o *mundo* viu o *caos*, abre
mais uma janela, sua *janela para o caos*. Assim, em 1949 Murilo
tem publicada em Paris uma coletânea de poemas, por ele mesmo
selecionados dentre os livros *Mundo enigma* e *Poesia liberdade*,

36 Baudelaire, *As flores do mal*, op. cit., p. 472.

37 Cf. Murilo Mendes, *Recordações de Ismael Nery*. São Paulo: Edusp/Giordano,
1996, pp. 53-61.

chamada *Janela do caos*. Na edição, de responsabilidade do diplomata Roberto Assumpção, foram também inseridas seis litografias de Francis Picabia.[38] Numa das cartas de Murilo a Assumpção, quando da organização da edição, o poeta diz:

> Quanto ao título autorizo-o a escolher *Janela do caos*. O título primitivo desse poema era «Janelas do caos», no plural. Depois resolvi alterá-lo, passando-o para o singular. Acho que esse título poderá dar nome ao volume todo — parece-me que é um resumo do espírito da minha poesia.[39]

As janelas, que se tornam plurais somente nos anos 1970 (com as *Janelas verdes*), aqui são apenas uma: o espírito da poesia de Murilo. Assim, na carta de agradecimento a Picabia, Murilo diz:

> Acho que há muita surrealidade mesmo em certos clássicos; que há um estado surrealista na vida, um estado que com frequência se esconde, mas que todavia se revela em toda a sua estranheza e sua angústia. Esse estado transparece *inevitavelmente* em meus poemas. Em lugar de buscar uma correspondência gráfica impossível e que maltrata tantos textos, o senhor encontrou o núcleo mesmo dessa poesia em sua surrealidade, no centro do debate entre a ordem e a loucura que continua sendo o grande debate da minha vida.[40]

O surrealismo a que Murilo alude, então o centro de suas indagações — e o título *Poesia liberdade* já é uma referência

---

38 Cf. Júlio Castañon Guimarães (Org.), *Cartas de Murilo Mendes a Roberto Assumpção*. Rio de Janeiro: Casa de Rui Barbosa, 2007.

39 Ibid., p. 25.

40 Ibid., p. 96.

ao Manifesto Surrealista de 1924 —, é também o estado de angústia e agonia do poeta, que pode ser visto na forma da janela aberta ao caos e dá a ver não uma estrutura formada do universo — um cosmos —, mas apenas o esboço, o inacabado, as infinitas possibilidades de imaginar o mundo (e o universo) que apenas caminha em direção a *per-fazer-se*, como se vê num dos poemas selecionados por Murilo para a *Janela do caos*.

> Todas as formas ainda se encontram em esboço,
> Tudo vive em transformação:
> Mas o universo marcha
> Para a arquitetura perfeita.[41]

Nada é acabado, tudo é porvir, ainda que se viva de restos de um futuro do pretérito[42] (esse *terá sido* que não cansa de abalar as estruturas da eternidade), isto é, nesse tempo composto. Consternado pelas intromissões da angústia em qualquer tipo de entendimento, não resta senão a dura constatação de saber-se condenado à existência, à obscura vida — vida que no fragmento sobre o *Blow Up* aparece como a fotografia cuja ampliação revela a morte e que aqui, nos anos da *Janela do caos*, é interpelada pelo poeta, como um *Voto*, a ser transparente como a morte, que é uma clara esperança.

> Obscura vida,
> O que te peço
> É que me reveles teus desígnios,
> Obscura vida: Que sejas transparente
> E concisa

---

41 Murilo Mendes, *Poesia liberdade*. In: *Poesia completa e prosa...*, op. cit., p. 410.

42 Cf. Raúl Antelo, «Concisão e convergência». In: *Transgressão & Modernidade,* op. cit, p. 144.

Como por exemplo a morte —
Clara esperança.[43]

O tempo, a transformação, o ver as cores menos coloridas, a descida ao Hades da horas, o correr desenfreado da flecha para o alvo que decreta a finitude são os aspectos de um esboço que, como artífice da própria vida, deve o poeta apagar e reconfigurar, reapagar e configurar (e, assim, o *essencial* de Ismael Nery é retomado por Murilo numa dimensão tangível que o poeta toca com sua mão: isto é, montar e remontar a própria história). E, como contraface do caráter melancólico, a imaginação de Murilo lhe dá seu poder de metamorfose, sua posição — como de suspensão — entre a vida e a morte, que, no retrato-relâmpago de Caravaggio, assim também aparecia: «desespera-se de não poder pintar — escuro demais — o abismo do nada que já desvenda; e — claro demais — o espaço da própria morte».[44]

A janela para a liberdade, aberta para além da realidade — o abismo do caos —, configura-se como síntese do espírito poético muriliano, ou, ainda, é marca da condição *agoniada* dos homens, capaz de possibilitar, por sua vez, a poesia — que no aforismo 16 de *O discípulo de Emaús* aparece como condição geral dos homens: «Em geral o estado dos homens é uma agonia alegre».[45] A janela, desse modo, é o espaço *limiar*,[46] nem interior nem exterior, que

43   Mendes, *Poesia liberdade,* op. cit., p. 430.

44   Id., *Retratos-relâmpago.* In: *Poesia completa e prosa...,* op. cit., p. 1267.

45   Id., *O discípulo de Emaús.* In: *Poesia completa e prosa...,* op. cit., p. 818.

46   Agamben chama a atenção para a noção de limiar como experiência de um limite. Assim, a janela muriliana abre-se em sua forma de *êxtase.* Cf. Giorgio Agamben, *La comunità che viene.* Turim: Bollati Boringhieri, 2001, p. 56: «Importante è qui che la nozione del 'fuori' sia espressa, in molte lingue europee, da una parola che significa 'alle porte' (*fores* è, in latino, la porta della casa, *thyrathen* in greco, vale letteralmente 'alla soglia'). Il fuori non è um altro spazio che giace al di là di uno spazio determinato, ma è il varco, l'esteriorità che gli dà accesso — in una parola: il suo volto, il suo *eidos.* La soglia non è, in questo senso, un'altra cosa rispetto al

ex-põe o poeta à ambiguidade (esta que, no retrato-relâmpago de Dino Campana, é sinônimo de janela e, ao mesmo tempo, a justificação do artista: «Na ambiguidade encontro minha justificação; através dela espio o cosmo, que se morde».[47]

Diante disso, as angústias que aparecem nos últimos dez anos da vida de Murilo são partes da própria condição do poeta, gestos que o marcam desde o início de seu itinerário poético. Assim, nos anos antecedentes à morte, em Guimarães, uma das cidades portuguesas que canta em seu outro livro-janela, *Janelas verdes*, cidade que, segundo ele, teria a maior quantidade de janelas de Portugal, Murilo reflete sobre a condessa de Mumadona, uma das filhas da reconquista das terras ao norte de Portugal das mãos dos mouros. Nessa reflexão, o caos reaparece:

> A condessa Mumadona é bem menos considerável que dom Afonso Henriques: todavia seu nome preocupa-me enquanto passo em revista as janelas do centro. Seria, *ohimè*, uma mulher de pulso, caráter militar. [...] Restituindo-se, considerando-se, Mumadona desaparece através da serra de Santa Catarina. O vento, mudando de mentalidade, já habituado à aceleração da história, não repete mais entre as folhas, como faria na época do romantismo: «Mumadona! Mumadona!». Limita-se a girar, gastando-se. O nome Mumadona implica uma quase múmia (a advertência da morte se alastra *ovunque*, insinuando-se nas imagens «positivas»), mas implica também uma dona, matéria de infinita exegese. Qual o destino dos nomes, senão crescer, transformar-se, desselar o caos, e eventualmente ressuscitar pela própria força do texto?[48]

---

limite; essa è, per cosi dire, l'esperienza del limite stesso, l'esser-dentro un fuori. Questa *ek-stasis* è il dono che la singolarità raccoglie dalle mani vuote dell'umanità».

47   Mendes, *Retratos-relâmpago,* op. cit., p. 1264.

48   Id., *Janelas verdes.* In: *Poesia completa e prosa...,* op. cit., pp. 1366-7.

Num pensamento que perpassa a «hesitação prolongada entre o som e o sentido», Murilo tenta, num *tempo-relâmpago*, fechar as janelas para evitar o desastre da morte, porém dá-se conta de que tal fechamento é impossível, pois há sempre o nome a abrir — a *desselar* — o caos. E esse *tempo-relâmpago*, que lhe faz tentar impedir o caos, transforma-se em metamorfose, em *retrato-relâmpago* — as fotografias vivas cuja ampliação (como o olhar do poeta, com uma luneta, através da janela a ampliar o caos do mundo) revela apenas *a morte*.[49] A janela espírito da sua poesia — a janela do caos —, o único lugar possível para o poeta, é a partir de onde a catástrofe inexorável pode ser vista também em doce enigma.

> Doce enigma da morte,
> Tu que nos livras da criatura,
> Desta angústia do pecado e da carne.
> Doce enigma da morte,
> De ti, contigo e por ti é que eu vivo.
> Julgamento, inferno e paraíso:
> Sois menos necessários ao poeta.
> A minha morte
> É também a morte de todas as mulheres que existem comigo,

---

49 Os *Retratos-relâmpago* funcionam em Murilo como uma espécie de *canto de despedida*, em que a alegria de viver e a agonia da proximidade do fim mostram-se por meio das características das personagens descritas (uma forma de confirmar o aforismo 16 de *O discípulo de Emaús*). A respeito dessa lembrança do caráter melancólico muriliano também nos *Retratos-relâmpago*, cf. Maria Betânia Amoroso, «Retratos-relâmpago: despedida e comemoração». *Estúdios Portugueses: revista de filologia portuguesa*, vol. 10. Salamanca: Luso-Española de Ediciones, 2010, pp. 137-46: «Aqui se procurou estender as palavras de Said para a produção do último Murilo Mendes e, a partir daí, procurou-se compreender, num relance, os retratos-relâmpago como obra tardia, na qual o 'exílio' e a proximidade da morte definem novas soluções formais que são tão novas e inesperadas quanto aquelas que apresentaram o poeta ao mundo, nos anos 30, mas trazem as marcas, mesmo que disfarçadas, da melancolia».

Aquela que eu amo e não me ama,
Aquelas que eu não amo e me amam.
Morte, salário da vida.
Doce enigma da morte.[50]

O salário da vida em que a morte se transforma é o pagamento (a troca) ao poeta por seu trabalho de sentinela na janela caótica. Olhar para o mundo — mundo e caos portanto se identificam: e eis o *abismo*, o *nihil*, a partir do qual começar seja a vida, seja a poesia — pela janela faz com que esta ganhe o estatuto de pedestal para o homem pós-histórico, que, portanto, supera o travamento melancólico da não obra que permanece como espectro, como fantasma instaurador do imperativo que exige o cumprimento do caminho até a obra, e lança o poeta na inoperosidade fundamental na qual a agonia da condenação à existência aglutina-se a uma alegria por poder criar:

> Ninguém ignora que com o progresso da automatização ou automação a fadiga do homem tende sempre a diminuir. Antes do fim do século, em lugar de *Os trabalhos e os dias*, um novo Hesíodo poderá escrever «Os lazeres e os dias». Debruçar-se à janela voltando a ser uma ocupação instrutiva, Guimarães serviria de modelo a outras cidades futuras; provavelmente se fundará uma Janelópolis universal, traduzindo abertura para a invenção, a liberdade, a convivência e a paz definitiva; com muitas janelas verdes, além de vermelhas, brancas, azuis, dialogando-se.[51]

A ocupação instrutiva dessa vida pós-histórica (o *voyou desoeuvré* debruçado na janela) combina-se com a pré-história, e a Janelópolis é assim universal, o ponto que paradoxalmente faz coincidir início (de abertura para a invenção) e fim da história

50 Mendes, «A poesia em pânico», op. cit., pp. 306-7.

51 Id., *Janelas verdes*, op. cit., p. 1367.

que movimenta e impulsiona o trabalho poético. Aproximar-se das origens, da *Antiguidade*, de um princípio, uma *arché* (e a citação de Hesíodo — que foi, por assim dizer, com sua *Teogonia*, o primeiro na tradição grega a se perguntar sobre a *origem* dos deuses — não é em vão), é encontrar, olhando o caos primordial através da janela, o ponto em que é possível iniciar, poetar:

> Quero voltar para o repouso sem fim,
> Para o mundo de onde saí pelo pecado,
> Onde não é mais preciso sol nem lua.
> Quero voltar para a mulher comum
> Que abriga a todos igualmente,
> Que tem os olhos vendados e descansa nas águas eternas.
>
> Quero voltar para o princípio
> Que nivela vida e morte, construção e destruição,
> Diante do qual não existe lei nem marco.
> Quero viver sem cor nem forma, peso ou cheiro,
> Fora da alegria e da tristeza.
>
> Eu sofro a terrível pressão do que existiu,
> Do que não existiu e do que existirá.
> Eu mesmo aperto os três círculos do inferno
> Neste trabalho de escavação do universo
> Pelo qual me aproximo das origens.[52]

Essa espécie de nostalgia de um passado em que uma felicidade para além do nome felicidade seria possível marca, mais do que um lamento, uma atitude de contemporaneidade no poeta.[53] Ao olhar para o passado, sabe que a História só pode

---

52   Id., «A poesia em pânico», op. cit., p. 309.

53   Cf. Giorgio Agamben, *O que é o contemporâneo? E outros ensaios.* Trad. de Vinícius Nicastro Honesko. Chapecó: Argos, 2009, p. 72: «Não apenas aquele que, percebendo

ser fragmentária e descontínua, de modo que o mais arcaico e o mais moderno sejam concomitantes.[54] E essa investida inventiva no e do passado em função do presente do poeta é fruto do gesto imaginativo com o qual o poeta remonta sua história e sua linhagem podendo, portanto, criar no presente — mesmo num mundo abandonado ao diabo.

---

o escuro do presente, nele apreende a resoluta luz; é também aquele que, dividindo e interpolando o tempo, está à altura de transformá-lo e de colocá-lo em relação com os outros tempos, de nele ler de modo inédito a história, de 'citá-la' segundo uma necessidade que não provém de maneira nenhuma de seu arbítrio, mas de uma exigência à qual ele não pode responder. É como se aquela invisível luz, que é o escuro do presente, projetasse sua sombra sobre o passado, e este, tocado por esse facho de sombra, adquirisse a capacidade de responder às trevas do agora».

54   Cf. Antelo, «Concisão e convergência», op. cit.

O POLÍTICO

O ingovernável: os paradoxos do sujeito nos tempos da governamentalidade total

Pouco antes das dez da manhã do dia 11 de setembro de 2001, ainda durante minha graduação em Direito, ao sair de uma das aulas encontro um amigo que me diz: «Acabaram de jogar um avião numa das torres do World Trade Center». Sem acreditar, entrei no Centro Acadêmico, ainda com pouca gente, e vi que ele não estava brincando. Comecei a acompanhar a transmissão na pequena TV que tínhamos por ali. A notícia começou a se espalhar pelas salas, e, pouco depois, a sala dos estudantes estava repleta de gente estupefata diante das imagens de uma Nova York que desabava.

Mas o que acontecia naquele dia (além da perda de milhares de vidas e do evidente início de um enrijecimento na busca pelo inimigo político do Ocidente, o «terror sem face»)? Tratava-se, como tanto depois se anunciou, de uma abrupta mudança no mundo? O que a exibição ao vivo das imagens de um ataque terrorista podia representar para o início do século XXI? (Lembremonos de que imagens de violências de guerra já haviam ganhado espaço dez anos antes, na primeira guerra do Golfo.) O que mais era possível ver naquelas imagens? Aliás, o que a partir de então mudava (se é que houve efetivamente mudança) na economia do visível e nos modos de regulação (se é que é possível usar tal termo) da produção e uso das imagens?

Para tentar esboçar algumas possíveis análises a partir dessas perguntas, penso ainda em alguns eventos que me remetem a 2001. Em específico, ao mês anterior aos ataques às torres gêmeas, quando eu participava de um Congresso Brasileiro de Direito Administrativo. Por quê? Durante um dos intervalos do congresso, num giro por livrarias, comprei um pequeno curso de cristologia. Na época, começava a me interessar por temas teológicos, e por cristologia de modo especial. Ou seja, estudava a figura (a imagem) de Jesus, o messias (e, sabemos, Cristo não era um sobrenome, mas a designação técnica em grego para messias):[1] se a natureza de Jesus era humana, divina ou ambas, de que modo Jesus se relaciona com o Pai e, fundamentalmente, seu papel, como deus encarnado, no plano de redenção da humanidade.

O que de todo me escapava em 2001, no entanto, era em que medida a «cristologia» necessariamente tinha a ver com tal congresso de Direito Administrativo. Isto é, fugia-me a compreensão de como nos estudos da administração pública (o governo), na esfera do grande Leviatã, sobrevivem de modo velado os debates e as preocupações com a natureza do messias e com o modo de organizar e *administrar* as relações internas à pessoa divina (lembremos da doutrina da trindade), bem como as indagações sobre o modo como deus, encarnando e ingressando na história, estabelece seu plano de gestão da história humana (a chamada providência).

No entanto, algumas perguntas podem hoje decorrer dessas lembranças: de que maneira a administração das pessoas da trindade tem a ver com a administração na esfera dita laica? Como tal relação administrativa tem a ver com a questão das imagens, questão esta por mim lembrada no episódio do Onze de Setembro de 2001?

Para a primeira pergunta, uma resposta apresenta-se inevitável: seja na relação de organização interna às pessoas da trindade, seja nas relações de organização do governo no

---

1 Cf. Giorgio Agamben, *Il tempo che resta: Un commento alla Lettera ai Romani.* Turim: Bollati Boringhieri, 2000, pp. 22-4.

Estado, o que está em questão é um modo de organizar-se, um modo de administrar, um modo de gerir tais relações. É sabido que o termo *economia* (de *oikos*, «casa» em grego) era utilizado tanto por Xenofonte quanto por Aristóteles para designar um modo de organização da casa grega (*oikos* = casa; *nemein* = administrar, gerir), lugar onde havia a hierarquia e a chefia por um *oikonomos*, o que instaura a lei da casa — e aqui remeto às análises de Hannah Arendt em seu *A condição humana*.[2] Exemplo notório desse uso clássico do termo já encontramos na fala de Sócrates no diálogo *Econômico*, de Xenofonte:

> Pensamos que a economia, administração do patrimônio familiar, é o nome de um saber, e esse saber parece ser aquele pelo qual os homens são capazes de fazer crescer seus patrimônios, e patrimônio parece-nos ser o mesmo que o total de uma propriedade, e, para nós, propriedade é o que para cada um é proveitoso para a vida e dá-se como proveitoso, tudo quanto se saiba usar.[3]

Falamos, todavia, de um uso do termo na seara da administração da cidade. E por certo não podemos nos furtar a fazer menção à disciplina que nasce no século XVIII da nossa era: a economia política (e lembrar Adam Smith e seu *A riqueza das nações* seria quase uma cacofonia). Antes, porém, desse irremediável salto histórico (e, mais uma vez, as análises de Hannah Arendt são muito pertinentes para a compreensão das diferenças entre as por ela chamadas esfera pública/esfera privada — par dicotômico da Antiguidade clássica grega — e a esfera social), é preciso lembrar que a ampliação do uso do termo economia à gestão das atividades da *polis* já encontra na

2　Cf. Hannah Arendt, *A condição humana*. Trad. de Roberto Raposo. Rio de Janeiro: Forense Universitária, 2005, pp. 31-89.

3　Xenofonte, *Econômico*. Trad. de Anna Lia Amaral de Almeida. São Paulo: Martins Fontes, 1999, pp. 30-1.

Antiguidade suas primeiras manifestações, como por exemplo no tratado *Os econômicos*.[4]

A questão do uso do termo que remetia às atividades domésticas para as questões da *polis* é, ainda na Antiguidade, signo de uma ampliação de seu espectro semântico. De fato, a noção de práxis, isto é, um saber não epistêmico, funciona como núcleo duro do termo e, como tal, como conceito pragmático, tende a ser usado em diversas áreas. Diz a filósofa Marie José-Mondzain que economia (*oikonomia*)

> [...] encontra-se em *Hipócrates* para falar das disposições a serem tomadas em relação ao doente. Em *Políbio*, designa a administração política e também a marcha ou evolução dos eventos, enquanto em *Dionísio de Halicarnasso* trata-se da organização do conjunto de uma obra literária. O substantivo é mais tardio que o verbo *oikonomein*, que aparece em *Sófocles* no *Electra*. Paul Mazon o traduz por «*je suis servante au palais de mon père*» [eu sou governanta no palácio de meu pai]. Electra quer dizer que ela está reduzida a uma atividade servil de governanta do palácio paterno. A tarefa da economia é a de todo servidor encarregado de governança, assim como, simbolicamente, *Ésquilo* designa a cólera como governante do palácio de Agamêmnon. A tonalidade pejorativa é ainda mais notória em *Platão*, assim que Sócrates descreve a Fedro a gestão mesquinha e mortal do amor por aquele que não ama. O campo semântico em língua grega é, portanto, desde o início, ligado tanto aos bens materiais quanto

4 Aristóteles, *Os Económicos*. Trad. de D. F. Leão. Lisboa: Imprensa Nacional-Casa da Moeda, 2004, p. 35. Assim, quando abrimos o tratado *Os Econômicos* (que nos chega por meio do *corpus aristotelicum*, mas cuja atribuição de autoria a Aristóteles é questionável) lemos logo no primeiro parágrafo: «A arte de administrar uma casa e a de administrar uma pólis diferem entre si não apenas na medida em que a casa e a pólis também diferem (uma vez que aquela é o fundamento desta), mas ainda no fato de a administração da pólis envolver muitos governantes e de a administração doméstica depender somente de um».

aos bens simbólicos, aos quais se acrescenta a ideia de serviço. De maneira geral, a *oikonomia* clássica implica a organização funcional de uma ordem em vista de um lucro, material ou não. O modelo dessa ordem é natural, mas a boa gestão dessa economia nas sociedades requer a análise das situações e a intervenção humana para o melhor serviço dos fins.[5]

A arte, ou saber, de administrar uma casa, portanto, desdobra-se na arte de bem administrar (seja o corpo do doente, seja a organização de um discurso, seja, ainda que de modo pejorativo, o próprio amor). Que essa arte de administrar venha a ser compreendida no século XVIII, sobretudo a partir dos fisiocratas — como François Quesnay —, também como atinente à cidade, ao *corpo político*, é possível verificar com a simples leitura do verbete *economia* da quinta edição do Dicionário da Academia francesa, de 1798: «economia, diz-se de modo figurativo, e em significação mais precisa, da ordem pela qual um corpo político subsiste em seu modo principal: ela se chama economia política».[6]

Entretanto, ainda que vislumbrar o uso fisiocrático do termo seja já interessante para ver as implicações do *oikonomico* na esfera do *público*, o que nos interessa é outra derivação do uso do termo, qual seja, a de que fazem uso os teólogos da então incipiente Igreja católica (de modo especial, nos debates do século IV, entre os concílios de Niceia, de 325, e o primeiro Concílio de Constantinopla, de 381). Ainda que os

5 Marie-José Mondzain, *Image, icône, économie. Les sources byzantines de l'imaginaire contemporain*. Paris: Seuil, 1996, pp. 34-5.

6 *Dictionnaire de l'académie française*. 5. ed., 1798. p. 1073. Disponível em: <http://www.ebooksgratuits.com/ebooksfrance/dictionnaire_academie_francaise_5eme_edition.pdf>. No original: «économie, se dit figurément, et dans une signification plus étendue, de l'ordre par lequel un Corps politique subsiste principalement: elle s'appelle Économie politique».

termos ligados à *oikonomia* já houvessem sido usados por Paulo de Tarso,[7] é quando dos debates acerca da divindade ou não de Jesus que o uso do termo toma a denotação de administração das pessoas da trindade. Assim, quando os monarquianos sustentavam que a introdução da pessoa do Filho no Pai era o abandono do monoteísmo (monarquismo) e a assunção de um novo politeísmo criado pelos trinitaristas, estes respondiam que Deus é uno em essência e substância, mas trino quanto à sua administração, quanto à sua *oikonomia* (por exemplo, é o que vai dizer Tertuliano, um dos mais ferrenhos defensores do trinitarismo, em *Contra Praxéas*).

Se, portanto, os heréticos creram que para salvar o dogma da unidade de Deus seria preciso que o Pai e o Filho fossem a mesma pessoa, sua unidade está salva, uma vez que, estando só, há um Filho que dá testemunho das próprias Escrituras. Se eles não querem que o Filho seja visto como uma segunda pessoa, distinta do Pai, por medo de que essa distinção estabeleça dois Deuses, nós mostramos que a Escritura menciona também dois Deuses e dois Senhores; e, para impedi-los de se escandalizarem, nós lhes expusemos que não se trata de duas divindades diferentes, de dois senhores diferentes, mas somente do Pai e do Filho, como formando duas pessoas distintas, não em substância, mas em disposição, já que nós reconhecemos o Filho inseparavelmente unido ao Pai e semelhante em essência, mas diferente em grau. O que quer que chamemos Deus quando o nomeamos só, não faz

---

7   Cf. 1Cor 4,1-2: «Portanto, considerem-nos os homens como servidores de Cristo e administradores dos mistérios de Deus. Ora, o que se requer dos administrado-res, é que cada um seja fiel»; Ef 4,15-16: «Mas, seguindo a verdade em amor, cres-ceremos em tudo em direção àquele que é a Cabeça, Cristo, cujo Corpo, em sua inteireza, bem ajustado e unido por meio de toda junta e ligadura, com a operação harmoniosa de cada uma das suas partes, realiza o seu crescimento para a sua pró-pria edificação no amor». (As referências são à edição da Bíblia de Jerusalém. Cf. *Bíblia de Jerusalém*. São Paulo: Paulus, 1995.)

dois Deuses, mas um Deus único, por isso mesmo ele deve ser chamado Deus, em virtude da unidade do Pai.[8]

Como lembra Giorgio Agamben, Tertuliano, ao escrever em latim, faz uso do termo *economia*, ora mantendo-o em grego, *oikonomia*, ora traduzindo-o para o latim como *dispositio* (disposição) ou *dispensatio* (gasto).[9]

É preciso, antes de avançarmos, uma pequena e fundamental digressão sobre a sorte do termo *oikonomia* — e, para isso, aproveito-me das análises que faz a respeito do termo «dispositivo» em Michel Foucault, conectando-as, porém, com as leituras da filósofa francesa Marie-José Mondzain sobre o tema da *oikonomia*.

Em uma interessante leitura, Agamben nos mostra como uma possível arqueologia do conceito de *dispositivo* de Michel Foucault (um *terminus technicus* foucaultiano) pode ser conectado à noção de *dispositio* dessa referida tradição cristã. Sabemos que Foucault não chega a definir o que é um *dispositivo*, e apenas em uma entrevista de 1977 trata de esboçar algumas características conceituais fundamentais para a compreensão do termo. Em síntese:[10]

---

8 Tertuliano, *Oeuvres III*. Trad. M. de Genoude. Paris: Chez Lous Vivès, Libraire--Éditeur, 1872, p. 212.

9 É importante ver que aqui está, em certo sentido, a origem da noção de dispositivo em Michel Foucault, como se verá abaixo. Além disso, é impreterível fazer menção ao famoso ensaio de Georges Bataille, «La notion de dépense». In: *La Part maudite*. Paris: Minuit, 2003, pp. 25-45.

10 Michel Foucault, *Dits et Écrits. III. 1976-1979*. Paris: Gallimard, 1994, p. 299. Diz ele que o dispositivo é: «Primeiramente, um conjunto resolutamente heterogêneo, que comporta discursos, instituições, complexos arquitetônicos, decisões regulamentares, leis, medidas administrativas, enunciados científicos, proposições filosóficas morais, filantrópicas, enfim: o dito, assim como o não dito, eis os elementos do dispositivo. O próprio dispositivo é uma rede que pode se estabelecer entre esses elementos. Em segundo lugar, aquilo que eu gostaria de notar no dispositivo é justamente a natureza da ligação que pode existir entre esses elementos heterogêneos.

a) Dispositivo é um conjunto heterogêneo, linguístico e não linguístico, que inclui virtualmente qualquer coisa no mesmo título: discursos, instituições, edifícios, leis, medidas de polícia, proposições filosóficas etc. O dispositivo em si mesmo é a rede que se estabelece entre esses elementos.

b) O dispositivo tem sempre uma função estratégica concreta e se inscreve sempre numa relação de poder.

c) Como tal, resulta do cruzamento de relações de poder e de relações de saber.[11]

Nessa gênese do dispositivo foucaultiano, Agamben acaba por encontrar num ensaio de Jean Hyppolite — a quem Foucault sucede no Collège de France —, «Introduction à la philosophie de l'histoire de Hegel», um termo significativamente próximo às noções de dispositivo de Foucault: *positividade*. De acordo com Agamben, nas análises que Hyppolite faz de duas obras hegelianas («O espírito do cristianismo e o seu destino» e «A positividade da religião cristã»), o autor teria indicado dois termos-chave do pensamento hegeliano: destino e positividade.

Assim, tal discurso pode mesmo aparecer, ao contrário, como um elemento que permite justificar e mascarar uma prática que, ela mesma, permanece muda, ou funcionar como reinterpretação segunda dessa prática, dar-lhe acesso a um campo novo de racionalidade. Enfim, entre esses elementos, discursivos ou não, há algo como um jogo, mudanças de posição, modificações de funções, que podem, elas também, ser muito diferentes. Em terceiro lugar, por dispositivo, compreendo um tipo — digamos — de formação que, em certo momento histórico, tem por função maior responder a uma urgência. O dispositivo tem, portanto, uma função estratégica dominante. Isso pôde se dar, por exemplo, na absorção de uma massa de população flutuante que numa sociedade de economia de tipo essencialmente mercantilista encontrava-se excedente: houve aí um imperativo estratégico, jogando como matriz de um dispositivo, que se tornou, pouco a pouco, o dispositivo de controle-sujeição da loucura, da doença mental, da neurose».

11 Giorgio Agamben, «O que é um dispositivo». In: *O que é o contemporâneo? E outros ensaios.* Trad. de Vinícius Nicastro Honesko. Chapecó: Argos, 2009, p. 29.

Segundo Hyppolite, «destino» e «positividade» são dois conceitos-chave do pensamento hegeliano. Em particular, o termo «positividade» tem em Hegel seu lugar próprio na oposição entre «religião natural» e «religião positiva». Enquanto a religião natural diz respeito à imediata e geral relação da razão humana com o divino, a religião positiva ou histórica compreende o conjunto das crenças, das regras e dos ritos que numa determinada sociedade e num determinado momento histórico são impostos aos indivíduos pelo exterior.[12]

De acordo com Agamben, em Hyppolite a oposição natureza/positividade seria simétrica à dialética razão/história. Portanto,

[...] se «positividade» é o nome que, segundo Hyppolite, o jovem Hegel dá ao elemento histórico, com toda a sua carga de regras, ritos e instituições impostas aos indivíduos por um poder externo, mas que se torna, por assim dizer, interiorizada nos sistemas das crenças e dos sentimentos, então Foucault, tomando emprestado este termo (que se tornará mais tarde «dispositivo»), toma posição em relação a um problema decisivo, que é também seu problema mais próprio: a relação entre os indivíduos como seres viventes e o elemento histórico, entendendo com este termo o conjunto das instituições, dos processos de subjetivação e das regras em que se concretizam as relações de poder.[13]

Para Foucault, desse modo, os dispositivos funcionariam como conceitos operativos gerais, isto é, tomariam o lugar dos universais: «não simplesmente esta ou aquela medida de segurança, esta ou aquela tecnologia do poder, e nem mesmo uma

12 Ibid., pp. 30-1.

13 Ibid., pp. 32-3.

maioria obtida por abstração».[14] Ao generalizar a compreensão foucaultiana, Agamben caracteriza o dispositivo como «qualquer coisa que tenha de algum modo a capacidade de capturar, orientar, determinar, interceptar, modelar, controlar e assegurar os gestos, as condutas, as opiniões e os discursos dos seres viventes».[15] Na gênese do termo — desde suas origens na teologia cristã até seu uso por Foucault —, portanto, haveria uma conexão *dispositivo/governo* que o filósofo italiano realça a partir de uma dicotomia: seres viventes (correspondentes à substância, à ontologia) e dispositivos (que capturam — do mesmo modo como a *oikonomia* divina está em íntima conexão com a essência sem se fundamentar nela — o vivente sem, no entanto, serem *essencialmente* ligados a ele). Dessa captura, do contato direto entre vivente e dispositivo surge, segundo Agamben, um terceiro elemento: o sujeito. Isto é, o processo de captura dos viventes pelos dispositivos pode ser chamado de processo de subjetivação-sujeição.[16] Nesse sentido, na qualidade de *dispositio*, a noção de economia remete-se à ideia grega de *systema*, à organização por parte do grande *oikonomos*, e também é ligada à noção de cosmos grego, à ordem natural das coisas, cuja origem remete ao princípio de organização racional (*oikonomia*) que se torna, na teologia cristã, *pronoia*, providência.

A noção de *dispensatio*, por sua vez, incorpora outra dimensão, relacionada à ideia de encarnação, isto é, à noção de história dos homens como despesa (gasto) divina — a divindade que entra na história e torna-se, na imaginação cristã,

---

14 Ibid., p. 33.

15 Ibid., p. 40.

16 Sujeito — o resultado desse processo —, nesse sentido, é aquele vivente que toma consciência de si e ao mesmo tempo soto-põe-se a um poder (que não é um poder de domínio, mas um governo — em última instância, uma gestão, uma *oikonomia*). Isto é, o processo de subjetivação é aqui pressuposto do *governo dos homens*.

temporal (nasce, vive e morre). Assim, com relação à *dispensatio*, podemos anotar algo que suscita a conexão com o problema da imagem levantado no início. Além da temporalização da divindade (nascimento, vida e morte; divindade que, portanto, se torna histórica), o problema da encarnação evoca também uma questão de visibilidade, um dar-se a ver. Como lemos na *Carta aos colossenses* (Cl 1,15-16) de Paulo, o problema do messias é também expresso como — num modo que lembra em muito os termos platônicos — relacionado à visibilidade: «Ele é a imagem do Deus invisível, o Primogênito de toda criatura, porque nele foram criadas todas as coisas, nos céus e na terra, as visíveis e as invisíveis: Tronos, Soberanias, Principados, Autoridades, tudo foi criado por ele e para ele». O plano de salvação — que supõe a divisão no próprio ser divino: que se mantém uno em essência, mas trino quanto a sua práxis —, o ingresso divino no mundo humano, acontece pelo redimensionar-se da transcendência, invisível e intemporal, em dimensão temporal, histórica e visível: «A partir de então no Ocidente a manifestação do visível se descreve em termos de nascimento, morte e ressurreição, dirige-se a corpos vivos dotados de palavra e julgamento».[17]

Ora, a imagem como encarnação divina (dar-se a ver do invisível) abre-nos a um problema conceitual: que imagem é essa? Podemos tocar mais uma vez o problema voltando aos gregos. Seria imagem a tradução do latim *imago*, que por sua vez seria a tradução do grego *eikon*? Uma primeira resposta possível é negativa. Lembra-nos Marie-José Mondzain que

> [...] quando Platão ou, mais tarde, os padres da Igreja falam de *eikon*, eles não designam uma coisa. Eles designaram um modo de aparição no campo do visível, pois *eikon*, em grego, é análogo a uma forma verbal no particípio presente. Quando um grego quer

17 Marie-José Mondzain, *Le commerce des regards*. Paris: Seuil, 2003, p. 18.

dizer a coisa, a coisa icônica, ele toma a raiz dessa palavra, *eikon*, e a coloca no neutro, pois *eikon* é uma ramificação verbal no particípio presente ativo e no feminino. Quando ele a coloca no neutro — para as coisas, em grego, o neutro termina normalmente com «*ma*» — ela se torna «*eikonisma*», como «*apeikasma*», «fantasma». Tomemos o exemplo do verbo «fazer» (*pratto, prattein*): se você utiliza a palavra «*práxis*», é a ação, é uma palavra no feminino, como «*eikon*»; mas a coisa é «*pragma*», que deu pragmático, e *práxis* deu «prático». O grego distingue o estatuto da coisa da ação que a traz à existência: «*poiésis*» é o gesto de criar, «*poiéma*» é o poema. Ao contrário, as palavras no neutro também terminam com «*on*» — como «*eidolon*», que dá «ídolo» — e designam, no visível, as operações das coisas, dos objetos, em sua consistência opaca e presente, em seu efeito de real.[18]

O ícone nos dá semblante, aparência, uma operação do visível (e também do sensível) que coloca um problema irreparável ao platonismo, pois das aparências não é possível *epistème* (um saber abstrato, necessário e universal), não é possível um estatuto ontológico de verdade. Ao mesmo tempo, o ícone não é uma coisa, um objeto do olhar, mas algo partilhável na experiência humana. A imagem que se encarna, que entra na história humana como um homem, é, desse ponto de vista, uma semelhança, não uma coisa, um *ídolo* (e por isso a decomposição do termo imagem faz-se necessária: um ícone necessariamente não é um ídolo).

E é nesses termos ícone/ídolo que uma disputa política (e, também, de governo dos homens) acontece e marca a história do Ocidente: trata-se do debate entre iconoclastas e iconófilos, entre os séculos VIII e IX em Bizâncio, que se desenrola entre os defensores do poder do Império temporal (iconoclastas) e os defensores do poder secular (iconófilos) — e talvez

---

18 Id., «Imagem, sujeito, poder. Entrevista com Marie-José Mondzain». *Outra Travessia*, n. 22. Florianópolis: UFSC, 2º sem. 2016, pp. 177-8.

seja já esse o primeiro grande embate a respeito da imagem no Ocidente com o traçado político dos impérios. É sabido que a disputa acontece porque os defensores do Império (e o próprio Constantino v foi o porta-voz da iconoclastia de Estado) acusam os iconófilos de *idolatria*, isto é, de adoradores de um falso deus que *seria* imagem — isto é, de um deus cunhado por mãos humanas, de maneira que *ícone* e *ídolo* seriam a mesma coisa. Ou seja, aos iconoclastas todo ícone só se faria conhecer como ídolo. Já os iconófilos, entretanto, diziam que entre ícone e ídolo havia uma incompatibilidade, uma contradição:

> *Eikon* designa uma relação, *eidolon* designa um objeto. E, portanto, os iconófilos puderam dizer aos iconoclastas: vocês é que, ao destruírem os ícones, são idólatras, uma vez que diante da fragilidade e aparência do ícone vocês veem apenas o objeto. Assim, vocês têm um olhar idólatra para aquilo que não deveria ser um objeto. É seu olhar que reifica o objeto da fragilidade, da aparência.[19]

A constituição do plano das imagens como algo ligado à fragilidade, portanto, deu aos iconófilos a vitória na contenda. Ao tomarmos as noções de imagem em seus diferentes aspectos (como ícone ou como ídolo), vemos que enquanto a uma, o ícone, cabe um papel político fundamental no que tange à fragilidade da instância política (o reconhecimento dos semelhantes, o dar-se a ver no espaço público); à outra, o ídolo, está atrelada uma ideia de reificação da imagem (a imagem como insígnia do poder).

Não é por acaso que nas disputas bizantinas havia, por parte dos iconoclastas, todo um imaginário de heráldicas, marcas imperiais etc., haja vista que em disputa estava um modo de manutenção do poder político: os imperadores queriam enfraquecer

19 Ibid., p. 179.

o poder das imagens dos monastérios e da igreja e fazer reconhecer *o poder de suas imagens*. Ou seja, a contenda de como ver uma imagem, nesse caso, entendida como ícone, dizia respeito à própria estruturação do poder — era de uma guerra pelo controle do poder das imagens que se tratava (ambos, iconoclastas e iconófilos, reconheciam o poder das imagens — como ícone — e, portanto, cada um dos grupos tentava, à sua maneira, descaracterizar as imagens do outro como ídolos).

Desse modo, teríamos, de um lado, a *oikonomia* gerencial, a administração das pessoas da trindade — que Agamben sugere ser a matriz velada da noção dos dispositivos de controle modernos — e, de outro lado, a *eikonomia* (cuja homofonia com *oikonomia* Marie-José Mondzain percebe de modo sagaz), o direito do ícone, a lei da nova casa do Verbo agora encarnado: da gestão invisível da pessoa divina (no plano da transcendência) passa-se à organização do visível, da imagem do deus na imanência. E aqui um paradoxo: à *oikonomia*, como modo de administração e governo que nos chega por meio da noção de dispositivo e que leva os viventes à sujeição a um governo (que não tem mais nenhum sentido histórico senão a gestão interminável da vida até a profundidade dos genes), contrapõe-se a *eikonomia*, outro modo de constituição de sujeitos, não sujeitados, mas singulares, que se dão a ver na partilha do sensível, que se constituem na fragilidade da aparência, como seres especiais — e lembremos que o termo latino *species* (aparência, aspecto, visão, e que traduz o grego *eidos*, figura) nos revela a noção de que o especial do homem — que, segundo Emanuele Coccia, é o único vivente a «fazer do sensível não apenas o meio ambiente em que se banha a todo instante, mas sua própria consistência»[20] — está justamente em sua exposição (e que Jean-Luc Nancy trata de *ex-peausition*, nosso dar-se a ver).

20 Emanuele Coccia, *A vida sensível*. Trad. de Diego Cervelin. Florianópolis: Cultura e Barbárie, 2010, p. 60.

Isto é, somos formados pelas imagens. Ou, ainda, como também lembra Giorgio Agamben, «o ser especial é absolutamente insubstancial. Ele não tem lugar próprio, mas acontece a um sujeito, e está nele como um *habitus* ou modo de ser, assim como a imagem está no espelho».[21] (E claro que podemos ligar o *habitus* à morada habitual do homem, que era o sentido primeiro da ética.)

Poderíamos também aqui lembrar Jacques Lacan, que, em seu famoso ensaio sobre «O estádio do espelho», nos lembra como a constituição do indivíduo humano como sujeito passa pelo reconhecimento da própria imagem: «o filhote do homem, numa idade em que, por um curto espaço de tempo, mas ainda assim por algum tempo, é superado em inteligência instrumental pelo chimpanzé, já reconhece não obstante como tal sua imagem no espelho».[22] Continua adiante Lacan:

> Essa atividade conserva para nós, até os dezoito meses de idade, o sentido que lhe conferimos — e que é não menos revelador de um dinamismo libidinal, até então problemático, que de uma estrutura ontológica do mundo humano que se insere em nossas reflexões sobre o conhecimento paranoico. Basta compreender o estádio do espelho *como uma identificação*, no sentido pleno que a análise atribui a esse termo, ou seja, a transformação produzida no sujeito quando ele assume uma imagem.[23]

Lacan chama a atenção, portanto, para a fixação da subjetividade, a constituição da própria natureza da criança a partir da imagem.

21 Giorgio Agamben, *Profanações*. Trad. de Selvino Assmann. São Paulo: Boitempo, 2007, p. 52.

22 Jacques Lacan, «O estádio do espelho». In: *Escritos*. Rio de Janeiro: Jorge Zahar, 1998, p. 96.

23 Ibid., p. 97.

O que tentamos ver aqui, no entanto, é que tal imagem não pode constituir-se como ídolo (o duplo objeto que, se não ultrapassado como objeto, é tão somente gerador de amor incondicional àquela consciência cindida), mas como uma semelhança, como uma fragilidade que não passa de um ícone. Nesse sentido, não há estagnação de uma única imagem possível de si — de uma imagem a ser gerida e governada por seu suposto e, se assim o crê, ingênuo proprietário —, mas aparências, contingências (algo muito mais próximo do regime ético aristotélico do que platônico). Ora, daqui outro paradoxo que Marie-José Mondzain expõe:

> Se o sujeito se constrói, então compreendemos que o que os Padres designavam pela palavra *eikon* era algo constituinte das relações entre os sujeitos. Desse modo, o que é constituinte do político, isto é, do viver juntos no sentido grego, assim o é porque é constituinte dos procedimentos, dos protocolos de subjetivação. Não há sujeito sem imagem. É muito importante. O ídolo torna-se, em seu processo de reificação, muito mais o modo pelo qual o visível não produz o sujeito, mas o reduz ao estado de objeto: o ídolo é o que reifica o sujeito, ao ser uma reificação da imagem.[24]

De fato, do cruzamento das leituras de Agamben e Mondzain chegamos a uma conclusão inquietante: o processo de subjetivação pode levar tanto à especialização dos seres que se dão a ver (abrir para eles a dimensão da imagem *ícone*, ou seja, o homem tornando-se homem a partir do sensível e da partilha dessas imagens que produz) quanto à mais terrível sujeição a qualquer forma de governo (isto é, dimensionar-se como *ídolo*, como coisa para uma instância administrativa. E nada mais evidente do que o atual corpo dócil e pacato de uma humanidade que, incapaz de

24 Mondzain, «Imagem, sujeito, poder»..., op. cit., p. 182.

produzir imagens a partir das quais se reconhece, constrói ídolos que representam uma *identidade*. Evidências disso estão por toda parte no panteão de ídolos do contemporâneo: ídolos do prazer de uma vida confortavelmente entregue aos muros de um condomínio fechado, a identificação por meio das grifes das marcas, o falso reconhecimento do outro apenas a partir de objetos exteriores, os avatares dos mundos virtuais).

O problema não para por aqui, pois não há *per se ícone* ou *ídolo*; pelo contrário, eles se constroem a partir do olhar, na relação que se estabelece entre o que se dá a ver e aquele que vê.[25] Nesse sentido, ver em uma imagem um ícone é o indicativo do reconhecimento de si próprio como imagem que se apresenta, como imagem sensível e partilhável na experiência política, como ser frágil e que se reconhece no limite do modo como se dá a ver — em seu *habitus*, em sua ética. Por outro lado, construir imagens ídolos é reificar a si mesmo e supor, de modo ingênuo, ser capaz de governar tais objetos, sem se dar conta de que é por esses mesmos objetos governado, sujeitado (e talvez seja necessário repensar toda a nossa atual compreensão de direito que pensa a realização do espírito, a concreção de uma suposta humanidade, em termos de produção ou emanação de humanidade objetivada — *idolatrada*, diria — em instituições ou eticidade. E as esvaziadas declarações de direitos são o mais claro exemplo disso).

É momento de voltar às questões que me suscitaram essas análises. Lembro a bela compreensão de contemporâneo dada por Giorgio Agamben. Contemporâneo não é

> [...] apenas aquele que, percebendo o escuro do presente, nele apreende a resoluta luz; é também aquele que, dividindo e inter-

---

25 Sobre a relação entre o que vê e o que se dá a ver, remeto ao belo livro de Georges Didi-Huberman *O que vemos, o que nos olha* (Trad. de Paulo Neves. São Paulo: Ed. 34, 2005).

polando o tempo, está à altura de transformá-lo e de colocá-lo em relação com os outros tempos, de nele ler de modo inédito a história, de «citá-la» segundo uma necessidade que não provém de maneira nenhuma de seu arbítrio, mas de uma exigência à qual ele não pode responder. É como se aquela invisível luz, que é o escuro do presente, projetasse sua sombra sobre o passado, e este, tocado por esse facho de sombra, adquirisse a capacidade de responder às trevas do agora.[26]

Tentar enxergar nas trevas do agora, nas trevas de um tempo em que é mais fácil encontraros *ídolos* — as *coisas* do visível em suas mais nefastas manifestações — do que seres dados à partilha do mundo (os *ícones* frágeis que *jogam* a vida — *un coup de dés* — para além da tentativa de controlá-la e administrá-la), parece ser uma tarefa por pensar. E talvez um modo de experimentar essa tarefa esteja, benjaminianamente, nessa espécie de *arqueologia* conceitual, na percepção dos dejetos que nos chegam do passado (e lembro uma bela carta de Benjamin a Scholem em que manifesta claramente sua ideia de pensar a história como dejeto).

O problema que me dispus a analisar se deu pela tentativa de conectar algumas leituras sobre o problema da administração (portanto, da gestão, do governo) com algumas perspectivas histórico-filológicas. Inevitável nesse sentido é o confronto com o problema das imagens. E aqui volto às perguntas sobre o Onze de Setembro de 2001. Depois dessas análises, resta-nos saber: foram os atentados um ataque iconoclasta? Podemos dizer que, no sentido da destruição de ícones, não, pois hoje, na sociedade do espetáculo tão criticada por Guy Debord,[27] assistimos tão somente à gestão de ídolos, de imagens reificadas e que dão identidade, que representam e são tomadas como coisas. A hipócrita guerra da «democracia» contra o «terror»

26 Agamben, *O que é o contemporâneo?...*, op. cit., p. 72.

27 Cf. Guy Debord, *La Société du Spectacle*. Paris: Gallimard, 2005.

nada mais é do que a destruição mútua de ídolos que já não são ícones que circulam na frágil esfera política, mas que são construídos como intocáveis objetos de adoração. Por isso, não se trata nem mesmo de uma luta por poder político, como foi a batalha entre iconófilos e iconoclastas, uma batalha de substituição icônica (lembremos dos ícones do poder profano), mas uma mútua destruição de ídolos que legitima uma *gestão oikonomica* dos homens (por parte do «terror», os ataques do Onze de Setembro, sabidamente executados como num filme de Hollywood, implodem não só o ídolo do 'trade', mas também o da indústria do entretenimento e, como faz Hollywood, — porém, num gesto de sinal contrário —, dão a seus governados seus 'ídolos'; os assassinatos de reféns filmados e disseminados na internet — uma espécie de *snuff movie* que implode o ídolo liberdade etc; por parte da «democracia», as caricaturas de Maomé e similares, a captura e morte de Bin Laden que, como se viu, não põem nem fim nem diminuem o círculo da violência, e o reconhecimento do *outro* apenas como objeto, não como *especial* mas como *especiaria*, como disponível ao *trade*, ao consumo e deglutição pelo capital).

Como diz Georges Didi-Huberman, «a questão das imagens está no coração deste grande problema do tempo, nosso 'mal-estar na cultura'. Seria preciso saber olhar nas imagens aquilo a que elas são as sobreviventes. Para que a história, liberada do puro passado (esse absoluto, essa abstração), nos ajude a abrir o presente do tempo».[28] Ou, ainda, quando de sua recente visita a Auschwitz-Birkenau:

> Jamais se pode dizer: não há nada para ver, não há mais nada para ver. Para saber duvidar do que se vê é preciso ainda saber ver, ver apesar de tudo. Apesar da destruição, do esfacelamento de todas as coisas. É preciso saber olhar como olha um arqueólogo.

28 Georges Didi-Huberman, *Images malgrés tout*. Paris: Minuit, 2003, p. 226.

E é por meio de tal olhar — de tal interrogação — sobre o que vemos que as coisas começam a nos olhar desde seus espaços enterrados e seus tempos evadidos.[29]

Pensar o tempo presente, pensar a política em vista do que muda, é ainda saber ver, é ainda saber viver os restos de passado que sobrevivem em nós (na qualidade de inesquecíveis) e, lidando com eles, tentar viver sem mais esperanças de futuro, mas também sem medo do passado que retorna. Como diriam os antigos gregos, é uma questão de viver o *kairós*, o tempo oportuno. E, assim, escapando à reificação de uma cronologia idólatra, que nos joga num constante processo de subjetivação- -sujeição, seria talvez possível abrir caminho àquilo que Giorgio Agamben chama de ponto de fuga e de início de toda política: o ingovernável.

29   Id., *Écorces*. Paris: Minuit, 2011, p. 61.

Sobre a impossibilidade de julgar

Por ocasião do lançamento da edição original de *Pilato e Gesù* [*Pilatos e Jesus*], pela editora italiana Nottetempo, Giorgio Agamben publica, no jornal *La Stampa*, de Turim, em 25 de setembro de 2013, «Eu e Pôncio Pilatos», texto no qual expõe as razões da redação dessa breve obra. Diz o autor que o ensaio — que agora vem à luz ao público brasileiro em edição da Boitempo — surgiu-lhe como uma «imposição»; aliás, salienta que, pensando em Pilatos, acabou por interromper por três meses outros trabalhos em curso (trata-se de *L'uso dei corpi*, último volume da série *Homo sacer*, que acabou por ser publicado em setembro de 2014 pela editora Neri Pozza, e de *Il fuoco e il racconto*, livro de ensaios também publicado em setembro de 2014, pela Nottetempo), sentindo-se quase obrigado a refletir sobre o governador da Judeia entre os anos 26 e 36. Todavia, qual é a razão de o filósofo sentir tal obrigação? Por que essa motivação imperiosa para investigar esse *funcionário* da administração romana?

Agamben dá, de pronto, um motivo preliminar: Pilatos é, talvez mais do que Tibério, a única figura a dar testemunho histórico dos eventos messiânicos ligados a Jesus; ademais, o cuidado com o qual os evangelistas tratam de definir as hesitações, tergiversações e mudanças de opinião do governador da Judeia aponta, segundo Agamben, para «algo parecido com a intenção de construir um personagem com psicologia e idiomatismo próprios».[1] Essa construção, entretanto, seria uma tentativa meticulosa de atestar o caráter histórico de tal personagem — uma vez que as várias outras figuras que aparecem nas narrativas evangélicas seriam, em certa medida, ou *personagens* já sacralizadas (como João Batista e os apóstolos), ou *personagens* anônimas que emergem da massa de seguidores de Jesus para, nos relatos, exercer a função de exemplos (como Lázaro, Maria Madalena, o bom samaritano etc.).

Esse motivo preliminar, no entanto — e por mais interessante que seja —, não foi o que por alguns meses arrebatou Agamben de seu trabalho em seu *opus magnum*, a série *Homo sacer*. O que o fez parar, e se impôs como motivo imperioso de investigação de Pilatos, estava na imagem do cruzamento (que acontece justamente naquelas seis horas que marcam o encontro de Jesus e Pilatos) entre eternidade e história, o ponto de atravessamento do temporal pelo eterno. Imagem enigmática, diz Agamben, e que carrega consigo a pergunta que opera em todo o ensaio: por que o cruzamento entre dois mundos, o humano e o divino, o histórico e o que não tem história, tem a forma de um processo, de uma *krisis*, isto é, de um juízo processual?

Agamben lembra que o termo *krisis* provém do verbo grego *krino* — que em sua etimologia estaria na origem de «separar», «decidir», e que, além do uso jurídico, também teria um uso médico e outro teológico.[2] Entretanto, diz que *krisis* não aparece nos Evangelhos e que neles é compreendido pelo termo técnico para a função de juiz, *bema*, «a cátedra ou o pódio no qual se senta aquele que deve pronunciar a sentença (a *sella curulis* do magistrado romano)».[3] Toda a movimentação do

---

1 Giorgio Agamben, *Pilatos e Jesus*. São Paulo/Florianópolis: Boitempo/EDUFSC, 2014, p. 23.

2 Ibid., p. 33.

3 Ibid.

processo de Jesus, no ensaio relatada em pormenores a partir da leitura do Evangelho de João, parece, segundo Agamben, ser então o encontro de dois *bemata*, de dois juízos: o *juiz* do reino mundano e o *juiz* do reino divino, ambos que, em tese, estariam prontos ao julgamento. Entretanto, a inquietação de Agamben está no fato de que, durante todo o processo, Pilatos, em momento algum, diante de Jesus, sente-se na posição de *juiz*, isto é, capaz de emitir um *juízo*.[4]

Tal simulacro de processo[5] tem início e, todavia, como verifica Agamben, não culmina no pronunciamento de um *juízo* por parte de Pilatos, que se limita a *entregar* o acusado. No texto para o *La Stampa*, o autor diz:

> Durante toda a duração do processo, no mais, Pilatos apenas tergiversava, tentando, primeiro, declarar-se incompetente e remeter o juízo a Herodes, propondo, depois, uma anistia por conta da Páscoa e, por fim, mandando flagelar o acusado para subtraí-lo à acusação maior. Mas, quando todo expediente e qualquer tergiversação resultam vãos, ele não pronuncia o juízo, limita-se a «entregar» Jesus.[6]

4 Cf. ibid., pp. 55-6. Agamben aí ressalta que, em relação a Jesus, qualquer juízo se fazia impossível.

5 Cf. ibid., p. 67. Agamben argumenta que um processo sem julgamento é uma contradição e, além disso, chega a afirmar que não se trata propriamente de um processo, pois, se é possível dar ao processo um escopo, esse seria o *juízo*. De algum modo, há no processo algo da ordem do *mistério*, tal como na própria vida dos homens. E, sobre o termo *mistério*, Agamben traça alguns pontos nessas glosas, mas, em 2011, durante o Festival de Músicas Sagradas do Mundo, nos Encontros de Fez, no Marrocos, em uma conferência intitulada «O que é um mistério?», expõe de modo mais claro essa concepção. O texto da conferência, originalmente em francês, foi publicado no livro *Le Voyage initiaque* (Paris: Albin Michel, 2011), organizado por Nadia Benjelloun, e, no Brasil, há uma tradução feita por mim e publicada em *Sopro* (Florianópolis: Cultura e Barbárie, n. 63, dez. 2011).

6 Id., «Io e Ponzio Pilato». *La Stampa*, Turim, 25 set. 2013. Disponível em: <http://www.vita.it/it/article/2013/09/30/io-e-ponzio-pilato/124749/>.

A questão da *entrega*, portanto, seria um dos pontos determinantes em todo o relato evangélico (perpassando, segundo Agamben, a *entrega* divina do Filho amado, a *entrega* — a *traição* — de Judas, a *entrega* de Jesus a Pilatos pelos judeus e a *entrega* de Jesus por Pilatos ao fim do interrogatório). É preciso lembrar, antes de tudo, que o termo *entrega* (que em grego se diz *paradosis* e no latim é traduzido por *traditio*) carrega em si a noção de *tradição* e acaba por tomar um papel fundamental no que os teólogos denominam «economia da salvação». A *entrega*, que no caso do processo de Jesus parece suprimir a falta de *juízo*, aponta para uma aporia nesse encontro entre reino divino e reino mundano, aporia que, ainda no texto para o *La Stampa*, o próprio Agamben enuncia:

> O que é, com efeito, um processo sem juízo? E o que é uma pena — nesse caso, a crucifixão — que não segue a um juízo? Pilatos, o obscuro procurador da Judeia, que devia agir como juiz em um processo, refuta-se a julgar o acusado; Jesus, cujo reino não é deste mundo, aceita submeter-se ao juízo de um juiz, Pilatos, que se refuta a julgá-lo.[7]

No processo de Jesus — um dos momentos-chave da história da humanidade —, portanto, nenhum julgamento pôde ter lugar. Entretanto, tal suspensão da *krisis* deixa em aberto algumas questões para a compreensão do problema, para Agamben fundamental, da salvação (ou de sua impossibilidade) e da justiça (nesse caso, da justiça advinda do confronto entre os dois reinos).

É num contexto diverso e na análise de outro processo que podemos talvez expor como essa problemática se desenvolve em Agamben. Trata-se de um ensaio, que aparece em *Nudez*, a

---

7 Ibid.

respeito de Kafka, sobretudo de *O processo*.[8] Aí, Agamben argumenta em prol do fato de que a letra к, que compõe o nome do protagonista de *O processo*, Josef K., diz menos respeito a Kafka, como supôs Max Brod, do que alude, ao modo de uma cifra, à noção jurídica de *kalumniator*. No âmbito do direito romano, esse conceito era empregado para identificar qualquer indivíduo que, por ter feito uma falsa acusação, recebia como punição ter o rosto marcado, em brasa, com o símbolo к. Josef K., portanto, segundo tal perspectiva, constituiria uma encarnação de um típico *kalumniator*, que, justo por ter dado início a um processo calunioso contra alguém inocente, teria a insígnia к marcada em si. Entretanto, no caso específico de Josef K., o processo a que ele dá início por meio de sua denúncia não é contra outra pessoa, mas contra si mesmo — e essa seria a insígnia paradoxal dos escritos kafkianos.

A calúnia, observa Agamben, só acontece no caso de o acusador ter conhecimento da inocência daquele a quem acusa. Ora, tal é a situação de Josef K., que, ao acusar a si próprio de uma culpa que sabe inexistente, passa a ser culpado do crime de calúnia: ele é culpado pelo fato de, sabendo-se inocente, ter se aceitado como acusado e, assim, ter se autocaluniado. Agamben, na sequência, estende esse paradoxo — kafkiano por excelência — para além da condição de Josef K.

Considerando em termos gerais a situação do personagem tal como imaginada por Kafka, a autocalúnia, para o filósofo, configuraria a condição basilar de todo homem:

> Todo homem dá início a um processo calunioso contra si mesmo. Esse é o ponto a partir do qual Kafka se move. Por isso,

---

8 Retomo aqui algumas das análises desenvolvidas no ensaio «Língua nova, língua minguante», redigido em conjunto com Carlos E. S. Capela, como posfácio de Giorgio Agamben, *Categorias italianas: Estudos de poética e literatura* (Trad. de Carlos Eduardo Schmidt Capela e Vinícius Nicastro Honesko. Florianópolis: EDUFSC, 2014).

seu universo não pode ser trágico, mas apenas cômico: a culpa não existe — ou, antes, a única culpa é a autocalúnia, que consiste em acusar-se de uma culpa inexistente (isto é, da própria inocência, e esse é o gesto cômico por excelência).[9]

O desenvolvimento da análise ao partir do prisma fornecido pelo mecanismo da autocalúnia leva Agamben a assumir, como questão fundamental que daí emerge, o modo como o indivíduo se surpreende capturado pelo processo. Na narrativa kafkiana, com efeito, o tribunal não chega a acusar K., mas tão somente acolhe a acusação que ele faz a si mesmo, com o que a personagem tem sua vida atrelada, de maneira inelutável, ao aparelho jurídico. K., afinal, jamais recebe uma citação do tribunal, não é de modo algum chamado em causa num processo, mas, pelo contrário, deixa-se ou se faz capturar por um processo que ninguém mais do que ele mesmo alimenta. Para o filósofo, nesse sentido, torna-se crucial a compreensão do que significa o fato da *acusação*, tanto no âmbito do processo quanto no âmbito etimológico, bem como o entendimento das implicações que dele decorrem.

Em sua exposição, Agamben mostra que a abertura de um processo criminal, no direito romano, tinha início com a realização da *delatio nominis*, isto é, a inscrição do nome do denunciado na lista dos acusados. O nome, desse modo, era chamado em causa (*ad causare*). Acontecia, portanto, a implicação de algo no direito, a captura de uma «coisa» pela esfera do processo, pelo domínio do jurídico. O autor lembra que a causa e a coisa (*res*) estão, no direito, relacionadas de modo íntimo, pois sempre dizem respeito a uma questão processual. E indica:

> [...] nas línguas neolatinas, *causa* é substituída de modo progressivo por *res* e, depois de ter designado, na terminologia

9 Id., «K». In: *Nudità*. Roma: Nottetempo, 2009, p. 35.

algébrica, a incógnita (assim como *res*, em francês, apenas sobrevive na forma *rien*, «nada»), dá lugar ao termo «coisa» (*chose* em francês). Na realidade, essa palavra tão neutra e genérica, a «coisa», nomeia «aquilo que está em causa», aquilo que acontece no direito (e na linguagem).[10]

Torna-se então possível inferir, com base em tal constatação, que a culpa e a pena são menos definitivas para o processo do que a acusação, que assume assim o primeiro plano. «A acusação é», nas palavras de Agamben, «talvez, a 'categoria' jurídica por excelência (*categoria*, em grego, significa precisamente 'acusação'), sem a qual todo o edifício do direito ruiria: a chamada em causa do ser no direito. Isto é, o direito é, em sua essência, acusação, 'categoria'.»[11]

Que o processo sem acusação (e sem julgamento), que culmina na crucifixão de Jesus, seja algo determinante na inquietação de Agamben não é aqui um acaso. Ao atribuir a Pilatos a condição de *alter ego* de Jesus, com efeito, o filósofo coloca ambos, nos rastros da tradição,[12] em relação de cumplicidade.

---

10   Ibid., p. 37.

11   Ibid.

12   É preciso lembrar que em «O amigo», ensaio dedicado a pensar algo como uma política da amizade a partir de Aristóteles — e Derrida ali também comparece como contraponto —, Agamben lembra que o *amigo* é sempre, mais do que nos lega a *tradição* na figura *alter ego*, um *hetero autos*. Cf. Giorgio Agamben, «O amigo». In: *O que é o contemporâneo? E outros ensaios*. Trad. de Vinícius Nicastro Honesko. Chapecó: Argos, 2009, pp. 89-90. «O amigo é, por isso, um outro si, um *heteros autos*. Em sua tradução latina — *alter ego* —, essa expressão teve uma longa história, que não é aqui o lugar de reconstruir. Mas é importante notar que a formulação grega tem algo a mais do que nela compreende um ouvido moderno. Antes de tudo, o grego — como o latim — tem dois termos para dizer a alteridade: *allos* (lat. *alius*) é a alteridade genérica, *heteros* (lat. *alter*) é a alteridade como oposição entre dois, a heterogeneidade. Além disso, o latim *ego* não traduz exatamente *autos*, que significa 'si mesmo'. O amigo não é um outro eu, mas uma alteridade imanente na 'mesmidade', um tornar-se outro do mesmo. No ponto em que percebo minha existência como

No tribunal que coloca frente a frente os dois reinos, uma mútua acusação poderia ser levantada — e, no mais, todo o debate sobre a verdade e sobre a realeza, que aparece nas cenas descritas por João (e aqui analisadas minuciosamente por Agamben), são as mostras dessa acusação, por vezes irônica, que, ao levarmos em conta a dinâmica do *alter ego*, os *homens* Pilatos e Jesus fazem entre si e a si mesmos.

Pilatos e Jesus, o vicário do reino mundano e o rei celeste, estão frente a frente num mesmo e único lugar, o pretório de Jerusalém, o mesmo que os arqueólogos acreditaram identificar como sítio improvável. Para dar testemunho da verdade, Jesus deve afirmar e, ao mesmo tempo, desmentir o próprio Reino, que está distante («não é deste mundo») e, ao mesmo tempo, muito próximo e, mais do que isso, ao alcance das mãos (*entos ymin*, Lc 17,21). Do ponto de vista do direito, seu testemunho só pode falir, resultando numa farsa: o manto de púrpura, a coroa de espinhos, o bastão como cetro, os gritos: «Julga-nos!». Ele — que não veio para julgar o mundo, mas para salvá-lo — encontra-se, talvez justamente por isso, tendo de responder a um processo, submetendo-se a um julgamento que, aliás, seu *alter ego*, Pilatos, não proferirá nem pode proferir.[13]

Nos termos dessa contenda, isto é, na caducidade deste mundo (onde não está um reino messiânico tal qual esperado pelos hebreus, mas apenas uma *desesperança revelada*) e nesse processo sem julgamento nem pena em que os homens

---

doce, minha sensação é atravessada por um *com-sentir* que a desloca e deporta para o amigo, para o outro mesmo. A amizade é essa dessubjetivação no coração mesmo da sensação mais íntima de si.» Entretanto, como em *Pilatos e Jesus* a questão da *entrega*, da *tradição*, é um dos pontos basilares para a composição de uma aporia, não podemos deixar de pensar que Agamben esteja então jogando com os termos.

13 Id., *Pilatos e Jesus*, op. cit., pp. 62-3.

se colocam (num autocaluniar-se constante), é preciso que as criaturas percebam sua condição de *insalváveis*, ou, em outras palavras, a impossibilidade da redenção. E aqui a *categoria* fundamental à construção do edifício jurídico (de toda possibilidade de elaboração do *juízo*, da confecção desse constante dispositivo de captura dos viventes que possuem a linguagem), a acusação, mostra que, na qualidade de falantes, os homens passam a vida numa constante *entrega* de si mesmos. Agamben salienta (uma vez todos os homens *acusados*) que nosso tempo se mostra como o da indecisão, o da *entrega* pura e simples que parece escapar ao juízo. Entretanto, é também, e de modo paradoxal, o da *crise*, o de um constante juízo sobre todas as coisas.

Pilatos e Jesus, desse modo, é um *ensaio* — um gesto — em que Agamben tenta mostrar como o lugar da *krisis*, do juízo, hoje abre o mundo dos homens ao funcionamento de um *estado de exceção fictício*, em que a lei (a caducidade da lei) vige sem significar.[14] E enquanto perdurar esse estado (e não advir uma suspensão *efetiva* da lei — tal como Agamben lê nas cartas paulinas)[15] permaneceremos — *acusados* por ninguém mais do que nós mesmos e implicados num processo interminável — decidindo sobre o indecidível que é a vida, na aporia de uma «decisão incessante que não decide propriamente nada».[16]

14 Cf. Id., *Estado de exceção*. Trad. de Iraci Polleti. São Paulo: Boitempo, 2005.

15 Cf. Id., *Il tempo che resta: Un commento alla Lettera ai Romani*. Turim: Bollati Boringhieri, 2000.

16 Id., *Pilatos e Jesus*, op. cit., p. 76.

Reflexões sobre os espaços urbanos contemporâneos: quais as nossas cidades?

O esforço contra a hegemonia tecnológica, que sucede no Ocidente ao «complexo de inferioridade tecnológico» no campo das artes, esbarra na estrutura de um sistema: o problema é fundamentalmente político--econômico. [...] Se o problema é fundamentalmente político-econômico, a tarefa do «atuante» no campo do «desenho» é, apesar de tudo, fundamental. É aquilo que Brecht chamava a capacidade de dizer «não». A liberdade do artista sempre foi «individual», mas a verdadeira liberdade só pode ser coletiva. Uma liberdade ciente da realidade social, que derrube as fronteiras da estética, campo de concentração da civilização ocidental; uma liberdade ligada às limitações e às grandes conquistas da prática científica (prática científica, não tecnologia decaída em tecnocracia). Ao suicídio romântico do «não planejamento», reação ao fracasso tecnocrático, é urgente contrapor a grande tarefa do planejamento ambiental, desde o urbanismo e a arquitetura até o desenho industrial e as outras manifestações culturais. Uma reintegração, uma unificação simplificada dos fatores componentes da cultura.

Lina Bo Bardi

Foi por não terem compreendido que a «crise» não era um fato econômico, mas uma técnica política de governo, que alguns foram ridicularizados ao proclamarem apressadamente, quando da explosão do embuste dos subprimes, *a «morte do neoliberalismo». Não vivemos uma crise do capitalismo, mas, pelo contrário, o triunfo do capitalismo de crise. «A crise» significa: o governo cresce. Ela tornou-se a* ultima ratio *daquilo que reina. A modernidade media tudo à luz do atraso arcaico do qual nos pretendia arrancar; daqui em diante, tudo se mede à luz de seu desmoronamento próximo. Quando se corta pela metade o vencimento dos funcionários públicos gregos, isso é feito sob o argumento de que seria possível nunca mais lhes pagar. A cada vez que se aumenta o tempo de contribuição dos assalariados franceses para a seguridade social, isso é feito sob pretexto de «salvar o sistema de aposentadorias». A crise presente, permanente e omnilateral, já não é a crise clássica, o momento decisivo. Pelo contrário, ela é um final sem fim, apocalipse sustentável, suspensão indefinida, diferimento eficaz do afundamento coletivo e, por tudo isso, estado de exceção permanente. A crise atual já não promete nada: ela tende, pelo contrário, a libertar quem governa de toda e qualquer contrariedade quanto aos meios aplicados.*

Comitê Invisível

Quando convidado para fazer uma conferência sobre a questão da «governamentalização privada dos espaços públicos», pus-me a pensar sobre o que falaria. De certo modo, nos últimos tempos tenho tratado desse tipo de questão de maneira enviesada, muito mais a partir de referenciais ligados à literatura e ao cinema do que de estudos mais circunscritos à filosofia política de maneira direta, por assim dizer. As ideias que apresento, portanto, tentam girar em outras partes que não são as das análises *endógenas* (se me permitem dizer) ao campo das análises políticas em sentido estrito, sem, entretanto, deixarem de colocar, na medida do possível, um problema de *exigência* ao pensamento.[1]

De início, então, penso esse problema que me foi posto quando do convite (temático): governamentalização privada dos espaços públicos. Para mim, antes de mais, seria preciso botar a nu o que se pressupõe nessa assertiva, isto é, a diferenciação entre espaço público e privado.[2] Na aula de 18 de janeiro de 1978,[3] em seu curso «Segurança, território, população», Foucault comenta como estava examinando a noção de que o «soberano de um território» passou a ser o arquiteto de um espaço disciplinado e, ao mesmo tempo, um regulador de meios, com o intuito de ser um *agente que possibilitasse a circulação* (de gentes, mercadorias, ar etc.). De certo modo, portanto, uma das questões primordiais para compreender a governamentalização parece ser pensar essa figura do «agente que possibilita circulação» como uma chave para a leitura dos modos de estruturação do «poder-governo» a partir do século XVIII. Vários autores, na esteira de ou mesmo dialogando com Foucault, trataram das mudanças históricas que ainda sofrerão essas figuras dos «agentes de circulação», sobretudo em suas maneiras de se organizar no capitalismo, este que pressupõe uma saída de modos de vidas ditos tradicionais e uma

---

1 Giorgio Agamben, *Che cos'è la filosofia?* Macerata: Quodlibet, 2016, pp. 49-51: «Se não houvesse exigência, mas apenas necessidade, não poderia haver filosofia. Não o que nos obriga, mas o que nos exige; não o dever-ser nem a simples realidade factual, mas sim a exigência: esse é o elemento da filosofia. [...] O que é o pensamento senão a capacidade de restituir possibilidade à realidade, de desmentir a falsa pretensão da opinião de fundar-se apenas sobre os fatos? Pensar significa, acima de tudo, perceber a exigência daquilo que é real de tornar-se mais uma vez possível, dar justiça não apenas às coisas, mas também às suas lágrimas». (Trad. nossa.)

2 Retomo, nos próximos parágrafos, trechos da entrevista concedida a Vitor Necchi, do Instituto Humanitas, e publicada no número 495 da revista do IHU. Também disponível em: <http://www.ihuonline.unisinos.br/index.php?option=com_content&view=article&id=6653&secao=495>.

3 Michel Foucault, *Sécurité, territoire, population. Cours au Collège de France. 1977-1978*. Paris: Gallimard, 2004, pp. 31-4.

integração na sistemática de circulação (seja de riquezas, seja até mesmo de sentidos à existência). No entanto, gostaria de frisar que a própria noção de governamentalização (em seu desdobrar histórico nos processos do «como governar?»), ainda que imersa nesse contexto generativo, é tributária desse esquema de formação da sistemática capitalista de produção: como organizar, gerir, da forma mais *produtiva* e *integrativa*? Assim, a governamentalização acaba se tornando uma espécie de pressuposto dessa condição política na era da «espetacularização democrática», na qual a administração da vida tem em vista a circulação de riquezas — e lembro Jean-Luc Nancy, quando, falando da associação quase inevitável que se faz entre capitalismo e democracia no século xx, afirma que o destino da democracia está ligado à mutação do paradigma da equivalência geral (de ordem capitalista) que quase se tornou sinônimo da democracia.[4]

Seguindo a problemática foucaultiana, por meio de um procedimento arqueológico, Giorgio Agamben nos chama a atenção para o problema que o próprio «conceito» de democracia parece carregar desde suas origens gregas. Lembra que «democracia», *politeuma* no grego da Constituição de Atenas aristotélica, carrega consigo tanto uma dimensão jurídico-política (constituição) quanto uma econômica-gestional (governo), a ponto de os tradutores, para evitar problemas conceituais, ora traduzirem *politeuma* por *constituição*, ora por *governo*.[5] A política ocidental seria, portanto, uma máquina articulada

---

4 Jean-Luc Nancy, *Vérité de la démocratie*. Paris: Galilée, 2008, pp. 44-7. Cf. também Id., *L'Équivalence des catastrophes*. (*Après Fukushima*). Paris: Galilée, 2012, p. 16: «Marx nomeou o dinheiro 'equivalente geral'. É dessa equivalência que vamos falar aqui. Não para considerá-la em si mesma, mas para considerar que o regime de equivalência geral já absorve, virtualmente, muito além da esfera monetária ou financeira, mas, graças a ela e em vista dela, todas as esferas da existência dos homens e, com eles, o conjunto dos existentes». (Trad. nossa.)

5 Giorgio Agamben, «Note liminaire sur le concept de démocratie». In: *Démocratie, dans quel état?* Paris: La Fabrique, 2009, pp. 9-13.

de duas formas de racionalidade, justamente a jurídico-política e a econômico-governamental, e, segundo essa hipótese, em seu centro haveria um vazio no qual figuras mitológicas (como a soberania popular, o poder constituinte, os direitos humanos etc.) serviriam como modos de manutenção de sua própria lógica operativa. Podemos dizer que o «agente de circulação» necessita (ainda mais no contexto que se arma do século XIX até nossos dias) da bipolaridade dessa máquina e que talvez a melhor maneira de instrumentalizá-la tenha se dado justamente com as condições advindas do modo de produção capitalista (e poderíamos nos alongar com inquietações sobre como repensar isso que parece ser uma intransponibilidade da dimensão *operativa* do capital — toda a discussão sobre o problema do *trabalho* — em certos vieses da filosofia política contemporânea; para tanto, importantes são as discussões sobre a *inoperosidade* alavancadas pelo próprio Agamben, por Jean-Luc Nancy ou, ainda, por Georges Bataille ou Maurice Blanchot).

Essa digressão me parece útil para perceber que é difícil entender a política contemporânea em termos de público e privado, simplesmente. Ainda que não se trate de uma divisão taxativa (mas algo mais relacionado a uma tensão compositiva entre público e privado), é preciso lembrar que essa dicotomia tende a não se sustentar mais (e mesmo Hannah Arendt, com suas nuances e com uma análise que volta à tradição grega clássica, aponta, *grosso modo*, para o «fim» das fronteiras entre *oikos* e *polis* com a noção de *espaço social*). Essa «máquina política-de--governo» produz certo obscurecimento das fronteiras entre público e privado e, com isso, instaura um limiar onde, parece-me, estão em jogo as apostas de uma governamentalização absoluta da vida (ademais, um parêntese: no limite, hoje essa governamentalização opera muito mais numa chave *tanatopolítica* do que, propriamente, *biopolítica*). Nesse sentido, o lugar vazio do centro da máquina implica uma, se assim posso dizer, coadunação de forças entre, para usar o vocabulário corrente, agentes públicos e privados, ou, para usar outros termos, entre o *agente de circulação* e os efetivos *agentes produtores*.[6] Tal arranjo de forças é fundamental para a subsistência dessa «máquina política-de-governo». Os espaços de circulação da vida, portanto, estão perpassados pela *lógica* (ou, melhor dizendo, *tecnologia*) dessa máquina, qual seja: gerir os espaços ditos públicos, portanto, como parte integrante do *necessário* incremento produtivo que, por sua vez, aumenta a geração de riquezas que importam para o crescimento da própria geração de riqueza e assim sucessivamente, numa lógica ilimitada. Para tanto, o controle dos espaços deve estar no cerne desse *modus operandi* governamental; e a cada vez maior gestão dos espaços ditos públicos pelos *agentes produtores*, ou agentes privados — justamente essa noção de governamentalização privada dos espaços públicos —, é apenas um produto da lógica dessa máquina cuja possibilidade de sabotagem parece nos escapar a cada instante.

Mas penso ser necessária uma espécie de linha de fuga nas reflexões sobre essa governamentalização. Digo, talvez seja possível, por meio justamente de análises *indisciplinares*, tocar essa problemática com outras chaves de leituras possíveis. Penso em um texto Bruno Latour:[7] «Quarenta anos depois: de

---

6 Falo da produção de riqueza a partir do capital acumulado e investido e, ao mesmo tempo, também de uma produção da própria existência; em outras palavras, os *bens* produzidos que, nessa dinâmica, supostamente nos fazem *progredir* como seres viventes tornam-se condicionantes de nossa existência: desde as especiarias que conservavam alimentos à conexão informacional em rede que *virtualiza* operações outrora inequivocamente materiais, passando pelo petróleo, pela energia elétrica, e chegando às questões nucleares. Talvez pudesse resumir numa pergunta: como pensar a atual civilização sem a dependência *autoengendrada* de seus próprios produtos?

7 Retomo aqui boa parte de uma pesquisa em desenvolvimento cujos primeiros resultados, próximos ao decorrer deste texto, já apresentei em outras duas ocasiões: em Santiago, Chile (durante as «Segundas Jornadas de Governamentalidade»), e na

volta a uma Terra sublunar».[8] Nele, o teórico (Latour é alguém de difícil definição) fala do estranhamento que temos diante das extravagantes espaçonaves que deram início à «conquista do espaço» há mais de meio século. Lembra-nos que as apostas bilionárias desses projetos de progresso *ad infinitum* (o «Avante!» do desenvolvimentismo) tinham em seu bojo uma metáfora um tanto ou quanto insólita: o Planeta Azul como espaçonave. Insólita a metáfora o é visto que não temos nenhuma Houston para nos auxiliar num pretenso retorno, não temos nenhuma base. Ou seja, a nós, os viventes que constroem cidades (segundo a fórmula basilar da *Política* de Aristóteles que garante a cidade, a *polis* — o lugar da felicidade —, aos homens, uma vez que estes seriam os *viventes que possuem a linguagem*), não está à disposição nenhuma linha direta com uma origem da qual partimos (e, nesse sentido, também na ciência histórica — e em suas variantes: história da arte, da arquitetura, das cidades etc. — as ideias historicistas que preveem uma cronologia capaz de dar uma inteligibilidade inequívoca ao passado, às origens, mostram-se insólitas).

É esse ponto de não retorno — que, de fato, é nossa condição por assim dizer normal — que deve ser pensado, que deve ser posto como desafio a quem quer que pretenda pensar não apenas as estruturas dos espaços urbanos contemporâneos, mas o próprio modo como fazemos experiência da partilha desses espaços; aliás, mais do que partilha do espaço, partilha da vida (lembro aqui, a interessante ideia sobre essa partilha é aquela dada por Jacques Rancière). Dito de outra maneira, para nós é preciso tomar o ponto de não retorno a partir de um termo que

---

UFPI (Universidade Federal do Piauí), em Teresina (no «Primeiro Colóquio Arte, História e Vanguardas»).

8 Bruno Latour, «Quarenta anos depois: de volta a uma Terra sublunar». In: MOSTAFAVI, Mohsen; DOHERTY, Gareth (Orgs.). *Urbanismo ecológico.* Trad. de Joana Canedo. São Paulo: Gustavo Gili, 2014, pp. 124-9.

hoje se obscurece, mas que, se pensado a partir de outra clave, é fundamental para nosso exercício de pensamento e práticas sobre a cidade, a *polis*: política. Algumas perguntas, entretanto, parecem ser fundamentais: uma vez nesse ponto de não retorno, em que medida as cidades de hoje, que muitas vezes chamamos de *metrópoles*,[9] podem nos dar condições para essa partilha

9 Massimo Cacciari, numa conferência no Centro Sant'Apollinare de Fiesola, desenvolve argumentos interessantes para pensar a cidade. Apresenta as diferenças entre as noções de *polis* e *civitas* e expõe como, a seu ver, a cidade contemporânea é muito mais herdeira da tradição romana do que da grega. Na sequência, aponta para o que chama de «cidade-território» ou pós-metrópole. Cito o trecho no qual ele começa a apontar para essa noção (esta que, embora não diretamente citada em meu texto — e em relação à qual ainda tenho algumas divergências, sobretudo de nomenclatura —, está em pleno diálogo com o que desenvolverei nas próximas páginas). Cf. Massimo Cacciari, *A cidade*. Trad. de José J. C. Serra. Barcelona: Gustavo Gili, 2010), pp. 30-2: «As civilizações urbanas da antiguidade que conhecemos são riquíssimas, mas estáveis nas suas formas: todas demonstram estar ligadas à terra, quer as grandes cidades mesopotâmicas, quer aquelas orientais (Quioto, Xangai, Pequim eram megalópoles quando Londres e Paris eram aldeias, porém as formas permaneceram relativamente estáveis durante séculos). As incríveis revoluções da *forma urbis* são consequência da abordagem à cidade resultante da *civitas romana*. As formas urbanas europeias ocidentais são consequência das características da *civitas*. A cidade contemporânea é a grande cidade, a metrópole (este é, com efeito, o traço característico da cidade moderna planetária). Toda a *forma urbis* tradicional foi dissolvida. Outrora, as formas de cidade eram absolutamente diferentes (vejam-se as diferenças entre Roma, Florença e Veneza). Agora, só existe uma *forma urbis*, ou melhor, um processo único de dissolução de qualquer identidade urbana. Esse processo (que, como veremos, atinge o seu ponto alto na cidade-território, na cidade pós-metropolitana) tem sua origem na afirmação do papel central que o nexo lugar de produção e mercado representa. O sentido da relação humana reduz-se a produção-troca-mercado. Aqui todas as relações se concentram e, assim, todos os lugares da cidade são vistos, projetados, projetados de novo, transformados em função dessas variáveis fixas, do valor delas. Lugares simbólicos são esses e mais nenhum. Desaparecem os lugares simbólicos tradicionais, sufocados pela afirmação dos lugares de troca, expressão da mobilidade da cidade, do *Nervenleben*, da vida nervosa da cidade. As novas construções são maciças, dominam, são um estorvo físico, são grandes contentores (imaginem-se as grandes arquiteturas das típicas cidades industriais, o fascínio que por todo lado exerce a arquitetura-fábrica), cuja essência consiste, no entanto, em serem móveis, em dinamizarem a vida. São corpos que produzem uma energia mobilizadora, desestabilizadora,

da vida? É ainda possível falar em cidades, no sentido da *polis*, e, com isso, também falar em *política*? Como nossa tradição — que nos legou as cidades — pode em alguma medida nos auxiliar a pensar os paradoxos contemporâneos que cortam nossos modos de vida de cima a baixo? Para nós que, de certo modo, temos ciência de estarmos na condição de «além do ponto de não retorno», é ainda possível uma *experiência* da cidade? Aliás, de que cidade falamos? Obviamente não tenho nenhuma pretensão de resposta a tais perguntas, mas é em torno delas que tentarei orientar algumas reflexões sobre isso que Latour chamou de nossa volta à Terra sublunar.

Para iniciar, gostaria de partir de algumas questões levantadas por Verena Andermatt Conley, que, ao retomar as considerações de Félix Guattari em *As três ecologias*, reflete sobre as necessidades de reorientar as tecnociências como modo de sobrevivência do planeta em meio aos paradoxos ligados aos infindáveis problemas ecológicos e ao crescimento demográfico (e, claro, isso encampa a ideia de ciência nômade de Deleuze e Guattari).[10] Comentando Guattari, ela nos diz que não é possível a reorientação das tecnociências sem uma espécie de reordenação da subjetividade e uma reflexão sobre a formação dos poderes capitalistas. Por si só os ajustes não são suficientes, e, em nosso estado atual, o mundo permanece sob o domínio da mídia e do mercado, formando com isso uma massa

---

desenraizadora. Essas presenças dissolvem ou põem entre parênteses as presenças simbólicas tradicionais, que, de fato, se reduzem ao centro histórico. É assim que nasce o 'centro histórico': enquanto a cidade se desenvolve, agora, em conformidade com as presenças de produção e de troca — dominante e centrais —, a memória torna-se museu e cessa, assim, de ser memória, pois a memória tem sentido quando é imaginativa, recreativa, caso contrário transforma-se numa clínica onde pomos as nossas recordações. Acabamos por 'hospitalizar' a nossa memória, tal como nossas cidades históricas, ao fazermos delas museus».

10 Verena A. Conley, «Práticas urbanas ecológicas: *As três ecologias* de Félix Guattari». In: MOSTAFAVI, Mohsen; DOHERTY, Gareth (Orgs.). *Urbanismo ecológico*. Trad. de Joana Canedo. São Paulo: Gustavo Gili, 2014, pp. 138-40.

infantilizada que sobrevive em conglomerados nefastos. De certa forma, a essas considerações de Conley a respeito de Guattari, podemos tentar colocar em relação, mais uma vez, as análises de Michel Foucault sobre a governamentalidade.

Foucault, na famosa entrevista «O olho do poder», concedida a Jean-Paul Barou e Michelle Perrot,[11] nos fala sobre a necessidade de «escrever uma história dos espaços que seria, ao mesmo tempo, uma história dos poderes». E é com base nessa necessidade que o filósofo francês realiza suas pesquisas. Assim, ele nos lembra que a partir do século XVIII o modelo da governabilidade começa a se formar e a constituir o que denomina de sociedade disciplinar, na qual a vida passa a ser o centro dos cálculos do poder (a gestão, a economia, da vida, portanto). Já no capítulo V de *A vontade de saber*,[12] Foucault nos fala da inversão lapidar que ocorre na superação do Antigo Regime: neste, o poder soberano configurava-se como uma possibilidade de causar a morte do súdito para a salvaguarda do soberano e, por consequência, deixava o súdito viver; já nas chamadas sociedades disciplinares, em que a economia passa a estar no centro da movimentação social, por assim dizer (lembremos que é o período forte na formação do capitalismo), trata-se de uma inversão: fomentar a vida (causar a vida) e devolver à morte (e Foucault recorda que a desqualificação da morte — de pública a privada, como lembra Philippe Ariès[13] — acontece justamente nesse momento).

No que diz respeito ao espaço urbano, tal mudança pode ser exemplificada pelas análises feitas por Foucault a respeito de dois

---

11 Michel Foucault, «L'oeil du pouvoir». In: *Dits et écrits. II. 1976-1988*. Paris: Gallimard, 2001, p. 190.

12 Id., *História da sexualidade I: A vontade de saber*. Trad. de Maria Thereza da Costa Albuquerque e J. A. Guilhon Albuquerque. Rio de Janeiro: Graal, 2005, pp. 127-31.

13 Philippe Ariès, *Morir en Occidente: Desde la Edad Media hasta nuestros días*. Trad. de Víctor Goldstein. Buenos Aires: Adriana Hidalgo, 2007.

paradigmas médicos: a lepra e a peste.[14] O paradigma da lepra é marcado pela exclusão: os lazaretos, o fechamento da cidade; já o da peste funcionava de modo diverso, uma vez que a expulsão dos pestilentos e o fechamento da cidade se faziam impossíveis. Tratava-se de estabelecer modelos de controle — controle policial, justamente — e articulação do espaço urbano, dividindo-o e esquadrinhando-o em regiões vigiadas por superintendentes, médicos e policiais, a fim de aumentar a eficácia do controle sobre a vida. O que acontece na formação dos espaços urbanos contemporâneos, desse modo, é que os dois paradigmas começam a fundir-se com vistas a lançar o esquema de vigilância da peste sobre aquele da lepra e vice-versa. Isto é, os dispositivos de controle começam a funcionar como mecanismos fundamentais para a individualização e subjetivação dos habitantes do espaço urbano, ou seja, para sua gestão e controle. Esse é o paradigma que, desse modo (e com o perdão do jogo de palavras), *governa* as noções centrais de *cidade* e *metrópole* ao menos no Ocidente (e, depois da integração espetacular, para dizer com Debord, a própria concepção de cidade contemporânea em geral). Aqui podemos prolongar essas análises foucaultianas ainda mais adiante no tempo, digamos, até nossos dias (obviamente sem poder entrar nos diversos matizes possíveis).

Podemos, então, ainda nos passos de Foucault (e daqueles que com ele de algum modo dialogam), fazer um salto até algumas compreensões a respeito desses espaços urbanos contemporâneos para nos aproximarmos de nossa proposta. Para ficar num exemplo próximo a Foucault (e, sobretudo, a Deleuze), lembremos o que nos diz Paul Virilio sobre as internalizações dos muros e sobre as rupturas das técnicas tradicionais de projeção arquitetural em prol das precauções necessárias para a segurança pública. Em seu *O espaço crítico*, Virilio trata, em alguma medida,

14 Cf. Michel Foucault, *Os anormais*. Trad. de Eduardo Brandão. São Paulo: Martins Fontes, 2001.

das práticas de aceleração dos processos espaciais naquilo que chama de protocolos temporais. Nesse sentido, ele fala da mudança no estatuto dos *habitantes* de uma cidade.

> Nesta perspectiva sem horizonte na qual a via de acesso à cidade deixa de ser uma porta ou um arco do triunfo para transformar-se em um *sistema de audiência eletrônica*, os usuários são menos os habitantes, residentes privilegiados, do que os interlocutores em trânsito permanente. A partir de então, a ruptura de continuidade não se dá tanto no espaço de um cadastro ou no limite de um setor urbano, mas principalmente na duração, «duração» esta que as tecnologias avançadas e a reorganização industrial não cessam de modificar através de uma série de interrupções [...] e de ocultações sucessivas ou simultâneas que organizam e desorganizam o meio urbano ao ponto de provocar o declínio e a degradação irreversível dos locais, como no grande conjunto habitacional próximo a Lyon, onde a «taxa de rotatividade» dos ocupantes tornou-se elevada demais (um ano de permanência), contribuindo para a ruína de um hábitat que, entretanto, todos julgavam satisfatório.[15]

Virilio já aponta para além dessa sociedade disciplinar a que Foucault dá seus sinais (e que aqui levantamos de maneira breve): isto é, fala da sociedade de controle que Gilles Deleuze, levando adiante as análises foucaultianas, trata de examinar (e, lembro, aos dispositivos de poder Deleuze prefere a ideia de agenciamentos de desejo). Pensando essas formas ultrarrápidas de controle ao ar livre justamente a partir de Virilio (este que, aliás, também diz que «a arquitetura urbana deve, a partir de agora, relacionar-se com a abertura de um 'espaço-tempo tecnológico'»), Deleuze nos diz:

15 Paul Virilio, *O espaço crítico*. Trad. de Paulo Roberto Pires. São Paulo: Ed. 34, 2014, pp. 8-9.

É fácil fazer corresponder a cada sociedade certos tipos de máquina, não porque as máquinas sejam determinantes, mas porque elas exprimem as formas sociais capazes de lhes darem nascimento e utilizá-las. As antigas sociedades de soberania manejavam máquinas simples, alavancas, roldanas, relógios; mas as sociedades disciplinares recentes tinham por equipamento máquinas energéticas, com o perigo passivo da entropia e o perigo ativo da sabotagem; as sociedades de controle operam por máquinas de uma terceira espécie, máquinas de informática e computadores, cujo perigo passivo é a interferência, e, o ativo, a pirataria e a introdução de vírus.[16]

A segurança pública, algo que se coloca no movimento de uma espécie de máquina econômica em desenvolvimento (ou seja, a gestão, governo, o policiamento da população — o estímulo à vida para que a economia não cesse seu processo de crescimento), coloca-se como finalidade inexorável à estabilização dos espaços urbanos contemporâneos. Assim, qualquer tentativa de pensar tais espaços por meio de paradigmas relacionados à *polis* — que detinha uma *agorá*, um centro de decisões do qual participavam os cidadãos, um espaço público etc. — parece, hoje, fadado ao fracasso. E, nesse sentido, uma *política* que ainda preconize elementos relativos à autonomia do espaço público, à preponderância dos interesses centrais da comunidade de homens que vivem numa *polis*, à ação comunicativa como modo forte de pensar a relação política, não é senão palavrório vazio.

Nesse sentido, gostaria de retomar algumas análises que o filósofo Giorgio Agamben fez durante um seminário ocorrido em Veneza, em 2006. O tema do encontro (do qual também participaram Tony Negri e Judith Revel) era ligado justamente às questões dos conflitos nas *banlieues* parisienses em 2005 (ou

---

16 Gilles Deleuze, *Conversações. 1972-1995.* Trad. de Peter Pál Pelbart. São Paulo: Ed. 34, 2013, p. 227.

seja, a toda a problemática da segurança social que era levantada pelo Estado francês). Agamben nos lembra que o termo *metrópole* etimologicamente significa «cidade-mãe» e se refere à relação entre a cidade e as colônias. Os cidadãos que, assim, partiam para fundar a colônia eram chamados por um termo curioso: *en apoikia*, distante de casa e da cidade. O filósofo então observa que metrópole traz consigo uma ideia de deslocamento, de heterogeneidade espacial e política. E diz:

> [...] a partir disso me vêm algumas dúvidas sobre a ideia corrente da metrópole como um tecido urbano, contínuo e relativamente homogêneo. Uma primeira consideração é que a isonomia (que define, por exemplo, a *polis* grega como modelo de uma cidade política) é excluída no caso da relação metrópole/colônia e que, portanto, o termo metrópole transferido para desenhar um tecido urbano carrega consigo essa heterogeneidade fundamental. Assim, proponho-me a reservar o termo metrópole a algo substancialmente outro em relação à cidade, à concepção tradicional da *polis*, isto é, de algo política e espacialmente isonômico. Sugiro reservar este nome, metrópole, ao novo tecido urbano que se funda paralelamente aos processos de transformação que Michel Foucault definiu como passagem do poder territorial, do *ancien régime*, da antiga soberania, ao biopoder moderno, que é, em sua essência, segundo Foucault, governamental.[17]

Se levarmos em consideração essa proposta de Agamben (nos traços de Foucault, Virilio, Deleuze), constataremos que aquilo que está em questão no espaço urbano contemporâneo (todos os paradoxos e aporias que se nos mostram de maneira quase intransponível) é justamente o esgotamento de suas formas tidas como tradicionais. Em outras palavras,

---

17 Giorgio Agamben, «Metropolis». Trad. de Vinícius Nicastro Honesko. *Sopro* 26, abr. 2010.

o problema dos espaços urbanos contemporâneos é o da própria conformação político-econômica (isto é, a gestação de um modelo de governo de populações muito mais do que modos efetivos de construção de um espaço em comum; o que na chave de leitura de Rancière poderia ser dito: um regime policial em vez de um regime político).[18] Nesse sentido, é preciso

---

18 Nesse sentido, também são interessantes as análises de Jonathan Crary a respeito dos novos protocolos 24/7 (24 horas, sete dias por semana) do capitalismo contemporâneo. Em seu livro *24/7: Capitalismo tardio e os fins do sono*, Crary nos mostra como, no contemporâneo (e já muito para além do que ocorria, por exemplo, nas décadas de 1960 e 1970), a apreensão da vida cotidiana por dispositivos (no sentido que ao termo atribui Agamben, ou seja, mais alargado do que o de Foucault) cada vez mais capazes de moldar uma subjetividade *smart* e em *stand-by* (isto é, numa lógica da ininterrupção do trabalho) leva ao alinhamento de funcionamento dos indivíduos ao do mercado, produzindo uma catástrofe planetária. Não há lugar que não seja *ocupado* por uma lógica de consumo, e, assim, todas as fronteiras (entre público e privado, trabalho e descanso etc.) se esfacelam. A aposta de Crary é que talvez o sono seja o último lugar a ser loteado por essa lógica que atravessa os sujeitos e seus lugares e, ao tocá-los, os impele à transformação em mercadoria. Cf. Jonathan Crary, *24/7: Capitalismo tardio e os fins do sono*. Trad. de Joaquim Toledo Jr. São Paulo: Cosac Naify, 2014. Cito aqui um excelente trecho das pp. 109-10: «Ainda na década de 1960, a crítica à cultura de consumo identificou as linhas gerais da dissonância entre ambientes saturados de imagens e produtos e o indivíduo que, embora enredado em sua superficialidade e falsidade, percebia ainda que vagamente a discrepância fundamental desses ambientes em relação a seus desejos e necessidades vitais. Consumiam-se sem cessar produtos que inevitavelmente deixavam de cumprir suas promessas originais, ainda que fraudulentas. Agora, no entanto, a existência de uma divergência entre o mundo humano e o funcionamento de sistemas globais capazes de ocupar cada hora de vigília de nossas vidas parece uma ideia datada e impertinente. Há muita pressão para que os indivíduos reimaginem e reconfigurem-se a si mesmos, identificando-se com as uniformidades e valores das mercadorias, bem como dos vínculos sociais desmaterializados nos quais estão tão profundamente imersos. A reificação chegou ao ponto de o indivíduo precisar inventar uma concepção de si que otimiza ou viabiliza sua participação em ambientes e velocidades digitais. Paradoxalmente, isso significa assumir um papel inerte e inanimado. Essas expressões específicas talvez pareçam profundamente inadequadas para oferecer uma descrição da emulação e da identificação com os acontecimentos e processos instáveis e intangíveis com os quais nos envolvemos por meio da tecnologia. Porque não podemos literalmente entrar em nenhuma das miragens eletrônicas que formam o mercado conectado do consumo global, somos obrigados

um pensamento que esteja à altura de enfrentar os arranjos que tal conformação político-econômica nos coloca (de modo que a insistência em modelos de análises e supostas soluções que não encarem essas transmutações soa inócua). Em questão está, mais do que estratégias de adequação e remanejamentos dentro da sistemática político-econômica contemporânea (adequações que nada mais fazem do que edulcorar práticas que escamoteiam o problema: lembro a prática corrente dos créditos de carbono, por exemplo), um efetivo afrontamento dos problemas suscitados por esse espaço que denominamos metrópole. Ou, ainda, o bojo do problema do espaço urbano está diretamente relacionado com nosso modo de *habitar* — e tal habitação é diretamente relacionada ao *éthos*, hábito ou caráter, isso que está em questão na ética (que, mais do que um sistema normativo, tem a ver com a dimensão da felicidade — a doutrina da vida feliz a que Aristóteles faz referência).[19]

Num texto de 2001, denominado *A comunidade afrontada*, o filósofo francês Jean-Luc Nancy fala sobre a exaustão de nossas próprias categorias de pensamento. Isto é, a exaustão seria do pensamento, muito mais do que do modo como colocamos

---

a inventar compatibilidades fantasmagóricas entre o humano e um reino de escolhas que é profundamente incompatível com a vida.

Não é possível harmonizar seres vivos reais com as demandas do capitalismo 24/7, mas existem inúmeros incentivos para suspender ou disfarçar ilusoriamente algumas das limitações humilhantes da experiência vivida, seja emocional ou biológica. Figurações do inerte ou do inanimado também operam como um escudo protetor ou entorpecente, que impede o reconhecimento do caráter dispensável da vida nos arranjos econômicos e institucionais contemporâneos. Há uma ilusão difundida de que, quanto mais a biosfera terrestre é aniquilada ou irreparavelmente danificada, os seres humanos podem magicamente se dissociar dela e transferir suas interdependências à mecanosfera do capitalismo global. Quanto mais nos identificamos com os substitutos eletrônicos virtuais do eu físico, mais parecemos simular nossa desobrigação do biocídio em curso por todo o planeta. Ao mesmo tempo, nos tornamos assustadoramente indiferentes à fragilidade e à transitoriedade das coisas vivas reais».

19 Cf. também Cacciari, *A cidade*, op. cit., pp. 67 ss.

modelos de «cidade» (claro que, como leitor de Heidegger, a referência não pode deixar de considerar todo o problema da «superação da metafísica»; isto é, não uma replicação em torno ao dado — a cidade que aí está —, mas uma nova maneira de pensar e conceber a cidade — as relações *políticas* — e, como no que diz respeito à própria *representação do espaço habitado*, tal como lembra Franco Farinelli, de conceber a própria concepção de *Terra*).[20] Logo na abertura do texto, diz:

20 Em seu belíssimo *A invenção da Terra*, Franco Farinelli expõe como a questão da representação está no cerne dos problemas relacionados ao «como habitamos o mundo». Por meio de diversas digressões sobre a formação do «globo» e a noção de «globalização», Farinelli tenta pensar o *lugar*, a *habitação*, dos homens em nosso tempo. Cf. Franco Farinelli, *A invenção da Terra*. Trad. de Francisco Degani. São Paulo: Phoebus, 2012. Cito, em especial, um dos trechos finais (pp. 132-5): «Mas se o mundo é um globo, todos os pontos podem ser o centro, ou seja, o centro é plural e móvel e, em consequência, a proximidade das coisas não implica sua homogeneidade e isotropismo. Exatamente do modo como pensamos (sem perceber) apenas quando olhamos um pedaço da face da Terra como paisagem.

Pode-se dizer isso de outra maneira mais sintética: se o mundo é uma esfera ou uma paisagem, e não mais uma carta geográfica, não existem mais nem espaço nem tempo. O que ainda nos importaria muito pouco se não fosse exatamente assim, e cada vez mais, que o mundo hoje funciona, pois existe algo que chamamos apressadamente de globalização e, o que quer que seja, significa antes de tudo a impossibilidade de continuar a fingir que a Terra não é o que é, um globo. O mundo é um globo, ou seja, algo funcionalmente descontínuo, não homogêneo, anisotrópico [...]. Tomemos o caso das cidades. É realmente paradoxal que hoje se continue a falar de 'cidades globais', que seriam as cidades que comandam a economia mundial, uma economia que pela primeira vez na história da humanidade funciona simultaneamente como uma única coisa: não necessariamente as maiores cidades da Terra (na lista figura Zurique, por exemplo), mas aquelas capazes de controlar a atividade financeira e suas inovações. É paradoxal porque, enquanto tal, nenhuma cidade é completamente global, no sentido em que as funções de comando referentes aos processos de globalização nunca estão, caso a caso, na cidade toda, mas somente numa restrita, e às vezes minúscula, parte dela, cercada por um tecido urbano que, apesar de topograficamente, isto é, fisicamente, em contato com ela não tem nada a ver com o exercício de controle em escala planetária, mas é o primeiro a sofrer seus efeitos. Trata-se de questões graves, que dizem respeito ao próprio conceito de cidade e cidadania, e por essa razão nos levam ao início de nossa história, ao se criar nossa primeira identidade».

O estado presente do mundo não é uma guerra de civilizações. É uma guerra civil: é a guerra civil intestina de uma cidade, de uma civilidade e de uma urbanidade que estão se desenvolvendo até os limites do mundo e, por isso, até a extremidade de seus próprios conceitos. Na extremidade um conceito se quebra, uma figura distendida explode, uma lacuna aparece.

Também não é uma guerra de religiões, ou então toda guerra dita de religiões é uma guerra intestina ao monoteísmo, esquema religioso do Ocidente e, nele, de uma divisão que se leva, também aí, às bordas e às extremidades: para o Oriente do Ocidente e até à quebra e à fratura bem no meio do divino. Tanto que o Ocidente só teria sido a exaustão do divino, em todas as formas do monoteísmo, e que seja a exaustão por ateísmo ou por fanatismo.

O que chega até nós é uma exaustão do pensamento do Um e de uma destinação única do mundo: isso se exaure numa única ausência de destinação, numa expansão ilimitada da equivalência geral ou, ainda, por consequência, nos sobressaltos violentos que reafirmam a onipotência e a onipresença de um Um tornado [*devenu*] — ou retornado [*redevenu*] — sua própria monstruosidade. Como, por fim, ser séria, absoluta e incondicionalmente ateus sendo capazes de, a partir disso, fazer sentido e verdade? Como não sair da religião — pois, no fundo, isso já foi feito e as imprecações dos fanáticos contra isso nada podem (elas são, isso sim, o sintoma, como o «deus» gravado no dólar) —, mas sair do monolitismo de pensamento que permaneceu o nosso (simultaneamente, História, Ciência, Capital, Homem e/ou Nulidade...). Isto é, como ir ao fundo do monoteísmo e de seu ateísmo constitutivo (ou daquilo que poderíamos nomear seu «ausenteísmo») para aí apreender, ao contrário de seu esgotamento, aquilo que seria capaz de se extrair do niilismo, de sair de seu interior? Como pensar o *nihil* sem transformá-lo em monstruosidade onipotente e onipresente?[21]

21   Jean-Luc Nancy, *La communauté affrontée*. Paris: Galilée, 2001, pp. 11-2.

A dimensão da superação do Um — esse grande fantasma do Ocidente que, nisso a que damos o nome de globalização ou, nas palavras de Debord, «sociedade do espetáculo integrado», hoje vaga como o grande fantasma divino pelo planeta azul — urge como possibilidade para repensar nossos modos de habitar o céu sublunar, para lembrar Latour. E é também de Latour que eu gostaria de retomar algumas ideias antes de partir para a conclusão. Em um texto denominado «Não há mundo comum: é preciso compô-lo», publicado na revista *Multitudes* em 2011, ele nos fala da simplificação que a política (e, aqui, digo: uma política calcada sobre a primazia do Um, do consenso — e, nesse sentido, podemos ler todas as teorias baseadas, ingênua ou propositalmente, numa dimensão de uma suposta «ação comunicativa») imputou à tarefa da composição de um mundo, de uma morada possível.

Não há mundo comum. Jamais houve. O pluralismo está conosco para sempre. Pluralismo de culturas, sim, das ideologias, das opiniões, dos sentimentos, das religiões, das paixões, mas também pluralismo das naturezas, das relações com os mundos vivos, materiais e também com os mundos espirituais. Nenhum acordo possível sobre o que compõe o mundo, sobre os seres que o habitam, que o habitaram, que devem habitá-lo. Os desacordos não são superficiais, passageiros, devidos a simples erros de pedagogia ou de comunicação, mas fundamentais. Eles ferem as culturas e as naturezas, as metafísicas práticas, vividas, vivas, ativas.[22]

Simplificação que parece ser um taxativo impedimento à tarefa do pensamento, digamos. Nessa chave, lembro que Jorge Luís Borges certa vez disse que, se algo fosse inesquecível, não

22   Bruno Latour, «Il n'y a pas de monde commun: il faut le composer». *Multitudes*, n. 45. Special, été 2011. Disponível em: <http://www.multitudes.net/il-n-y-a-pas-de-monde-commun-il/>.

poderíamos pensar em nada. Parece-me que a hipertrofia de uma memória que tenta a todo custo insistir na imagem (no sentido de uma ilusão, portanto; e, se lembrarmos a etimologia de ilusão, *in ludere*, podemos perceber o jogo de erro em que nos colocamos nessa insistência) de um mundo comum total (a grande memória cibernética) constitui um apagamento de nossas possibilidades de pensar. Nesse sentido, pensar tem a ver com o desacordo, com a possibilidade de encarar o abandono de modelos preestabelecidos e fantasiosos no que diz respeito à vida em comum. Falamos em «re»-organização, «re»-estabelecimento, «re»-novação dos espaços públicos, mas pouco pensamos sobre o «re». A que essa partícula «re» se refere? A um passado idílico que parece ser nosso horizonte? A uma «re»-tomada? Mas «re»-tomar o quê? Como pensar o novo tendo, sim, em conta o passado (num sentido caro a Walter Benjamin), mas não de forma que fiquemos presos a modelos de pensamento? Talvez sejam essas as tarefas mais urgentes de nosso tempo. Lembro-me aqui do mesmo Jean-Luc Nancy, em entrevista a Pierre Chaillan. Em determinado momento, o entrevistador diz que, para Nancy, trabalhar para um mundo e um homem melhores é pensar o presente e pensar no presente e, em seguida, pergunta: «O senhor rejeita, portanto, a visão da mudança como projeto?», ao que o filósofo responde:

> Como projeto, sim. A projeção, o planejamento, a prospectiva e a programação não fizeram mais do que projetar o que era possível de pré-calcular num momento dado, sempre. E, por consequência, bloquear a imagem de um futuro já em liberdade vigiada [*assigné à résidence*]. Claro, é preciso prever e calcular: mas é preciso, antes, chegar a ver o que deve ser visto e, por consequência, pre-visto. É necessário projetar com antecedência mais carros? Veículos movidos a energia diferente, mas com o princípio idêntico de deslocamento quase individual? Sem carros e outros transportes? Quais? Para qual gênero de cidade?

Qual gênero de viagem? Chegamos rapidamente para além do projetável e do possível. Ora, trata-se de um fora-do-possível, sempre! Os burgueses, em 1430, não tinham nenhuma ideia do que iria acontecer em 1492, quando Colombo chegaria a uma ilha «americana». E em 1930 não tínhamos a menor ideia da Europa e do mundo em 1992. O que não quer dizer que não é preciso fazer nada: é preciso estar atento, mas atento ao que não é visível, reconhecível, formado...[23]

Estar atento ao nosso lugar, ao nosso hábitat, ao nosso *éthos* (num mote que nos lembra Maio de 1968: «sejam realistas, demandem o impossível!»).[24] Estar atento e olhar como quem sai à rua para bater pernas com um lápis em mão (para lembrar a bela imagem de Virgina Woolf), estar atento e olhar como um Guy Debord à deriva pelas chamadas, por ele, articulações psicogeográficas de um espaço urbano moderno, estar atento e olhar não para um projeto de futuro, tampouco para uma imagem petrificada de um passado perdido, mas para aquilo que nos constitui — nós, esses viventes que possuem linguagem e que constroem cidades — como seres de potência e que não têm nenhuma obra (destino ou finalidade) por realizar.

Nesse sentido, é preciso que, em primeiro lugar, tenhamos condições de sair da ingenuidade e possamos, nesses tempos de urgência, ter um pouco de lucidez para ao menos poder ler nosso tempo. Como diz Giorgio Agamben,

---

23 Jean-Luc Nancy, «O comunismo é o sentido do ser-em-comum por pensar». Disponível em: <http://flanagens.blogspot.com.br/2014/02/o-comunismo-e-o-sentido-do-ser-em-comum.html>.

24 Possibilidade e impossibilidade, aqui, não são apenas modais (no sentido de estabelecer alternativas reais ou imaginárias de tipo «ou isso ou aquilo», por exemplo), mas a emergência dinâmica do novo — o imprevisível de uma *revolução* que é apenas linha de transformação (linha de fuga) e não um advento irreversível e total da sociedade finalmente — messianicamente — transformada, digamos.

[...] quem quer que tenha conservado alguma lucidez sabe que a crise está sempre acontecendo, que ela é o motor interno do capitalismo em sua atual fase, assim como o estado de exceção é hoje a estrutura normal do poder político. E, como o estado de exceção exige que existam porções cada vez mais numerosas de residentes privados de direitos políticos e que, aliás e no limite, todos os cidadãos sejam reduzidos a vida nua, assim a crise, tornada permanente, exige não apenas que os povos do Terceiro Mundo sejam sempre mais pobres, mas também que um percentual crescente de cidadãos das sociedades industriais seja marginalizado e destituído de trabalho. E não há Estado denominado democrático que não esteja hoje comprometido até o pescoço com essa maciça fabricação da miséria humana.[25]

O tempo da crise, da urgência, a nós se abre como único horizonte possível. Isso não quer dizer que tenhamos de lamentar a perda, nessa indistinção generalizada entre público e privado, de um espaço da política. Pelo contrário: apenas tendo consciência desse ponto de não retorno é que poderemos pensar e viver uma nova forma de estar em comum. E é diante dessa estruturação de um caráter permanente de crise (crise que é também, e sobretudo, do modo como nos colocamos em jogo nessa «sociedade do espetáculo integrado») do «mundo» que podemos não apenas bradar uma saída para a crise (com os famosos «re»: do retorno, da reestruturação, e mesmo de uma «re»volução), mas abrir o flanco para uma guerra. Como diz o Comitê Invisível:

A profusão cotidiana de informações, para uns alarmantes, para outros apenas escandalosas, molda nossa compreensão de um mundo globalmente não inteligível. Seu aspecto caótico é a

25 Giorgio Agamben, *Mezzi senza fine: Note sulla politica*. Turim: Bollati Boringhieri, 1996, p. 103. (Trad. nossa.)

neblina de guerra por trás da qual ele se torna inatacável. É por meio de seu aspecto ingovernável que ele é «realmente» governável. Aí está a malícia. Ao adotar a gestão de crise como técnica de governo, o capital nãose limitou a substituir o culto do progresso pela chantagem da catástrofe, ele quis reservar para si a inteligência estratégica do presente, a visão de conjunto sobre as operações em curso. É isso que com ele é importante disputar. Trata-se, em matéria de estratégia, de voltarmos a estar dois passos adiantados em relação à governança global. Não há uma «crise» da qual é preciso sair, há uma guerra que precisamos ganhar.[26]

E, por fim, gostaria de lembrar de um autor de quem gosto muito: Pier Paolo Pasolini. Ele que, nostálgico de um mundo que, já nos anos 1960, se via destruir por aquilo que chamava de «neofascismo» (fruto de um neocapitalismo desenvolvimentista), apontava para uma mutação antropológica que estaria em curso. O homem, mais do que simplesmente seus espaços de morada, é que, sobretudo, estava mudando (e não uma mudança banal, mas justamente uma mudança que, como diz, se contaria em milênios). Ainda que possa parecer pessimista (eu diria mais: polemista), a lucidez com que Pasolini encarou seu tempo — uma lucidez digna do adágio latino *nec spe nec metu*, «sem esperança, sem medo» — talvez possa ser a tradução do realismo que demanda o impossível. Termino, assim, com suas palavras (de 1968). Palavras de um polemista que, portanto, devem ser aqui contextualizadas, ainda que sejam extremamente contemporâneas. Para mim, suas palavras — assim como seus filmes e poemas — podem funcionar como uma espécie de saudação: uma saudação para nosso retorno a esse frágil e precário, e para nós único, mundo sublunar:

26 Comitê Invisível, *Aos nossos amigos*. Trad. de Ed. Antipáticas. São Paulo: N-1, 2016, p. 19.

Um indivíduo que faz algo propondo «o melhoramento do mundo» é um cretino. A maior parte, aqueles que publicamente trabalham «para o melhoramento do mundo», termina na prisão por trapaça. Além disso, o mundo sempre consegue, por fim, integrar os heréticos. [...] Na realidade, o mundo nunca melhora. A ideia de melhoramento do mundo é uma daquelas ideias-álibis com que se consolam as consciências infelizes ou as consciências obtusas (incluo nessa classificação os comunistas quando falam de «esperança»). Portanto, um dos modos para ser útil ao mundo é dizer clara e redondamente que o mundo nunca irá melhorar; e que seus melhoramentos são meta-históricos, ocorrem no momento em que alguém afirma uma coisa real ou realiza um ato de coragem intelectual ou civil. Somente uma soma (impossível) de tais palavras ou de tais atos efetuaria o melhoramento concreto do mundo. E esse seria o paraíso e, ao mesmo tempo, a morte.

O mundo, ao contrário, pode piorar, isso sim. É por isso que é necessário lutar continuamente: e lutar, depois, por um objetivo mínimo, ou seja, pela defesa dos direitos civis (quando foram conquistados através de lutas precedentes). Os direitos civis estão, de fato, eternamente ameaçados, eternamente no ponto de serem suprimidos. Também é necessário lutar para criar novos tipos de sociedade, na qual o programa mínimo dos direitos civis é garantido. Por exemplo, uma sociedade verdadeiramente socialista.[27]

27 Pier Paolo Pasolini, «Melhoramento do mundo». *Trad. de Davi Pessoa. Revista Cult*, n. 196, p. 30.

Sobre o governo das memórias: aspectos de um domínio do *real*

As reflexões aqui apresentadas partem de premissas que, mais do que *interdisciplinares*, procuram carregar certo teor de *indisciplinaridade*. Desde essa instância limiar — que, portanto, não está num campo disciplinar que possa ser dito próprio — são propostas questões que funcionem como propulsoras de uma reflexão sobre o papel político das análises teóricas (tanto de cunho historiográfico quanto teórico-literário; em suma, e de modo abrangente, no campo das chamadas humanidades) no contemporâneo: é possível elaborar um pensamento sobre a história que esteja à altura das urgências do presente? Como, ao refletir sobre a memória e a constituição de um saber sobre o passado, abrir um flanco de batalhas no e para o presente sem o engessamento de um academicismo? E, de maneira mais genérica, qual o papel político num presente desagregador — tal como este que se nos mostra como inexorável — de alguém que se disponha a refletir sobre as relações entre os modos de constituição da história e o presente (e isso sem cair no quase solipsismo de área — *o* historiador — que ainda clama por certa *historia magistra vitae*)? Aqui, não há pretensão de apresentar respostas, mas de ao menos deixar que as perguntas ecoem e não sejam abafadas pela balbúrdia sonora das palavras de ordem que parecem, por todos os lados, nos impelir à irreflexão e a uma superficial tomada cega de partido nesse tecido de *curtidas* que parece ter se tornado nosso único mundo possível.

Em 2002, a poeta polonesa Wislawa Szymborska — nascida em 1923 e, portanto, pertencente à geração entreguerras na Polônia: e isso quer dizer, como lembra sua tradutora, Regina Przybycien,[1] que ela teve de lidar tanto com a experiência traumática da guerra quanto com as quatro décadas de comunismo — publica *Instante*. No livro, está incluído um pequeno poema que pode funcionar, nestas breves considerações, como uma espécie de mote:

> *Quando pronuncio a palavra Futuro,*
> *A primeira sílaba já se perde no passado.*

> *Quando pronuncio a palavra Silêncio,*
> *Suprimo-o.*

> *Quando pronuncio a palavra Nada,*
> *Crio algo que não cabe em nenhum não ser.*[2]

O incômodo da poeta se mede pelos modos de pensar como a linguagem pode mediar o mundo. Em outras palavras, estaria na ordem da capacidade de representação e de atribuição de sentido às experiências humanas no tempo, aliás, à própria experiência do tempo e aos modos de dizer o tempo e de dar conta tanto da historicidade das ações (o modo como às ações correspondem maneiras de compreendê-las em certo contexto) quanto de também perceber a possibilidade de representação do tempo no jogo da presença no mundo dos viventes que refletem sobre sua presença e o tempo no mundo.

---

1 Regina Przybycien, «A arte de Wislawa Szymborska». In: SZYMBORSKA, Wislawa. [*Poemas*]. Trad. de Regina Przybycien. São Paulo: Companhia das Letras, 2011, p. 12.

2 Wislawa Szymborska, [*Poemas*]. Trad. de Regina Przybycien. São Paulo: Companhia das Letras, 2011, p. 107.

O poema provoca uma espécie de curto-circuito que há muito parece importunar os viventes humanos. Sem me alongar numa longa digressão e apenas para nomear alguns exemplos, lembro que reflexões sobre o tempo e a história — num âmbito por assim dizer moderno (claro que, por exemplo, Agostinho já tinha uma refinada reflexão sobre a dimensão da interioridade da experiência temporal)[3] — já estão, como anotou Reinhart Koselleck,[4] no seio da problemática que atravessa a própria constituição do próprio conceito de história: desde os fins do século XVIII nos debates sobre a *Geschichte* e a *Historie* na Alemanha, passando com novas roupagens por Hegel e o subsequente debate promovido pelos românticos; estruturando-se de maneira que dê suporte a um novo modo de compreender a organização da vida em sociedade em Marx; abrindo para Nietzsche um caminho ao pensamento do eterno retorno; e, com nuances e peculiaridades, chegando a um pensamento sobre a historicidade (sobre historialidade, seria possível dizer) de um pensador como Heidegger, que pretendia, com uma maneira ontológica de encarar a temporalidade, apontar para uma suposta experiência original dos homens (o ser lançado no mundo: o *ser-aí*).

O jogo da historicidade, da compreensão da presença no mundo, pode ser remetido, nesse sentido, às experiências humanas mais variadas: no âmbito da dita cultura ocidental, desde as narrativas míticas de justificação da presença no mundo, passando pelas inquisições — os *problemata* — da chamada filosofia, até as experiências da ciência moderna e contemporânea. Aliás, tal jogo talvez possa ser até mesmo reconduzido aos modos como

---

3   Cf. Jeanne Marie Gagnebin, «Dizer o tempo». In: *7ete: Sete aulas sobre linguagem, memória e história*. Rio de Janeiro: Imago, 2005, pp. 67-78.

4   Cf. Reinhart Koselleck, «A configuração do moderno conceito de história». In: KOSELLECK, Reinhart et al., *O conceito de história*. Trad. de René Gertz. Belo Horizonte: Autêntica, 1975, pp. 119-84.

passamos a nos dizer e identificar como *uma espécie*, isso que pode ser denominado de antropogênese. Nesse sentido, lembra Peter Sloterdijk, num exercício imaginativo para compreender o que ele chama de *hiperpolítica*, que é preciso deixar a negligência em relação ao que denominamos *pré-história* e afrontá-la, mesmo que no âmbito da imaginação, como o lugar por excelência em que a antropogênese começa a acontecer. Para o filósofo, apenas obliterando esse longo processo em que o *homem produz o homem* é que posteriormente algo tão lato como o conceito de humanidade pôde ser cunhado. Aliás, para ele esse conceito parece nascer, ao menos no Ocidente, por meio de uma fixação pelas grandes civilizações, uma espécie de mentira básica no âmbito da história. Essa fixação, diz Sloterdijk,

> [...] destrói, pelo menos em última instância, a unidade da evolução humana e desliga a consciência atual da cadeia das inúmeras gerações humanas que elaboraram nossos «potenciais» genéticos e culturais. Ela ofusca a visão do acontecimento fundamental que se antecipa a toda grande civilização e do qual todos os chamados acontecimentos históricos só são derivações posteriores — o acontecimento global: antropogênese. A apologia atual da grande civilização abrevia a história da humanidade em mais de 95%, talvez até em 98% de sua duração real, a fim de ter liberdade para uma doutrinação ideológica e antropológica em alto grau — a doutrina, entendida como clássica e moderna, do homem como um «ser político».[5]

Assim, essa imaginação que pretende pensar a espécie nos termos de uma paleopolítica constituiria um modo de nos afastar da obsessão pelas grandes civilizações e tornaria possível algo como a exibição do paradoxo por excelência da política, cuja

---

5 Peter Sloterdijk, *No mesmo barco: Ensaio sobre a hiperpolítica*. Trad. de Cláudia Cavalcanti. São Paulo: Estação Liberdade, 1999, pp. 14-5.

formulação poderia ser: «pertencer-se com aqueles com os quais não se pertence. [...] não espanta que a história das ideias políticas sempre tenha sido uma história dos fantasmas da pertença».[6]

A despeito do caminho que trilhará o filósofo alemão — e de suas provocações irônicas —, há em seu pensamento algo muito importante sobre o que refletirmos: a antropogênese como um acontecimento cuja indisponível origem longínqua, distante no passado ainda é um operador sempre presente nos modos de organização da chamada vida social, bem como de nossa compreensão — ocidental, ao menos — do estar no mundo. Em outras palavras, haveria uma espécie de controle do devir humano pelo próprio humano em termos de representação de si, isto é, uma instituição do que é o *real* humano. Ou, ainda, esse forjamento de *humanidade*, um mecanismo representacional do humano, só poderia funcionar com base numa espécie de autopercepção, e, com isso, a instância da produção desse real estaria, paradoxalmente, presa naquilo que dá suporte para a superação do animal pelo humano: justamente a linguagem significante (ou, como diria Aristóteles, a *phoné enarthros*). Dentre os instrumentos (*tekné*) do homem (*anthropos*), a linguagem seria o mais fundamental ao fazer-se humano do humano (e a história da *metafísica* pode, de fato, ser lida nessa chave), seria o que dá as condições para a representação de si, para a compreensão da presença no mundo (e também da evasão do mundo: a morte), para a percepção do tempo, enfim, para a invenção disso que convencionamos chamar história.

«Existe história porque os seres falantes são reunidos e divididos por nomes, porque eles nomeiam a si mesmos e nomeiam os outros com nomes que não têm 'a mínima relação' com o conjunto de propriedades»,[7] diz Jacques Rancière ao expor essa

6 Ibid., p. 19.

7 Jacques Rancière, *Os nomes da história: Ensaio de poética do saber*. Trad. de Mariana Echalar. São Paulo: Unesp, 2014, p. 53.

impropriedade constitutiva da história, ou seja, ao expor como não é possível pensar em termos de uma adstrita fixação de propriedade do vivente ao nome que o designa. Em outras palavras, Rancière aponta que o problema fundamental da constituição do vivente humano — o *zoon logon ekon* aristotélico — replica-se no âmbito das representações que os falantes constroem para si e para suas ações, isto é, na história. Diz ele: «Existe história precisamente porque nenhum legislador primitivo pôs as palavras em harmonia com as coisas».[8] E nesse *intervalo*, podemos acrescentar, instala-se a empreitada humana da constituição do que pode ser dito o real (tanto um *real da história* quanto, falando em termos genéricos, *o real da existência humana*).

Esse cenário em que é possível perceber a coimplicação profunda da estrutura dos seres falantes com a estrutura desse seu produto que denominamos história foi, ao menos no que diz respeito ao estopim para essas análises, decorrente do curto-circuito do poema de Szymborska. Falar, criar representações do mundo com palavras, é instaurar o real que, em certo sentido, exibe essa espécie de falha constitutiva dos falantes: jamais dizemos as coisas, sempre dizemos palavras que pretendem se referir às coisas (ou, para dizer com Walter Benjamin, comunicamos sempre a essência linguística da língua).[9] Que o debate a respeito da possibilidade de representação com a linguagem tenha longa história no âmbito da história das ideias, dos debates filosóficos e das questões científicas é certo. No entanto, não há aqui a intenção de nele ingressar, mas de apenas pontuá-lo, sobretudo porque o problema que ronda a história está por ele de todo atravessado. O que dizemos, no âmbito da

8 Ibid., p. 54.

9 Cf. Walter Benjamin, «Sobre a linguagem em geral e sobre a linguagem do homem». In: *Escritos sobre mito e linguagem*. Trad. de Susana Kampff e Ernani Chaves. São Paulo: Ed. 34, 2011, pp. 49-74.

história, é da ordem da constituição da própria história, aliás, *do próprio* da história.

É Michel de Certeau quem nos lembra de que a premissa básica a ser encarada no que diz respeito à historiografia é que «o real que se inscreve no discurso historiográfico provém das determinações de um lugar».[10] Isto é, a pretensão do historiador de representar uma realidade histórica por meio da escrita *no* presente acaba por ser camuflada nas condições de produção de tal discurso. Certeau vai ainda mais longe e nos indica que «o passado é, também, ficção do presente. O mesmo ocorre em todo verdadeiro trabalho historiográfico. A explicação do passado não deixa de marcar a distinção entre o aparelho explicativo, que está presente, e o material explicado, documentos relativos a curiosidades que concernem aos mortos».[11] Essa ficção, a narrativa, traz consigo a própria possibilidade da constituição da história (e daí Rancière falar que o saber histórico comporta uma *poética do saber*). A questão é que, nesse jogo da narrativa presente acerca do passado inacessível, posto que não existente como um *objeto* (para lembrar Marc Bloch), o *real* da história mostra seu lugar: no *intervalo* entre as palavras e as coisas; ou seja, *o real* da história se dá justamente naquilo que escapa à possibilidade de constituir, por paradoxal que pareça, *o real* das coisas na história. É Certeau mais uma vez a nos trazer elementos para pensar esse quase que imponderável real produzido:

> A narrativa que fala em nome do real é imperativa; ela «faz conhecer», à maneira como se dá uma ordem. Nesse aspecto, a atualidade (o real cotidiano) exerce um papel semelhante ao que a divindade desempenhava outrora: os padres, as testemunhas ou os ministros da atualidade fazem com que ela fale para dar

10 Michel de Certeau, *A escrita da história*. Trad. de Maria de Lourdes Menezes. Rio de Janeiro: Forense, 2013, p. XXIII.

11 Ibid.

ordens em seu nome. [...] Ainda mais: essa narrativa é eficaz. Ao pretender relatar o real, ela o fabrica. Ela é performática. Ela torna crível o que diz e faz agir por essa razão. Ao produzir crentes, ela produz praticantes. [...] As vozes charmosas da narração transformam, deslocam e regulam o espaço social; elas exercem um imenso poder que, por sua vez, escapa ao controle por se apresentar como a verdadeira representação do que se passa ou do que se passou.[12]

É para a constituição da prática historiográfica como produtora de uma possível instância do real que Certeau chama a atenção. Entretanto, ele ressalta que esse forjamento do real está totalmente articulado com o lugar desde onde esse discurso historiográfico se produz:

Para combinar uma encenação com um poder, o discurso vincula-se à instituição que lhe garante, ao mesmo tempo, a legitimidade diante do público e a dependência em relação à dinâmica das forças sociais. O empreendimento assegura o papel ou a imagem como discurso do real para os leitores ou espectadores, ao mesmo tempo que, por seu funcionamento interno, ele articula a produção sobre o conjunto das práticas sociais. Mas existe interação entre esses dois aspectos. As representações são autorizadas *a falar* em nome do real apenas na medida em que elas fazem *esquecer* as condições de sua fabricação.[13]

No âmbito da historiografia, portanto, está em jogo a constituição de um saber que performaticamente *produz* seu próprio objeto. Nesse sentido, que tipo de ciência seria essa? Tal questão não é retórica, mas afronta um dos problemas elementares

12 Id., *História e psicanálise: Entre ciência e ficção*. Trad. de Guilherme João de Freitas Teixeira. Belo Horizonte: Autêntica, 2016, p. 53.

13 Ibid., p. 54.

para a constituição dos saberes no âmbito das assim chamadas humanidades. Esse *real produzido*, por assim dizer, é o que se compõe numa narrativa histórica — mas também nas informações sobre o cotidiano, nas práticas de governo etc. Entretanto, para que seja produzido depende de um *esquecimento* preliminar, tal como fala Certeau, de seu próprio pressuposto, aquilo que não pode ser formalizado, simbolizado por meio da linguagem (e aqui o debate poderia remeter à antiga discussão sobre a «coisa em si» e o «fenômeno»). A respeito desse *ponto cego*, por assim dizer, nos esclarece Alain Badiou:

> Isso quer dizer que aquilo que a formalização torna possível [...] só é possível pela existência implicitamente assumida daquilo que *não pode* se inscrever nesse tipo de possibilidade. Trata-se, portanto, de um «ponto de pensamento» que, embora condenado a permanecer inacessível para as operações que a formalização torna possíveis, não deixa de ser a condição última da própria formalização.[14]

Em certo sentido, esse *esquecido nas condições de fabricação* é o outro nome do *real*. Não desse real fabricado na narrativa (ou nas informações, ou nas práticas de governo), mas o *real* que é condição *sine qua non* da própria narrativa, o *real* que no âmbito da historiografia é impossível de ingressar na esfera da narrativa.

Antes de me dedicar a uma análise sobre esse *impossível* que é o *real* que subjaz às narrativas (e ações) produtoras do *real formalizado*, gostaria de trazer uma pequena história sobre essa discussão também para um debate contemporâneo não só a respeito da historiografia, mas ainda sobre a constituição dos saberes científicos e, por fim, sobre questões políticas que vêm se tornando urgentes na era da integração informacional

14 Alain Badiou, *Em busca do real perdido*. Trad. de Fernando Scheibe. Belo Horizonte: Autêntica, 2017, p. 30.

em rede. Trata-se do desaparecimento, em 25 de março de 1938, de Ettore Majorana, físico que em conjunto com Enrico Fermi, Edoardo Amaldi, Franco Rasetti, Emilio Segrè, Bruno Pontecorvo e Oscar D'Agostino fez parte do chamado grupo dos *Rapazes da rua Panisperna*, jovens cientistas — sobretudo físicos — italianos que entre 1929 e 1938 realizaram pesquisas fundamentais para o desenvolvimento da energia nuclear, sobremaneira a descoberta, em 1934, das propriedades dos *nêutrons térmicos* (que mostra a maior capacidade de certos nêutrons de serem absorvidos por outros elementos).

A respeito do sumiço do físico, o escritor Leonardo Sciascia publicou, em 1975, um livro, que se tornaria um clássico na Itália, no qual expunha, como tese central das razões do desaparecimento de Majorana, a ideia de que, por pressentir o uso nefasto que a física teria em poucos anos com as recentes descobertas, o físico teria optado por desaparecer. Em um recente texto — *Che cos'è reale?*[15] —, o filósofo italiano Giorgio Agamben acolhe em parte as ideias de Sciascia, mas, cruzando essa leitura com algumas outras — certas reflexões de Simone Weil sobre a física quântica e um artigo (de 1942) do próprio Majorana denominado «O valor das leis estatísticas na física e nas ciências sociais» —, trata de alavancar sua hipótese integrativa à ideia de Sciascia: Majorana teria desaparecido depois de ter visto as consequências da introdução das noções de *probabilidade* no âmbito e nos próprios modos de funcionamento da física. Em suma, ele teria optado por sumir depois de perceber que, «uma vez que se assume que o estado real de um sistema seja em si não conhecível, os modelos estatísticos se tornam essenciais e só podem substituir a realidade».[16] No limite, Majorana teria desaparecido como modo de fazer de sua

15 Giorgio Agamben, *Che cos'è reale? La scomparsa di Majorana*. Vicenza: Neri Pozza, 2016.

16 Ibid., p. 52.

pessoa «a cifra exemplar do estatuto do real no universo probabilístico da física contemporânea», e, com isso, o físico teria produzido «um evento ao mesmo tempo absolutamente real e absolutamente improvável».[17]

Ao tomarmos a parte final do artigo de Majorana sobre «O valor das leis estatísticas na física e nas ciências sociais», iremos esbarrar — tal como acima pretendi fazer no que diz respeito à historiografia — no modo como o físico percebeu como a física e as ciências sociais contemporâneas lidam com esse *real impossível de formalizar*. Trata-se da assunção dos modelos estatísticos e probabilísticos como algo inexorável ao controle e gestão de *um real*. Assim o físico termina seu texto:

> A desintegração de um átomo radioativo pode obrigar um contador automático a registrá-lo com efeito mecânico, tornado possível por amplificação adaptada. Bastam, portanto, artifícios comuns de laboratório para preparar uma cadeia complexa e vistosa de fenômenos que seja *comandada* pela desintegração acidental de um só átomo radioativo. Não há nada, do ponto de vista estritamente científico, que impeça de considerar plausível que na origem de acontecimentos humanos possa se encontrar um fato vital igualmente simples, invisível e imprevisível. Se assim o é, como nós sustentamos, as leis estatísticas das ciências sociais veem crescer sua função, que não é apenas a de estabelecer empiricamente o resultado de um grande número de causas desconhecidas, mas, sobretudo, de dar um testemunho imediato e concreto da realidade, cuja interpretação requer uma arte especial, não menos importante, que serve de subsídio à arte de um governo.[18]

---

17 Ibid., p. 53.

18 Ettore Majorana, *Il valore delle leggi statistiche nella Fisica e nelle Scienze sociali*. In: AGAMBEN, *Che cos'è reale?...*, op. cit., p. 78.

As leis estatísticas é que dariam testemunho do *real concreto*, isto é, tanto no âmbito das ciências físicas como humanas haveria, mais do que uma pretensão de conhecimento de um *suposto real do mundo*, algo como uma construção desse real por meio de um controle, de uma *arte especial de governo do mundo*. E, a partir disso, Agamben completa sua interpretação a respeito do desaparecimento de Majorana:

> Como as leis probabilísticas da mecânica quântica visam não a conhecer mas a «comandar» o estado dos sistemas atômicos, assim as leis da estatística social visam não ao conhecimento, mas ao «governo» dos fenômenos sociais. [...] é possível, então, que a hipótese de Sciascia sobre as motivações que levaram Majorana a abandonar a física seja corrigida e integrada no sentido de que, se não é certo que Majorana tenha vislumbrado as consequências da cisão do átomo, ao contrário, é seguro que ele tinha visto com clareza as implicações de uma mecânica que renunciava a toda concepção não probabilística do real: a ciência não procurava mais conhecer a realidade, mas — como a estatística nas ciências sociais — apenas intervir nesta para governá-la.[19]

Nesse sentido, tanto as ciências físicas quanto as sociais pareciam apontar para um problema prático: o domínio das incertezas, ou, ainda, a gestão, a administração, o governo do que escapa a uma determinação direta e precisa. De fato, o problema se desvia para uma espécie de transformação das questões de incerteza em questões de informação, de formalização desse *impossível real* (mais uma vez): é preciso contar com os dados colhidos e ter em vista os prováveis e, nesse mecanismo, transformar a relação entre sujeito e objeto de conhecimento num *sistema* que deve ser controlado de modo que aufira certos

---

19 Agamben, *Che cos'è reale?...*, op. cit., p. 19.

resultados (e essa maneira de operar estaria, portanto, em todo âmbito científico probabilístico).

O que as ciências, físicas ou sociais, começam a moldar — ou, ainda, começam a aprimorar — são modelos específicos de previsibilidade para gerenciar tais sistemas de informações. Isto é, esses sistemas forjam-se como uma espécie de *formalização* com base no *informalizável* que só pode ser governado por meio da probabilística. Ainda em 1948, o matemático Norbert Wiener, em um livro denominado *Cybernetics: or control and communication in the animal and the machine*[20] — que, de certo modo, decorre de um projeto de desenvolvimento de uma máquina de predição e controle de aviões inimigos durante a Segunda Guerra —, propõe a ideia de um modelo de controle das incertezas com base numa proposta de sistematização informacional que passou a ser conhecida como *feedback* (ou retroação): uma memorização de dados, acumulados então como *repertório*, que dá subsídios para estabelecer modos de controle de probabilidades vindouras. Era o nascimento da noção contemporânea de cibernética: um novo modo de intervenção no *real* por meio do controle e gestão das possibilidades e, assim, produção de estatísticas.[21]

Num âmbito mais amplo, essa noção carrega uma história absolutamente não descartável para o que estava surgindo. Etimologicamente *cibernética* advém de *Kybernétes*, termo que, em grego, era utilizado para denominar o encarregado de pilotar

---

20 Norbert Wiener, *Cybernetics: or control and communication in the animal and the machine*. Cambridge: MIT Press, 1948.

21 Sobre a questão da cibernética e o problema da *inscrição de um real* — o problema da escritura do mundo no âmbito dos registros informacionais — também seria possível abrir todo um campo de discussão a partir das referências levantadas por Jacques Derrida em seu projeto *gramatológico*. Cf. Jacques Derrida, *Gramatologia*. Trad. de Miriam Chnaiderman e Renato Janine Ribeiro. São Paulo: Perspectiva, 2008. A análise da proposta derridiana — que, frise-se, faz referências a Wiener —, está prevista para os trabalhos futuros que darão continuidade a esta pesquisa.

uma embarcação, o responsável por governar os rumos do barco. Esse dado não escapa a Michel Foucault, que, na aula de 17 de fevereiro de 1982, ressalta que essa noção de *kybernétes* — cuja tradução em latim seria *gubernator* — estaria relacionada justamente a uma prática de governo, numa metáfora que atravessaria os séculos sempre ligada à dimensão das práticas médicas, do governo de si e do governo político.[22] O que, entretanto, acontece nas novas formatações da *cibernética* é que ela se estende — e uma expansão que se intensifica desde o início do século XXI de maneira jamais vista com a aceleração dos processos e protocolos de informação — para todos os âmbitos das práticas humanas. Em suma, a cibernética passa a ser parte das ações político-governamentais e dá vazão a uma espécie de *concepção ofensiva da política*.[23] Isto é, a conformação de uma sociedade passa a ser vista como fundamentalmente atrelada à construção de um modelo social baseado no controle das probabilidades a partir da *gestão desse real que se dá em forma sistêmica* (*feedbacks* alimentam a máquina de gestar dados, que, por sua vez, é o subsídio necessário para a narrativa *real* sobre o *inatingível real* do mundo).

A cibernética não é então apenas uma teoria, mas também uma tecnologia de intervenção direta e de governo da vida, bem como de reorganização das narrativas daquilo que pretendemos pensar como história. Assim, ao cruzarmos essa leitura com as hipóteses a respeito do papel das ciências — físicas e sociais — lembrado por Majorana e desenvolvidos por Agamben, parece mais claro que o desenvolvimento das práticas políticas e de governo tomaram rumos que excedem em grande medida as sistemáticas de gestão baseadas apenas em

---

22   Michel Foucault, *A hermenêutica do sujeito: Curso dado no Collège de France* (1981-1982). Trad. de Márcio Fonseca; Salma Muchail. São Paulo: Martins Fontes, 2006, p. 303.

23   Tiqqun, «L'hypothèse cybernétique». In: *Tout a failli, vive le communisme!* Paris: La Fabrique, 2009, pp. 235-6.

modelos representativos de amplo espectro (populações, de-mografias, localizações, determinações espaciais etc.; um nível *macropolítico*, por assim dizer). Isto é, com os avanços das tec-nologias de informação no século XX (e sua ainda mais radical aceleração no século XXI), o que quer que ocupe a posição de um *kybernétes* passa a contar com a possibilidade dos *feedbacks*, de uma ingerência direta por meio da construção de uma *rede* em que todos os traços dos indivíduos são por esses mesmos in-divíduos informados (direta ou indiretamente; aqui, um nível *micropolítico*), salvos, mapeados e utilizados como pontos para um domínio absoluto da vida. Lembro aqui das análises feitas, ainda no fim do século XX, pelo interessante coletivo Tiqqun:

> A cibernética emerge, portanto, sob a forma inofensiva de uma simples teoria da informação, uma informação sem origem precisa, sempre já aí em potência no âmbito de toda situação. Ela pretende que *o controle de um sistema se obtenha por um grau ótimo de comunicação entre as partes.* Esse objetivo reclama, em primeiro lugar, a extorsão contínua de informações, processos de *separação* dos entes de suas qualidades, e produção de diferenças. Dito de outro modo, o domínio da incerteza passa pela *representa-ção e memorização* do passado. De um lado, a imagem espetacular, a codificação matemática binária [...], a invenção de máquinas de memória que não alterem a informação e, de outro, o incrível es-forço por sua miniaturização [...] conspiram para criar tais con-dições em nível coletivo. Assim conformada, a informação deve, na sequência, retornar ao mundo dos seres, religando-os uns aos outros, do mesmo modo que a circulação mercantil garante seu colocar em equivalência. A retroação, chave da regulação do sis-tema, reclama agora uma *comunicação* no sentido estrito. A ciber-nética é o projeto de uma recriação do mundo por meio de laços infinitos desses dois momentos: a representação que separa, a

comunicação que religa, a primeira doadora de morte, a segunda mimetiza a vida.[24]

É com base nesse horizonte que termos como «sistemas interdependentes» ganham realidade para além do sentido meramente informacional (e com meramente informacional quero dizer: como se a informação e os processos informativos — as tecnologias de informação — fossem sempre algo liso, neutro, transparente, apenas um *canal* de transmissão, um *meio* sem interferências). Isto é, a informação, desdobrada na representação (informa-se sobre algo) e na comunicação (o algo informado é transmitido como um dado linguístico), funciona como uma espécie de reprodução mimética da vida com o intuito de, em seguida, retornar à vida que não fora mimetizada como informação (digamos, à *vida que estamos vivendo*).[25] Desse modo, com o retorno da informação (o real formalizado) ao *real* (o real

---

24 Ibid., pp. 241-2.

25 Lembro das análises críticas de Agamben a respeito da separação operada na própria vida — uma vida separada de sua forma, ele diz em vários textos — que nos colocaria como espectadores impotentes da vida que passa: a ideia de uma *vida que vivemos* (*vita quam vivimus*, o que define uma biografia) e de uma *vida pela qual e na qual vivemos* (*vita qua vivimus*, o que torna a vida vivível e lhe dá sentido e forma). Nesse sentido, a operação cibernética é uma constante separação de uma vida definível em biografia, as *informações representadas* da vida no âmbito do sistema-rede, e o retorno dessa *representação da vida* ao vivente como modo de constituição de sua própria subjetividade. Ou seja, a *vida pela qual e na qual vivemos* apaga-se em prol das sobredeterminações das informações sobre a vida. Cumpre-se, com isso, uma perfeita separação no seio dos viventes, que, nesse sentido, passam a *ser* o que e como se informam a respeito de si mesmos. Se os dispositivos são parte do processo de subjetivação, na atual fase do capitalismo informacional eles são refinados e, com aparência libertária, são os modos mais sutis e ao mesmo tempo efetivos de domínio e de instauração de uma servidão voluntária. Cf. Giorgio Agamben, *Il regno e la gloria: Per una genealogia teologica dell'economia e del governo*. Vicenza: Neri Pozza, 2007, pp. 271-2; Id., *Il tempo che resta: Un commento alla Lettera ai Romani*. Turim: Bollati Boringhieri, 2000, pp. 67-8. E, em sentido um pouco mais alargado, no último volume da série *Homo Sacer*. Cf. Id., *L'Uso dei corpi*. Vincenza: Neri Pozza, 2014, pp. 249-85.

informalizável da vida), percebemos que as conexões entre técnicas, culturas, ideais, modos de vida não estão desvinculadas das cadeias de *coisas reais* que as formam: petróleo, eletricidade, produtos agrícolas, aliás, todas as esferas de existência dos viventes entram no registro informacional das equivalências (e, no âmbito do século xx, até o dinheiro, que funciona como princípio-chave da equivalência geral, ingressa também no âmbito do registro informacional).[26] Ou seja, a cibernética e o modo operativo do capitalismo — cujo princípio motriz estaria na equivalência — estão umbilicalmente associados, e, com isso, é impreterível não perder de vista a dimensão do governo, do domínio, da e sobre a vida.[27]

26   Cf. Jean-Luc Nancy, *Vérité de la démocratie*. Paris: Galilée, 2008, p. 44. «O mundo democrático se desenvolveu no contexto — ao qual, na origem, está ligado — da equivalência geral. Tal expressão — mais uma vez, de Marx — não designa apenas o nivelamento geral das distinções e a redução das excelências na mediocrização [*médiocrisation*] [...]. Ela designa primeiramente a moeda e a forma mercantil, isto é, o coração do capitalismo. É preciso retirar daí uma lição muito simples: o capitalismo, no qual ou com o qual, ou ainda *como* o qual a democracia se engendrou, é, antes de mais nada, em seu princípio, a escolha de um modo de valorização: pela equivalência. O capitalismo revela uma decisão de civilização: o valor *está* na equivalência. A técnica, também ela desenvolvida no e por efeito dessa decisão — do mesmo modo que a relação técnica com o mundo é de modo próprio e na origem aquela do homem —, é uma técnica submetida à equivalência: a de todos os seus fins possíveis e, também, de maneira ao menos tão flagrante quanto no registro do dinheiro, a dos fins e dos meios.»

27   Em continuação a esta pesquisa também serão tratados, especificamente, os usos das tecnologias de informação como *controle e manipulação* do suposto real. Nesse sentido, teóricos da segurança em informação já alertam para um futuro distópico devido aos modos de utilização de dados pelos chamados operadores de *Big Data*. Remeto aqui à entrevista com Aviv Ovadya, chefe do Centro de Responsabilidade de Mídias Sociais da Universidade do Michigan, que prevê um «infocalipse» que seria muito mais danoso do que os atuais escândalos ligados à venda de informações por parte de empresas de *Big Data*, como o mais recente — e vastamente divulgado — referente ao Facebook e à Cambridge Analytica (esta, a empresa contratada para as campanhas do Brexit e de Donald Trump à Presidência dos Estados Unidos). Entrevista disponível em: <https://www.buzzfeed.com/charliewarzel/apocalipse-informacoes-internet?utm_term=.iloKEVKBK .nnZwbzw7w>.

Por outro lado, a cibernética, em seu projeto de recriação, em seu inserir-se capilarmente no aqui chamado *real informalizável*, em sua tentativa de *controlar* absolutamente esse *real* por meio do manejo das probabilidades, acaba por gerar uma esfera de projeção de possibilidades. Nessa armação de controle, muitas vezes tais possibilidades, úteis à manutenção do sistema, são, paradoxalmente, «ao mesmo tempo fantasmáticas e técnicas e têm suas próprias finalidades ou, de modo mais exato, cujas finalidades estão abertamente em sua própria proliferação, no crescimento exponencial de figuras e potências que valem por e para si mesmas, indiferentes à existência do mundo e de todos que nele existem».[28] Nesse sentido, é possível perceber certo limite da hipótese cibernética: sua sanha de controle pode, por vezes, embaralhar o *informalizável* com o *formalizável* (isto é, com os próprios *dados informacionais* que animam o sistema; lembremos das bolhas dos mercados financeiros, por exemplo, nas quais os *lastros do real informalizável* deixados de lado por vezes vêm assombrar o piloto invisível chamado *Mercado*).

É preciso lembrar, portanto, que o mundo por controlar é igual, mas — e isso de modo paradoxal — também totalmente diferente do projetado: a vida, *o real*, o *informalizável*, não se consubstancia num *traço* informacional (a representação da vida, uma narrativa), porém, ao mesmo tempo, não deixa de ter sua duplicidade no chamado espaço cibernético — e isso acontece, em certa medida, da mesma forma na representação histórica. De modo reverso à hipótese Majorana, que faz de um evento absolutamente real, seu desaparecimento, algo absolutamente improvável, não se têm provas de seu desaparecimento, no tempo da gestão cibernética a identificação entre *real* e *representação informacional* se dá num âmbito *irreal*

---

28   Jean-Luc Nancy, *L'Équivalence des catastrophes. (Après Fukushima)*. Paris: Galilée, 2012, p. 28.

(aqui denominado *real formalizado*), mas não por isso *improvável* (os traços informacionais são hoje condições fundamentais para o controle, o governo, das probabilidades no mundo; no âmbito da economia, por exemplo, por meio deles se prova, a todo instante, *o real* do *único mundo possível*).[29] Eis a sagacidade e, ao mesmo tempo, o limite da hipótese cibernética e dos modos de gerir a vida ao menos desde a explosão da bomba em Hiroshima.

Nesse sentido, o alargamento das estruturas de *controle* — ou, se quisermos, de *governo* — do mundo e da vida depende cada vez mais de *dispositivos* de representação e memorização do passado, mas de um passado que, agora, se tornou um *dado*, um traço informacional gravado nesses mesmos dispositivos: desde nossos cartões de créditos, passando por nossos registros biométricos (cada vez mais utilizados pelos governos), por

---

29 Interessante apontar, mais uma vez, para Alain Badiou (Em busca do real perdido, op. cit., p. 11): «O que é impressionante na economia considerada como saber do real é que, mesmo quando enuncia — e às vezes é obrigada a isso pela evidência dos fatos — que o 'real' dela está fadado à crise, à patologia, eventualmente ao desastre, todo esse discurso inquietante não produz nenhuma ruptura com a submissão subjetiva ao real de que ela se gaba de ser o saber. Em outras palavras, o que a economia considerada como discurso do real diz, prevê ou analisa nunca fez senão validar o caráter intimidante desse famigerado real, e nos submeter sempre mais a ele. De tal modo que, quando esse real parece desfalecer, mostrar-se como uma pura patologia, devastar o mundo ou as existências — quando os próprios economistas acabam por perder seu latim —, mesmo assim a soberania dessa intimidação pelo real econômico não apenas não é realmente reduzida, como até se vê aumentada. Os economistas e seus financiadores reinam de maneira ainda mais imperial do que antes dos desastres que não souberam prever e só constataram depois, como todo mundo. O que prova muito bem que essa gente não se deixa destituir». Nesse sentido, também Frederic Jameson traz uma concepção dessa espécie de *inexorável real* quando diz: «Alguém disse uma vez que é mais fácil imaginar o fim do mundo do que o fim do capitalismo». Cf. Frederic Jameson, «A cidade do futuro». Trad. de Maurício Miranda dos Santos Oliveira. *Libertas* — Revista da Faculdade de Serviço Social/UFJF, Juiz de Fora, vol. 1, n. 10, 2010, p. 195. Disponível em: <https://libertas.ufjf.emnuvens.com.br/libertas/article/viewFile/1868/1317>. Acesso em: 15 abr. 2018.

nossos registros digitais, ou seja, a capilarização do controle se dá com a proliferação de um ambiente em rede — e a internet é o modelo por excelência dessa nova dimensão informacional da vida.[30] Em suma, a cibernética funciona também a partir das analogias que estabelece — e que se imiscuem cada vez mais no *real informalizável*, digamos — entre o funcionamento dos organismos vivos e das máquinas, o que gera uma *mecânica dos vivos*, com vistas à programação e à dominação, num controle do devir social que levaria a um suposto fim da História, e uma *vitalização das máquinas*, que no terreno da comunicação gera justamente a noção de rede (basta lembrar dos *smartphones*).

Diante de perspectivas como essas, a impotência de fato parece ser a única sensação legítima. No entanto, nesse mesmo horizonte terrificante de um forjamento de real formalizável por meio de um controle do real informalizável pelo sistema, paradoxalmente, há uma espécie de *entropia* — num elemento que não se deixa apreender pela incessante captura da *rede* — que parece abrir uma brecha, uma linha de fuga, nessa governança global baseada no princípio de equivalência geral. Trata-se dos fatores que, por mais que a indeterminação do *real* seja o propulsor do modo operacional da gestão e controle da vida no planeta, escapam, como absolutamente reais e, ao mesmo tempo, absolutamente improváveis, à apreensão por tal sistema — naquilo que Agamben chama de *o ingovernável*.[31] Em outras palavras, por

30 É importante lembrar que o avanço desse tipo de hiperconectividade está chegando a práticas de inserção de *chips* em funcionários — como no caso da empresa belga Newfusion, que, segundo seu diretor, fez o implante a pedido dos funcionários. E, ainda segundo o empresário, há outras aplicações de tais *chips*, «como substituir os passaportes, os cartões de banco e cartões de transporte ou incluir informações médicas para saber o tipo sanguíneo de um ferido que ficou inconsciente e que deve ser atendido urgentemente, ou se é alérgico a algum medicamento». Cf. <http://www.ihu.unisinos.br/565069-empresa-belga-implanta-chips-em-seus-trabalhadores>. Acesso em: 15 abr. 2018.

31 Cf. Giorgio Agamben, *O que é o contemporâneo? E outros ensaios*. Trad. de Vinícius N. Honesko. Chapecó: Argos, 2009, pp. 50-1: «Quanto mais os dispositivos

mais trivial que pareça, diante da máquina de controle das probabilidades que nos submete à lógica de um *único real possível* — este que se nos impõe a partir de seu local de produção e que, como lembra Certeau, nos seduz com as vozes charmosas de uma narração que impele à crença e produz seus praticantes —, o *informalizável* da vida ainda carrega uma potência do *impossível*, isto é, não tem como ser apreendido numa máquina narrativa, num sistema de informação, numa rede de rastros digitais mas pode, isso sim, ser um modo de paralisar tal sistema.

Os corpos, os corpos *reais*, ainda não foram transformados em dados, em narrativa, e é a partir deles, *esse ponto fora de formalização*, que podemos *destruir* essa primeira formalização que nos é imposta e ter acesso a outro real, àquele *impossível* a que se fez referência no início. E, assim, talvez a máxima «sejamos realistas, exijamos o impossível!» possa ser pensada à luz da *Sexta tese sobre o conceito de história* de Walter Benjamin: «O dom de atear ao passado a centelha da esperança pertence somente *àquele* historiador que está perpassado pela convicção de que também os mortos não estarão seguros diante do inimigo, se ele for vitorioso. E esse

---

se difundem e disseminam seu poder em cada âmbito da vida, tanto mais o governo se encontra diante de um elemento inapreensível, que parece fugir de sua apreensão quanto mais docilmente a esta se submete. Isso não significa que ele representa em si mesmo um elemento revolucionário, nem que possa deter ou também somente ameaçar a máquina governamental. No lugar do anunciado fim da história, assiste-se, com efeito, ao incessante girar em vão da máquina, que, numa espécie de desmedida paródia da *oikonomia* teológica, assumiu sobre si a herança de um governo providencial do mundo que, ao invés de salvá-lo, o conduz — fiel, nisso, à originária vocação escatológica da providência — à catástrofe. O problema da profanação dos dispositivos — isto é, da restituição ao uso comum daquilo que foi capturado e separado nesses — é, por isso, tanto mais urgente. Ele não se deixará colocar corretamente se aqueles que dele se encarregam não estiverem em condições de intervir sobre os processos de subjetivação, assim como sobre os dispositivos, para levar à luz aquele Ingovernável, que é o início e, ao mesmo tempo, o ponto de fuga de toda política».

inimigo não tem cessado de vencer».[32] Esse inimigo não deixa de nos impor seu real — e hoje com o canto mais doce do que o de sereias —, mas cabe a nós demandar esse impossível que, na narrativa do inimigo, é obliterado por uma suposta benevolência travestida em palavras de ordem nas quais querem nos fazer crer: «Fazemos todo o possível para que as coisas melhorem». Não é desse vergonho possível que hoje é preciso se nutrir uma luta histórica. Pelo contrário, aniquilar essa suposta única *realidade* possível parece ser nossa tarefa.

---

32 Walter Benjamin, «Teses sobre o conceito de história». In: LÖWY, Michel. *Walter Benjamin: Aviso de incêndio. Uma leitura das teses «Sobre o conceito de história»*. Trad. de Wanda Nogueira Caldeira Brant. Trad. das teses: Jeanne Marie Gagnebin e Marcos Müller. São Paulo: Boitempo, 2005, p. 65.

Para além dos atos e dos silêncios: gestos de resistência no olhar

Em março de 2000, depois da leitura de um relatório que apontava para a série de fracassos das missões de paz da ONU — a UNPROFOR (UN Protection Force), na ex-Iugoslávia em 1995, as UNOSOM (UN in Somalia) I e II, na Somália em 1992 e 1993, e, principalmente, a UNAMIR (UN Assistence Mission for Ruanda) em Ruanda em 1995 —, o então secretário-geral da ONU, Kofi Annan, solicitou a realização de uma comissão, com a participação de especialistas em prevenção de conflitos, que deveria sugerir novos modos de atuação das forças de paz. Como resultado dessa comissão surgiu, em agosto de 2000, o relatório Brahimi,[1] que, apresentado em setembro de 2000 na Cúpula do Milênio, trouxe vinte recomendações para as missões de paz da ONU,[2] entre elas a possibilidade da, diante de violências presenciadas contra civis, necessidade de intervir. Essas recomendações foram aplicadas às missões de paz que, naquela época, já estavam em curso, entre elas a UNTAET (UN Transitional Administration in East Timor; missão

---

1 O nome se deu em referência ao então ministro das Relações Exteriores da Argélia, Lakhdar Brahimi, que esteve à frente dos trabalhos da comissão.

2 Sobre o relatório Brahimi, cf.: <http://www.un.org/en/events/pastevents/brahimi _report.shtml>.

seguinte à UNAMET — UN Mission in East Timor),[3] para a qual o Brasil, que desde 1994 declarava suas intenções de obter uma cadeira efetiva no Conselho de Segurança da ONU, enviou tropas, com a notória participação, como observador do secretário-geral da ONU, do diplomata Sérgio Vieira de Mello, além de diversos chefes militares, como o general de brigada Walter Braga Netto.

As missões da ONU no Timor-Leste tinham como fundamental componente a garantia das possibilidades da construção de um país com as pilastras fundamentadas num Estado de direito (isto é, a garantia de um processo de constituição legislativa — por meio de Assembleia constituinte —, de eleições livres de representantes etc.) e surgiram diante da necessidade de intervenção da ONU quando da intensificação da violência propiciada pela atuação do governo indonésio, que, desde a Revolução dos Cravos em 1974 e o fim do domínio português, ocupava o território do Timor-Leste. Tal ocupação, *grosso modo*, aconteceu quando no Timor-Leste surgiu a FRETILIN (Frente Revolucionária de Timor-Leste Independente), capitaneada por José Ramos Horta (que ganharia, com o bispo Carlos Ximenes Belo, o Nobel da Paz em 1996) e com claros ideais socialistas. Suharto, o presidente da Indonésia entre 1968 e 1998, viu na ascensão da FRETILIN o perigo comunista — que anos antes ele próprio se encarregara de eliminar na Indonésia — e, por meio de forças especiais do exército,[4] ocupou o Timor-Leste.

3   Cf. Djuan Bracey, «O Brasil e as operações de manutenção da paz da ONU: os casos do Timor Leste e do Haiti». *Contexto Internacional*, vol. 33, n. 2, jul.-dez. 2011. Rio de Janeiro: PUC-Rio de Janeiro, pp. 316-31.

4   Um dos comandos das Forças Especiais era chefiado por Probowo Subianto, filho do ex-ministro da Economia de Suharto (Sumitro Djojohadikusumo, responsável pela organização do que ficou conhecido como a «Berkeley mafia», isto é, a formação de economistas indonésios nos Estados Unidos para que atuassem no chamado *New Order*, o plano de governo que serviria à implementação de uma política econômica de abertura aos mercados internacionais), que, em 1985, fora treinado pelo Exército norte-americano em Fort Benning. Cf.: <https://www.washingtonpost.com/wp-srv/inatl/longterm/indonesia/stories/rights052398.htm>.

Entre as táticas de ocupação — considerada um genocídio[5] —, estava o uso ostensivo de napalm, massacres que não discriminavam mulheres, crianças idosos etc. e, por fim, já nos anos 1990, mesmo com uma suposta política de controle dos atos do exército, o uso da tortura e a prisão arbitrária de independentistas (todos esses atos foram denunciados com ênfase pela Anistia Internacional). O fim da ocupação indonésia no Timor foi propiciado em certa medida pela intervenção da ONU (UNAMET) e, sobretudo, a partir da renúncia de Suharto depois da grave crise financeira que abalou o país (a crise dos Tigres Asiáticos) e as revoltas estudantis de maio de 1996, ocorridas depois do assassinato de quatro estudantes (o comandante das ações contra os estudantes foi, justamente, Probowo Subianto).

O sofrimento e a violência, a destruição e a subjugação, de fato, foram frequentes nas ações do governo de Suharto no Timor-Leste. Todavia, como é uma constante no século XX, essa história não teria sido possível sem que, no contexto geopolítico global, em alguma medida e por um período Suharto tenha tido, se não apoio direto, ao menos suporte internacional para o cumprimento de seu papel nos jogos de poder globais (ainda que este tenha sido um papel minoritário e setorizado). Ou seja, o mesmo sujeito que subjuga e destrói pode ser, a depender de quem subjuga e destrói, aliado ou inimigo, pode estar à mesa de

---

Em 2014, Probowo se candidatou à Presidência da Indonésia, tendo perdido a eleição para Joko Widodo; ele também foi responsável pela operação do exército que causou a morte de quatro estudantes universitários em 1996, fato que levou à queda de Suharto e, na sequência, a uma gravíssima crise econômica no país. Para maiores detalhes sobre a dimensão da abertura dos mercados, cf. Naomi Klein, *A doutrina do choque: A ascensão do capitalismo de desastre. Trad. de Vânia Cury.* Rio de Janeiro: Nova Fronteira, 2008, pp. 313-31.

5 Tanto que em Oxford encontra-se arrolado no plano de estudos de «Genocídios no século XX» — disponível em: <http://www.oxfordbibliographies.com/view/document/obo-9780199743292/obo-9780199743292-0105.xml> —, assim como na Yale University — disponível em: <https://www.washingtonpost.com/wp-srv/inatl/longterm/indonesia/stories/rights052398.htm>.

discussões de estratégias na política econômica ou pode estar no famoso banco dos réus da história.

Se a intervenção no e ocupação do Timor-Leste pelo governo indonésio — sob a justificação do perigo comunista — foi caracterizada como genocida por boa parte da comunidade política internacional, o mesmo não se pode dizer da eliminação do Partido Comunista Indonésio (PKI) por meio da dizimação de seus membros e supostos simpatizantes, entre 1965 e 1966, sob o comando do então general Suharto. Nesses anos, a Indonésia, que se tornara independente da Holanda entre os anos de 1945 e 1949, ainda passava por um processo de estabilização política. O presidente, Sukarno, líder na revolução de independência e desde então na chefia do governo, equilibrava-se com o que denominava de «democracia guiada», um modo de gerir as tensões entre os três pilares da jovem república indonésia, o Nas-A-Kom (nacionalismo, *agama* — religião — e comunismo), representados pelo *exército*, pelo *islã* e pelos *comunistas* (a Indonésia tinha então o terceiro maior partido comunista do mundo). Com o acirramento da Guerra Fria, os Estados Unidos passaram a dar suporte para setores à direita do exército indonésio, que, por outro lado, contava também com um crescimento de membros ligados ao comunismo. Além disso, com sua aproximação dos soviéticos e sua política externa intervencionista na região (por exemplo, em Brunei), Sukarno passou a ser visto com certa cautela pelos governos ocidentais.

Nesse contexto de fragilidades, em 1º de outubro de 1965, um grupo de oficiais de patente mediana sequestrou e matou seis generais do exército numa espécie de tentativa de golpe de Estado. Ainda no mesmo dia, as tropas do exército, comandadas pelo general Suharto, sufocaram a tentativa de golpe com certa facilidade, haja vista que, como se revelou adiante, os supostos golpistas tinham uma articulação bastante frágil. Até hoje as explicações sobre os motivos e as origens desse golpe são nebulosas; todavia, naquele momento, ele foi imediatamente ligado ao Partido Comunista Indonésio.[6] Logo depois do incidente, iniciou-se na Indonésia uma perseguição aos comunistas, estendida a supostos simpatizantes, que, além da extinção do PKI, causaria a morte de aproximadamente 1 milhão de pessoas sem que até hoje ninguém tenha sido responsabilizado. Além disso, foi nesse contexto que Suharto deu início a seu programa de governo denominado *New Order*, a nova ordem para o povo indonésio: tratava-se de um governo baseado no *Pancasila* (os cinco princípios que deveriam reger a nação: 1. um Deus; 2. uma humanidade justa e civilizada; 3. a Indonésia unificada; 4. democracia guiada pelos sábios representantes do povo; e 5. justiça social) e na inclusão da Indonésia no contexto global do capitalismo (é preciso observar que, desde 1962, a Indonésia fazia parte da OPEP — Organização dos Países Exportadores de Petróleo; entre 1968 e 1981, sua economia teve uma média de crescimento de 7%, sobretudo por causa do petróleo e da abertura, com incentivos fiscais, às empresas transnacionais — aliás, a partir dessas circunstâncias, a Indonésia passou a ser enquadrada no rol dos *novos tigres asiáticos*).

Em 2012, o diretor de cinema Joshua Oppenheimer produziu aquele que seria um aclamado documentário de denúncia do genocídio indonésio de 1965-66 contra os *comunistas*: *The act of killing*. A ideia do filme surgiu, conforme relata o próprio diretor, durante a produção, feita por ele e por Christine Cynn, de *The Globalization tapes*, documentário de 2003 dirigido em colaboração por vários diretores indonésios (todos trabalhadores ligados aos *movimentos de trabalhadores rurais*) que retrata os impactos da globalização no contexto dos países pobres, bem como o modo pelo qual as instituições financeiras detêm um

6   Benedict Anderson e Ruth T. McVey escrevem o que ficaria conhecido como *Cornell Paper*, no qual questionam as explicações para o golpe dadas pelas autoridades oficiais, bem como pela CIA. Cf. Benedict Anderson; Ruth T. McVey, *A preliminary analysis of the October, 1, 1965, Coup in Indonesia*. Ithaca (Nova York): Cornell University, 1971.

importante papel na forja do atual contexto global. Durante a produção, Oppenheimer acabou se inteirando da história dos massacres de 1965-66, sobretudo por meio dos trabalhadores rurais que lhe relatavam que, diferentemente da versão oficial do governo (que diz que os assassinatos dos comunistas e supostos comunistas foram obra do povo, que de modo espontâneo teria reagido à ameaça comunista), os assassinatos foram, sim, arquitetados pelos militares como modo de destruir as organizações anticoloniais de trabalhadores existentes até 1965. Muitos desses trabalhadores rurais, participantes da produção de *The Globalization tapes*, eram eles mesmos sobreviventes e, além disso, sabiam apontar quem eram os perpetradores que ainda moravam nos vilarejos de suas regiões.

Foi seguindo essa pista que Oppenheimer passou à produção de *The act of killing*. O diretor, ao entrevistar os sobreviventes em 2004, na região de Medan, acabou sendo levado aos perpetradores, entre eles Amir Hasan, o líder do esquadrão da morte atuante na região das plantações onde foram feitas as filmagens de *Globalization tapes*. Hasan, por sua vez, apresentou outros líderes da região com os quais Oppenheimer também começou a se encontrar para entrevistas, e, assim, entendendo melhor a maneira como os esquadrões eram organizados, o diretor passou, paralelamente, a contatar e a entrevistar outros líderes dos assassinatos de 1965 e 1966. Oppenheimer relata que durante as gravações dessas entrevistas passou a se sentir incomodado com uma alegria que transparecia no relato dos perpetradores. Assim, ele acabou se fazendo a pergunta que daria origem ao projeto de *The act of killing* (e, como desdobramento deste, ao projeto de *The look of silence*, filme de 2014 que, por sua vez, expõe não apenas as entrevistas com os carrascos, mas também exibe como os sobreviventes — em específico, um irmão de uma vítima — se sentem em relação ao massacre): «como essa sociedade se desenvolveu até o ponto em que seus líderes poderiam — e desejariam — falar de seus próprios crimes contra a humanidade com um gesto vitorioso que ao mesmo tempo era celebratório e também se expunha como uma ameaça?».[7]

A partir dessa pergunta, o diretor modelou sua filmagem: trouxe para o centro do filme alguns perpetradores, entre eles Anwar Congo, um dos principais líderes do esquadrão de extermínio *Pelotão do sapo*, atuante no norte de Sumatra. O filme mostra como esses sujeitos, que se autointitulavam *gângsteres*, em referência aos filmes norte-americanos (filmes que eram rejeitados pelos comunistas; aliás, como vemos no filme, os próprios gângsteres afirmam que já odiavam os comunistas por isso), e que foram recrutados pelo exército para matar os «esquerdistas», atuavam. Oppenheimer filmou de modo que o espectador se defronte com a maneira como o perpetrador gostaria de ser visto. Aos perpetradores, ele propôs que encenassem e, enquanto eram filmados, explicassem como praticavam os assassinatos. Depois dessas encenações, o diretor mostrava aos atores-assassinos as filmagens, e assim o fazia numa tentativa de despertar algum tipo de reflexão moral. Entretanto, Oppenheimer se surpreendeu com resultado (surpresa que é também de quem assiste ao filme). Diz ele:

> Para entender como eles se sentiram sobre os assassinatos e sua maneira impenitente de representá-los no filme, eu lhes exibia as imagens não editadas dessas primeiras reconstituições e filmava suas respostas. Em primeiro lugar, pensei que eles se sentiriam mal quando vissem as encenações dos assassinatos, e que talvez pudessem chegar a um lugar moral e emocionalmente mais complexo.
>
> Fiquei assustado com o que realmente aconteceu. Ao menos de modo superficial, Anwar estava sobretudo ansioso para

7   Joshua Oppenheimer, BACKGROUND OF *The act of killing*. Disponível em: <http://theactofkilling.com/background/>. Acesso em: 10 mar. 2018.

parecer jovem e elegante. Em vez de qualquer reflexão moral explícita, a exibição levou tanto ele quanto Herman [outro perpetrador] espontaneamente a sugerir uma dramatização melhor e mais elaborada.[8]

A partir de então, o diretor passou a explorar essa *imaginação cinematográfica* dos perpetradores, dando aos atores-perpetradores uma liberdade para reencenar os assassinatos e também alguns de seus sonhos, que, por vezes, revelavam certa fixação *traumática* (lembro das diversas vezes que, em *The look of silence*, um dos perpetradores relata como era apavorado pelos mortos em seus sonhos; ou mesmo em *The act of killing*, quando Anwar fala sobre seus diversos pesadelos; é importante ressaltar que um dos sonhos filmados por Oppenheimer, e que faz parte de *The act of killing*, mostra Anwar se reconciliando com os mortos debaixo de uma cachoeira e com uma tentativa de encontro com certa paz de espírito). A liberdade para encenação que o diretor propunha de modo inteligente incluía um set de filmagens no qual os perpetradores poderiam utilizar-se de recursos de maquiagem, som, efeitos e, até mesmo, dirigir a cena questionando um ao outro se aquilo efetivamente conseguiria representar o que viveram. Nesse processo, Oppenheimer se deu conta de que, para além de uma tentativa de encenação cinematográfica para o filme que estava sendo feito (e do qual tinham ciência os perpetradores), o que o gesto dos *gângsteres* expunha é que já na época dos assassinatos os *filmes sobre gângster* eram a inspiração para o modo como eles iriam matar os «comunistas». Então, nessas encenações dos assassinatos outrora praticados por eles mesmos, mais do que encenar suas lembranças, agora, diante das câmeras de um diretor de cinema (isto é, sabendo que iriam ingressar na tela, a mesma que em 1965-66 era a inspiração para *o modo de matar*),

8 Ibid.

os perpetradores estavam elaborando imageticamente suas memórias para exibi-las de modo que pudessem se tornar, no filme, uma espécie de exposição de si tal como gostariam de ser lembrados (uma esperança de lembrança futura que, portanto, seria construída *a partir do filme* do qual, agora, eles eram os atores e personagens principais).

Oppenheimer relata que, já durante a produção de *The Globalization tapes*, ele tinha a impressão de que os modos como os perpetradores falavam sobre as mortes trazia em si algo de *performático*. Assim, quando da realização de *The act of killing*, a opção por dar aos gângsteres a liberdade imaginativa e a sensação de que controlavam o material que estavam produzindo era uma tentativa do diretor de captar essa dimensão performática. Oppenheimer diz ainda que percebia que esses gestos carregavam a ideia de certa garantia de impunidade, e, com isso, os gângsteres almejavam dar a suas imagens uma força ameaçadora, algo que expõe o fortalecimento e continuidade do regime político que teve início com esses massacres e perdura em certa medida até hoje.[9]

Nesse sentido, as performances livres que os gângsteres passaram a realizar começaram a produzir efeitos rememorativos: eles agora atuavam da mesma forma quando estavam atuando, inspirados nos filmes que viam, durante os assassinatos. Ainda que a falta de uma reflexão moral seja sentida de imediato, é preciso anotar que há também aí certa ambiguidade; isto é, a potência dessa revitalização das próprias imagens acabou, como vemos no filme, trazendo para o protagonista Anwar um mal-estar incomensurável, sobretudo quando ele encena uma vítima e não o carrasco que ele fora. Nesse momento, ele pergunta: «será que as vítimas sentiam-se tão mal, assim como eu, Joshua?». E, numa de suas poucas intromissões, o diretor diz: «eles se sentiam muito pior, Anwar. Eles estavam efetivamente sendo

9   Ibid.

mortos». E em outra cena, a do massacre de Kampung Kolam (quando todos os moradores de uma vila foram mortos e, na sequência, a vila foi queimada), o mal-estar dos diversos participantes (filhos, companheiras e membros da juventude Pancasila, um grupo paramilitar ainda hoje ativo na Indonésia), após as filmagens revelou, segundo o diretor, «a terrificante história sobre a qual todos na Indonésia estão de algum modo conscientes e sobre a qual os perpetradores construíram suas rarefeitas bolhas de shoppings com ar-condicionado, condomínios fechados e 'muito, muito exclusivos' objetos de cristal».[10]

A história que aparentemente permanece numa espécie de penumbra da consciência, e que a esta retorna nas imagens capturadas dessas performances (imagens que passaram a fazer parte de um importante arquivo — *Genocide and Genre* —, o qual serviu de base a uma pesquisa de quatro anos do United Kingdowm Arts and Humanities Research Council), são, como poderíamos lembrar com Georges Didi-Huberman, as lacunas dos eventos.[11] Ou seja, elas não são um arquivo, que por mais proliferador que possa ser nos dá apenas os vestígios dos fatos — e, nesse caso, os vestígios são insistentemente apagados pela narrativa oficial e nem mesmo conformam apenas uma representação dos massacres —, isto é, as imagens dos perpetradores repetindo de forma mimética como farsa seus atos de outrora. Em outras palavras, as imagens não se confundem com os assassinatos, mas, nessa *performance* dos perpetradores vivos, elas surgem como uma forma de vestígio dos atos que pretendiam não deixar vestígios. Ou seja, as imagens de Oppenheimer *forjam*, portanto, os vestígios: os perpetradores, na ânsia por firmar suas posições de dominadores e vencedores na história, entregam para os vencidos as memórias que estes não

10 Ibid.

11 Georges Didi-Huberman, *A imagem queima*. Trad. de Helano Ribeiro. Curitiba: Medusa, 2018, p. 28.

poderiam ter, a visão da morte do ponto de vista daqueles que causaram a morte. Assim, *The act of killing* produz, na figura dos perpetradores, uma espécie de testemunhas invertidas.

Trazendo os termos de Furio Jesi — quando da análise das relações entre classe explorada e classe exploradora — para a leitura de *The act of killing*, é possível dizer que o filme carrega uma eventual cognoscibilidade da história que se arma a partir não de uma desmitificação, mas de desmitologização[12] das narrativas que compõem a história oficial da Indonésia, lembrando que essas narrativas são as garantidoras da estrutura política que, celebrando a derrota e o massacre dos comunistas, continua a repetir-se ainda no presente nas estruturas de dominação. De fato, o filme não é uma tentativa, que seria vã, de suprimir o mito dos perpetradores, qual seja: a história oficial dos vencedores, ainda no poder, na Indonésia, segundo a qual os massacres foram *espontaneamente concebidos* pelo povo. Pelo contrário, com suas *imagens críticas*, o filme exibe o uso político do mito da *espontaneidade do massacre pelo povo* e, nessa exibição, produz a possibilidade de interrupção da repetição dessa história — desse *mito tecnicizado* ou desses materiais

---

12 Furio Jesi, *Spartakus: Simbologia da revolta*. Trad. de Vinícius N. Honesko. São Paulo: N-1, 2018, pp. 96-7: «Dissemos 'desmitologização' e não 'desmitificação'. Também a experiência humana da classe explorada corresponde fatalmente à epifania de determinadas imagens míticas. Não se trata de tentar, em vão, suprimi--las; antes, trata-se de agir de maneira crítica no curso da maturação da consciência de classe para liberar os explorados do poder fascinante de mitos peculiares dos exploradores, mas exercitando o perigoso poder dos símbolos eficazes. Além disso, trata-se de impedir que os mitos genuínos da classe explorada deem origem a um sistema mitológico sobre o qual se apoie a ideia das organizações políticas. Mitos genuínos podem ser um elemento unitário, uma realidade coletiva, uma linguagem comum. Mas usar tais mitos para sobre eles fundar uma estratégia de luta significa imitar em seu comportamento estratégico o adversário». Ainda sobre a questão do mito e dos *materiais mitológicos* (discursos sobre o mito, na compreensão de Jesi), cf. Vinícius N. Honesko, «Será que podemos destruir nosso destino?». *Cadernos Walter Benjamin*, n. 20, jan.-jun. 2018. Fortaleza, pp. 188-212.

mitológicos, para usar os termos de Jesi[13] — de subjugação, violência e destruição. Ainda nos termos do teórico italiano, podemos dizer que *The act of killing* (e também *The look of silence*) funciona como um modo de exposição da máquina mitológica que produz a mitologia da *espontaneidade do massacre*: as narrativas oficiais são desditas — ou mostradas em sua falsidade — por meio da performance dos perpetradores, esta que pretende dar a imagem verdadeira dos verdadeiros agentes históricos. Com isso, o filme faz com que as imagens dos perpetradores, como eles gostariam que fossem produzidas, funcionem como um modo de denunciar a falsidade da história oficial da Indonésia, isto é, seu caráter meramente narrativo, mitológico, no sentido de Jesi, operado como instrumento de legitimação política. Assim, podemos dizer que *The act of killing* carrega a potência de uma dupla negação: nega de plano, com a própria imagem dos perpetradores, a história oficial das narrativas do governo e, ao mesmo tempo, ao dar aos atores-assassinos a liberdade imaginativa por meio da qual eles pretendiam exibir-se como heróis, nega aos perpetradores o direito, que na prática política daquele país ainda lhes é consentido (inclusive pelas mais altas instâncias políticas do país: vemos, no filme, o vice-presidente da Indonésia falando sobre a função necessária dos gângsteres na política do país), de se colocarem nessa condição de heróis. O filme funciona, portanto, como um mecanismo que pode emperrar a máquina mitológica do governo indonésio.

---

13 Para a discussão de Jesi sobre o mito, é preciso conferir também seu modelo gnosiológico da *máquina mitológica*. Cf. Furio Jesi, «A festa e a máquina mitológica». Trad. de Vinícius N. Honesko. *Boletim de Pesquisa do Nelic*, vol. 14, n. 22. Florianópolis: UFSC, 2014; Id., «Cognoscibilità della festa». In: *Il tempo della festa*. Org. de Andrea Cavalletti. Roma: Nottetempo, 2013; Id., «Leitura do *Bateau ivre* de Rimbaud». Trad. de Fernando Scheibe e Vinícius N. Honesko. *Outra Travessia*, n. 19. A arte, entre a festa e a mudez. UFSC, 1º sem. 2015.

Em *The look of silence*, por sua vez, podemos dizer que Oppenheimer arma um diagrama de sinal trocado. O filme é montado a partir da exibição das imagens dos perpetradores feitas pelo diretor entre 2004 e 2005 a Adi, irmão de uma das vítimas de 1965-66, que trabalha como uma espécie de oculista num vilarejo de Sumatra. As imagens dos carrascos relatando como dilaceravam os corpos dos «comunistas», como os faziam sofrer e, por fim, como os matavam, são exibidas a Adi, que sempre se mostra reflexivo diante dessas imagens da barbárie. Além disso, o filme também traz os encontros de Adi com os perpetradores durante seu trabalho de oculista, e, em tais encontros, por vezes o irmão da vítima questiona, entre outras coisas, sobre o *porquê* de tais mortes, sobre como o exército estava por trás do recrutamento dos perpetradores etc. Nos embates, há sempre uma tensão entre carrasco e vítima que é exposta em termos de um eventual conflito ainda possível, pois os carrascos, considerando-se vencedores e garantidores da possibilidade de algo como a Indonésia (lembro que sempre os ideais do Pancasila se fazem presentes), ainda se arrogam o direito da ameaça. Numa das conversas, Adi pergunta: «Se eu tivesse vindo falar com você durante a ditadura militar, o que você teria feito?». Ao que o carrasco responde: «Não dá para imaginar o que teria acontecido. Sob a ditadura? Quando tudo estava tenso? Não dá para imaginar o que teria acontecido». Os filmes de Oppenheimer, no entanto, mostram que essa impossibilidade de imaginação faz parte do mecanismo da máquina mitológica oficial indonésia, que opera sublimando, por meio das narrativas, o massacre como uma espécie de única possibilidade de fundação de uma *nova ordem* (justamente o termo com o qual Suharto designa seu governo) para a Indonésia. Ou seja, os filmes exibem a impossibilidade narrada de imaginação com a própria imaginação dos perpetradores (seja na performaticidade de *The act of killing*, seja na minúcia de detalhes — e há também o esboço do performatismo já nessas cenas — nas explicações sobre a morte do irmão de Adi em *The look of silence*), em outras palavras, mais uma vez, os filmes, ao mostrarem a máquina mitológica em funcionamento, apontam para as condições de possibilidade de desativação dessa máquina.

Um dos resultados dessa desativação é a demanda por justiça que desde as primeiras exibições dos filmes aparece com mais força no contexto internacional (tal como as petições à Anistia Internacional que estão disponíveis nos sites, mantidos por Oppenheimer, de divulgação dos filmes). Além disso, dessa necessária implicação jurídica dos responsáveis por massacres de seres humanos (digamos, uma implicação dentro do âmbito da petição por direitos na esfera das relações geopolíticas internacionais), os filmes nos possibilitam perceber, de modo paradoxal à demanda por justiça (posto que como crítica radical), que a violência perpassa, como um rizoma, esse inconsciente da história contemporânea. Isto é, em certa medida, os filmes nos dão condições de perceber como a lógica do Estado é produtora de morte. Mas, em que sentido eles nos possibilitam isso?

Retomando a pequena digressão sobre a história indonésia, podemos perceber que, diante da ameaça comunista de 1965-66, levantada e agitada como pandemônio ao ser conectada ao fracassado golpe de Estado de 1º de outubro de 1966, as Nações Unidas, naquele contexto, pouco se moveram, assim como pouco se moveram quando da ocupação, em 1975, e pelo mesmo governo indonésio, do Timor-Leste. Nesses contextos, a salvaguarda da paz estava no apoio daqueles que, então, tomavam o partido da *nova ordem* que pelo planeta se espalhava: a democracia nos moldes do capitalismo de mercado (ou, para dizer com Guy Debord, a sociedade espetacularizada). Naquelas ocasiões, a Indonésia de Suharto — a Indonésia que exibia filmes de gângsteres — estava do lado da defesa das condições necessárias à implementação da almejada liberdade, e talvez por isso a máquina mitológica indonésia tenha sido aceita no plano internacional com certa facilidade (e é preciso lembrar que este valor, liberdade — *free world* —, é aquele ainda apregoado como única possibilidade para um mundo melhor; e, em *The act of killing*, os perpetradores diziam, numa etimologia delirante, que *gângster* quer dizer justamente *free man*).

Quando da crise dos Tigres Asiáticos, em 1997-98, quando os mercados estavam em franco processo de desregulamentação, quando Suharto não era mais visto como um parceiro capaz de implementar as mudanças necessárias para que os valores da democracia — que, como lembra Jean-Luc Nancy, é uma palavra vazia que, em grande medida, se confunde com capitalismo[14] — fossem implementados, a máquina mitológica do governo indonésio tornou-se vulnerável (talvez pelos próprios interesses produzidos no âmbito da grande máquina mitológica da *Democracia*, do *Capital*, global). Nesse sentido, as intervenções no Timor-Leste do final do século XX, ainda que importantes para o fim da violência do governo indonésio naquele país, também carregam, de modo ambivalente, elementos dessa mesma rizomática da violência. Melhor dizendo, nessa constituição da autodeterminação dos povos (um direito humano por excelência), ainda vislumbramos uma violência que sempre está do lado dos dominadores, ao lado da soberania (uma violência que põe o direito, para dizer com Walter Benjamin).[15]

Na missão da ONU no Timor-Leste, como eu disse, o Brasil esteve presente na pessoa de Sergio Vieira de Mello (como observador do secretário-geral Kofi Annan) e do general de brigada Walter Braga Netto. Este último, cujo nome poderia, até há pouco tempo, soar como o de um completo desconhecido,

---

14 Cf. Jean-Luc Nancy, *Verité de la démocratie*. Paris: Galilée, 2008, pp. 44-7; Id., «La démocratie finie et infinie». In: *Démocratie, dans quel état?* Paris: La Fabrique, 2009, pp. 77-94.

15 Cf. Walter Benjamin, «Para uma crítica da violência». In: *Escritos sobre mito e linguagem*. Org. de Jeanne Marie Gagnebin. Trad. de Ernani Chaves. São Paulo: Ed. 34/Duas Cidades, 2011.

aparece nos últimos anos e sobremaneira nos recentes noticiários brasileiros: trata-se do general responsável pelas operações de segurança durante os jogos olímpicos do Rio de Janeiro; em 2018, foi designado por Michel Temer para chefiar a intervenção federal no mesmo estado; recentemente, foi nomeado ministro-chefe da Casa Civil do atual governo federal brasileiro. Creio que, por mais que não seja preciso me alongar nos detalhes tanto das operações para a realização dos jogos olímpicos quanto sobre o que ocorreu no Rio de Janeiro durante a intervenção (quando os índices de letalidade policial atingiram picos históricos) e sobre a dinâmica de governo da atual Presidência do Brasil, é preciso lembrar que a máquina mitológica da política ocidental sempre se forjou (e isso já desde Hobbes) com base numa necessária salvaguarda da segurança dos cidadãos — a tão sonhada *paz concordada* no interior dos Estados e entre eles. Que esse modelo esteja se mostrando o que verdadeiramente é, um capitalismo de crise, uma *stasis*, uma guerra civil que se espraia pelo mundo,[16] também parece ser evidente. O que eu gostaria de frisar é que essa máquina lubrifica suas engrenagens com sangue, que cada vez mais é demandado em volumes sempre maiores (lembro que, em 12 de março de 2018, Braga Netto afirmou que a operação na Vila Kennedy,[17] onde os moradores — obviamente todos pobres — passaram a ser fichados para poder chegar a suas casas, funcionou como uma espécie de laboratório para a intervenção). Em outras palavras, a deglutição de uma máquina por outra parece dar a tônica da constituição de nossas mitologias políticas — e

16 Cf. Giorgio Agamben, *Stasis: La guerra civile come paradigma politico. Homo sacer, II*, 2. Turim: Bollati Boringhieri, 2019.

17 Disponível em: <https://www1.folha.uol.com.br/cotidiano/2018/03/so-acao-da-policia-nao-basta-contra-violencia-afirma-interventor-no-rj.shtml> e <https://www1.folha.uol.com.br/cotidiano/2018/02/moradores-deixam-comunidades-apos-serem-fotografados-em-acao-do-exercito.shtml>. Acesso em: 13 mar. 2018.

talvez hoje estejamos assistindo à mais devastadora das máquinas mitológicas em funcionamento: o neoliberalismo da era do capitalismo informacional, o qual nos convence, com suas sedutoras narrativas de segurança, empreendedorismo e liberdade, de que nada pode fazer sentido fora dele. Nesse sentido, e pode parecer até mesmo sórdido o que digo, uma vez que a máquina mitológica da narrativa histórica oficial da Indonésia já pode ser absorvida pela máquina mitológica do capitalismo global em sua inteireza, torna-se possível revolvê-la sem maiores danos à legitimação da *nova ordem* que hoje, mais do que nunca, se faz global.

Diante desse cenário em que parece não haver — e não há — nenhuma saída, nenhum fora possível, os filmes de Oppenheimer nos apresentam a pergunta: como ainda resistir? No caso do diretor, diante da brutalidade do apagamento de vidas e de suas memórias chancelado por uma narrativa oficial, a exposição brutal do mecanismo da maneira como esse apagamento e chancela funcionaram e funcionam. O gesto é apelativo, mas ainda assim é um modo, mesmo que pequeno, não de tentar uma melhora do mundo, mas de tentar, com todas as forças, impedir que ele piore.

Restos de um futuro que se tornou passado: como resistir?

Às 22h56'20" do dia 20 de julho de 1969, Neil Armstrong proferia a sentença que, hoje, podemos dizer que figura no hall da fama das frases de efeito da história desta nossa espécie: «Um pequeno passo para um homem, um gigantesco salto para a humanidade». John Noble Wilfort, o jornalista do *New York Times* que cobria de Houston esse momento ímpar, ressaltou, na reportagem que escreveu e que tomava toda a capa do jornal, o telefonema de Nixon para os astronautas:

> Por conta disso que vocês fizeram, os céus se tornaram parte do mundo do homem. E, como vocês conversam conosco desde o mar da Tranquilidade, isso nos obriga a redobrar nossos esforços para trazer paz e tranquilidade para a Terra. Por um inestimável momento em toda a história do homem, todos os povos nesta Terra são verdadeiramente um — um em seu orgulho pelo que vocês fizeram e um em nossas orações para que vocês retornem com segurança para a Terra.[1]

Wilfort, na sequência, continuava os elogios públicos à missão e, com uma fórmula inequívoca naqueles anos de corrida espacial, esboçava a confiança que funcionava como uma

---

1 John N. Wilfort, «Men walk on moon». *New York Times*, Houston, 21 jul. 1969, p.1. Disponível em: <https://archive.nytimes.com/www.nytimes.com/learning/general/onthisday/big/0720.html?dpc>.

forma de agenciamento das consciências americanas em vista da aceleração do processo histórico e da abertura da, ao mesmo tempo, minimização efetiva do humano diante do infinito do universo e maximização da posição do humano como centro ontológico-transcendental desse mesmo universo:

> Foi o primeiro pouso do homem em outro mundo, a realização de séculos de sonhos, a realização de uma década de esforços, um triunfo da tecnologia moderna e da coragem pessoal, a demonstração mais dramática do que o homem pode fazer caso aplique sua mente e seus recursos com determinação inequívoca.[2]

A conquista do exterior, dos mundos para além do humano, arma-se aqui, no discurso imperial norte-americano, como o baluarte do cosmopolitismo universal que finca suas bases no corolário do iluminismo kantiano. Seria preciso aos humanos adentrar o mar da Tranquilidade do insondável justamente para trazer à sua praia notícias apaziguadoras na forma inconteste da união de todos em um: o universo de fato seria uno e esses pequenos caminhantes do planeta Azul, nesse ínfimo passo de um só homem, estariam conquistando o infinito, estariam e seriam *um*. Eis assim que, em meio à corrida espacial, o telefonema de Nixon a Neil Armstrong carrega-se como uma imagem límpida do sujeito transcendental que se coloca fora do campo da experiência — e essa espécie de *metáfora real*, por assim dizer, de Armstrong pisando na Lua é aqui crucial[3] —

2 Ibid.

3 Como lembra Marco Antônio Valentim, «decerto, enquanto centro de referência para toda objetividade possível, o sujeito kantiano teria, ao menos pretensamente, mais em comum com os habitantes etéreos de Júpiter e Saturno do que com os povos terrenos, por demais expostos à luz do Sol e, por isso, aprisionados na matéria densa... Mas importa sobretudo notar que, longe de propor uma relação meramente analógica, externa, entre metafísica e cosmologia, a ideia da revolução copernicana instaura, como se dizia, uma situação cosmológica inteiramente nova,

para, justamente, garantir toda possibilidade de experiências: a paz e a tranquilidade (perpétuas, almejaria Kant) como horizonte do império espetacular que, naquele momento, ainda aguardaria vinte anos para se integrar por completo.

Em 9 de agosto de 1969, Pasolini escreve, em sua coluna «Il Caos», publicada no semanário *Tempo*, o texto «Um grande fato histórico», no qual medita, criticamente (um contraponto mesmo), sobre os eventos descritos por Wilfort (e vistos nas TVs em preto e branco mundo afora). Aí, Pasolini reflete sobre como as notícias a respeito da conquista da Lua não traziam mais efeitos *reais* na vida das pessoas — falava sobretudo dos italianos — do que o resultado do último Milan *vs.* Manchester; aliás, ele percebe como parecia não haver um envolvimento emocional, identificador, dos sujeitos em relação a esse grande fato histórico. Levanta então algumas hipóteses (que diziam respeito sobretudo a si mesmo) sobre as razões para esse não envolvimento: detestava o nome «Apolo» como um ridículo resíduo humanista que chancelava uma civilização já agora puramente tecnológica; uma antipatia pelos três pequeno-burgueses astronautas (homens «inestéticos mas funcionais, privados de fantasia e paixão, mas impiedosamente práticos e obedientes»);[4] uma repulsa pelo mundo pequeno-burguês que conseguia sentir por trás daqueles homens (seus «filhinhos louros, tão bonitinhos e já tão marcados por seu futuro completamente condicionado»);[5] suas mulheres Penélopes que, «no momento oportuno, sabem reduzir tudo ao café e aos bolinhos a serem

---

que a política correspondente, o cosmopolitismo estatal, não fará senão impor, com violência verdadeiramente sobrenatural, aos povos da terra e seus respectivos mundos». Cf. Marco A. Valentim, «A teoria e a queda do céu». *ClimaCom Cultura Científica* – pesquisa, jornalismo e arte I, vol. 4, ano 2, dez. 2015, p. 24.

4   Pier Paolo Pasolini, *O caos. Crônicas políticas.* Trad. de Carlos Nelson Coutinho. São Paulo: Brasiliense, 1982, p. 172.

5   Ibid.

oferecidos [...] às vizinhas de casa».[6] Por fim, Pasolini afirma que essa resistência à identificação ao grande feito é provocada pelo fato de que toda a empreitada norte-americana é tão somente uma operação do Poder.

> E não quero me referir apenas ao Poder capitalista, mas também ao Poder soviético. Os fatos espetaculares do Poder tendem a nos reduzir a um estado infantil. O Poder realiza (finalizando-as) as maiores operações: e todos temos de ficar de boca aberta, admirando. É claro que não queremos nos tornar excessivamente crianças, que não queremos ser reduzidos eternamente ao estado de filhos. Por isso, detestamos também todas as máscaras do paternalismo mais feroz da história (por ser indubitavelmente o mais poderoso): a falsa democracia, a demagogia populista, o sentimento familiar, a espantosa retórica da obediência.[7]

O sentimento pueril, a redução a um estado filial que se pretende estender ao infinito e todas as máscaras que atravessaram a história como portadoras de um caminho à emancipação mas que, no fundo, pretendiam realizar, demagogicamente, a prostração dos sujeitos humanos ao poder, têm agora, na civilização tecnológica, sua realização inequívoca. E assim, no sentido da expansão do conhecimento nos moldes kantianos, a essa projeção extraterrena de um conhecimento universal emancipador, é possível contrapor sua face *terrena*, por assim dizer, «*real*», a do cosmopolitismo estatal que violentamente se impõe aos diversos mundos que preenchem a Terra.

Nesse sentido, podemos lembrar que Pasolini diz que a «conquista da Lua» — esse evento pós-copernicano — em muito difere inclusive da viagem — os primórdios da expansão globalista — à América de Colombo, fato que os jornais de

6 Ibid.

7 Ibid., p. 173.

então insistiam em colocar em paralelo com o feito dos norte--americanos. Isso porque, mesmo que Colombo tenha tido financiamento do Poder da época, segundo Pasolini, haveria uma «dissociação entre o homem individual, ou herói, Colombo, e o Poder financiador»,[8] algo que não existe no caso dos astronautas. Isto é, o herói da façanha de 1969 não era um pequeno--burguês travestido em trajes hipertecnológicos, um simples robô, mas sim a técnica: em outras palavras, a figura do sujeito racional que se coloca no *exterior* da Terra. Assim, na civilização tecnológica, a técnica não seria a personificação de Colombo — «que se aproveita do financiamento do Poder para realizar (quase num plano meta-histórico) sua descoberta»[9] —, mas o próprio aspecto pragmático do Poder. Pasolini percebe aí algo que 45 anos depois o Comitê Invisível declarará a plenos pulmões: o poder é logístico,[10] o poder é a própria lógica do poder (algo que, em paralelo, podemos afirmar da razão expansionista eurocêntrica que dizima os mundos que dela diferem em prol de um suposto *comum* universal).

A civilização tecnológica, nesse feito que foi a conquista da Lua, ilumina para Pasolini um problema que o tomará de assalto nos anos seguintes (chamados de corsários): o Poder dessa civilização ultrapassa as dimensões históricas que até então moldavam os modos de existência dos humanos (tanto no âmbito do estado capitalista quanto no então comunismo) para tomar estes por inteiro, algo que, alguns anos depois, Pasolini denunciará como sendo a mutação antropológica. Aqui, no final do texto de 9 de agosto de 1969, o poeta já dá as pistas, ainda com certos anseios positivos, por assim dizer, desse seu modo de ler o mundo e o Poder (modo de ler cujos

8   Ibid.

9   Ibid.

10   Comitê Invisível, *Aos nossos amigos*. Trad. de Ed. Antipáticas. São Paulo: N-1, 2016, pp. 97-120.

últimos aspectos encontrarão concreção, já sem nenhuma prospecção positiva, em *Salò*):

> E há ainda uma última observação a fazer — e o leitor deve me desculpar se insisto num assunto que eu mesmo afirmo não ser interessante, quando, na verdade, quero dizer que seu interesse é *outro* que não o que a imprensa quer nos fazer crer (ou seja, um imenso carrossel televisivo, que faz propaganda do tipo de vida médio americano e das despesas militares). Tentei nesta coluna, mais de uma vez, revalorizar a palavra «humanidade», abandonada depois de mais de duas décadas de uma justa — mas moralista — polêmica marxista contra o humanitarismo. É claro que a história não será mais doravante a história de nações, ou seja, de poderes nacionais: mas será a história de toda a humanidade, unificada e homologada pela civilização industrial e tecnológica (para nos expressarmos com a máxima simplicidade). O Poder, que era nacional, tende a se transformar em transnacional: continuando a ser poder. Ou seja: no caso concreto, fazendo sua a conquista da Lua. A conquista da Lua, portanto, já é estatisticamente (e não apenas do ângulo do pretenso póstero) um feito da humanidade: mas, para que se torne verdadeiramente tal, *é preciso que essa humanidade seja livre.* Falo — sei bem — como utópico. Mas ou somos utópicos ou desapareceremos.[11]

Essa leitura da civilização tecnológica como destruidora dos mundos humanos já estava presente em Pasolini havia alguns anos, para não dizer que essa pode ser uma espécie de pedra de toque de toda a obra do poeta da *nostalgia da vida*. Aqui, todavia, essa visada toma um tom mais severo, começa a entrever que aquilo que chamamos globalização (e que na época

---

11 Pier Paolo Pasolini, «Da 'Il Caos' sul 'Tempo'». In.: PASOLINI, Pier Paolo. *Saggi sulla politica e sulla società*. Org. de Walter Siti e Silvia De Laude. Milão: Arnoldo Mondadori, 1999, p. 1235.

Marshal McLuhan esboçava com o nome aldeia global), do ponto de vista técnico, era uma forma de destruição irrestrita até mesmo da possibilidade da liberdade (conclamada ao final do texto). Aliás, nas famosas entrevistas a Jean Duflot, entre 1969 e 1975, Pasolini vai esboçar uma definição desse Poder que naqueles anos começava a tomar a forma que, hoje, vemos talvez com muito mais definição em seus detalhes:

> É um poder que escapa mesmo à grande indústria, na medida em que a transnacionalidade da indústria «nacional» deslocou os verdadeiros centros de decisão tocantes ao desenvolvimento, à produção, aos investimentos... Esse poder está na própria totalização dos modelos industriais: é uma espécie de possessão global das mentalidades pela obsessão de produzir, de consumir e de viver em função disso. É um poder histérico, que tende a massificar os comportamentos [...][12]

Em suma, Pasolini está definindo aquilo que chamou, para escândalo de alguns, de novo fascismo (e, além dessa denominação, ele nos fez ver esse Poder em ação, sem as máscaras sociais que remediavam sua sordidez, em *Salò*; e, refletindo, imagino o que diria Pasolini do Poder transmutado em sua forma hoje dominante: o Poder sobre os algoritmos das redes de comunicação, poder que se concentrou em grandes conglomerados transnacionais — contrariando as boas expectativas da «democratização das comunicações» ansiada pelos teóricos dos anos 1990 e da primeira década deste século — e cujas primeiras manifestações materiais começamos a sentir nos últimos três ou quatro anos).

Diante do Poder — ou de qualquer autoridade, que ele equipara à noção de terror (daí o subtítulo da coluna «Il Caos» chamar-se *Contra o terror*) —, isto é, diante dessa forma que

12 Ibid., pp. 1529-30.

o Poder assumia como *totalidade lógica* que elimina qualquer possível diferença em prol do uno (e lembremos do telefonema de Nixon), Pasolini, como intelectual, via-se obrigado à denúncia, ainda que ingrata e desesperada, como escreve logo no primeiro texto de sua coluna. À suposta autoridade que lhe era conferida por aqueles que nele a reconheciam como fruto de sua obra (àquela altura, Pasolini já era internacionalmente reconhecido), o poeta contrapunha apenas uma necessidade de denúncia (esta que, como se sabe, será ainda mais aguda nos anos corsários), o que por certo poderia trazer para ele a contradição. Nessa posição do notório comunista, Pasolini sente-se solitário — não de independente (uma posição por ele denominada hipócrita), mas numa posição de independência com raiva, dor e humilhação — e, justificando sua participação na revista (um comunista escrevendo para um meio capitalista), afirma que publicamente assim o faz como um «cínico»: «Aproveito-me das estruturas capitalistas para me expressar: e o faço, por isso, cinicamente».[13] Em sua utopia, para não desaparecer, Pasolini colocava-se, tal como o cão Diógenes, sob o pórtico de entrada para as benesses da cidade para, dali, desse não lugar, expressar-se em sua luta.

Recentemente, em 2016, Ursula Le Guin escreveu um prefácio[14] para *A utopia*, de Thomas More. Aí, a escritora (que nos deixou em 2018) reflete sobre uma poderosa metáfora da feminista Audrey Lorde: «Você não pode desmantelar a casa do senhor com as ferramentas do senhor». De certo modo, a ideia de Lorde estaria ligada à necessidade de uma completa

---

13 Pasolini, *O caos...*, op. cit., p. 38.

14 Ursula Le Guin, *Uma guerra sem fim*. Disponível em: <https://www.versobooks. com/blogs/3585-a-war-without-end-by-ursula-k-le-guin>; e também traduzido, por Allan M. Hillani, e disponível em: <https://medium.com/@allanmh92/ uma-guerra-sem-fim-de-ursula-k-le-guin-fe79cb735120?fbclid=IwAR3QVFERmV-52JUcQ1oLVpZ7gvleMa8VF9YGhagFO9wynNpvKW2XxKpEu1LE>.

reinvenção de um poder emancipatório, para além da conscientização que porventura se possa alcançar com os instrumentos do senhor (uma consciência da exploração e da opressão e um consequente desejo subversivo de igualdade e justiça). Isto é, sem essa reinvenção, toda revolução fatalmente fracassaria. Le Guin, por sua vez, reconhece a força da metáfora, mas nela também vê certo limite:

> Revoluções geralmente fracassam. Mas eu vejo seu fracasso começar quando a tentativa de reconstruir a casa de modo que todos possam nela viver se torna uma tentativa de pegar todas as serras e martelos, fazer barricadas na casa de ferramentas do Sinhô, e excluir o resto. O poder não apenas corrompe, ele vicia. O trabalho se torna destruição. Nada se constrói.
> Será que há ferramentas que ainda não foram inventadas, que devemos inventar para construir a casa em que queremos que nossos filhos morem? Podemos partir do que já sabemos, ou o que sabemos nos impede de aprender o que precisamos saber? Para aprender o que as pessoas não brancas, as mulheres, os pobres têm a ensinar, para aprender o conhecimento de que precisamos, devemos desaprender todo o conhecimento dos brancos, dos homens, dos poderosos? Junto com o paroquialismo e a falocracia devemos jogar fora a ciência e a democracia? Seremos abandonados tentando construir sem ferramentas exceto nossas próprias mãos? A metáfora é rica e perigosa. Eu não posso responder às questões que ela levanta.[15]

O limite que Le Guin aponta, e a que não se coloca em posição de responder, Pasolini assume para si como a contradição: o desejo de destruição do mundo destruidor passa pela necessidade de fazer uso do mundo destruidor como única possibilidade de a este, ao mundo destruidor, resistir. Pasolini, assim, ultrapassa o

15   Ibid.

limite, transforma-o numa espécie de limiar, um *no man's land* onde a batalha pode ser travada, nem que isso implique o paradoxo, a solidão e o escândalo, o desespero e a posição marginalizada (para ele, tanto em relação aos marxistas quanto aos democratas-cristãos). De alguma maneira, o poeta apontava para um excesso na posição da crítica em sua figura de intelectual. Como não admitia para si autoridade — como fruto de seu reconhecimento por suas obras —, haja vista que toda autoridade jogava também o papel do Poder, e, ao mesmo tempo, não dispensava o necessário uso, ainda que cínico, dos meios do Poder para exprimir-se em sua luta justamente contra o Poder, ele parece fazer aparecer um *excedente ineliminável* que é sua figura *excêntrica* e *marginal*. Nesse sentido, Pasolini está se colocando como, pouco mais de uma década antes, fazia também Frantz Fanon em relação ao discurso colonial. Achille Mbembe aponta como a posição de Fanon — para quem «negro» advém de um mecanismo de atribuição mais do que de autodesignação — dava ensejo à abertura desse *excedente ineliminável* ao dizer-se «sou um humano, e isso basta». Mbembe nos indica que:

> «Negro» é, portanto, uma alcunha, a túnica com que alguém me encobriu e sob a qual tentou me encerrar. Mas, entre a alcunha, o sentido a ela atribuído e o ser humano chamado a assumi-lo, há algo que permanecerá para sempre no âmbito da distância. É é essa distância que o sujeito é chamado a cultivar e, talvez, radicalizar.[16]

No contexto de Pasolini, diante da civilização tecnológica que engolfava tudo e todos, a radicalização dessa distância estava em expor-se, apesar de tudo (e os anos de «Il Caos» são a abertura desse processo de radicalização de sua exposição como

---

16 Achille Mbembe, *Crítica da razão negra*. Trad. de Sebastião Nascimento. São Paulo: N-1, 2018, p. 92.

intelectual, processo que atingirá seu ápice dois anos antes de sua morte, em 1975). O intelectual não podia deixar-se capturar num modelo, numa figura, numa espécie de sujeito cujas habilidades e capacidades estariam predeterminadas por um sistema, mesmo quando esse intelectual emitia suas críticas a tal sistema. Em outras palavras, à imagem da razão *transcendental* encarnada no *intelectual*, Pasolini contrapunha uma *razão em contradição*, uma razão que encontrava limites nas diferenças de mundos que ainda são internas à terra (para retomarmos a metáfora extraterrena da fundamentação racional kantiana).

Para Pasolini, a figura do intelectual como «guia espiritual da aristocracia operária e também da burguesia culta» se transformara, naquela década (não por acaso a década do *boom* tecnológico global, da expansão efetivamente extraterrena), no «palhaço de um povo e de uma burguesia em paz com a própria consciência e, portanto, em busca de evasões agradáveis».[17] Assim, ao recusar a identificação com qualquer forma de autoridade (uma recusa cujo exemplo encontrava em Aldo Braibanti, este que havia sido condenado por *plagio* — um crime, previsto no código penal fascista italiano, ainda vigente nos anos 1960, cujo tipo dizia: «Quem quer que submeta uma pessoa ao próprio poder de modo que a reduza ao estado de sujeição absoluta»), ao negar-se a aceitar qualquer ideia *comum* de intelectual, portanto, Pasolini abria, ao revelar essa forma de excesso ineliminável de contradição em todo sujeito (algo que, alguns anos depois, definirá como seu modo *oximórico* de agir), o campo para a ação política, mesmo que fosse para o mais simples gesto de resistência encontrado na denúncia, na provocação, na exposição sem reservas e na escandalização dos pequeno-burgueses diante desta outra imagem do intelectual: um sujeito solitário e fraco, sem os arremedos da autoridade, e desvinculado de qualquer pretensão de Poder.

17   Pasolini, *O caos...*, op. cit., pp. 40-1.

Podemos, agora, lançar algumas questões a respeito dessa outra figura do intelectual que Pasolini começa a esboçar em «Il Caos»: o que nele causa assombro? O que, em sua condição de fraco e solitário, causa escândalo? Num primeiro momento, algumas repostas podem ser esboçadas a partir dos projetos em que Pasolini se envolveu em seus últimos oito ou nove anos de vida. De pronto, é possível dizer que sua noção de escândalo estaria ligada inexoravelmente àquela de são Paulo, tão bem descrita pelo apóstolo na primeira Carta aos Coríntios: «nós, porém, anunciamos Cristo crucificado, que para os judeus é escândalo, para os gentios é loucura, mas para aqueles que são chamados, tanto judeus como gregos, é Cristo, poder de Deus e sabedoria de Deus». (1Cor 1,22-24). Assim como no *Evangelho Segundo Matheus* Pasolini buscou na fraqueza do solitário Cristo a força histórica do homem, entre 1968 e 1974 ele desenvolveu um roteiro (que nunca chegou a filmar) sobre são Paulo — que seria ambientado no século XX (na Paris ocupada pelos nazistas e algumas cidades importantes no contemporâneo) — no qual o apóstolo, para além do *fundador do cristianismo*, deveria ser exposto em sua humanidade. É de uma nota de 1966 sobre o filme que podemos, assim, retirar a ideia fundamental que guia Pasolini nessa exposição do escândalo:

> É claro que são Paulo demoliu revolucionariamente, com a simples força de sua mensagem religiosa, um tipo de sociedade fundado sobre a violência de classe, o imperialismo e, sobretudo, o escravismo; e é portanto consequentemente claro que devemos substituir a aristocracia romana e as várias classes dirigentes colaboracionistas pela classe burguesa contemporânea que tem em mãos o capital, enquanto os humildes e sujeitados devem ser

substituídos, por analogia, pela burguesia culta, os operários, os lumpemproletários de nossos dias.[18]

Da fraqueza de um homem solitário — e lembremos mais uma vez que Pasolini fez questão de mostrar seu Cristo revolucionário e humano, demasiado humano em 1964 — é que surge o escândalo; «pois quando sou fraco, então é que sou forte», diria o mesmo são Paulo (2Cor 12,10). Sobre essa fraqueza paulina é Giorgio Agamben a nos mostrar que se trata de um operador fundamental para pensar um messianismo para além da institucionalização universalista. De fato, lembra-nos o filósofo, depois de um longo trabalho analítico e filológico sobre Paulo, que a *astheneia*, a fraqueza, pode ser associada à dimensão da *steresis*, a privação, que definiria, no pensamento de Aristóteles, a condição da potência, da possibilidade ou não de algo passar de sua pura potencialidade ao ato.[19] De fato, o messianismo paulino lido nessa chave — e em certa medida a forja de um *Paulo humano* por Pasolini já nos leva a essa leitura — ativa essa potência especial da fraqueza, isto é, a negação absoluta da categorização da potência como parte de um dispositivo dúplice (potência/ato) e sua liberação numa potência de outra ordem, que antecederia a própria divisão entre fraqueza e força, entre potência e ato, ou, nos termos de Pasolini, que não se resignaria à determinação — e, no caso do intelectual, que não aceitaria uma designação da autoridade do intelectual. A força que provém da fraqueza seria justamente o cultivo ou a radicalização, tal como propõe Mbembe, dessa distância entre a alcunha, o sentido a ela atribuído e o ser humano chamado a assumi-los: em outras palavras, não há, para quem quer que faça crítica às operações do Poder na civilização

18 Id., «Appendice ad *Appunti per un film su san Paolo*». In: *Per il cinema. II*. Org. de Walter Siti e Franco Zabagli. Milão: Arnoldo Mondadori, 2001, pp. 2014-5.

19 Giorgio Agamben, *Il tempo che resta: Un commento alla Lettera ai Romani*. Turim: Bollati Boringhieri, 2000, p. 93.

tecnológica, possibilidade de hipostasiação de um *lugar extraterreno* — o suposto intelectual guia, ou seu anverso: o palhaço que conduz a evasões agradáveis —, de um forjamento transcendental das condições de possibilidade da experiência (e, via de consequência, da crítica), mas tão somente uma necessária implicação paradoxal que pode extrair dessa sua fraqueza a força.

Na semana seguinte ao texto sobre o grande feito histórico, Pasolini volta a escrever sobre o mesmo evento, mas, dessa vez, refletindo sobre a foto de Armstrong pisando na Lua:

> O que comove, no passeio tão prosaico e até mesmo um pouco estúpido dos americanos na Lua, não é o futuro, mas o passado: o destino de todo futuro, que é o de se tornar passado, se já não o é. E a repetição contínua dessas buscas incertas e vacilantes do homem obstinado — que, perdendo um sinal seu que sobrevive à continuidade lógica e ao sentido completo, dão de imediato a justa medida de sua grandeza e de sua pequenez — tranquiliza aquele a quem coube viver hoje (crendo-se imortal, ou menos mortal do que todos): tranquiliza-o sobre a capacidade exaustiva e poética do puro presente, inapagável, ou, de qualquer modo, irrevogável.[20]

Esse puro presente inapagável, o *agora* indelével e que, nessa visão de Pasolini, se expande para além do simples ponto de passagem entre o passado e o futuro, pode ser lido nessa configuração messiânica da fraqueza que se faz potência: não um messianismo escatológico e milenarista, programático, por assim dizer, mas um messianismo profano, tal como

---

20 Pier Paolo Pasolini, «O destino de todo futuro de se tornar passado». Sel., org. e trad. de Davi Pessoa. *Caderno de Leituras*, n.15, p.2. Disponível em: <https://chao dafeira.com/catalogo/caderno015/>. Acesso em: 16 fev. 2021.

inventariava Walter Benjamin,[21] que articula o passado historicamente por meio de uma espécie de *sentimento da história*, algo que Pasolini esboça num texto sobre seu filme *Medeia* ainda na época de suas crônicas de «Il Caos»: «o ‹sentimento da história› é uma coisa muito poética e pode ser suscitado dentro de nós e comover-nos até as lágrimas por qualquer coisa, porque o que nos chama a voltar atrás é tão humano e necessário como o que nos impulsiona a andar adiante».[22] Aliás, é no mesmo sentido que, à pergunta de Jean Duflot sobre uma saída que reste a essa alienação generalizada e espraiada pelo poder tecnológico na terra, Pasolini responde:

> A saída está na história humana. O futuro, que eu saiba, não está privado de história. Ainda que o possível fim de nossa história seja a industrialização planetária, isso não significa que o futuro do homem se desenvolve mecanicamente. O futuro é previsível, a história, não. Em outras palavras, os sociólogos podem prever um monte de coisas: que aspectos terão os hábitats, quantos botões para calças serão produzidos na Alemanha, até mesmo o número de crianças que nascerão albinas, talvez... Mas a fluidez histórica do futuro sempre lhes escapará. Esta não se deixa exprimir.[23]

---

21   Walter Benjamin, «Teses sobre o conceito de história». In: LÖWY, Michel. *Walter Benjamin: Aviso de incêndio. Uma leitura das teses «Sobre o conceito de história»*. Trad. de Wanda Nogueira Caldeira Brant. Trad. das teses: Jeanne Marie Gagnebin e Marcos Müller. São Paulo: Boitempo, 2005, p. 65; cf. Id., «Fragmento teológico-político». In: *O anjo da história*. Org. e trad. de João Barrento. Belo Horizonte: Autêntica, 2012, pp. 23-4.

22   Pier Paolo Pasolini, «O sentimento da história». Trad. de Vinícius N. Honesko. Disponível em: <http://flanagens.blogspot.com/2011/12/o-sentimento-da-historia.html>. Acesso em: 6 nov. 2018.

23   Id., «Il sogno del centauro». In: *Saggi sulla politica e sulla società*. Org. de Walter Siti e Silvia de Laude. Milão: Arnoldo Mondadori, 1999, p. 1465.

Essa fluidez histórica, isso que escapa à apreensão mas que é fundamentalmente o que nos possibilitaria algum tipo de *saída* do processo destrutivo do poder logístico (o poder tecnológico que na época de Pasolini se desenvolvia e que hoje assume seu sentido *algorítmico* e extremamente capilar), é algo que o Comitê Invisível chama de *retorno à terra*, «deixar de viver na ignorância sobre as condições de nossa existência»:[24] eis assim outro retorno à terra, que não é o dos robôs da tecnologia do império — aqueles que voltariam para suas Penélopes —, mas uma espécie de acontecimento que escandaliza e que, por isso, expõe uma fraqueza que pode ser força.

Se podemos dizer com certa clareza que essa dimensão de um messianismo profano é evidente em Pasolini, também temos de apontar, por outro lado, aquilo que ele chamava ora de *nostalgia da vida*, ora de *nostalgia do sagrado*, e que, em várias de suas intervenções, pode ser visto como seu elogio à barbárie: «A palavra barbárie — confesso — é a palavra que mais amo no mundo», diz a Jean Duflot. A essa palavra Pasolini pretende o valor daquilo que precede nossa civilização, esta que está voltada a um sentido de futuro, o sentido maravilhoso do *bárbaro* — aquele que escaparia à «divindade bifronte da burguesia», à Razão-pragma.[25] Ao pragmatismo mecânico e tecnológico — que escande o tempo em vista de um projeto de futuro, poderíamos dizer mais uma vez com Benjamin —, ele opõe esse sentido irrestrito de um *antigo*, *arcaico*, que é sempre presente e que, como uma expressão de recusa, é uma linha de fuga às postulações dominadoras da etnocêntrica razão (desculpem-me pela cacofonia). E, nos mesmos anos da coluna «Il Caos», durante as filmagens de *Medeia*, Pasolini exprime essa sua dimensão da recusa num poema dedicado a Maria Callas:

24 Comitê Invisível, *Aos nossos amigos*, op. cit., p. 118.

25 Pasolini, «Il sogno del centauro»..., op. cit., p. 1486.

Duas coisas foram (e são) sempre contemporâneas.
As superações, as sínteses! São ilusões,
digo, como europeu vulgar, mas não por cinismo —
e Lévy-Bruhl fundava o racionalismo das sociedades...
superiores (e tinha razão) sobre «tempo, espaço
      [e substância»,
tríade em que faltam (e portanto elas tinham razão...
as sociedades inferiores) os dois primeiros dados! A tese
e a antítese convivem com a síntese: eis
a verdadeira trindade do homem nem pré-lógico nem lógico,
mas real. Que seja o cientista com suas sínteses
que lhe permitem avançar (e progredir) no tempo
      [(que não existe),
que seja também o místico curando democraticamente
no mesmo tabernáculo, com sínteses, teses e antíteses.
A história não existe, digamos, só há a substância:
      [que é aparição.
Assim poderá viver, como valente cidadão revolucionário,
na história que, para você, é a única ilusão possível.[26]

O paradoxo da barbárie se mostra então como a aposta de Pasolini para uma vida possível em meio à destruição da civilização tecnológica. Ou melhor, ao futuro programado, uma utopia contra o desaparecimento.

Por fim, numa espécie de *post-scriptum*, gostaria de apontar para o futuro de Pasolini, que, apesar de tudo, é o tempo em que nos foi dado viver como presente e que restará como um passado marcado na areia à beira-mar. Na segunda-feira pós-eleições presidenciais no Brasil, no dia 5 de novembro de 2018, o presidente eleito, Jair Bolsonaro, concede uma longa entrevista ao

---

26   Id., «Callas». In: *As últimas palavras do herege: Entrevistas com Jean Duflot*. Trad. de Luiz Nazário. São Paulo: Brasiliense, 1983, p. 215. (A tradução foi ligeiramente alterada por mim.)

repórter José Luís Datena, na rede Bandeirantes. Em determinado momento, tocando no assunto das reservas indígenas — que, segundo suas palavras, «não serão mais demarcadas» —, o presidente eleito diz:

> Como o índio é um ser humano igual a nós, ele quer evoluir; ele quer energia elétrica, ele quer médico, ele quer dentista, quer internet, quer jogar um futebol, quer um carro, ele quer viajar de avião, porque, quanto mais ele tem contato com a civilização, ele rapidamente vai se amoldando àquela nova maneira de viver que é bem diferente e melhor do que a dele. O índio não pode continuar sendo preso dentro de uma área demarcada como se fosse animal dentro de um zoológico. Na Bolívia, sem entrar no mérito, você tem um presidente que é índio. Por que aqui o nosso aqui tem que ter um... e, e, o índio não pode ter liberdade para nada. O que a gente pretende fazer é que o índio tenha liberdade: se quiser vender parte da sua terra venda, se quiser explorar alguma coisa lá, que explore, e ponto final. É isso que nós queremos.

A essas palavras do próximo presidente do Brasil, respondo com uma voz que vem da ancestralidade desta terra, a voz *arcaica* e *bárbara* que, nestes tempos duros e obscuros, ainda ecoa como uma *voz possível*. Davi Kopenawa:

> Quando eu era mais jovem, costumava me perguntar: «Será que os brancos possuem palavras de verdade? Será que podem se tornar nossos amigos?». Desde então, viajei muito entre eles para defender a floresta e aprendi a conhecer um pouco o que eles chamam de política. Isso me fez ficar mais desconfiado! Essa política não passa de falas emaranhadas. São só as palavras retorcidas daqueles que querem nossa morte para se apossar de nossas terras. Em muitas ocasiões, as pessoas que as proferem tentaram me enganar dizendo: «Sejamos amigos! Siga no nosso caminho e nós lhe daremos dinheiro! Você terá uma casa,

e poderá viver na cidade, como nós!». Eu nunca lhes dei ouvidos. Não quero me perder entre os brancos. Meu espírito só fica mesmo tranquilo quando estou rodeado pela beleza da floresta, junto dos meus. Na cidade, fico sempre ansioso e impaciente. Os brancos nos chamam de ignorantes apenas porque somos gente diferente deles. Na verdade, é o pensamento deles que se mostra curto e obscuro. Não consegue se expandir e se elevar, porque eles querem ignorar a morte. Ficam tomados de vertigem, pois não param de devorar a carne de seus animais domésticos, que são os genros de *Hayakoari*, o ser anta que faz a gente virar outro. Ficam sempre bebendo cachaça e cerveja, que lhes esquentam e esfumaçam o peito. É por isso que suas palavras ficam tão ruins e emaranhadas. Não queremos ouvi-las. Para nós, a política é outra coisa. São as palavras de *Omama* e dos *xapiri* que ele nos deixou. São as palavras que escutamos no tempo dos sonhos e que preferimos, pois são nossas mesmo. Os brancos não sonham tão longe quanto nós. Dormem muito, mas só sonham com eles mesmos. Seu pensamento permanece obstruído e eles dormem como antas ou jabutis. Por isso não conseguem entender nossas palavras. [...] Sabemos bem que, sem árvores, nada mais crescerá em sua terra endurecida e ardente. Comeremos o quê, então? Quem irá nos alimentar se não tivermos mais roças nem caça? Certamente não os brancos, tão avarentos que vão nos deixar morrer de fome. Devemos defender nossa floresta para podermos comer mandioca e bananas quando temos a barriga vazia, para podermos moquear macacos e antas quando temos fome de carne. Devemos também proteger seus rios, para podermos beber e pescar. Caso contrário, vão nos restar apenas córregos de água lamacenta cobertos de peixes mortos. Antigamente, não éramos obrigados a falar da floresta com raiva, pois não conhecíamos todos esses brancos comedores de terra e de árvores. Nossos pensamentos eram calmos. Escutávamos apenas nossas próprias palavras e os cantos dos *xapiri*. E é o que queremos poder voltar a fazer. Não falo da floresta sem saber.[27]

---

27 Davi Kopenawa; Bruce Albert, *A queda do céu: Palavras de um xamã yanomami*. Trad. de Beatriz Perrone-Moisés. São Paulo: Companhia das Letras, 2015, pp. 390-1.

Nota aos textos

Os textos aqui reunidos são partes dos últimos dez anos de estudos do autor e, em sua maioria, já foram publicados em revistas acadêmicas e como capítulos de livro. «Da esquizofrenia à antropofagia: leituras da história» foi publicado na revista *Confluenze. Rivista di Studi Iberoamericani* (vol. 1, n. 2, 2009), da Universidade de Bolonha. «Ensaiar os gestos: experiências de infância e morte» foi publicado pela primeira vez na revista *Remate de Males* (vol. 31, n. 1-2, dossiê *Ensaios*, 2011), da Universidade de Campinas (Unicamp). O texto foi republicado no volume *Literatura*, organizado por Frederico Coelho, Marcelo Magalhães e Flávia Cera para a coleção Ensaios brasileiros contemporâneos da Funarte (Rio de Janeiro: 2017). «Mãos ao alto: olhos armados. Notas sobre *O olho da história* de Georges Didi-Huberman» foi publicado no panfleto político-cultural *Sopro*, n. 56 (ago. 2011). «As assinaturas de uma política que vem. Notas sobre o método de Giorgio Agamben» foi publicado no panfleto político-cultural *Sopro*, n. 16 (ago. 2009). «Uma vida inesquecível: o animal inferior e a felicidade» foi publicado na revista *Poliética* (vol. 3, n. 2, 2015), da PUC-SP. «Como ler sobre como as palavras mudam de sentido?» foi publicado na revista *Princípios* (vol. 26, n. 49, 2019), da Universidade Federal do Rio Grande do Norte. «À beira do fora: grito e *experimentum linguae*» foi publicado na revista *Outra Travessia* (n. 18, dossiê «O fora em Blanchot», 2014), da Universidade Federal de Santa Catarina. «De mistério e de letras: nenhum caminho por trás da linguagem?» também foi publicado na revista *Outra Travessia* (n. 15, dossiê «Poesia: a voz e a escuta», 2013). «Fragmentos de um exílio: por uma ctono-grafia poética» é inédito. «Nos rastros de nossa estupidez: ou da literatura» foi publicado como capítulo do livro *Imagem, narrativa e subversão* (São Paulo: Intermeios, 2016), organizado por Artur Freitas, Clóvis Gruner, Paulo Reis, Rosane Kaminski e Vinícius Honesko. «Delírios I: Agonia e experiência (jogos de vida e morte)» foi publicado na revista *Anuário de Literatura* (vol. 15, n. 1, 2010), da Universidade Federal de Santa Catarina. «Murilo Mendes, as janelas e o diabo» foi publicado na revista *Letras* (vol. 96, 2016), da Universidade Federal do Paraná. «O ingovernável: os paradoxos do sujeito nos tempos da governamentalidade total» foi publicado, com variações em relação ao que aqui republico, sob o título «Paradoxos de um direito in-sensível», no livro *Estudos do imaginário jurídico* n. 2 (Curitiba: Lumen Juris, 2016), organizado por Henrique Garbellini Carnio, Wilis Santiago Guerra Filho, Emanuel Andrade Linhares e Glauco Barreira Magalhães Filho. «Sobre a impossibilidade de julgar» foi publicado como prefácio ao livro *Pilatos e Jesus* (São Paulo: Boitempo/ EDUFSC, 2014), de Giorgio Agamben. «Reflexões sobre os espaços urbanos contemporâneos: quais as nossas cidades?» foi publicado no *Cadernos IHU Ideias* (vol. 14, série 253, 2016), da Universidade do Vale do Rio dos Sinos (Unisinos). «Sobre o governo das memórias: aspectos de um domínio do *real*» foi publicado na revista *Boletim de Pesquisa do Nelic* (vol. 18, n. 30), da Universidade Federal de Santa Catarina. «Para além dos atos e dos silêncios: gestos de resistência no olhar» foi apresentado como conferência no evento I Colóquio Imagem de Traumas, na Universidade Federal do Paraná, em 2018, em também no evento Potências destituintes: Agamben e interlocutores, na PUC-SP, também em 2018. O texto será publicado como capítulo no livro *Artes & Violências* (no prelo, São Paulo: Intermeios), organizado por Rosane Kaminski, Vinícius Honesko e Luiz Carlos Sereza. «Restos de um futuro que se tornou passado: como resistir?» foi proferido como palestra no Seminário «Pasolini n.3: a anarquia do poder», realizado na Universidade Federal do Paraná em 2018.

Referências

Pelo fato de os textos terem sido escritos em momentos distintos ao longo de dez anos, há várias referências que foram incluídas tanto no original quanto, eventualmente, em mais de uma tradução.

A BÍBLIA DE JERUSALÉM. São Paulo: Paulus, 1995.

AGAMBEN, Giorgio. *A comunidade que vem*. Trad. de Antônio Guerreiro. Lisboa: Presença, 1993.

_____. *A potência do pensamento: Ensaios e conferências*. Trad. de António Guerreiro. Belo Horizonte: Autêntica, 2015.

_____. *Archeologia di un'archeologia*. In: MELANDRI, Enzo. *La linea e il circolo: Studio logico-filosofico sull'analogia*. Macerata: Quodlibet, 2004.

_____. «Arqueologia da obra de arte». Trad. de Vinícius Nicastro Honesko. *Revista Princípios*, vol. 20, n. 34, jul.-dez. 2013. Natal: UFRN.

_____. *Che cos'è la filosofia?* Macerata: Quodlibet, 2016.

_____. *Che cos'è reale? La scomparsa di Majorana*. Vicenza: Neri Pozza, 2016.

_____. *El Lenguaje e la Muerte: Un seminario sobre el lugar de la negatividad*. Trad. de Tomás Segovia. Valencia: Pre-Textos, 2002.

_____. *Estado de exceção*. Trad. de Iraci Polleti. São Paulo: Boitempo, 2005.

_____. *Estâncias: A palavra e o fantasma na cultura ocidental*. Trad. de Selvino Assmann.Belo Horizonte: UFMG, 2007.

_____. *Ideia da prosa*. Trad. de João Barrento. Belo Horizonte: Autêntica, 2013.

_____. «Identificación y desidentificación de un autor llamado José Bergamin». Trad. de Luis Luque Toro. *Archipiélago: Cuadernos de Crítica de la Cultura*, n. 46. Barcelona: 2001.

_____. *Il fuoco e il racconto*. Roma: Nottetempo, 2014.

_____. *Il regno e la gloria: Per una genealogia teologica dell'economia e del governo*. Vicenza: Neri Pozza, 2007.

_____. *Il sacramento del linguaggio: Archeologia del giuramento*. Homo sacer II, 3. Roma/Bari: Laterza, 2008.

_____. *Il tempo che resta: Un commento alla Lettera ai Romani*. Turim: Bollati Boringhieri, 2000.

_____. *Image et mémoire*. Paris: Hoëbeke, 1998.

_____. *Infância e história: Destruição da experiência e origem da história*. Trad. de Henrique Burigo. Belo Horizonte: UFMG, 2005.

_____. «Io e Ponzio Pilato». *La Stampa*, Turim, 25 set. 2013. Disponível em: <http://www.vita.it/it/article/2013/09/30/io-e-ponzio-pilato/124749/>.

_____. *Karman: Breve trattato sull'azione, la colpa e il gesto*. Turim: Bollati Boringhieri, 2017.

_____. «Kommerell, o del gesto». In: KOMMERELL, Max. *Il poeta e l'indicibile*. Trad. de Gino Giometti. Gênova: Marietti, 1991.

_____. *L'Avventura*. Roma: Nottetempo, 2015.

_____. *La comunità che viene*. Turim: Bollati Boringhieri, 2001.

_____. «La elegía de Sokurov». *Las Ranas: Arte, Ensayo y Traducción*. Buenos Aires, ano 2, n. 2, abr. 2006.

_____. *La «Notte oscura» di Juan de la Cruz*. In: CRUZ, Juan de la. *Poesie*. Trad. de Giorgio Agamben. Milão: Giulio Einaudi, 1974.

_____. *La potenza del pensiero: Saggi e conferenze*. Vincenza: Neri Pozza, 2005.

_____. *La Puissance de la pensée: Essais et conférences*. Trad. de Martin Rueff e Joël Gayraud. Paris: Rivages, 2006.

_____. *La Ragazza indicibile: Mito e mistero di Kore*. Milão: Electa Mondadori, 2010.

_____. *L'Uso dei corpi. Homo Sacer IV 2*. Vicenza: Neri Pozza, 2014.

_____. «Metropolis». Trad. de Vinícius Nicastro Honesko. *Sopro*, 26. abr. 2010.

_____. *Mezzi senza fine: Note sulla politica*. Turim: Bollati Boringhieri, 1996.

_____. *Ninfas*. Trad. de Renato Ambrosio. São Paulo: Hedra, 2012.

_____. *Ninfe*. Turim: Bollati Boringhieri, 2007.

_____. «Notas sobre o gesto». Trad. de Vinícius Nicastro Honesko. *Artefilosofia*, n. 4, jan. 2008. Ouro Preto: Tessitura, 2008.

_____. «Note liminaire sur le concept de démocratie». In: _____. *Démocratie, dans quel état?* Paris: La Fabrique, 2009.

_____. *Nudità*. Roma: Nottetempo, 2009.

_____. *O que é o contemporâneo? E outros ensaios*. Trad. de Vinícius N. Honesko Chapecó: Argos, 2009.

_____. *Pilatos e Jesus*. São Paulo/Florianópolis: Boitempo/EDUFSC, 2014.

_____. *Profanações*. Trad. de Selvino Assmann. São Paulo: Boitempo, 2007.

_____. «O silêncio das palavras». Trad. de Vinícius Nicastro Honesko. Disponível em: <http://flanagens.blogspot.com.br/2012/08/o-silencio-das-palavras.html>.

_____. *Opus Dei. Archeologia dell'ufficio. Homo sacer, II, 5.* Turim: Bollati Boringhieri, 2012.

_____. *Signatura Rerum: Sul metodo.* Turim: Bollati Boringhieri, 2008.

_____. *Stasis. La guerra civile come paradigma politico. Homo sacer, II, 2.* Turim: Bollati Boringhieri, 2019.

AGAMBEN, Giorgio; COCCIA, Emanuele. «Vita di Adamo ed Eva». In: _____, (Orgs.). *Angeli. Ebraismo, Cristianesimo, Islam.* Vicenza: Neri Pozza, 2009.

AKASOY, Anna; GIGLIONI, Guido (Orgs.). *Renaissance Averroism and its Aftermath: Arabic Philosophy in Early Modern Europe.* Dordrecht/Heidelberg/Nova York/Londres: Springer, 2010.

ALIGHIERI, DANTE. *De vulgari eloquentia.* In: _____. *Opere minori di Dante Alighieri,* vol. II. Org. e notas de Sergio Cecchin. Turim: UTET, 1986. Disponível em: <http://www.classicitaliani.it/Dante/prosa/vulgari_ita.htm_ftnref31>.

AMOROSO, Maria Betânia. «Retratos-relâmpago: despedida e comemoração». *Estúdios Portugueses: revista de filologia portuguesa,* vol. 10. Salamanca: Luso-Española de Ediciones, 2010.

ANDERSON, Benedict; MCVEY, Ruth T. *A preliminary analysis of the October, 1, 1965, Coup in Indonesia.* Ithaca (Nova York): Cornell University, 1971.

ANDRADE, Oswald de. *A utopia antropofágica.* São Paulo: Globo, 2001.

_____. *Estética e política.* Org. de M. E. Boaventura. São Paulo: Globo, 1992.

ANSELMO. *Proslogium.* Trad. do latim de Sidney Norton Deane. Chicago: The Open Court Publishing Company, 1903 [reimp. 1926]. Documento disponível em: <http://www.fordham.edu/halsall/basis/anselm-proslogium.html>.

ANTELO, Raúl. «A abstração do objeto». In: RIBEIRO, Gilvan Procópio; NEVES, José Alberto Pinho (Orgs.). *Murilo Mendes: o visionário.* Juiz de Fora: EDUFJF, 1997.

_____. *Transgressão & modernidade.* Ponta Grossa: UEPG, 2001.

ARENDT, Hannah. *A condição humana.* Trad. de Roberto Raposo. Rio de Janeiro: Forense Universitária, 2005.

ARIÈS, Philippe. *Morir en Occidente. Desde la Edad Media hasta nuestros días.* Trad. de Víctor Goldstein. Buenos Aires: Adriana Hidalgo, 2007.

ARISTÓTELES. *De Anima.* Apres., trad. e notas de Maria Cecília Gomes dos Reis. São Paulo: Ed. 34, 2006.

_____. *Ética a Nicômaco.* Trad. de António de Castro Caeiro. São Paulo: Atlas, 2009.

_____. *Os Económicos.* Trad. de D. F. Leão. Lisboa: Imprensa Nacional-Casa da Moeda, 2004.

AVERRÓIS. *Sobre el intelecto*. Ed. e introd. de Andrés Martínez Lorca. Madri: Trotta, 2004.

BACHMANN, Ingeborg. *Il dicibile e l'indicibile*. Trad. de Barbara Agnese. Milão: Adelphi, 2009.

BADIOU, Alain. *Em busca do real perdido*. Trad. de Fernando Scheibe. Belo Horizonte: Autêntica, 2017.

BARTHES, Roland. *O rumor da língua*. Trad. de Mário Laranjeira. São Paulo: Martins Fontes, 2004.

BATAILLE, Georges. «La notion de dépense». In: _____. *La Part maudite*. Paris: Minuit, 2003.

BAUDELAIRE, Charles. *As flores do mal*. Trad. de Ivan Nóbrega Junqueira. Rio de Janeiro: Nova Fronteira, 1985.

_____. *O pintor da vida moderna*. São Paulo: Paz e Terra, 1988.

BELO, Ruy. *A margem da alegria*. Rio de Janeiro: 7 Letras, 2014.

BENJAMIN, Walter. «A obra de arte na era da reprodutibilidade técnica». In: _____. *Obras Escolhidas I. Trad. de Sérgio Paulo Rouanet.* São Paulo: Brasiliense, 1994.

_____. «Experiência e pobreza». In: _____. *O anjo da história*. Trad. e org. de João Barrento. Belo Horizonte: Autêntica, 2013.

_____. «Fragment Théologico-politique». In: _____. *Oeuvres I.* Trad. do alemão de Maurice de Gandillac, Rainer Rochlitz e Pierre Rusch. Paris: Gallimard, 2000.

_____. «Imagens do pensamento». In: _____. *Obras escolhidas II. Rua de mão única*. Trad. de Rubens Rodrigues Torres Filho e José Carlos Martins Barbosa. São Paulo: Brasiliense, 1995.

_____. «Infância em Berlim por volta de 1900». In:_____. *Obras escolhidas II. Rua de mão única*. Trad. de Rubens Rodrigues Torres Filho e José Carlos Martins Barbosa. São Paulo: Brasiliense, 1995.

_____. *O anjo da história*. Org. e trad. de João Barrento. Belo Horizonte: Autêntica, 2012.

_____. «*O idiota* de Dostoiévski». In: _____. *Escritos sobre mito e linguagem*. Org., apres. e notas de Jeanne Marie Gagnebin. São Paulo: Ed. 34, 2011.

_____. «O narrador». In: _____. *Sobre arte, técnica, linguagem e política*. Lisboa: Relógio d'Água, 1992.

_____. *Origem do drama barroco alemão*. Trad. de Sérgio Paulo Rouanet. São Paulo: Brasiliense, 1984.

_____. «Para uma crítica da violência». In: _____. *Escritos sobre mito e linguagem*. Org. de Jeanne Marie Gagnebin. Trad. de Ernani Chaves. São Paulo: Ed. 34/Duas Cidades, 2011.

_____. *Passagens*. Trad. de Irene Arone Cleonice Paes Barreto Mourão. Belo Horizonte/São Paulo: UFMG/Imprensa Oficial do Estado de São Paulo, 2006.

_____. «Sobre a linguagem em geral e sobre a linguagem do homem». In: _____. *Escritos sobre mito e linguagem*. Trad. de Susana Kampff e Ernani Chaves. São Paulo: Ed. 34, 2011.

_____. «Teses sobre o conceito de história». In: LÖWY, Michel. *Walter Benjamin: Aviso de incêndio. Uma leitura das teses «Sobre o conceito de história»*. Trad. de Wanda Nogueira Caldeira Brant. Trad. das teses: Jeanne Marie Gagnebin e Marcos Müller. São Paulo: Boitempo, 2005.

BENJAMIN, Walter; SCHOLEM, Gershom. *Correspondência*. Trad. de Neusa Soliz. São Paulo: Perspectiva, 1993.

BENTHIEN, Rafael F.; DIMITROV, Eduardo. «Resenha de Gabriel Tarde. *Monadologia e sociologia e outros ensaios*». *Mana,* vol. 14, n. 1, abr. 2018.

BENTHIEN, Rafael F.; PALMEIRA, Miguel S. «Apresentação». In: MEILLET, Antoine. *Como as palavras mudam de sentido*. Org. de Rafael Faraco Benthien e Marcos Soares Palmeira. São Paulo: Edusp, 2016.

BENVENISTE, Émile. *Problemas de linguística geral II*. Trad. de Eduardo Guimarães et al. Campinas: Pontes, 1989.

BLANCHOT, Maurice. *A parte do fogo*. Trad. Ana Maria Scherer. Rio de Janeiro: Rocco, 1997.

_____. *El diálogo inconcluso*. Trad. de Pierre de Place. Caracas: Monte Avila, 1993.

_____. *La escritura del desastre*. Trad. de Pierre de Place. Caracas: Monte Avila, 1987.

_____. *O espaço literário*. Trad. de Álvaro Cabral. Rio de Janeiro: Rocco, 2011.

_____. *O livro por vir*. Trad. de Leyla Perrone-Moisés. São Paulo: Martins Fontes, 2005.

_____. *Une voix venue d'ailleurs*. Paris: Gallimard, 2002.

BO BARDI, Lina. *Lina por escrito. Textos escolhidos de Lina Bo Bardi 1943-1991*. São Paulo: Cosac Naify, 2009.

BOLAÑO, Roberto. «Literatura e exílio». Trad. de Guilherme de Freitas. *Caderno de Leituras,* n. 22. Disponível em: <http://chaodafeira.com/cadernos/literatura-e-exilio/>.

_____. *Os detetives selvagens*. Trad. de Eduardo Brandão. São Paulo: Companhia das Letras, 2006.

BRACEY, Djuan. «O Brasil e as operações de manutenção da paz da ONU: os casos do Timor Leste e do Haiti». *Contexto Internacional*, vol. 33, n. 2, jul.-dez. 2011. Rio de Janeiro: PUC-Rio.

CACCIARI, Massimo. *A cidade*. Trad. de José J. C. Serra. Barcelona: Gustavo Gili, 2010.

CADAVA, Eduardo. «Lapsus Imaginis: The Image in Ruins». *October Magazine, Ltd. And Massachusetts Institute of Technology*. October 96, Spring 2001.

CAILLOIS, Roger. *Los juegos y los hombres. La máscara y el vértigo*. México: Fondo de Cultura Económica, 1986.

CANETTI, Elias. «O ofício do poeta». In: _____. *A consciência das palavras*. Trad. de Márcio Susuki e Herberto Caro. São Paulo: Companhia das Letras, 2011.

CAPELA, Carlos E. S.; HONESKO, Vinícius N. «Língua nova, língua minguante». In: AGAMBEN, Giorgio. *Categorias italianas: Estudos de poética e literatura*. Trad. de Carlos E. S. Capela e Vinícius N. Honesko. Florianópolis: EDUFSC, 2014.

CAPRONI, Giorgio. *A coisa perdida: Agamben comenta Caproni*. Org. e trad. de Aurora Fornoni Bernardini. Florianópolis: EDUFSC, 2011.

CATECISMO DA IGREJA CATÓLICA. Petrópolis/São Paulo: Vozes/Loyola, 1993.

CATUCCI, Stefano. *Dal 1968 «La linea e il circolo» di Enzo Melandri. Demone Analogia*. Disponível em: <https://www.quodlibet.it/recensione/326>.

CAVALLETTI, Andrea. *Festa, scrittura e distruzione*. In: JESI, Furio. *Il tempo della festa*. Org. de Andrea Cavalletti. Roma: Nottetempo, 2013.

CERAMI, Cristina. *Génération et substance. Aristote et Averroès entre physique et métaphysique*. Berlim: Gruyter, 2015.

CERTEAU, Michel de. *A escrita da história*. Trad. de Maria de Lourdes Menezes. Rio de Janeiro: Forense, 2013.

_____. *História e psicanálise: Entre ciência e ficção*. Trad. de Guilherme João de Freitas Teixeira. Belo Horizonte: Autêntica, 2016.

COBOS, EDUARDO. «Entrevista a Roberto Bolaño: Hay que mantener la ficción en favor de la conjetura». Disponível em: <http://critica.cl/entrevistas/entrevista-a-roberto-bolano-hay-que-mantener-la-ficcion-en-favor-de-la-conjetura>.

COCCIA, Emanuele. *A vida sensível*. Trad. de Diego Cervelin. Florianópolis: Cultura e Barbárie, 2010.

_____. *Filosofia de la imaginación. Averroes y el averroísmo*. Trad. de Maria Tereza D'Mezza. Buenos Aires: Adriana Hidalgo, 2005.

COMITÊ INVISÍVEL. *Aos nossos amigos*. Trad. de Ed. Antipáticas. São Paulo: N-1, 2016.

CONLEY, Verena A. «Práticas urbanas ecológicas: *As três ecologias* de Félix Guattari». In: MOSTAFAVI, Mohsen; DOHERTY, Gareth (Orgs.). *Urbanismo ecológico*. Trad. de Joana Canedo. São Paulo: Gustavo Gili, 2014.

CRARY, Jonathan. *24/7. Capitalismo tardio e os fins do sono*. Trad. de Joaquim Toledo Jr. São Paulo: Cosac Naify, 2014.

CRISTÓFALO, Américo. «Espejismos del tiempo ruso». *Las Ranas. Arte, Ensayo y Traducción*. Buenos Aires, ano 2, n. 2, abr. 2006.

CUNHA, Euclides. *À margem da história*. In: _____. *Obra Completa. Vol. I*. Org. de Afrânio Coutinho. Rio de Janeiro: Nova Aguilar, 1995.

DEBORD, Guy. *La Société du Spectacle*. Paris: Gallimard, 2005.

DELEUZE, Gilles. *A dobra. Leibniz e o Barroco*. Trad. de Luiz B. L. Orlandi. Campinas: Papirus, 1991.

_____. *Conversações. 1972-1995*. Trad. de Peter Pál Pelbart. São Paulo: Ed. 34, 2013.

_____. *Crítica e clínica*. Trad. de Peter Pál Pelbart. São Paulo: Ed. 34, 1997.

_____. «Mistério de Ariadne segundo Nietzsche». In: _____. *Crítica e clínica*. Trad. de Peter Pál Pelbart. São Paulo: Ed. 34, 1997.

DELEUZE, Gilles; GUATTARI, Félix. *Kafka: Por uma literatura menor*. Trad. de Cíntia Vieira da Silva. Belo Horizonte: Autêntica, 2015.

_____. *Mil Platôs: Capitalismo e esquizofrenia. Vol. II*. Trad. de Ana Lúcia de Oliveira e Lúcia Cláudia Leão. São Paulo: Ed. 34, 1997.

DERRIDA, Jacques. *Gramatologia*. Trad. de Miriam Chnaiderman e Renato Janine Ribeiro. São Paulo: Perspectiva, 2008.

_____. *Salvo o nome*. Trad. de Nicia Adan Bonatti. Campinas: Papirus, 1995.

Dictionnaire de l'académie française. 5. ed. 1798. p. 1073. Disponível em: <http://www.ebooksgratuits.com/ebooksfrance/dictionnaire_academie_francaise_5eme_edition.pdf>.

DIDI-HUBERMAN, Georges. *A imagem queima*. Trad. de Helano Ribeiro. Curitiba: Medusa, 2018.

_____. *A imagem sobrevivente: História da arte e tempo dos fantasmas segundo Aby Warburg*. Trad. de Vera Ribeiro. Rio de Janeiro: Contraponto, 2013.

_____. *Diante da imagem*. Trad. de Paulo Neves. São Paulo: Ed. 34, 2013.

_____. *Écorces*. Paris: Minuit, 2011.

_____. *Images malgré tout*. Paris: Minuit, 2003.

_____. *La ressemblance par contact. Archéologie, anachronisme et modernité de l'empreinte*. Paris: Minuit, 2008.

_____. *L'image survivante. Histoire de l'art et temps des fantômes selon Aby Warburg*. Paris: Minuit, 2002.

_____. *O que vemos, o que nos olha*. Trad. de Paulo Neves. São Paulo: Ed. 34, 1998.

_____. *Quand les images prennent position. L'oeil de l'histoire, 1*. Paris: Minuit, 2009.

_____. *Que emoção? Que emoção!* Trad. de Cecília Ciscato. São Paulo: Ed. 34, 2016.

_____. *Remontages du temps subi. L'oeil de l'histoire, 2*. Paris: Minuit, 2010.

FARINELLI, Franco. *A invenção da Terra*. Trad. de Francisco Degani. São Paulo: Phoebus, 2012.

FERREIRA, Aurélio Buarque de Holanda. *Novo Dicionário da Língua Portuguesa.* 2. ed. rev. e ampl. Rio de Janeiro: Nova Fronteira, 1997.

FORSTER, Kurt W. «Aby Warburg: His Study of Ritual and Art on Two Continents». *October*, 77, Summer 1996, October Magazine, Ltd. And Massachusetts Institute of Technology.

FOUCAULT, Michel. *A arqueologia do saber. Trad. de Luiz Felipe Baeta Neves.* Rio de Janeiro: Forense Universitária, 2005.

_____. *A hermenêutica do sujeito. Curso dado no Collège de France (1981-1982).* Trad. de Márcio Fonseca e Salma Muchail. São Paulo: Martins Fontes, 2006.

_____. *As palavras e as coisas: Uma arqueologia das ciências humanas.* Trad. de Salma Tannus Muchail. São Paulo: Martins Fontes, 2002.

_____. *Dits et écrits. I. 1954-1988.* Paris: Gallimard, 1994.

_____. *Dits et écrits. II. 1970-1975.* Paris: Gallimard, 1994.

_____. *Dits et écrits. III. 1976-1979.* Paris: Gallimard, 1994.

_____. *História da sexualidade I: A vontade de saber.* Trad. de Maria Thereza da Costa e J. A. Guilhon Albuquerque. Rio de Janeiro: Graal, 2005.

_____. *Isto não é um cachimbo.* Trad. de Jorge Coli. São Paulo: Paz e Terra, 1989.

_____. *Les mots et les choses.* Paris: Gallimard, 1966.

_____. «L'oeil du pouvoir». In: _____. *Dits et écrits. II. 1976-1988.* Paris: Gallimard, 2001.

_____. «O pensamento do exterior». In: _____. *Ditos e escritos.* vol. III: *Estética: Literatura e Pintura; Música e Cinema.* Org. de Manoel Barros da Motta. Trad. de Inês Autran Dourado Barbosa. Rio de Janeiro: Forense Universitária, 2009.

_____. *Os anormais.* Trad. de Eduardo Brandão. São Paulo: Martins Fontes, 2001.

_____. *Sécurité, territoire, population. Cours au Collège de France. 1977-1978.* Paris: Gallimard, 2004.

GAGNEBIN, Jeanne Marie. *História e narração em Walter Benjamin.* São Paulo: Perspectiva, 2004.

_____. *7ete: Sete aulas sobre linguagem, memória e história.* Rio de Janeiro: Imago, 2005.

GIVONE, Sergio. *Historia de la nada.* Trad. de Alejo González e Demian Orosz. Buenos Aires: Adriana Hidalgo, 2001.

_____. *Il bibliotecario di Leibniz. Filosofia e romanzo.* Turim: Einaudi, 2005.

GUERREIRO, António; ANGHEL, Golgona. *Todos os lugares são no estrangeiro. (em diálogo sobre Herberto Helder).* Disponível em: <http://www.porta33. com/eventos/content_eventos/ciclo_herberto_helder/antonio_guerreiro_ gogona_anghel.html>.

GUIMARÃES, Júlio Castañon (Org.). *Cartas de Murilo Mendes a Roberto Assumpção*. Rio de Janeiro: Casa de Rui Barbosa, 2007.

HEIDEGGER, Martin. *A caminho da linguagem*. Trad. de Márcia Sá Cavalcante Schuback. Petrópolis/Bragança Paulista: Vozes/São Francisco, 2003.

_____. «El origen de la obra de arte». In: _____. *Caminos de Bosque*. Trad. de Helena Cortés e Arturo Leyte. Madri: Alianza, 2010.

HELDER, Herberto. «Antropofagias». In: _____. *Poemas completos*. Porto: Porto Editora, 2014.

_____. «Dedicatória». In: _____. *Poemas completos*. Porto: Porto Editora, 2014.

_____. *Os passos em volta*. Rio de Janeiro: Azougue, 2005.

HELLER-ROAZEN, Daniel. *Ecolalias. Sobre el olvido de las lenguas*. Trad. de Julia Benseñor. Buenos Aires: Katz, 2008.

HONESKO, Vinícius N. «Será que podemos destruir nosso destino?» *Cadernos Walter Benjamin*, n. 20, jan.-jun. 2018. Fortaleza, pp. 188-212.

HUIZINGA, Johan. *Homo Ludens: O jogo como elemento da cultura*. Trad. de João Paulo Monteiro. São Paulo: Perspectiva, 2007.

JAMESON, Frederic. «A cidade do futuro». Trad. de Maurício Miranda dos Santos Oliveira. Libertas — Revista da Faculdade de Serviço Social/UFJF, Juiz de Fora, vol. 10, n. 10, 2010, pp. 181-200. Disponível em: <https://libertas.ufjf. emnuvens.com.br/libertas/article/viewFile/1868/1317>.

JESI, Furio. «A festa e a máquina mitológica». Trad. de Vinícius N. Honesko. *Boletim de Pesquisa do Nelic*. vol. 14. n. 22. Dossiê Furio Jesi. Florianópolis: UFSC, 2014.

_____. «Conoscibilità della festa». In: _____. *Il Tempo della festa*. Org. de Andrea Cavalletti. Roma: Nottetempo, 2013.

_____. «Gastronomia mitológica». Trad. de Vinícius Nicastro Honesko. *Sopro*, 52, jun. 2011. Disponível em: <http://culturaebarbarie.org/sopro/arquivo/ gastronomia.html>.

_____. «Inatualidade de Dionísio». Trad. de Vinícius N. Honesko. *Boletim de Pesquisa do Nelic*, vol. 14. n. 22. Dossiê Furio Jesi. Florianópolis: UFSC, 2014, pp. 59-75.

_____. «Leitura do *Bateau ivre* de Rimbaud». Trad. de Fernando Scheibe e Vinícius N. Honesko. *Outra Travessia*, n. 19. A Arte, entre a festa e a mudez. UFSC. 1º sem. 2015.

_____. «Lettura del *Bateau ivre* di Rimbaud». In: _____. *Il tempo della festa*. Org. de Andrea Cavalletti. Roma: Nottetempo, 2013.

_____. *Materiali mitologici. Mito e antropologia nella cultura mitteleuropea*. Turim: Einaudi, 2001.

_____. *Spartakus: Simbologia da revolta*. Trad. de Vinícius N. Honesko. São Paulo: N-1, 2018.

KAFKA, Franz. *Journal*. Trad. de Marthe Robert. Paris: Grasset, 1954.

KARMY, Rodrigo. «No es ni cuerpo ni potencia en un cuerpo». *Poliética. Revista de ética e filosofia política*, vol. 3, n. 2, 2015.

KASSILE, Yann. *Penseurs japonais. Dialogues du commencement*. Paris: Éditions de l'éclat, 2006.

KLEIN, Naomi. *A doutrina do choque: A ascensão do capitalismo de desastre*. Trad. de Vânia Cury. Rio de Janeiro: Nova Fronteira, 2008.

KOPENAWA, Davi; ALBERT, Bruce. *A queda do céu: Palavras de um xamã yanomami*. Trad. de Beatriz Perrone-Moisés. São Paulo: Companhia das Letras, 2015.

KOSELLECK, Reinhart. «A configuração do moderno conceito de história». In: KOSELLECK, Reinhart et al. *O conceito de história*. Trad. de René Gertz. Belo Horizonte: Autêntica, 1975.

LACAN, Jacques. «O estádio do espelho». In: _____. *Escritos*. Rio de Janeiro: Jorge Zahar, 1998.

LATOUR, Bruno. «Il n'y a pas de monde commun: il faut le composer». *Multitudes*, n. 45. Special, été 2011. Disponível em: <http://www.multitudes.net/il-n-y-a-pas-de-monde-commun-il/>.

_____. «Quarenta anos depois: de volta a uma Terra sublunar». In: MOSTA-FAVI, Mohsen; DOHERTY, Gareth (Orgs.). *Urbanismo ecológico*. Trad. de Joana Canedo. São Paulo: Gustavo Gili, 2014.

LE GUIN, Ursula. *Uma guerra sem fim*. Texto disponível, no original, no site da editora Verso: <https://www.versobooks.com/blogs/3585-a-war-without-end-by-ursula-k-le-guin>.

LÉVI-STRAUSS, Claude. «Introdução à obra de Marcel Mauss». In: MAUSS, Marcel. *Sociologia e antropologia*. Trad. de Lamberto Puccinelli. São Paulo: EPU/Edusp, 1974.

_____. *Olhar, escutar, ler*. Trad. de Beatriz Perrone-Moisés. São Paulo: Companhia das Letras, 1997.

LÉVI-STRAUSS, Claude; ERIBON, Didier. *De perto e de longe*. Trad. de Lea Mello e Julieta Leite. São Paulo: Cosac Naify, 2005.

MAJORANA, Ettore. «Il valore delle leggi statistiche nella Fisica e nelle Scienze sociali». In: AGAMBEN, Giorgio. *Che cos'è reale? La scomparsa di Majorana*. Vicenza: Neri Pozza, 2016.

MARRA, Daniel; MILANI, Sebastião E. «Uma teoria social da lingua(-gem) anunciada no limiar do século xx por Antoine Meillet». *Linha d'Água*, vol. 25, n. 2, 2012.

_____. «Whitney, Saussure, Meillet e Labov: a língua como um fato social». *Anais do Silel*. vol. 3, n. 1. Uberlândia: Edufu, 2013.

MBEMBE, Achille. *Crítica da razão negra*. Trad. de Sebastião Nascimento. São Paulo: N-1, 2018.

MEILLET, Antoine. *Como as palavras mudam de sentido*. Org. de Rafael Faraco Benthien e Marcos Soares Palmeira. São Paulo: Edusp, 2016.

_____. *Linguistique historique et linguistique générale*. Paris/Genebra: Champion/Slatkine, 1982.

MELANDRI, Enzo. *La linea e il circolo: Studio logico-filosofico sull'analogia*. Macerata: Quodlibet, 2004.

MENDES, Murilo. «A poesia em pânico». In: _____. *Poesia completa e prosa*. Org. de Luciana Stegagno Picchio. Rio de Janeiro: Nova Aguilar, 1994.

_____. *A idade do serrote*. In: _____. *Poesia completa e prosa*. Org. de Luciana Stegagno Picchio. Rio de Janeiro: Nova Aguilar, 1994.

_____. Cartas de Murilo Mendes a Virginia Mendes Torres datadas de 05/05/1969, de 22/02/1970, de 17/06/1970, de 29/01/1975, de 17/03/1975 e de 14/05/1975. Documentos originais consultados nos arquivos de Murilo Mendes no MAMM (Museu de Arte Moderna Murilo Mendes), em Juiz de Fora.

_____. «Cartas de Murilo Mendes e Maria da Saudade a Laís». In: ARAÚJO, Laís Corrêa. *Murilo Mendes: Ensaio crítico, antologia, correspondência*. São Paulo: Perspectiva, 2000.

_____. *Conversa portátil*. In: _____. *Poesia completa e prosa*. Org. de Luciana Stegagno Picchio. Rio de Janeiro: Nova Aguilar, 1994.

_____. *Ipotesi*. In: _____. *Poesia completa e prosa*. Org. de Luciana Stegagno Picchio. Rio de Janeiro: Nova Aguilar, 1994.

_____. *Janelas verdes*. In: _____. *Poesia completa e prosa*. Org. de Luciana Stegagno Picchio. Rio de Janeiro: Nova Aguilar, 1994.

_____. «Murilo Mendes por Murilo Mendes». In: _____. *Poesia completa e prosa*. Org. de Luciana Stegagno Picchio. Rio de Janeiro: Nova Aguilar, 1994.

_____. *O discípulo de Emaús*. In: _____. *Poesia completa e prosa*. Org. de Luciana Stegagno Picchio. Rio de Janeiro: Nova Aguilar, 1994.

_____. «O eterno nas letras brasileiras modernas». *Lanterna Verde*. Rio de Janeiro, n. 4, nov. 1936.

_____. *Papiers*. In: _____. *Poesia completa e prosa*. Org. de Luciana Stegagno Picchio. Rio de Janeiro: Nova Aguilar, 1994.

_____. *Poemas*. In: _____. *Poesia completa e prosa*. Org. de Luciana Stegagno Picchio. Rio de Janeiro: Nova Aguilar, 1994.

_____. *Poesia liberdade*. In: _____. *Poesia completa e prosa*. Org. de Luciana Stegagno Picchio. Rio de Janeiro: Nova Aguilar, 1994.

_____. *Recordações de Ismael Nery*. São Paulo: Edusp/Giordano, 1996.

_____. *Retratos-relâmpago*. In: _____. *Poesia completa e prosa*. Org. de Luciana Stegagno Picchio. Rio de Janeiro: Nova Aguilar, 1994.

_____. «Tempo e eternidade». In: _____. *Poesia completa e prosa*. Org. de Luciana Stegagno Picchio. Rio de Janeiro: Nova Aguilar, 1994.

_____. «Vivo em Roma». In: _____. *Poesia completa e prosa*. Org. de Luciana Stegagno Picchio. Rio de Janeiro: Nova Aguilar, 1994.

MONDZAIN, Marie-José. *Image, icône, économie. Les sources byzantines de l'imaginaire contemporain*. Paris: Seuil, 1996.

_____. «Imagem, sujeito, poder. Entrevista com Marie-José Mondzain». *Outra Travessia*, n. 22. Florianópolis: UFSC, 2º sem. 2016.

_____. *Le commerce des regards*. Paris: Seuil, 2003.

MONTAIGNE. *Ensaios*. Trad. de Sérgio Milliet. São Paulo: Abril Cultural, 1984.

MOTTE, André; PIRENNE-DELFORGE, Vinciane. «Le mot et les rites. Aperçu des significations de orgia et de quelques dérivés». *Kernes*, n. 5, 1992. Paris: Centre International d'Étude de la religion grecque antique.

NANCY, Jean-Luc. *A comunidade inoperada*. Trad. de Soraya Guimarães Hoepfner. Rio de Janeiro: 7 Letras, 2016.

_____. *El sentido del mundo*. Trad. de Jorge Manuel Casas. Buenos Aires: La Marca, 2003.

_____. *La communauté affrontée*. Paris: Galilée, 2001.

_____. «La démocratie finie et infinie». In: *Démocratie, dans quel état?* Paris: La Fabrique, 2009.

_____. *L'Équivalence des catastrophes. (Après Fukushima)*. Paris: Galilée, 2012.

_____. «L'évidence du mystère». In: BENJELLOUN, Nadia (Org.). *Le Voyage Initiatique*. Paris: Albin Michel, 2011.

_____. «Le nom de Dieu chez Blanchot». In: _____. *La Déclosion* (Déconstruction du christianisme, 1). Paris: Galilée, 2005.

_____. «O comunismo é o sentido do ser-em-comum por pensar». Disponível em: <http://flanagens.blogspot.com.br/2014/02/o-comunismo-e-o-sentido-do-do-ser-em-comum.html>.

_____. «O nome de Deus em Blanchot». Trad. de Carlos E. S. Capela e Vinícius N. Honesko. *Outra Travessia*, n. 18, 2º sem. 2014. Florianópolis: UFSC.

_____. *Ser singular plural*. Trad. de Antonio Tudela Sancho. Madri: Arena Libros, 2006.

_____. *Vérité de la démocratie*. Paris: Galilée, 2008.

_____. «Vouloir un sens unique ouvre sur une violence: le meurtre des autres sens. Entretien réalisé par Nicolas Dutent». *L'Humanité*. Documento eletrônico disponível em: <http://www.humanite.fr/jean-luc-nancy-vouloir-un-sens-unique-ouvre-sur-une-violence-le-meurtre-des-autres-sens-585496>.

_____. «Vox Clamans in Deserto». Trad. de Fernanda Bernardo e Hugo Monteiro. *Caderno de Leituras*, n. 13, pp. 1-10. Disponível em: <https://chaodafeira.com/catalogo/caderno13/>.

NICOLAU DE CUSA. *A visão de Deus*. Trad. de João Maria André. Lisboa: Fundação Calouste Gulbenkian, 1998.

NIETZSCHE, Friedrich. *Da utilidade e desvantagem da história para a vida. (Considerações extemporâneas – II)*. In: _____. *Obras incompletas*. Trad. de Rubens R. Torres Freire. São Paulo: Abril Cultural, 1983.

OPPENHEIMER, Joshua. *Background of «The act of killing»*. Disponível em: <http://theactofkilling.com/background/>.

PASOLINI, Pier Paolo. «Appendice ad *Appunti per un film su san Paolo»*. In: _____. *Per il cinema. II*. Org. Walter Siti e Franco Zabagli. Milão: Arnoldo Mondadori, 2001.

_____. «Callas». In: _____. *As últimas palavras do herege. Entrevistas com Jean Duflot*. Trad. de Luiz Nazário. São Paulo: Brasiliense, 1983.

_____. «Il sogno del centauro». In: _____. *Saggi sulla politica e sulla società*. Org. de Walter Siti e Silvia de Laude. Milão: Arnoldo Mondadori, 1999.

_____. «Melhoramento do mundo». Trad. de Davi Pessoa. *Revista Cult*, n. 196.

_____. *O caos. Crônicas políticas*. Trad. de Carlos Nelson Coutinho. São Paulo: Brasiliense, 1982.

_____. «O destino de todo futuro de se tornar passado». Sel., org. e trad. de Davi Pessoa. *Caderno de Leituras*, n. 15, p.2. Disponível em: <https://chaodafeira.com/catalogo/caderno015/>

_____. «O sentimento da história». Trad. de Vinícius N. Honesko. Disponível em: <http://flanagens.blogspot.com/2011/12/o-sentimento-da-historia.html>.

PELLEJERO, Eduardo. «Da morte da arte à hora dos assassinos». *ArteFilosofia*, n. 13, dez. 2012. Ouro Preto: UFOP.

_____. *Perder por perder. E outras apostas intelectuais*. Natal: EDUFRN, 2017.

PIO XII. *Humani Generis. Sobre opiniões falsas que ameaçam a doutrina católica*. Documento disponível em: <http://www.vatican.va/holy_father/pius_xii/encyclicals/documents/hf_p-xii_enc_12081950_humani-generis_po.html>.

PIZARNIK, Alejandra. «Caminhos do Espelho (1962)». Trad. de Vinícius Nicastro Honesko e Davi Pessoa. *Revista Polichinello*, n. 16. Belém: Lumme, 2014.

_____. «Fragmentos para dominar o silêncio». Trad. de Davi Pessoa e Vinícius N. Honesko. *Revista Polichinello*, n. 16. Belém: Lumme, 2014.

PRZYBYCIEN, Regina. «A arte de Wislawa Szymborska». In: SZYMBORSKA, Wislawa. [*Poemas*]. Trad. de Regina Przybycien. São Paulo: Companhia das Letras, 2011.

PUECH, Henri-Charles. *En quête de la gnose. I. La gnose et le temps*. Paris: Gallimard, 2006.

RANCIÈRE, Jacques. *Malaise dans l'esthétique*. Paris: Galilée, 2004.

_____. *Os nomes da história: Ensaio de poética do saber*. Trad. de Mariana Echalar. São Paulo: Unesp, 2014.

SCHOLEM, Gershom. *Il nome di Dio e la teoria cabbalistica del linguaggio*. Trad. de Adriano Fabris. Milão: Adelphi, 2005.

SCOTT-HERON, Gil. «Vulture». Letra e música de Gil Scott-Heron lançada no álbum *Small talk at 125th and Lenox*, em 1970.

SIMMEL, Georg. *La Tragédie de la culture*. Trad. de Sabine Cornille e Philippe Ivernel. Paris: Rivages, 1988.

SLOTERDIJK, Peter. *No mesmo barco: Ensaio sobre a hiperpolítica*. Trad. de Cláudia Cavalcanti. São Paulo: Estação Liberdade, 1999.

SOKUROV, Alexandr. «Diccionario Sokurov. Selección y traducción de Eduardo Stupía y David Oubiña». *Las Ranas. Arte, Ensayo y Traducción*. Buenos Aires, ano 2, n. 2, abr. 2006.

SZYMBORSKA, Wislawa. [*Poemas*]. Trad. de Regina Przybycien. São Paulo: Companhia das Letras, 2011.

TAUBES, Jacob. *Del culto a la cultura: Elementos para una crítica de la razón histórica*. Trad. de Silvia Villegas. Buenos Aires: Katz, 2007.

TERTULIANO. *Oeuvres III*. Trad. M. de Genoude. Paris: Chez Lous Vivès, Libraire-Éditeur, 1872.

TIQQUN. «L'hypothèse cybernétique». In: _____. *Tout a failli, vive le communisme!* Paris: La Fabrique, 2009.

TOMÁS DE AQUINO. *A unidade do intelecto, contra os averroístas*. Trad. de Carlos Arthur Ribeiro do Nascimento. São Paulo: Paulus, 2017.

UNAMUNO, Miguel de. *La agonía del cristianismo*. Buenos Aires/México: Espasa--Calpe Argentina, 1950.

VALENTIM, Marco A. «A teoria e a queda do céu». *ClimaCom Cultura Científica* – pesquisa, jornalismo e arte I, vol. 4, ano 2, dez. 2015.

VALÉRY, Paul. *Oeuvres II*. Paris: Gallimard, 1960.

VARGAS, Eduardo V. «Gabriel Tarde e a diferença infinitesimal». In: TARDE, Gabriel. *Monadologia e sociologia e outros ensaios*. Org. de Eduardo V. Vargas. Trad. de Paulo Neves. São Paulo: Cosac Naify, 2007.

VILA-MATAS, Enrique. «Cómo vivir». *El País*. Disponível em: <http://elpais.com/diario/2012/01/24/cultura/1327359606_850215.html>.

_____. «El espíritu de la escalera». *El País*. Disponível em: <http://elpais.com/diario/2011/12/13/cultura/1323730805_850215.html>.

_____. *Suicídios exemplares*. Trad. de Carla Branco. São Paulo: Cosac Naify, 2009.

VIRILIO, Paul. *O espaço crítico*. Trad. de Paulo Roberto Pires. São Paulo: Ed. 34, 2014.

VIRNO, Paolo. *Quando il verbo si fa carne: Linguaggio e natura umana*. Turim: Bollati Boringhieri, 2003.

_____. *Virtuosismo e revolução*. Trad. de Paulo Andrade Lemos. Rio de Janeiro: Civilização Brasileira, 2008.

VIVEIROS DE CASTRO, Eduardo. *A inconstância da alma selvagem — e outros ensaios de antropologia*. São Paulo: Cosac Naify, 2002.

WARBURG, Aby. *A renovação da Antiguidade pagã. Contribuições científico-culturais para a história do Renascimento europeu*. Trad. de Markus Hediger. Rio de Janeiro: Contraponto/Museu de Arte do Rio, 2013.

_____. *El ritual de la serpiente*. Trad. de Joaquín Etorena Homeche. México: Sexto Piso, 2004.

_____. «La divination païenne et antique». In: _____. *Essais florentins*. Trad. de Sibylle Müller. Paris: Klincksieck, 2003.

WIENER, Norbert. *Cybernetics: or control and communication in the animal and the machine*. Cambridge: MIT Press, 1948.

WILFORT, John N. «Men walk on moon». *New York Times*, Houston, 21 jul. 1969, p. 1. Disponível em: <https://archive.nytimes.com/www.nytimes.com/learning/general/onthisday/big/0720.html?dpc>.

WITTGENSTEIN, Ludwig. *Tractatus logico-philosophicus*. Trad. de José Arthur Giannotti. São Paulo: Companhia Editora Nacional/USP, 1968.

XENOFONTE. *Econômico*. Trad. de Anna Lia Amaral de Almeida. São Paulo: Martins Fontes, 1999.

Dados Internacionais de Catalogação na Publicação (CIP)
(Câmara Brasileira do Livro, SP, Brasil)
Maria Alice Ferreira - Bibliotecária - CRB-8/7964

Honesko, Vinícius Nicastro
Ensaios sobre o sensível / Vinícius Nicastro Honesko. – 1. ed. –
Belo Horizonte : Editora Âyiné, 2021.

ISBN 978-65-86683-46-2

1. Filosofia política 2. Teoria (Filosofia) I. Título.
Índices para catálogo sistemático: 1. Filosofia política   320.01

20-49161 | CDD-320.01

PRE TEXTOS

1 Massimo Cacciari *Duplo retrato*
2 Massimo Cacciari *Três ícones*
3 Giorgio Agamben *A igreja e o reino*
4 Arnold I. Davidson, Emmanuel Lévinas, Robert Musil
Reflexões sobre o nacional-socialismo
5 Massimo Cacciari *O poder que freia*
6 Arnold I. Davidson *O surgimento da sexualidade*
7 Massimo Cacciari *Labirinto filosófico*
8 Giorgio Agamben *Studiolo*
9 Vinícius Nicastro Honesko *Ensaios sobre o sensível*

Composto em Noe Text
Impresso pela Gráfica Formato
Belo Horizonte, fevereiro de 2021